# 訴訟における
# 主張・証明の法理

——スウェーデン法と日本法を中心にして——

萩原金美著

〔学術選書〕

信山社

# はしがき

これまでに発表してきた訴訟における主張・証明に関する論稿（翻訳を含む）を一本にまとめたものである。その意図するところは、我が国の裁判におけるより適正な事実認定を保障しうる法理を構築することにあるが、いずれも研究（学習）ノートとでもよぶのがふさわしい習作に終わっている。思えば、この研究のために一〇年以上にわたってかなりの時間とエネルギーを捧げてきたつもりであるが、この程度の貧しい成果しか挙げることができず、自己の非才を痛感せざるを得ない。しかし法律（学）は万人のために必要なものであるから、このような著作もそれなりの意義を有するのではないかというひそかな自負の念もないわけではない（傑出した研究者には通常人の法に関する考え方や行動が十分に理解（体解？）できないかもしれないから）。

内容は、これまでに発表した論文と翻訳をそれぞれ発表の時期の順に収録した。このようないささかイージーに思われる構成を採用したのは、一つには既発表の論文を体系的に書き直すことが現状では極めて困難であること、もう一つにはこのほうが読者に私見の展開の過程（停滞のままかもしれないが）を理解していただくためにかえってベターではないかと考えたからでもある。もっとも収録にあたって、明白な誤記・誤植の訂正と必要最小限の補筆を加えた。後者は若干の注の補充と各論稿の末尾の〔追記〕である。いずれにせよ、かなり長期間にわたり書き継いだものゆえ、文章表現などが必ずしも統一されていない点はご寛恕を乞わなければならない。

本音をいえば、もう少しモノグラフィーとしての体裁を整えたものにしたいという思いが残るけれど、定年までに残された日時の間にしたいこと、しなければならぬことへの時間とエネルギーの配分を考えると、こういう形での出版に踏み切るのも仕方ないと意を決した次第である（定年が直ちに研究生活の終りを意味するものでないことはもちろんであるにしても）。それになるべく実務家の方々にも読んでいただきたいのだが、一本にまとめておくことでその機会が増えることは間違いあるまい（実務家の多くは、大学のいわゆる紀要論文に接する機会など絶無に近いであろう。そしてここに収載した論稿の半数は所属大学の発行する雑誌に掲載されたものである）。

本書が日本の裁判の理論と実務のためにいささかなりとも寄与することができればと切に願いつつ。

実は以上の序文は、一九九八年初秋本書の文献補充を含む所用のためスウェーデンに短期出張した際、すでに完成間近と錯覚してルンド大学法学部の宿舎で書いておいたものである。ところがその後、最後の仕上げに手間取っているうち司法制度改革の動きが急速化し、私の時間とエネルギーのほとんど全てはこれに向けざるを得なくなり、この草稿は書斎の片隅に放置されてしまった。その間に私は二〇〇一年三月に定年を迎え、四月からは三年間の任期で特任教授になっている。

幸いに大学の法学研究叢書二〇〇一年度出版助成金を頂戴したので、同年の夏休みにできるだけ手を加えて刊行するつもりでいたところ、六月に『司法制度改革審議会意見書』が提出され、夏休みはこれに関係する論稿の執筆に専念する羽目に陥った。やむを得ず秋になってから講義・演習の合間を縫って一応の仕上げ作業を行っただけで、思い切って上梓することにした次第である。以上のような事情から補筆は、とくに最近の文献について全く不十分であることをお詫びすると共にお断りしておきたい。

前述したように論文、翻訳とも発表順に収録したに過ぎないけれども、当初からいずれ一本にまとめることを想定しておおむねの執筆作業を進めてきたので、自ずからある程度まで全体的構成に配慮したものになっているのではないかと思う。

第一論文から第三論文までは主としてスウェーデン法を取り扱う（分量的には論文の部の約半分を占める）。第四論文ないし第九論文は、スウェーデン法との関連を意識しつつ日本法を取り扱う。狭義の民事訴訟のみならず、行政訴訟（第四論文）、刑事訴訟（第五論文）も同一の法理のもとに考究しようとするところに特色がある（おそらくこれに対する是非の評価は大きく分かれるだろうが）。第七論文は、刑事参審制度を対象とするものであるが、ここで取り上げている事実認定の専門性と素人性という問題は、程度の差こそあれ民事訴訟（行政訴訟を含む）においても妥当すると考える。

翻訳三篇は、スウェーデン（およびフィンランド）における証明（責任）論を理解する上でとくに有益と思われる論考を訳出したものである。第一論文ないし第三論文と併せてスウェーデン等における証明（責任）論の理解に寄与できることを意図している。

本書は、神奈川大学法学研究叢書の一巻として刊行されるものである。顧みれば、私の学位論文になった『スウェーデンの司法』（一九八六、弘文堂）も、この叢書の第二号として出版していただいたのであった。同研究所のご好意に心からの感謝の意を表したいと思う。

校正にあたっては、神奈川大学の大学院後期博士課程の菊谷秀子氏および法学部四年生の山田浩一君に手伝っていただいた。

最後になったが、本書の刊行については信山社の今井貴氏に大変お世話になった。同氏はとりわけ前々から折にふれて私にスウェーデン法関係の論考を単行本の形にまとめることを慫慂してくださった。これがなければ永遠の未完作に終わったかもしれない。氏のご好意、ご高配に深謝する次第である。

二〇〇二年二月

萩原金美

# 目　次

目次

## 翻訳

# 凡　例

外国語文献等の出典の表記は、原則としてスウェーデンの方式に従った。使用したスウェーデン語等の略語は以下のとおりである。

A(a). a. =A(a)nförda arbete：前掲書（論文）
A(a). st. =A(a)nförda ställe：前掲箇所
s. = sida(n)：頁
uppl. = upplaga(n)：版
NJA = Nytt juridiskt arkiv, avdelning Ⅰ：最高裁判所判例集
NJA Ⅱ = Nytt juridiskt arkiv, avdelning Ⅱ：主要な新法令およびその立法理由書の重要部分を収める。
RH = Rättsfall från hovrätterna：高等裁判所判例集
SFS = Svensk författningssamling：スウェーデン全法令集で、法令に付されている数字は、このSFSにおける番号である。
SOU = Statens offentliga utredningar：政府の立法関係委員会の報告書（答申）で、立法資料として極めて重要である。
SvJT = Svensk Juristtidning：スウェーデンの代表的法律雑誌
TfR = Tidsskirift for Rettsvitenskap：ノルウェーで刊行されている全北欧諸国を対象とする法律雑誌で、ノルウェー語、デンマーク語、スウェーデン語が用いられている。

# 訴訟における主張・証明の法理

# 第一　スウェーデン法における主張責任論

「主張責任の分配は多年の経験を有する法律家にとってさえ、必ずしも十分に知られていないことなのである。」

（R・ボーマン・後掲書九九頁）

# はじめに

主張責任・証明責任論研究の基礎作業の一つとして、スウェーデン法における主張責任論について紹介・検討を試みるものである。スウェーデン法の主張責任・証明責任論に関する研究作業の手始めとして、P・O・ボールディング「証明責任と証明度」の翻訳を発表したが(1)、そこでは、主張責任の問題には全く触れられてない。そのため、わが国の法律家にとっては主張責任と証明責任との原則的一致は当然自明の事理と考えられているので(2)、とりわけ証明責任論において超過原則を採用するとき主張責任の問題はどうなるのか、というような疑問が生ずると思われる。スウェーデン法の主張責任ひいて証明責任に関する正しい理解を増す一助となり、このような疑問も解消することができれば幸いである。

もう一つの意図は、次のような現実的関心からである。実務界とくに弁護士(会)サイドによる民事訴訟の促進に関する研究が盛んであり、すでに第一東京弁護士会や第二東京弁護士会内の弁護士グループから手続の私案やモデル訴状、答弁書などが発表されている(3)。そこでは訴訟促進策の一環として訴状に重要な事情や証拠関係を記載すること、および否認に理由を付することなどが提唱されている。ところで実は、これらはスウェーデン訴訟手続法が一九四二年に制定された際に立法化され、一九四八年の同法施行以来この国で実施されていることなのである(同法四二章二条一項二・三号、七条一項三・四号。同法は一九八七年にかなり大幅な改正がなされたが(4)、上記各案の実質的内容に変更はない)。右のような訴訟促進の動きの比較法的討論については、すでに米、西独、仏におけるそれとの関連で論及がなされつつあるが(5)、スウェーデン法の見地からわが国における訴訟促進の動きの比較法的合理性を探り、これに対していささかでも理論的支持を与えうることを願うものである。

（1）『紛争処理と正義』竜嵜喜助先生還暦記念（一九八八、有斐閣）一七一頁以下。
（2）例えばこのことを強調する最近の論説として、中野貞一郎「主張責任と証明責任」判例タイムズ六六八号（一九八八）五頁。
（3）ジュリスト九一四号（一九八八）四頁以下、判例タイムズ六六四号（一九八八）一九頁以下など。
（4）SFS 1987：747.
（5）とくに、前掲ジュリストの座談会および諸論稿参照。

## 一　処分主義訴訟と非処分主義訴訟

民事訴訟は dispositiv なものと indispositiv なものとに分けられるが、訴訟手続法（rättegångsbalken）（以下、原則として単に法といい、また条文のみで引用する）は前者を「請求について和解が許容される訴訟」、後者を「請求について和解が許容されない訴訟」と表現する。そして dispositiv な訴訟においては、裁判所は当事者が申し立てない事項について判決することができず、当事者が主張しない法律事実（後述参照）は判決の基礎とすることができず（一七章三条）——わが国で弁論主義の第一命題（テーゼ）とされているものの明文化——、自白は裁判所に対して拘束力を有し（三五章三条）、原則として職権による証人尋問および書証が禁じられる（同章六条）。そして和解、承諾、放棄および欠席裁判が認められる（四二章一八条等）。また仲裁による解決が許される（仲裁人法（lag om skjieman）一条）(1)。すなわち、わが国における処分権主義と弁論主義との内容を合わせたものが dispositiv の内容であり、この原則が dispositionsprincip とよばれるものである——もっともこの原則は手続にも関する（例えば、小口頭弁論に関する当事者の同意（四二章二〇条二項））——。

以下、dispositiv な訴訟を処分主義訴訟、indispositiv な訴訟を非処分主義訴訟、そして dispositionsprincip を処分主義ということにする。

これに対して förhandlingsprincip はドイツ語の弁論主義を想起させるが、内容的にはそれと異なる。förhandlingsprincip とは当事者自身が訴訟審理のために配慮すること（訴訟における当事者の影響力）、すなわち中立的な裁判官の前で、当事者間において「弁論」（förhandling）の性質をもつといいうる訴訟活動を行うことをさすのである。この意味において dispositionsprincip は förhandlingsprincip の一つの特殊な場合とされる。言い換えれば後者は弁論主義と訳されるものの、他の学者が対論主義（弾劾主義）（kontradiktorisk princip）とよぶものや、米国でアドヴァサリ・システムといわれるものと——広狭の差はあれ——ほぼ同一内容なのである。(2)

右のような処分主義および弁論主義の理解はエーケレーヴの著書『訴訟上の基本概念および一般的訴訟原則』（一九五六年）において明確かつ詳細に唱道された。かれはそこで、ゲンナー（Gönner）に始まるドイツの弁論主義の学説史とその影響を受けつつ形成されてきた北欧のそれとを比較検討し、その見解を基礎づけたのである。ここにかれの興味深く、そしてユニークな所説の詳細を述べる余裕はない。ただ、弁論主義を我々の現在の通説的理解と異なりかれのような意味に把握することが訴訟法の法史的かつ比較法的理解にとって有用であること、裁判所に対する当事者の申立てレベルでの拘束と、主張および証拠レベルでの拘束との間にはなんら区別すべき理由がないと主張していることのみを指摘するにとどめよう。(3) そして現在では、かれの説はスウェーデン訴訟法学における通説的地位を占めているように認められる。(4)

このようなわけで、以下の記述において処分主義という用語は、文脈上わが国でいう処分権主義および

（または）弁論主義、[5] 処分主義訴訟とはこれらの原則が適用される訴訟の意味であることに注意していただきたいと思う。

（1） Per Olof Ekelöf, Rä ttegång I (6 uppl. 1980) s. 37–38（以下 Rättegång を略し、単に I, II 等として引用）。これはスウェーデンの大学法学部における訴訟法の公定教科書的存在であり、大多数の法律家は本書を通じて訴訟法を学んだ経験を有する（前掲拙訳一七八頁、拙著『スウェーデンの司法』（一九八六、弘文堂）六七頁参照）。なお以下、スウェーデン語文献の引用はおおむね比較的最近の重要なものに限った。それ以外は筆者の手許になく、また筆者の現在の境遇では利用しえないし、加えて引用文献を通じてそれ以外の文献も知ることができるはずだからである。

（2） A. a., s. 47–48. もっとも、法施行当時においては概して弁論主義を我々のいう広義の処分権主義（（5）参照）の意味で理解していたようである。例えば、N. Gärde et al., Nya rättegångsbalken (1949) s. 174 – 175. 180, 916（以下、単に Gärde として引用）.

（3） Ekelöf, Processuella grundbegrepp och allmänna processprinciper (1956) s. 214 ff. とくに s. 256, 266（以下、単に grundbegrepp として引用）.

（4） 例えば法学辞典における説明はほぼかれの説明によっている。Sture Bergström et al., Juridikens termer (6 uppl. 1983) s. 46. 77. もっとも Bengt Lindell, Sakfrågor och rattsfrågor (1987) s. 167–168 は、弁論主義を我々のそれと同様に理解しているようにも窺われる。

なお、Seven Larsson, Dispositionsprincipen och dispositiva regler, SvJT 1980 s. 577ff. はエーケレーヴ説に対する強い反論を展開している。

（5） わが国における広義の用法としての処分権主義に相当するといえよう（中野貞一郎＝松浦馨＝鈴木正裕編『民事訴訟法講義（補訂第二版）』（一九八六、有斐閣）三四九頁（松浦執筆）、上田徹一郎『民事訴訟法』（一九八八、法学書院）一六四頁参照）。

## 二　事実とその主張[1]

主張（åberopande、動詞はåberopa）という語はとりわけ事実（Faktum、複数fakta）が主張されるときに用いられる。法は事実を表示するためにomständighetという語を用いている。申立て（yrkande）と区別される意味での主張（åberopande）について、法一七章三条は「判決は当事者が適式に申し立てた事項以外またはそれを超えるものについてなされてはならない。請求が和解が許容されるものであるときは、判決は当事者がかれの訴えの原因（grund för hanstalan）[2]として主張しない事実に基づいてはならない。」と規定する。立法理由書によれば、直接に関連する事実と間接に関連する事実とが区別され、本条の事実は前者に属する。[3] これはきわめて重要な区別である。前者はそれに法律効果が結びついている事実で、後者は直接または間接に前者のための証拠としての意味をもつ事実である。学説上前者は法律事実（rättsfakra）とよばれ、後者は証拠事実（bevisfakta）とよばれる。[4] 実体法上の法律事実を法文は「訴えの原因として主張される事実」（omständighet, som… åberopats till grund för hans talan）、「〔訴訟〕の結果がそれに基づく事実」（omständighet, varav utgången berodde）という晦渋な表現を用いている（一七章三条、一八章三条二項）。これはドイツ語のTatbestandに当たるとされる。[5] 以下、法律事実というときは実体法上の法律事実の意味で用いる。[6]

法律事実と証拠事実との限界づけは、複合的な法律事実例えば過失については困難を惹起する。エーケレーヴによれば、自動車運転者が時速七〇キロで狭く曲がりくねった林道を、しかも道路の状態が悪いのに運転したという場合、これらの諸事実は合して過失を構成する、ということは法律問題である。従って、これらの事実は運転者が過失で運転したことの証拠ではなく、過失自体を構成する。[7] ところがラーションは過失も法律事実で、過失を構成する事実は証拠事実だとしつつ、後者――少なくともその重要なもの――を法律事実とみることも可能だとする。[8]

また、事実の主張も一種の申立てとみられる。例えば、貸金請求事件における報告の支払の主張は、裁判所が支払がなされたという事実に基づき、原告の請求の棄却を理由づけることを求める申立てといいうる。しかし、明確性のためにこのような表現は避けるべきなのである。[9]

ところで、同一事件が法律事実としても証拠事実としても主張されうるから、[10] 主張には法一七章三条後段の枠内における主張とその他の主張とがあるわけである。前者のみが技術的な意味における主張であり、両者を区別するのはその目的だとされる。しかし、通常は åaberopa という語が用いられるか否かに捉われることなく、客観的に判断すべきである。påstå, göra gällande（前者は陳述する、後者は主張するの意）というような語は åaberopa の同意語であるし、これらの語が全く使われていない場合でも、主張と解する余地がありうる。これに反して、当事者が証拠調べ中や最終弁論において初めて法律事実に言及したときは、特段の理由がない限り主張とみることはできない。[11] なお、この意味における主張の有無を確定することは裁判所の実質的訴訟指揮の典型的任務の一つである。[12]

法律事実の主張はさまざまに分類されるが、その命名法については必ずしも統一されていない。とくに重要なものとして、原告請求の原因（grunden för karömålet）（以下、わが国の用語にならって原則として請求原因という）と反対事実（motfakta）との分類がある。原告は召喚状申請書（stämningsansökan）（訴状）[13] においてその訴えを理由づける事実を記載しなければならない（四二章二条一項二号）。これは原告請求の原因（エーケレーヴ、ボーマン）または基礎的要件（grundrekvisit）（オリーヴェクルーナ）とよばれる。[14] その他の事実は一般に反対事実といわれる（この用語はオリーヴェクルーナの提唱にかかる）[15]。

例えば、売主の買主に対する代金請求の訴えにおいて、買主が商品の瑕疵を主張したところ、売主が瑕疵とそれに基づく権利の留保の通知（reklamation 以下、単に通知ということがある）[16]の遅延を主張し、さらに買主が売主の詐欺的行為を主張した場合は、売買契約が請求原因、瑕疵の主張が第一段階の反対事実、通知の遅延が第二段階の反対事実、詐欺の主張が第三段階の反対事実ということになる（売買法（köplagen）四二、五三、五四条参照。わが国でいう抗弁、再抗弁、再々抗弁と同じ関係）。すなわち、反対事実にはいわゆる障権事実および滅権事実が数えられる。もっとも、スウェーデン訴訟法学ではこういう分類による主張責任の分配をしない[17]。

法一七章三条後段の枠内の主張に限られないが（後述六注（7）参照）、原告の請求原因事実に対する被告の本案の答弁（抗弁を含む）（sakinvändning）は次の三種に区別される[18]。

(1) 現行法上、原告主張の事実は原告の請求を認容する基礎におくことができない（権利答弁ないし法律上の答弁（rättsinvändning）[19]）

(2) 原告主張の事実は全部または一部存在しない（否認）

(3) 反対事実の存在の主張

ドイツ語では(1)は Behauptung, dass die Klage unschlüssig sei, (2)は Leugnung des Klagegrundes, (3)は Einwendung, Einrede に相当するとされる[20]。

なお、否認に関連してスウェーデン法において注意すべき点が二つある。その一つは、否認は原告の主張と矛盾する一種の主張であり[21]、被告は答弁において抗弁と同様に否認についてもその理由を陳述すべきものと解されていることである（四二章七条一項三号参照[22]）。わが国におけるような単純否認は許されない。この点は西独と同様である（ZPO一三八条）（その理由については後述五3参照）。その二は自白の特異性である。処分主義訴訟における自白は一種の「証明の代用物」であり、証拠調べを不要にする。しかし自白は、当事者が当該事実を裁判所の審理なしに判決の基礎とすることに反対しないことが明らかなものでなければならない。従って、単に否認しない事実（明らかに争わない事実）は自白と同視できない。スウェーデン法においては当事者の抗争責任（bestriedandebörda）なるもの——争わなければ不利益を受けるという趣旨であろう——は存せず、擬制自白は認められないのである（四二章七条一項三号、同章八条と同章七条一項二号とを対照）。エーケレーヴはこの点において英法やドイツ法と異なることを明言する。もっとも、否認しないことは証拠価値を有しうる。とくに当事者が裁判所の出頭命令・釈明処分等に服しないときは、裁判所は自由心証によりその事実について自白と同一の効果を認めることができる（三五章四条参照[23]）。なお自白の撤回は原則として自由であるが、撤回後におけるその証拠価値は撤回の理由等を考慮して裁判所が定める（三五章三条一項[24]）。

（1）この節全般について Ekelöf, I s. 20-24.

（2）この文言は「原告の訴えの原因」の意味と理解されなくもないが、立法理由書はこのような理解を明白に否定しており、反対事実を除外すべき理由はなんら存しない。NJA II 1943 s. 204, Boman, s. 62-63.

（3）NJA 1943 II s. 194, Gärde, s. 573-574.「直接に関連する事実」、「間接に関連する事実」という表現はすでに Ernst Kallenberg, Svensk civilprocessrätt II (1927) s. 541 にみられる。なお、立法理由書は一七章三条の事実を「訴訟における法律関係にとって直接意義を有する事実上の状況」ともいう。NJA 1943 II s. 204.

（4）証明主題のための証拠事実の証明力の強弱に影響する事実が補助事実（hjälpsfakta）である。Ekelöf, IV (5 uppl. 1982) s. 10. もっとも同一の事実が場合により法律事実、証拠事実、補助事実のいずれでもありうる。

Lindell, a. a., s. 31–32, Ekelöf, II（7 uppl. 1986）s. 120–121も参照。

（5） もっともボーマンはTatbestandを使わず、unmittelbar relevanter Tatsaschenを用いている。Boman, s. 264以下の独文要約。なお、エーケレーヴは英語のfact in issue, legal fact, principal fact, material fact等、フランス語のfait juridiqueに当たるという。

（6） 法律事実概念の多様性については、Lindell, a. a. s. 26 ff. なおEkelöf, Anm. av Bengt Lindell, Sakfrågor och råattsfrågor, SvJT 1988 s. 37, Per Olof Bolding, Bevisbördan och den juridisk tekniken（1951）s. 45 not 32,（以下、単にBevisbördanとして引用）

（7） Ekelöf, IV s. 9. なおLindell, a. a., s. 37–39参照。またボールデイングは、過失は複合的法律事実で、個々の事実はその要素だという。Bolding, Bevisbördan s. 48–49, Går det att bevisas?（1989）s. 22.

（8） Sven Larsson, Om åberopande, SvJT 1967 s. 15（以下、単にLarssonとして引用）なおラーションはこの点に関連して次のように論じている。交通事故による損害賠償請求訴訟において原告＝被害者が被告＝加害者の過失として、①スピード違反のみを主張したとき、裁判所は注視義務の懈怠および他車線への違法な進入を判断できるか？ ②他車線への違法進入を一メートルと主張したとき、それが三メートルだと判断することはどうか？ ③道路の幅員の狭さから見て余りにも速い特定のスピードで走行したとのみ主張したとき、対面する交通の状況にかんがみ余りにも速いスピードで走行したと判断することはどうか？ 答えは①はノーだが、②、③はイエスである。①については、原告はスピード違反は主張しても、注視義務の懈怠は主張したがらないことがある。後者は審理が困難で、訴訟費用が増大するおそれがあるからである。しかし、②、③の場合はそういう問題はなく、いわば特定の状況の不主張に過ぎない。それゆえ、①の主張は法律事実で、②、③のそれはいずれも証拠事実とみるべきである。A. s. 15–16.

（9） Robert Boman, Omåberopande ochåberopsbörda i dispositiva tvistemål（1964）s. 11–14（以下、単にBomanとして引用）。反対Larsson, s.11–12. ボーマンは事実の導入ないし言及（införande）と主張とを区別し、法律事実については主張が必要だという。Boman, s. 13.

(10)　当事者が「事態は実際には私が述べるような経過を辿ったことは、以下の事実により証明される」として法律事実に当たる事実に言及する場合は、明らかに証拠事実として主張されている。Boman, s. 40.
(11)　Boman, s. 14–15.
(12)　Boman, s. 36. s. 38, 40も参照。
(13)　ボーマンはドイツにおけるKlageschriftが召喚状申請書の対応物だという。Boman, s. 69. なお拙訳、P・O・ボールディング『民事・刑事訴訟実務と弁護士』（一九八〇、ぎょうせい）一四五―一五六頁参照。
(14)　Boman, s. 10, Karl Olivecrona, Rätt och dom（2 uppl. 1966. 初版は1960）s. 205 etc.
(15)　Olivecrona, Rätt och dom s. 205.
(16)　この問題については山下丈「スウェーデン売買法の新動向〔5〕」国際商事法務一五巻九号（一九八七）七〇三頁以下参照。わが商法五二六条一項所定の検査通知義務に相当する。なお、このいわゆる責問義務については、石原全「買主の責問義務に関する一考察」判例タイムズ六三五号（一九八七）一六頁以下およびそこに引用の文献を参照。
(17)　法律事実を拠権事実、障権事実および滅権事実に分類することは、古い権利観念の時代の産物としながらも、障権事実は別として他の二つは認める。しかしこの分類自体は主張責任・証明責任の分配には関わりがないとするのである。Boman, s. 206–207.
(18)　invändningは答弁と抗弁とを含む意味である。Ekelöf, Grundbegrepp s. 59 ff., V（6 uppl. 1987）s. 22–23. replikは再答弁・抗弁であり、duplikは再々答弁・抗弁である。もっともボーマンは、第一段階の反対事実を答弁事実（svarfakta）、第二段階のそれを再抗弁事実（replikfakta）、第三段階のそれを再々抗弁事実（duplikfakta）、――さらに再々々抗弁事実（triplikfakta）等と続く――という。Boman, s. 10–11.
　ドイツ語のEinwendungの用法については、倉田卓次訳『ローゼンベルク・証明責任論』（全訂版、一九八七、判例タイムズ社）二九三―二九四頁（以下、単に「ローゼンベルク」として引用）の訳注参照。広義における訴訟法上の用法（複数）としては、積極否認とEinredeとを含めた「攻撃方法としての主張」の意味になるといわれる。スウェーデン法では単純否認はないので、invändningはこの広義の用法と同じに帰するといえよう。Boman, s. 108はEinrede, Einvendungの用法について倉田博士とほぼ同趣旨の説明をしている。

(19) 主張自体失当の場合であり、わが国でいう権利抗弁(谷口安平『口述民事訴訟法』(一九八七、成文堂)二一五頁、など参照)とは意味が異なる。権利答弁は「裁判所は法を知る」(jura novit curia)の原則によれば被告の主張を要しないものである。Per Henrik Lindblom, Processhinder (1974) s. 91. しかし判決の事実摘示(一七章七条一項三号)においては権利答弁も記載すべきだとされる。(Ekelöf, V s. 204. 最近の我が国における権利抗弁に関する有益な研究として、坂田宏「権利抗弁概念の再評価」一、(二・完)民商法雑誌一一〇巻四・五号(一九九四)七九五頁以下、一一〇巻六号(一九九四)九七三頁以下参照。

(20) 英語では、(1)はobjection point of law, demurrer、(2)はtraverse, denial、(3)はavoidance, exception, affirmative defenceだという。

(21) Boman, s. 80. なお、ローゼンベルク六二、八九—九〇頁参照。

(22) ボーマンもZPO一三八条三項との違いを強調する。Boman, s. 269. わが国の最近の学説は、自白の拘束力の根拠を弁論主義にあるとする通説に対する疑問を提起し、それを多様なものに求め、その一つとして審理の促進・充実という政策的根拠を強調する(小林秀之「裁判上の自白と顕著な事実」判例タイムズ六七四号(一九八八)一四頁以下およびそこに引用の文献参照)。擬制自白については審理の促進を重視すればこれを認める方向、審理の充実を強調するとこれを否定する方向に行くことになるといえようか。

(23) NJA II 1943 s. 449–498, Gärde, s. 449–481, Ekelöf, IV s. 70, V s. 22.

(24) Ekelöf, IV s. 73, Boman, s. 105. 自白を撤回した当事者は自白が真実に反することを証明することによりその証拠価値を奪うことができる。Ekelöf, a. st. つまり、わが国や西独(ZPO二九〇条)とは順序が逆になっているわけである。

## 三　主張責任の意義(1)

主張責任（åaberopsbörda）を負うとは、ある事実が主張されないとき、これが判決の基礎を成す訴訟資料に含まれない、という不利益を受けることを意味する(2)。すなわち主張責任の基本的理解は別段わが国と異ならない。もっとも、主張責任という語がスウェーデン訴訟法学に登場するのは比較的最近のことでボーマンの提唱にかかる(3)。それまではドイツ語の Behauptungslast をそのまま用いたり、「事実を陳述する義務」、「主張する義務」などという表現を用いていた(4)。ちなみに証明責任（bevisbörda）という語はすでに早くから使われていた(5)。

前述のとおり、原告は、訴状に請求原因事実を記載し、被告はこれに対して上記三種の答弁を行うのであるが、被告は争うときはそのための理由（grund）を陳述しなければならない。原告も被告の答弁に対して同様に三種の答弁をする。しかし、被告の否認や権利答弁に対しては請求原因の主張を維持するだけで足りる。もっとも権利答弁が請求原因の補正を必要とすることもある。例えば、損害賠償訴訟において原告は被告の厳格責任（strikt ansvar）(6)を主張したところ、被告が厳格責任が適用されないことを主張するときは、原告は過失を構成する事実を主張することが必要になる。

準備手続においては、以上のようにして当事者の主張・争点が整理される。そしてその際には明らかに主張責任の分配が前提とされている。しかし、この問題は若干の場合においては困難を惹起する。前述の代金請求の例はそれに属する。売主が訴訟において請求原因として売買契約を主張しなければならないということについては何人も疑問を抱かない。だが、なぜ瑕疵の主張は被告がすべきなのか？　そしてなぜ被告は瑕疵の主張と結び付けてその通知の主張をすべきではなく、却ってそれはまず原告の主張責任に属するのか？

これが主張責任の分配の問題として論じられるものである。

主張責任のルールは二つの面で意義を有するとされる。第一は、法律事実が全く審理の対象とならなかったときである。売主に対する訴訟において当事者のいずれも目的物件の瑕疵の点に触れなかったとしよう。裁判所は判決理由においてこの問題に言及できないけれども、引渡しの際目的物に瑕疵があったか否かいずれかを前提として判決しなければならない。立法論的には積極、消極二つの選択肢が考えられるが、解釈論としては明らかに後者によるべきである。すなわち、瑕疵の主張責任は買主に課されるといわれるのである。第二は同じ例を続けると、売主＝原告が訴状の請求原因において瑕疵のない目的物を引渡したと主張し、被告が単に売買契約の成立を否認したにとどまり、売買の成立が立証されたときである。この場合、裁判所はたとい引渡し時に現実に瑕疵があったことを示す証拠が存在したとしても瑕疵がなかったことを前提として判決しなければならない。このように原告が瑕疵の問題に触れたとしても一七章三条後段の適用上関わりがあるのは主張責任をもつ者の主張なのである(7)（後述する相手方の援用しない不利益陳述の項参照）。

主張責任の問題を考えるにあたっては、オリーヴェクルーナの造語にかかる「継続的関連性の原則」(successiva relevansens princip) に留意しなければならない。オリーヴェクルーナによれば、この原則は次のようなものである(8)。

判決の基礎となるべき法律事実として私法上関連を有する事実は、潜在的にはほとんど無限である。しかし当事者はそれを基礎的要件、拡大的要件、反対事実の順に主張して行けば足りる。拡大的要件は次の例で理解されよう。動産の売主が供給した物の代金を請求するとき、代金に関する合意の存在を主張することを要しない。売買契約の成立とその引渡しの主張だけで欠席判決により請求を認容できるためには必要にして十分である[9]。売買法五条によれば買主は不相当と認められない限り、売主の請求する代金額を支払うことを義務づけられるからである。しかし、買主が請求額よりも低い代金額の合意がある旨主張するときは、判例は古くから、原告は代金額の合意が存しないことを主張し、かつ立証しなければならないとしている[10]。この場合、基礎的要件は拡大されているわけで、これが拡大的要件である[11]。このような主張の順序を「継続的関連性の原則」と称する。これに対して、法律事実の証明が必要となったとき右の順序で証明が行われることを「継続的証明の原則」(successiva verifikationens princip)という。オリーヴェクルーナは、この二つの原則は神託裁判のような原始的司法でない限り、すべての裁判運営において必要であり、あらゆる時代の良き法律家は実質的にこの原則を適用してきたと主張する[12]。

売主が訴状において当初から瑕疵の点について主張することを要しないのは、この継続的関連性の原則によるのである。すなわち、瑕疵の通知の有無は瑕疵に関する抗弁を主張したときにのみ審理上関連がでてくるのであるから、訴状においてこの点まで主張することは不必要に訴訟を重いものにすることになる。もっとも訴訟前に売主、買主間において紛争解決の交渉が先行し、その際買主が瑕疵の点を問題にしたとしよう。この場合は原告代理人は訴状作成に当たって、諸般の事情からみて被告が瑕疵の点を訴訟上も問題にすることを予期し、この点に先行的に触れることは(ただし必要以上に交渉の事情について触れるべきではない)、買主が答弁において瑕疵に関する自己の見解を示すことに動機づけを与え、準備手続の促進に寄与するので、右の原則に反しない[13]。

これに関連して相手方の援用しない不利益陳述について若干触れておく。相手方の援用しない不利益陳述は原則として判決の基礎としえないと解されている。例えば、提訴前の交渉過程において被告がある抗弁を主張したので、原告はその訴訟上の主張を予想して訴状においてそれに対する再抗弁を主張するときは、同時に抗弁の記載も余儀なくされる。この場合、裁判所は被告が抗弁を援用したときのみこれを斟酌できるのである。その理由としては二つが挙げられる。第一は文理上の理由で法一七章三条後段が、判決は当事者が「かれの訴えの原因」(grund för hans talan)として主張しない事実に基づいてはならない、と規定していることである。第二は実質的な理由で、もしこのような不利益陳述が判決の基礎とされるならば、当事者はそれを恐れ相手方の答弁等を予想して予め主張することをしなくなり、その結果準備手続の遅延を招くから、不利益陳述は自己に不利益に利用される危険なしにできなければならないというのである。不利益陳述を判決の基礎としないことは審理の促進に寄与するわけである。[14] なお公知の事実(三五章二条一項)も主張を必要とする。[15]

情報提示責任(informationsbörda)。強行規定のような裁判所が職権で顧慮すべきだが、職権探知の義務を有しない問題について、それが裁判所に知られないときは当事者の一方は主張責任と同様の不利益を受ける。しかし、この場合は主張は必要でなく、裁判所になんらかの方法でこの点について気づかせれば足りる。そこでボーマンは、主張責任と区別してこの負担を情報提示責任(informationsbörda)とよぶ。そしてこれは職権探知の事実についても妥当するという。[16]

(1) この節全般について Ekelöf, V s. 24–25.

(2) Boman, s. 8.

(3) Boman, Åberopsbördan i Bilmål, SvJT 1960 s. 387. しかし用語は別として、内容的にはすでに旧法時から

知られていた。Larsson, s. 27–28.

(4) ボールディングは筆者に対して、一九五三年ローゼンベルクの証明責任論の書評をした際は、当時まだスウェーデン訴訟法学では主張責任という語が用いられていなかったので、「主張を提出する義務」(skyldighet att framställa åberopande) という語を使ったと語った (SvJT 1953 s. 502 参照 (その全文は附録3として訳出))。かれは「主張する義務」という語も用いている。Bolding, Bevisbördan s. 112.

(5) Ernst Kallenberg, a. a. s. 676 etc.

(6) この概念は英米法の strict liability に相当するといってよい。Knut Rodhe, Obligationsrätt (1956) s. 535 ff., Lärbok i obligationsrätt (6 uppl. 1986) s. 232 ff. 参照。

(7) Ekelöf, II s. 122.

(8) Olivecrona, Rätt och dom s. 202–209.

(9) 請求原因事実はドイツ語でいう schlüssig なものでなければならない。オリーヴェクルーナは schlüssig に対するスウェーデン語が望ましいが、見つけるのが難しいという。Olivecrona, Rätt och dom s. 180,. Boman, s. 55 も参照。わが国でも Schlüssigkeit について訳語が統一されていないことと対比して興味深く思われる。

(10) この問題については、山下丈「スウェーデン売買法の新動向〔2〕」国際商事法務一五巻六号(一九八七)四二五—四二六頁参照。

(11) ボーマンは被告の代金額の合意の主張は答弁事実(反対事実)で、原告のその不存在の主張は再抗弁事実だという。かれはオリーヴェクルーナは主張責任と証明責任との一致を説くため買主が証明責任を負わない代金額の合意の点を反対事実とみることができなくなったのだと批判する。Boman, s. 87–88. s. 220–221 も参照。西独ではスウェーデンとこの点に関する実体法の定めが異なるが、同様の議論があることについてローゼンベルク三〇三—三〇五、三五二頁以下参照。

(12) この二つの原則はわが国の要件事実論や西独におけるリラチォーンス・テクニックに照応する面があるといえよう。なお、証拠法の論議において哲学上の verifikationsprincip に言及されることがあるので (Lindell, a. a.

s. 174 ff.)、本文の successiva verifikationens princip をこれと混同しないようにすべきである。

＊　オリーヴェクルーナと私法の三分類

オリーヴェクルーナによれば私法（civilrätt）という名でよばれる法規の複合体は、①形而上的または観念的私法――権利・義務に関する法規、②司法的私法または裁判法規――本案の裁判のための裁判官の行為規範で、証明責任規範はこれに属するとする、③市民的私法――市民の行為規範としての法規、とに分けられる。Olivecrona, Rätt och dom s. 148 ff.（第四章）. この分類およびこれに関連してかれが司法的私法と訴訟法との区別について説くところは理論的にすこぶる興味深いが、ここでは割愛せざる得ない。そしてかれは、ローゼンベルクの証明責任論に対する批判の中で、実体法規が裁判官の行為規範だというローゼンベルクの見解を採るならば、これと並んで特別の証明責任規範を考える必要のないことは明らかだろう、そこでは単に基礎的要件と反対事実の確定のみが問題となるだろう、と指摘する。A. a. s. 210. s. 204 も参照。この指摘（本書の初版は一九六〇年に刊行）には、西独およびわが国における近時のローゼンベルク批判（春日偉知郎「証明責任論の一視点」判例タイムズ三五〇号（一九七七）九頁以下、同訳、ディーター・ライポルト「民事訴訟における証明度と証明責任」同誌五六二号（一九八五）三九頁以下、など参照）、さらにはわが司法研修所の「裁判規範としての民法」という考え方（伊藤滋夫「要件事実と実体法」ジュリスト八六九号（一九八六）一四頁以下、とくに二五頁参照）と相通ずるものがある。

(13)　Ekelöf, V s. 25–26. Boman, s. 136 も参照。

(14)　Boman, s. 103 – 104, Ekelöf, Ⅳ s. 69 も参照。なお不利益陳述に関する各種の具体的問題についてはBoman, s. 63ff., 105ff., Ekelöf, V s. 191–193. 第二の理由はわが国でも検討に値するように思われる。ちなみに、本文の例は攻撃防御方法の避けられない不利益陳述――「せり上がり」ではない（司法研修所編『増補民事訴訟における要件事実第一巻』（一九八六、法曹会）六二―六四頁、二九一頁以下参照（以下『要件事実第一巻』として引用））。

(15)　Boman, s. 67, Ekelöf, Ⅳ s. 64.

(16) Boman, s. 68–69. なお Lindell, a. a. s. 117 参照。わが国の議論として、中村英郎『民事訴訟法』(一九八七、成文堂)二九四頁は、職権調査事項のみならず職権探知事項についても主張責任が存在するという。

## 四 主張責任と証明責任

冒頭で述べたように、わが国では主張責任の分配は証明責任の分配と原則的に一致することは当然の事理と考えられている。スウェーデン法においても、比較的最近まではそのような見解が強かった。(1) 従来の証明責任論を徹底的に批判し、その後のスウェーデン法の証明責任論に決定的な影響を与えたオリーヴェクルーナ自身でさえ両者の原則的一致を主張していたのである。(2) エーケレーヴも嘗ては同説であった。(3) このような大勢に対して反旗を翻したのは、ボールディングとボーマンである。

ボールディングはスウェーデンにおける超過原則の主唱者であるが、この原則を採用すると証明責任の分配に従って主張責任を分配することができなくなるけれども、この点について、主張責任と証明責任とは原則的に一致せず、両者にはそれぞれ異なる合目的的考慮が支配するという。そして請求原因の主張責任が原告に課せられるのは、訴状は訴訟の枠組みを決定し、それによって訴訟経済的その他の見地から適切な手続の序盤を形成する任務を有するからだと主張する。(4)

ボーマンの『処分主義訴訟における主張および主張責任』(一九六四)は近年のスウェーデン訴訟法学におけるおそらく唯一の主張責任を扱ったモノグラフィーであるが、かれは同書において主張責任の分配と証明責任の分配との分離を主張し、前者の後者に対する「独立性の原則」(fristående princip)を提唱した。(5) この原則によれば、「訴訟資料が不必要に拡大されず、可能な限り当事者間で争いのあるものに制限される」ように主張責任は分配されるべきだとされる。この主要原則からの派生的原則として、第一に多くの選択的法律事実が判決のための訴訟資料となるのを防止すること[6]、第二に典型的にしばしば争いがないような法律事実の主張責任は、通常その法律事実が争われるときにのみ訴訟に導入されることを要するように分配されるべきことが挙げられる。この二つは同時に主要原則を基礎づける訴訟経済的理由でもあるが、さらにもう一つの理由として実体法的な考慮が述べられる。それは主張責任の分配が証明主題の範囲にとって決定的だということに関連する。多くの法律事実が主張されればされるほど、その事実は証明されなければならない。ある当事者が勝訴するためにそれらの事実のすべてを主張し、証明しなければならないとしたら、かれの実体法上の地位は著しく弱められる。この弱体化は少なくとも時に相手方に主張責任を課することによって妨げるであろうというのである[7]。ボーマンは主張責任と証明責任との一致を主張する見解に対して、両者の分配が統一的な法制度は簡明で理解しやすく考慮に値する、とリップサービスを呈しつつ次のように反論する。しかし、それが可能であるためには証明責任の分配が確立していることが必要だが、これこそしばしば困難な問題なのである。オリーヴェクルーナの証明責任論——私はそれが最も説得的な証明責任論だと思うのであるが——によれば証明責任の分配に関する一般原則は樹立することができないのである。したがって、「主張責任の分配について証明責任の分配を指示することは、時に灰の中から出て火の中に入って行くようなものである[8]。」と。

しかしかれは後述のように、主張責任が証明責任と一致する場合が多いことを認め、また、主張責任を当事者のいずれに課すべきかについて決定的な理由が存しない場合や疑義のある場合は、証明責任の分配に従うべきだとする。それゆえ、主張責任と証明責任との一致を基本原則として例外を認めるアプローチをとっても差し支えないわけであるが、それでは重要な例外を看過してしまうおそれがあり、独立性の原則を採るほうがベターだという。(9)

ここでボーマンとは対蹠的なラーションの見解についても瞥見しておこう。かれは主張責任は証明責任に従うという原則の価値を強調するが、かなり大幅な例外を認める。それは訴状の理解しやすさのために、被告が証明責任を負う法律事実を訴状において包含することが必要とされる場合についてである。(10)一例としては、原告が代理人と称する被告と契約したところ、本人が代理権の授与を認めないので、被告に対して損害賠償請求をする場合が挙げられる（契約法（avtalslagen）二五条参照）。この場合、代理権の存在の証明責任は被告にあるが、主張責任は原告にあるであろう。なぜなら、訴状に代理権の不存在に関する主張が欠けているならば、訴状はほとんど理解不可能であろう、というのである。(11)ラーションはスウェーデン法が弁護士強制制度を採用していないことにかんがみ、主張責任のルールが当事者に理解しやすく簡明なものであるべきことを強調し(これ自体は極めて重要な視点だと筆者は考える)、この面から主張責任が証明責任に従う法理を支持するのであるが、同時にこのことがかれをして大きな例外を認めさせる根拠にもなっているのである。このような学説の動向を踏まえてエーケレーヴの現在の見解は、ボーマンのそれにかなり接近している。次にかれの教科書のこの点に関する記述をやや詳しく紹介してみる。(12)

法は主張責任の分配についてほとんどなんら定めていないし、証明責任論におけると同様に実体法規の構造から主張責任の分配を引き出すこともできない。しかし、実務上主張責任の分配について困難が惹起されることはまれである。証明責任を負う者は通常主張責任も負うと考えられてきていることが一因である。だが、この見解は一般的に妥当するわけではない。このことを示す二つの事例を挙げてみよう。

第一は、ほとんど常に当事者間で争われない事実に関する。貸金請求事件において債権者が弁済期について証明責任のみならず主張責任まで負うならば、債権者はすべての訴訟において弁済期の到来を主張することを強いられ、その主張がないだけで敗訴することになる。これに対して弁済期に関する主張責任が債務者に課されるならば、この問題は債務者がその未到来を主張するときにのみ審理の対象となる。その他のすべての場合には、弁済期の到来について当事者間に争いがないかどうかを確定する労を免れることができる。この訴訟経済的観点が弁済期に関する主張責任を債務者に課することの理由として指摘されうるのである。[13]

瑕疵の通知についても同様である。前述の売買契約の例で、答弁において目的物の瑕疵を主張する買主はその通知について証明責任を負うにもかかわらず、直ちにこれを主張すべきではないのである。買主が期間内に瑕疵の通知をしなかったことは第二段階の反対事実として売主が主張責任を負い、しかる後に買主は通知行為を主張することになる（ボーマンは前者を第一次的主張責任、後者を第二次的主張責任とよぶ）。[14] そうでなければ買主が瑕疵を主張するすべての訴訟においてその通知の主張が氾濫し、審理の負担となる。[15] もっともこの場合の用語法について学説は一致しない。ボーマンは売主による期間内不通知の主張を第二段階の反対事実、買主による通知行為の主張を第三段階の反対事実とする。オルソンは売主の右の主張を「拡大された陳述」、買主のそれをかれがすでに主張した第一段階の反対事実（瑕疵）に対する「附加的」なものだとする。[16] エーケレーヴはいずれにも問題があるという。例えば、ボーマンの説に対しては次のような疑問を提示する。買主が売主の詐欺的行為を主張することは期間内に通知をしなかった事実を認めたうえでその法的意義を奪う主張をしているのであるが、具体的な通知行為の主張は通知がなかった旨の主張に対する否認に過ぎず、第三段階の反対事実というのは当たらない、と。

第二は、主張責任の問題は何が証明主題になるかについて決定的であることと関連する。例えば運送法においては、運送人は帰責事由がないことを証明できない限り、運送品の損害について責任を負うというのが運送法上の一般原則と考えられている。(17) この場合、帰責事由の不存在に関する主張責任まで運送人に負わせることは酷に失し、実質的に厳格責任を課したのと同一に帰する。何故ならば運送人はそもそもなんらの過失もなかったことを主張しなければならないが、損害はさまざまな態様で生じうるから、かれはこれらのすべてについて過失がないことの証明責任を負わされることになるからである。これを防止する一つの方策は、主張責任を原告に負わせて運送人に特定の過失があったことを主張させ、被告＝運送人の証明責任をこの主張に限定することである。(18)

（1）　Boman, s. 188–191.

（2）　Olivecrona, Bevisskyldigheten och den materiella rätten (1983) s. 159 etc. (以下、単に Bevisskyldigheten として引用)

（3）　Ekelöf, Grundbegrepp s. 64 ff., Boman, s. 194.

（4）　Bolding, Bevisbördan s. 21, 112–113, Idem, Har försäkringsfallet inträffat? (1952) s. 21 (Boman, s. 195 から再引用)。しかし現在では主張責任の根拠について、基本的にはボーマンと同説のように窺われる。すなわち Bolding, Går det att bevisas?　においては、主張責任の規則は訴訟が当事者の主張により関連ある事実に集中しうるために必要とされる、と述べているからである。A. a. s. 105.

（5）　とくに Boman, s. 198–199. これに対する批判として Larsson, s. 28–31. ラーションは主要原則も派生的原則も漠然とし過ぎているし、ボーマンのいう訴訟経済的考慮は証明責任についても同様に問題となるとして手厳しい批判を加える。Larsson, s. 28–31. なお、ラーションのこの論文は、全編ボーマンのモノグラフィーに対する痛烈な批判に満ちているが、その背景には訴訟法学者としての経歴における両者の宿命的な対立が潜んでいることも看過できないかも知れない。前掲拙著『スウェーデンの司法』八五頁以下参照。

（6） ラーションは障権事実および滅権事実に関する主張責任を債務者に課することにより第一の派生的原則は不要に帰すると批判する。Larsson, s. 30–31.

（7） ラーションはこの点は証明責任の助力でもって達成できるという。Larsson, s. 29.

（8） Boman, s. 200. s. 260 も参照。

（9） Boman, s. 263.

（10） ボーマンも訴状の理解のしやすさという点を主張責任分配の理由として援用する。Boman, s. 239, 247.

（11） Larsson, s. 33–37. Boman, s. 246–247（ここではRosenberg, Beweislast（4. Aufl.）s. 52 が引用されている）と同説。代理権の証明責任についてはTore Almén - Rudolf Eklund, Lagen om avtal（9 uppl. 1968）s. 90 およびそこに引用の判例を参照。なおわが国では設例の場合、原告は代理権の不存在を主張することを要しないと解されている（『要件事実第一巻』一〇六頁）。

（12） Ekelöf, V s. 26–28. ボーマンによれば、エーケレーヴが主張責任の分配は常に証明責任に従うという見解を修正したのはRättegång Ⅳ（1 uppl. 1963）からである。Boman, s. 208. 現在ではエーケレーヴも基本的にはボーマンと同説に近いように窺われる。とくにEkelöf, Ⅳ s.112 参照。

（13） Boman, s. 220–221, 249–253 参照。なお、後注（15）および六注（3）をみよ。ちなみに、スウェーデン法も原則として将来の給付の訴えを認めない——もっとも例外事由を詳細に定める（一三章一条）。原告が同条所定の例外事由がないのに弁済期未到来を自陳するような場合は訴えは却下されることになる。しかし、原告が債務は弁済期にあると考えるとき、かれはそのことを訴状において具体的に主張することを要しないのである（単に弁済期が到来しているという主張は無意味だろうといわれる）。他方、原告が弁済期の到来を主張し、それが証明できないときは同条四号により将来の給付の訴えとして取り扱うべきものと解されている。Ekelöf, Ⅱ s. 98 f. わが国におけるこの点に関する議論については、後藤勇「現代の給付請求と将来の給付請求」判例タイムズ六九〇号（一九八九）四頁以下、など参照。

（14）Boman, s. 88.

（15）Boman, s. 257. ボーマンはそこでさらに、売主に不通知の主張責任を課すべき理由の一つとして、かれにとって目的物の瑕疵の有無の確定を求めることは不通知を理由に勝訴するよりも大きな経済的利益がありうることを挙げている。つまり、不通知を主張すると裁判所はその抗弁を理由に請求を棄却してしまい、目的物に実際に瑕疵があったかどうかに関する裁判所の判断が得られない危険があるため、売主が不通知の主張をしたがらない場合もあるから、この点に関する主張責任は売主に負わせるべきだというのである。ところで理由づけは異なるにせよ、通知行為がスウェーデン法でも日本法でも再々抗弁として捉えられているのは興味深い（『要件事実第一巻』一九〇、二二一頁参照）。

（16）Hans Gustaf Olsson, Förberedelse i tvistemål（1964）s. 56, 95–96.

（17）K. Grönfors, Allmän transporträtt（1975）s. 51（Ekelöf, V s. 28から再引用）. 日本商法五六〇、五七七、五九〇条、国際海上物品運送法四、五条参照。これらの条文に関する文献として、小町谷操三『運送法の理論と実際』（一九五三、勁草書房）二三四頁以下、田中誠二＝吉田昂『コンメンタール国際海上物品運送法』（一九六四、勁草書房）七二頁以下、田中誠二ら編『コンメンタール商行為法』（一九七三、勁草書房）とくに五七七条の注釈（四二二頁以下）参照。

（18）Boman, s. 223 ff. 参照。もっともエーケレーヴは、実務においてこの問題自体が必ずしも明確に認識されていないのではないかという。Ekelöf, V s. 28. わが国では債務不履行の帰責事由に関する主張責任・証明責任とも一般に債務者にあると解されており、本文のような議論はみられない（倉田卓次監修『要件事実の証明責任　債権総論』（一九八六、西神田編集室）四六―四七頁、六五頁以下、一〇一―一〇二頁（以下「倉田監修」として引用）など参照）。またボールディングは、自動車責任法二条（我が国の自動車損害賠償保障法三条に相当する）により過失の不存在の証明責任は加害者にあるが、その主張責任は被害者にあるという。Bolding, Bevisbördan s. 113.

法は主張責任の分配についてほとんど全く顧慮しておらず、証明責任論におけると同様に実体法規の構造から主張責任の分配を引き出すことはできないとされている。[2] すなわち、現在のスウェーデン訴訟法学においては主張責任・証明責任の分配について規範説その他の一般原則による分配の可能性を否定する点では見解の合致が見られるといってよい。[3] 主張責任と証明責任との原則的一致を説く論者も証明責任の分配について一般原則を樹立することは断念しているからである。[4] しかしそれにもかかわらず、実務上主張責任の分配について困難が惹起されることはあまりないと言われている。また、学説の関心も従来比較的薄かった。ラーションはこのような事態の理由として、当事者が主張責任の存否について確信を持てないときは、大事を取ってその事実を主張すること（主張自体はとくに労を要することではないから）、当事者が主張を怠るときは裁判所が釈明権を行使し、通常当事者はそれに応ずること、および主張責任は原則として証明責任に従うのが適切と解されていることの三点を指摘している。[5] しかし以上は、主張責任の分配が容易な問題であることを決して意味しない。いな、それどころか冒頭に引用したボーマンの言葉が示すように、それは「多年の経験を有する法律家にとってさえ、必ずしも十分に知られていない問題」なのである。[6]

## 五　主張責任の分配——その一・請求原因と答弁[1]

さて主張責任の分配の問題についてはすでにある程度触れてきたが、以下においては請求原因（広義）と答弁に分けてやや詳しく見てみる。既述のようにスウェーデン訴訟法学では文構造理論などによる法律事実の分類を分配の基準としないので、原告の請求原因（広義）と被告の答弁とに分けて説明するのが記述上便宜と思われるからである。[7]

## 1 請求原因（広義）

訴状の請求原因の記載における最低の要求は、請求の同一性が識別できるようにすることである（もっとも、法四二章二条一項二号の規定からみて識別説（Individualisierungstheorie）を採るべきだとされる[8]）。そうでなければ訴えの変更、二重起訴および既判力の客観的範囲に関する規定を適用することができなくなる。例えば貸金請求事件においては、誰から誰に対して貸借が行われたか、その日時[9]、金額が明示されなければならない。このように原告はすべての訴訟において訴えの原因として具体的な法律事実を主張しなければならない。その趣旨は、被告が答弁を行うのに困難を覚え、準備手続が遅延するのを防ぐことにある。もっとも、債権者が過大な債権額を有すると主張しているのを聞知した債務者が消極的確認の訴えを提起するときは、債務者は債権者が当該債権の発生原因と考えているところについて知識を欠くかぎり、なんら特定の法律事実を主張することを要しないと解されている（エーケレーヴ）。しかし弁済を理由とする債務不存在確認訴訟においてはもちろん弁済の事実を主張すべきである。この場合、債権者の支払を受けていないという主張は否認であり、反対事実の主張ではない。

なお古いスウェーデン法では、原告は所有権訴訟の場合、訴状において、所有権取得原因の主張を要しなかった（旧法一一章六条）。現行法ではもちろん取得原因の主張が必要であるが、すべての取得原因の連鎖を主張することは不要である。それがどの程度必要になるかは答弁いかんによる。

現行法は、原告は訴状においてその訴えを理由づける事実の詳細な陳述を記載しなければならない旨規定する（四二章二条一項二号）。それは既述のように被告が答弁を怠ったときは欠席判決ができる程度に完全なものでなければならないが、それにとどまらず被告が十分な答弁をすることを可能ならしめるほど詳細なものであることを要するのである。従って契約上の紛争においては原告は、訴えの申立てについて法的意義を有するすべての契約内容の詳細を主張することが必要である。

また、建築足場の崩壊により受傷した労働者が使用者に対して損害賠償請求をする場合、原告は外部的事象の経過および損害の範囲だけでなく、事故の原因および使用者の過失を構成する事実、例えば足場の組立の不十分さ、簡単なチェックでそれが発見できたことなどを主張しなければならない。

さらに売買契約が広範な内容の標準約款で締結されたときは、原告は漫然とその契約を援用すべきではなく、約款中のどの条項を主張するのか明確に特定して主張しなければならない。もっとも、争われないと予期しうる複合的な法律事実の要素は特定する必要がない。物的損害賠償請求は損害を受けた物が原告以外の者の所有に属するかぎり認容されないが、原告はその物について自己の所有に属するとか、自己が所有権を有するとか主張すれば足りる。所有権の問題は先決問題としての意義しかなく、実際にはほとんど常に当事者間で争われないからである。被告が原告の所有物であることを否認したときにのみ、原告は所有権取得原因を主張すればよい(10)。

## 2 答弁

以上のことは被告の答弁についても同様である。貸金請求訴訟における被告は、単に原告に対して債務を負っていないと陳述するだけでは足りない。これだけでは被告がどんな種類の答弁をしようとしているのか原告に分からないからである。すなわち、否認の際には全部または一部の事実を否認する理由を明らかにしなければならず、また反対事実、例えば弁済を主張するときは誰に、何時、どのようにして弁済したかを明らかにすべきである[11]。上記労働者からの損害賠償請求に対して、使用者が争うときは単に請求原因を否認するだけでなく、どの点を認め、どの点を否認するかを理由を付して詳細に述べなければならない。労働者に共同過失があると考えるときは、それがどのようにして生起したかを主張すべきである。

もっとも、以上のような主張の仕方は本人訴訟ではそれほど厳格には要求されず、また訴訟書類の書式が用意されている（附録2の資料参照）。

### 3　証拠事実の主張責任

原則として主張責任が問題になるのはすべて法律事実についてである。法四二章二条一項二号、七条一項三号の事実も主要事実の意味であることは明らかだとエーケレーヴはいう。ただ同章八条一項前段の「当事者が主張しようとする一層の事実」は法律事実のみではなく、証拠事実も含むとする説も考えられる[12]。しかし、エーケレーヴは証拠事実は法律事実と同一には論じられないとして次のように述べる。まず、補助事実に同条項の適用がないことは明白であり、適用が問題となるのは重要な証拠価値を有する徴表に限定すべきである。一方の当事者が相手方の悪意に関するすべての徴表を主張しなければならないとしたら、準備手続は極度に重いものになってしまうからである。主張を要する徴表としては次のようなものが考えられる。例えば、遺産財団が保険会社に生命保険金の支払を求める訴えを提起した場合、保険会社が死亡者はヨット走行中に溺死したがそれは自殺だったとして請求を争い、自殺の原因は彼が破産状態にあったと考えていたことで、このことは死亡直前における彼の発言から明らかだと主張したとしよう。彼の自分の経済状態に関する見解も、その発言も証拠事実としての意義しかもたない。しかし、遺産財団は保険会社が本口頭弁論において、これらの事実を自殺説を支持する根拠として主張するかどうかに関する情報を得る必要がある。そうしなければ遺産財団は反証の必要性の有無を判断できない。それに遺産財団が故人は破産状態にあった事実を認めることも考えられ、その場合にはこの点に関する立証は不要に帰する。

もう一つの例は、原告が被告に対しその引き受けた仕事をするように請求した場合、被告が契約の成立自体は否認せず、ただ給付は被告が述べる内容のものだと主張するときである。この場合、被告の主張するところは、契約は原告主張の内容を有しないことの徴表に過ぎない。しかし、この徴表は原告をして証拠調べに必要なものを調査するための判断資料として役立ちうる。そして原告が被告の主張を受け入れ請求原因を変更することもありうる。従って、当事者は否認する際には、かれの見解によれば否認された事実の代わりに何が生起したかを主張することが要求されうるのである。[13]

なお最近の学説――リンデル――は、法律事実と証拠事実とを分類し、前者のみが主張責任の対象になるというのは全くの概念法学的手法であって、問題の合目的解決に役立たないと批判したうえ、主張の義務づけのための理由があるかぎり、証拠事実も主張を要する事実を構成する、としている。[14]

（1） この節全般について Ekelöf, V s. 28–33. 以下の設例はいずれも引用個所中のもの。ボーマンによれば、特定の事実例えば弁済をどちらの当事者が主張すべきかを論ずるとき、それを主張責任の〝分配〟(fördeling) というのは誤解を招く表現であり、この場合は〝配置〟(placering) を用いるのがより適切だという。Boman, Åberopsbördan i bilmål s. 389, Boman, s. 9. エーケレーヴの教科書では後者の表現のみを用いている。Ekelöf, V s. 28 etc.

（2） Boman, s. 197–198, Ekelöf, V s. 26.

（3）　Ekelöf, V s. 26.

（4）　この点についてはいずれ、スウェーデン法の証明責任論に関する別稿において詳論する予定であるが、さしあたり前掲拙訳、ボールディング「証明責任と証明度」一八七頁〔本書四二五頁〕等参照。

（5）　Larsson, s. 12–13.

（6）　ラーションの挙げる理由は、我々日本の法律家から見ると、あまり説得的なものとは思えない。少なくとも裁判官は訴訟指揮および判決作成にあたって主張責任の所在を常に明確に理解している必要があるはずである。しかし、スウェーデンの裁判官は日本の裁判官ほど神経質に主張責任を意識して判決を書いていないし、また主張責任の所在が不明確な場合に当事者が進んで主張してくれれば、そのかぎりでは釈明の要もないわけであるから、ラーションの言うとおりなのかも知れない。この点については裁判官にも聞いてみたが、主張責任の問題は大切だけれどもとくにそれを神経質には考えていない、修習生に対しても普通のオン・ザ・ジョブ・トレーニングをするだけで特別の要件事実教育のようなものはしていない、ということであった。なおこの点に関連して、判決における証明責任の判示の仕方に関するエーケレーヴの次のような見解が参考になろう。かれは売主から買主に対する代金請求訴訟において、買主が目的物の引渡しを受けたときに即金で支払ったと主張する場合についてこう言う。この場合、古い判例は不払の証明責任は売主にあるとしているが、学説では争われている（オリーヴェクルーナは買主にあるとするが、それは少数説である（Olivecrona, Bevisskyldigheten s. 170 – 171, Knut Rodhe, Obligationsrätt s. 196–197, Lärobok i obligationsrätt s. 97–98 参照））。裁判所が原告の請求を認容し、その判決理由として信用による売買であることが証明された（ha styrkt）と判示したとしよう。この判示にはなんら欠点がない。これによって売主は自己の主張を明白性の程度にまで証明しなければならないという証明度が課されていないことが分かる。このような状況のもとでは当事者のいずれが証明責任を負うかにかかわらず信用が供与されたことが十分に証明されており、その結果裁判所は、厄介な証明責任問題に関する見解を決定することなく、事件について判決できるのである。このような判示のもう一つの長所は買主が証明力の程度に関する裁判所の見解について情報を与えられることで、これはかれが上訴の是非を判断するのに有益である。Ekelöf, IV s. 98–

99.（かれの書評 Anm. av Per Olof Bolding, Bevisbördan SvJT 1952 s. 225 では、十分な証明のある事案においては当事者のどちらが証明責任を負うかの判示を要しない理由として、とくに証明責任の分配はしばしば困難な問題であることが強調されている。）また、ボールディングは判決理由は証明責任（証明度）よりも証拠評価に関する情報を与えることのほうが重要だと主張する。Bolding, s. 192. 裁判官の間にも両説が存在する。Domstolsverket, Redovisning av seminarium i processrätt för domare, mars 1979 s. 33–34.（ちなみにわが国においても、判決の理由説示に対して類似の批判がみられる（小林秀之『証拠法』（一九八九、弘文堂）一四五―一四六頁など）。もっともハッスレルが、実務においては証拠評価と証明責任との区別が必ずしも守られておらず、判決書の書き方はこの面で極めて不十分だと批判していることも留意されるべきであろう（Åke Hassler, Svensk civilprocessrätt（1963）s. 352.）。

（7）ラーションによれば当事者の事実主張義務（主張責任も含めて）は三つに分けられる。第一は判決の基礎となる事実を主張する義務（一七章三条後段）、第二は召喚状申請書における請求原因としての事実を主張する義務（四二章二条一項一号（現在では二号））、第三は相手方の主張に対する答弁として事実を主張する義務（四二章七条一項三号、同章八条一項前段、四三章七条一項後段）である。第一、二の事実は法律事実であるが、第三のそれは法律事実以外のものを含む（この点については本文3におけるエーケレーヴの見解を参照）。主張しないことの効果としては、第一は判決の基礎として斟酌されないこと、第二は召喚状申請書が却下されること（四二章三、四条）、第三は相手方の主張事実を自白したものと認められうること（三五章四条）である。第三は自白と認められるかぎりにおいて、その効果は実際上判決の基礎として斟酌されるためには主張を要するのと同一に帰するが、そうでない場合は異なることになる（Larsson, s. 21）。しかし第一と第二の事実は実際にはその差異が問題になることはかなり少ないと考えられるし（Boman, s. 137）、第三の事実についても上記のとおりであるから、以下では便宜三者を一括して説明することにする。

（8）Boman, s. 69–70, 268.

（9）しかし日時は請求の同一性の決定のための基準であって、必ずしも同一性を確定する事実的要素を構成しない。Ekelöf, Grundbegrrep s. 45, Boman, s. 212. 権利の同一性の決定基準についてはOlivecrona, Rätt och dom s. 267 ff. なお、ローゼンベルク一九一頁以下参照。

(10) Boman, s. 72, Ekelöf, Supplement till Rättegång I-V (1990) s. 24.

(11) 英法における particulars に当たるとされる。英法ではマスターが相手方の申立てに基づき summons of direction の命令を与えるときに初めて行われるが、これでは準備手続の遅延を招くとスウェーデン法では見ているわけである (Ekelöf, V s. 30.)。

(12) Gärde, s. 584-585, 589.

(13) エーケレーヴが本文における証拠事実の主張責任をラーションのいう第一の主張義務の意味で用いているのかどうかは必ずしも明らかでないように思われる。

(14) Lindell, s. 328-329. これに対する批判として、Boman, Om sakfrågor och rättsfrågor, TfR 1988 s. 421.

## 六　主張責任の分配——その二・分配の法理など

本節においては、前節に引き続き主張責任の分配について、主としてボーマンの所説に依拠しつつ、この国の学説上論議されている問題の若干を取り上げて紹介してみよう。スウェーデン訴訟法学の主張責任論は、甚だしくカズイスティックな印象を与えるかも知れないが、主張責任の分配が全くケース・バイ・ケースの処理にゆだねられているわけではない。ボーマンの主張する分配の法理は次のようなものである。[1] 率直に言ってそれはかなり複雑・難解に筆者には感じられ、ラーションの批判（とくに後述参照）にもそれなりの理由があるといえよう。もっともボーマンの立場からは、証明責任の分配に関する一般原則を樹立できないことは通説の認めるところだから、主張責任の分配は証明責任に従うという従来の見解では、かれの説以上に主張責任の分配が複雑・困難になるとの再批判が可能であろう（「主張責任の分配について証明責任の分配を指示することは、時に灰のなかから出て火の中に入ってゆくようなものである。」――前出）。また実務の実情を知ることはすこぶる困難である。

主張責任と証明責任との分離は、法律事実の特定のグループに集中していると考えられる。請求の同一性の識別のために要求されるか、または支配的な意義を有する拠権的事象経過の要素については、主としていわゆる証明責任の転換の事例の場合に生ずる。他方、原告がそれについて証明責任を負うときは通常主張責任も負うとみてよいであろう。

滅権事実についても同様に考えられる。もっとも証明責任の転換の事例はまれであろうから、この点では実際上ほとんど困難は生じない。しかしそれが複合的な要素から構成されているときは、何が答弁事実になり、何が再抗弁事実になるのか十分な検討が必要である。

その他の拠権事実（の要素）については請求の同一性のために必要でなく、かつ通常とくに多数の事件において争いのないものは、証明責任の所在に拘わりなくしばしば請求原因として主張を要しない。このことはすべての法律効果の発生・存続の要件、すなわち法律行為の効力要件（後述参照）、契約条件の成立・履行、弁済期等（古い用語法で言う障権事実に当たるものを含む）[(2)]について同じである。すなわち、給付訴訟においては、これらの事実は被告が通常主張責任を負うべきである。しかし、効力要件については被告が証明責任も負うけれども、契約条件、弁済期等については主張責任と証明責任とが一致するという前提から出発すべきではない。たしかに、しばしば両責任が同一当事者に課せられるが、この場合の主張責任はある主張に対する反対主張のための第二次的主張責任であり、第一次的主張責任を負いその主張の欠缺の不利益を受けるのはしばしば証明責任を負わない当事者なのである。

なお、上記のような場合にいずれの当事者に主張責任を課すべきかについて優越的な理由が存しないか、または疑義のあるときは、証明責任の分配に従うのが最も適切であろう。

主張責任の分配を求める場合の一般的指標としては、次のようにいえよう。まずその事実が拠権的事象経過に属するか、それとは独立に生ずるかを考えるべきである。後者の事実は拠権的か（弁済期の到来など）、滅権的でありうる。滅権事実の不存在は、給付訴訟においては原告は決してまず主張することを要せず、被告が主張責任を負う。しかし、それが複合的な要素から成る事実のときは前述のようにそれが答弁事実か、再抗弁事実かの区別について特段の考量が必要になる。拠権事実については、それが請求原因に取り上げるべきほどの重要性を有し、かつ請求の同一性の識別の要素に属するかどうかを検討すべきである。そうであれば原告が主張責任を負う。そうでなければ同種の訴訟において広範囲にその法律事実が争いのあるものかどうか、それが主張されないときは欠席判決が棄却されるべきかどうかが問われることになる。これらの答えがノーであることは証明責任の所在に拘わりなく、被告が第一次的主張責任を負う理由を構成する。その際、被告が法律事実の消極面を主張しなければならないならば、原告がきわめて広範囲に第二次的主張責任を負うであろう。原告が証明責任を有する事実について複数の選択的事実が、被告が主張する消極的事実の対立物を構成すると考えられる場合はそうである。(3) しかし、当事者の一方が複数の選択的要素を含む消極的事実（非A）について証明責任を負うときは、その者は第一次的主張責任を負うべきではない。その直前に相手方に特定のAを主張する責任が課されるべきである。(4) さらに主張責任は当事者の一方が特定の反対事実の主張に加えて、その他のこれと対立する事実の不存在までを主張しなければならないように分配されるべきではない。このような事実の存在の主張は相手方がなすべきである。(5)

以上がボーマンの主張する一般論であるが、なお、わが国の論議との関連においてやや興味を惹くと思われる問題に関するかれの所説を二、三取り上げてみる。

(1) 拋権事実のうち、法律行為の効力要件に関する事実(わが国でいう障権事実)について　給付訴訟については圧倒的多数の事件において主張される契約は有効なものである。それゆえ効力要件については訴訟上その欠缺が問題とされないかぎり検討しなくても差し支えない。無効な契約にもとづき判決されることに不利益を有する被告が自己の利益を守るべきであるから、被告に主張責任を負わせるのが適切である。従ってまた、被告が主張責任を負うのは特定の効力要件の不存在である。(6) もっとも、契約の無効確認訴訟における無効原因については原告が訴えの原因として主張することが必要である。そうでなければ被告はすべての無効原因の不存在を主張しなければならないという不利益さを被ることになる。(7)

(2) 法律行為(契約)の内容に関して争いがある場合　売主から買主に対する代金請求訴訟において、被告が異なる契約内容、とくに目的物を主張したとき、裁判所は被告の主張事実を基礎として原告の請求を認容することはできない。これを認めるならば、被告はそれを恐れて単に原告の主張を否認するだけにとどめるようになり、審理の充実に困難をもたらす結果などを生ずるであろう。例えば原告が大きい機械の代金を請求したところ、被告が目的物は小さい機械だと主張したとき、裁判所は小さい機械の代金額について請求を認容することはできない。原告自身がそれを主張していないのであり、そうしないことにはいろいろな理由がありうるのである。裁判所があえてそれを認めるのは処分主義に反するように思われる。(8)

(3) 要式契約の主張について　契約に基づく給付訴訟において、原告はその契約が要式性を遵守していることについて証明責任を負うが、その主張責任は被告にあると言うべきである。けだし要式性の遵守についてはきわめてしばしば争いがないので、被告に主張責任が課せられるならば、要式性が争いとなるときにのみこの問題が取り上げられるのであろうからである。もっとも、要式性が職権で顧慮されるべき場合はもちろん別論である。例えば、スウェーデン法においては農業用不動産の売買については「取得許可」を必要とするが（旧農業用不動産取得法八条。現在の法律（jordförvärvslag 3 maj 1979）では四条）、裁判所は当事者間に売買契約の成立について争いがない場合でも職権で同条所定の無効原因の存否を判断しなければならない(9)。

ラーションはボーマンの所説に対する全体的批判として次のように言う。

ボーマンの所説は広範囲において、しばしば微妙かつかなり主観的な諸見地の衡量によるケース・バイ・ケースの見解決定の性質を有するといえる。そのためその実務上の意義は制限される。それは立法論的にも解釈論的にも支持できない。ボーマンと同じ衡量をしても同じ結果に到達するか不確実である。彼の見解は現在一般に考えられているよりも複雑な主張責任分配の秩序を招来するであろう。それは主張責任と証明責任との一致を原則とする場合に必要とされる例外を超えて一層多くの例外を包含するからである。このような方向への展開は疑問である。なぜなら、法は主張責任に関してほとんど規定しておらず、当事者自身が訴訟代理人無しに訴訟を行うことができるべきであることを考えると、主張責任分配の規則が複雑化しないことは重要である(10)。

ラーションの批判には首肯すべき点もあるが（とくに本人訴訟の点に配慮した立論）、エーケレーヴの教科書に対するボーマン説の影響度などから見て、ボーマンの所説はスウェーデン法における主張責任論の基本的方向を決定したものと評価してよいのではないかと思われる。

ところで最近のスウェーデン訴訟法学においては、主張責任ないし証明責任プロパーに関する論議はほとんどみられず、学界の関心はいまや証明論に集中しており、[11] 主張責任・証明責任（とくに後者）の問題は証明論との関連のなかで論議されている状況にある。[12] それゆえ、スウェーデン法における主張責任・証明責任論の研究にあたっては証明論も視野に入れることが不可欠と言うべきであろう。しかし証明論まで取り扱うことは証明責任論と共に他日を期するほかない。主張責任プロパーに関する論究としては、まことに意に満たぬ不十分なものではあるが、以上をもって一先ず終わることにしよう。

（1）主としてBoman, s. 260-263による。なお、ラーションは、主張責任は証明責任に比べてはるかに重要性が乏しく、証明責任を有しない近代的訴訟法秩序を考えるのは困難だが、主張責任のないそれは考えうると述べている（Larsson, s. 34.）。その当否は別としてわが国の法律家にとっては驚倒せざるをえない見解と思われるであろう（職権探知主義訴訟のみを視野に入れるならば別論として）。もっとも、わが国の最近の学説にも、主張責任の実際上の意義はさほど大きくないことを指摘するものがある（松本博之「要件事実論と証明責任論」判例タイムズ六七九号（一九八九）九三頁）。

（2）ボーマンは障権事実を認める説は支持しえないが、その根底には原告がすべての訴訟においてそのような事実の不存在の主張を要するのは適切でないという洞察がある、と述べている（Boman, s. 261.）。

（3）弁済期の到来がその適例である。例えば、貸金請求訴訟において貸主は弁済期の到来について証明責任を負うが、借主は第一次的主張責任として弁済期の未到来を主張すべきであり、その後に貸主が第二次的主張責任として弁済期の定めはないので請求により弁済期が到来した（債務証書法（skuldebrevslagen）五条）とか、弁済期の定めがありすでに到来しているとか主張することになる。なお、それに対して借主が原告主張よりも遅い弁済期の約定があると述べるのは、証拠事実の主張に過ぎない（Boman, s. 252-253.）。

（4）例えば、過失について証明責任が転換される場合に権利主張者の側に特定の過失の主張責任を負わせる場合（四注（18）およびこれに関連する本文参照）。

（5）消滅時効の抗弁の場合、債務者は債権が成立後一〇年を経過したこと（一般債権の消滅時期間は債権成立後一〇年（旧消滅時効法（preskriptionsförordningen）一条二項。現行法（preskriptionslagen（1981：130））二条一項）のみを主張すれば足り、中断事由の存在は債権者の再抗弁になるのがその例である（Boman, s. 207 ff. とくにs. 216.)。ちなみにスウェーデン法は消滅時効期間が一般に債権の成立時から進行する原則を採っている（これはフィンランド法およびデンマーク法も同様である。しかし、ノルウェー法は弁済期から進行する原則によっており、デンマーク法も実際上はノルウェー法に近いといわれる）Knut Rodhe, Obligationsrätt s. 650, Lärobok i obligationsrätt s. 273–274.)。

（6）Boman, s. 255–256.

（7）Boman, s. 256.

（8）Boman, s. 74–76, s. 122–123も参照。従って、いわゆる等価値主張の理論（Lehre von der gleichwertigen Parteivorbringen）は否定されるように思われる。スウェーデン法においては法一七章三条後段の規定が存在することが上記の解釈の決定的理由であろう（等価値主張の理論については、鈴木正裕「弁論主義に関する諸問題」司法研修所論集七七（一九八六）二七頁以下、木川統一郎『訴訟促進政策の新展開』（一九八七、日本評論社）七二頁以下、など参照）。

（9）そうでなければ当事者は認諾により当該強行法規を空洞化してしまうことができるからだという（Boman, s. 67, 256, Ekelöf, I s. 43, Supplement till Rättegång I–V s. 37.)。

（10）Larsson, s. 36.

（11）Lindell, a. a. s. 144 ff., Ekelöf och Nils-Eric Sahlin, Anm. av B. Lindell：Sakfrågor och rättsfrågor, SvJT 1988 s. 23 ff. など。かなりの数の文献が次々に現れている。

（12）とくにHanna Tapani Klami et al., Ett rationellt beviskrav, SvJT 1988 s. 589 ff. は、スウェーデンおよびフィンランドにおける裁判官に対するアンケート調査の結果に基づき、証明責任と証拠評価との関連性を検討し、新たなモデルを構築する注目すべき労作である。その内容についてはなるべく早い機会に詳しい紹介を試みたいと思う。

## 七　日本法の解釈論および訴訟政策への示唆——結びに代えての覚え書

以上を通じて、スウェーデン法においては実定法の構造および規定上の差異もあるにせよ、主張責任と証明責任とが一致しない場合がかなり認められていること、そして主張責任分配の根拠を訴訟運営上の考慮に求める見解が有力であること、また従来主張責任と証明責任とは原則的に一致し、主張責任の分配は証明責任に従うと考えられてきたし、現在でも多くの場合はそう解されていると言えるが、証明責任論においてつとに文構造理論ないし法律要件説が否定され、証明責任分配に関する一般原則の樹立は放棄されているので、必ずしも証明責任の分配が主張責任の決定的基準たりえないことが理解されたと思う。

一九四二年制定、四八年施行の現行訴訟手続法は、従前の口頭＝調書主義（口頭主義を原則としつつ、実際には多くの期日が重ねられ調書に基づく裁判が行われること。わが国の民事訴訟の実態はおおむねそれに近い）と訣別し、準備手続と口頭弁論とを完全に分離し、徹底した集中審理を実現する大改革を断行し、同時に交互尋問制など英米的審理の特徴とみられるものを採用した(1)。スウェーデンの民事訴訟法はいわゆる「混合民訴」(2)のパイオニアであり、かつその典型なのである。このことは同じく混合民訴の国であるわが国の民事訴訟（法）の解釈と実践に関わる者にとって強い比較法的関心をそそる事実であろう(3)。この意味においてスウェーデン法における主張責任・証明責任論もこのテーマに関する日本法の解釈論および訴訟運営の在り方を考えるうえで示唆に富むものがあるように思われる。本節ではこの問題について若干論及してみたい。

もっとも、この点に関する確定的発言は、さらにスウェーデン法の証明責任論の研究を行うと共に、わが国の主張責任・証明責任論についてもう少し検討を深めたうえでのことに留保したい。以下に述べるところは現段階における一種の憶測ないし感想的コメントとでもいうべきものに過ぎないが、あえてこの程度のものを記するのは読者各位からご教示を得て今後の研究の参考にさせていただきたいからである。

わが国では近年、司法研修所民事裁判教官室（以下「民裁教官室」という）を中心としていわゆる要件事実論[4]が強力に主張され、いまやその見地からする民法学の在り方の再検討を迫るまでに至っている。[5]そしてこれに対しては民法学の側からもすでに様々な反応が見られる。[6]

このように要件事実論は隆盛を誇っているものの、他方、内部からの反乱とも形容すべき現象が生じていることが注目される。民裁教官の経歴を有する裁判官自身による批判や異説の提起[7]と、修習生（出身者）の間に根強い要件事実教育に対する批判ないし反情[8]がそれである。その理由、原因の究明はそれ自体大変な作業であって、到底ここではできない。しかしその一部として、少なくとも後者については、第一に主張責任と証明責任との一致を固執するところから生ずる難解さと、第二に分配の根拠の実質的合理性が必ずしも説得的でないことがあるように憶測される。

まず、第一の問題から考えよう。最近、伊藤滋夫判事（元司法研修所教官）と民法学者前田達明教授との間に、履行遅滞に基づく損害賠償請求権の発生の要件事実について、履行期に履行がないことがそれに当たるか否かをめぐって論争が行われたことは周知の事実に属する。[9]

この問題について中野貞一郎教授は訴えの「有理性」（Schlüssigkeit）を理由として積極説を採る前田教授に軍配を上げた。そして中野教授は有理性の点について民裁教官室（伊藤判事はいわばそのスポークスマンである）が知らなかったわけではなく、その消極説は債権者の防御上の不利益を考慮した結果生じた誤解であろうという。[10]有理性ということが民裁教官室にとってすらこれほどまでにつまずきの石であるならば、それに加えて被告にとっての訴状の理解しやすさ（言い換えれば被告の防御上の利益）を主張責任の分配決定の一要因として考えたほうが誤りを生じないのではあるまいか（もっとも、有理性と訴状の理解しやすさとが要求するものはおおむね同一に帰するであろう）。しかもその際には弁護士強制制度が採用されていないことを念頭におくべきであろう。[11] これは筆者がスウェーデン法における主張責任論に示唆を得て今思いつくままに述べていることであるが、前述のように中野教授によれば、民裁教官室も債権者の防御上の不利益を考慮したというのであるから、あながち荒唐無稽の主張として一蹴されるべきでもあるまいと思われる。法律学の理論はそれを利用する者にとってなるべく平易・簡明であることが望ましいであろう（たといその理論構築には複雑・多岐を極める検討が必要であったにせよ）。この意味では要件事実の解釈論においても前田教授が引用する星野英一教授の「できるだけ素人の感覚・期待に合致するような解釈をするように努める」ことが重要だという指摘は基本的には全く正当だと考える。[12] 鈴木禄弥教授が弁護士強制主義を採っていないのに「要件事実や証明責任をあまりうるさくいうと、裁判所は素人にますます縁遠くなる。」と述べていることも真剣な考慮に値しよう。[13]

以上のことは、それだけでも主張責任と証明責任との分配が異なる理論によって律せられるべき必要性・妥当性を強く示唆していると思う。たしかに、ラーションが言うように両者が一致することは、一見それに関する理論の簡明を意味するかのようであるが、実は右の論争が示しているように、両者の一致の固執が難解さの根源——少なくともその重要な一因——をなしているのである。そもそも両者が一致しなければならぬという実定法上の規定もなければ、そういうア・プリオリな原理的要請が存在するわけでもない。[14] そうだとすれば、主張責任は、主としてはボーマンの説くように訴訟の効率的運営の見地から考えるのが妥当では[15]

ないかと思われる。ちなみに、わが国でも民裁教官室や従来の通説の見解は証明責任論ないし要件事実論の訴訟運営における決定的重要性を強調してきているのである。[16] しかし、その所説が果たして訴訟の効率的運営を十分に考慮してきたか、そしてまた、それが訴訟の効率的運営にどれほど寄与してきたかは自ずから別論に属する。前者の点についてはしばらく措き、後者の点について述べれば、たとい要件事実教育の誤解であるにせよ、要件事実論を盾に訴訟の効率的運営を却って阻害するような裁判官による訴訟指揮、弁護士の訴訟活動が散見されてきたことは否定しがたい事実である。[17] このような弊害が指摘されるとき、要件事実教育の関係者やその擁護者はそれが要件事実教育の誤解に基づくことを主張するのが常である。[18] しかし誤解には誤解されるほうにも誤解を招きやすい理由、原因が存在する場合も少なくないのであって、要件事実論の側ではこの点について自省してみる必要があるのではあるまいか。「大学で習ったことは全部忘れて、要件事実だけ覚えろ」という教官もあるそうであるが、[19] 事実とすればこういう硬直的な姿勢（ホンネの部分における）も誤解を生む一因になっているのではないか。

さて、筆者の憶測によれば要件事実論には単に誤解されやすいだけにとどまらない、体質的な問題点があるように思われるのであるが、[20] その詳しい検討は今後の課題として、ここでは要件事実論と民法学との関係について一言しておきたい。主張責任と証明責任とを分離し、前者については主として訴訟の効率的運営という見地からその分配問題を決定することにすると、少なくとも主張責任の分配自体は民法学の本来の課題ではないことになる。証明責任の問題を別にしていえば、民法学のなすべきことはほぼ何が要件事実（ないし主要事実）かの決定に尽きる（いうまでもなく、これは極めて重要な作業である）。もちろん、実体法の趣旨・目的などから主張責任の分配が解釈上明らかになる場合もあり、そのような場合には実体法学者が主張責任の分配について検討し、発言することは大切であり、望ましいことである。しかし、訴訟運営上の複雑な考量を要する分配問題の決定を実体法学者に要求することは、いわば事物管轄外の職務の遂行を強いることであり、あえて言えば危険でもあろう。(21) このようにして筆者の見解は、少なくとも主張責任に関するかぎり民法を裁判規範として、要件事実を中心に再構成することを民法学に求める要件事実論の立場とは異なることになる。この問題は極めて重要な問題なので、筆者も大方のご批判をいただき、それを謙虚に受け止めてさらに考えてみたい。しかし、誤解のないように断っておくが、筆者は決してスウェーデン法の主張責任論という新奇なものに飛び付き、あるいはかぶれてわが国の訴訟実務から遊離した奇矯な説を主張しようとするものではない。筆者は現在では研究者の世界に属しているが、裁判官および弁護士として若干の実務経験を有し、その大半は民事実務に係わってきた。このようなことを書くのはもとより自分のささやかな実務経験を誇示するためではない。凡庸な一実務家に過ぎなかった筆者があえてこんなことを書くのは、筆者の基本的考え(今後述べることも含めて)がその実務経験の中で萌芽し、それがスウェーデン法に触発ないし影響されて次第に成長したものであることをご理解いただきたいからである（スウェーデン法の主張責任・証明責任論を知ってからもすでに十数年になる。その間それに反撥したり、引き寄せられたりを繰り返してきた挙句の私見といってよい。もちろんこれは筆者の愚鈍の故かも知れないが）。

次に、第二の問題について考える。この問題は要件事実論が採るいわゆる通説としての今日の法律要件分類説の立場と不可分の問題なので、ここでは深入りすることを避け、さしあたり主張責任の分配の理由づけについて一事例を取り上げて若干の言及をするにとどめる。金銭消費貸借における弁済期を例に取ろう。現在の要件事実論は、消費貸借はいわゆる貸借型の契約であって、この型の契約は一定の価値をある期間借主に利用させることに特色があり、契約の目的物を受け取るや否や直ちに返還すべき貸借はおよそ無意味であるから、弁済期の合意は目的物の返還約束およびその授受と共に契約の要素であり、消費貸借の成立を主張・立証するためには、必ず弁済期の合意を主張・立証しなければならないとする。[22]この説明はいわゆる返還約束説などよりはるかに分かりやすいし、結論も一見妥当なように思われる。しかし、弁済期の合意が消費貸借契約の不可欠の要素であることと、その主張責任が債権者にあるということとのあいだには、主張責任と証明責任とを分離して考える立場からはやや論理の飛躍があるように感じられる。弁済期の合意を消費貸借契約の不可欠の要素とし、その証明責任を債権者に課しながら、訴訟の効率的運営の見地から、その主張責任を債務者に負わせることも選択肢として十分に考慮に値する。前述したようにスウェーデン法の主張責任論の見解はまさにそうなのである。ここにそれを再述すれば次のようなものである。貸金請求事件においては弁済期の点はほとんど常に当事者間に争いがない。債権者が弁済期について証明責任のみならず、主張責任まで負うならば、債権者はすべてのこの種訴訟において弁済期の到来を主張することを強いられ、その主張がないだけで敗訴することになる。これに反し、弁済期の主張が債務者に課せられるならば、この問題は債務者がその未到来を主張するときにのみ審理の対象となる。その他のすべての場合には、弁済期の到来について当事者間に争いがないかどうかを確定する労を省くことができる。以上のような訴訟経済的観点が主張責任を債務者に課する理由となる。[23]

どちらが結論として妥当であるかは両国における訴訟の実態の差異なども考慮しなければならないから措くとして、後者の理由づけのほうがより実質的で、説得力に富むように思われないであろうか。また、このような理由づけを通して学習者は訴訟運営のダイナミックスにも触れることができ、興味深く主張責任論を学べるように思うのであるがどうであろうか。[24] 筆者は、このように主張責任の分配に当たってその訴訟運営上の実質的根拠を探る作業を進めて行くことは、たとい上記の法律要件分類説を維持するとしても、主張責任と証明責任との分離を認めるならば、わが国の主張責任論にとって今後の大きな課題ではないかと憶測するのである。

最後に、冒頭で触れた問題すなわち近時の実務とくに弁護士界による訴訟促進策の提言の比較法的妥当性の問題について一言したい。

すでに詳しくみたように、訴状に重要な事情を記載することや、答弁書に詳細な否認の理由を付することなどは、スウェーデン法においては法の要請するところであり、実務上も忠実に実行されている（また西独でも単純否認は原則として許されない（ZPO一三八条））。読者はスウェーデン法におけるその具体的状況を付録2の資料から窺いうるであろう。この実務とくに弁護士界からの訴訟促進策の提案は、十分な比較法的合理性を有し、かつその実効性がわが国と同様に混合民訴の国であるスウェーデンにおいて半世紀に近い訴訟実務を通じて確証されてきているのである。筆者は、わが国の訴訟実務の実践の中からこのような正しい見解に到達した実務家の叡知に対して深い敬意を覚える。

ところで、要件事実論にあっては、このような問題、言い換えれば「紛争の適正妥当な解決のために、どのような時期にどのような事実が主張されるべきかという問題」の重要性を認識しながら、それは主張責任とは別個の問題だとし、両者の混同を厳に戒める。[25] しかし、主張責任論が真に現実の訴訟運営に対する指導力を発揮しうるためには、できるかぎり両者を包含しうるような——あるいは少なくとも両者を密接に関連させた——主張責任論の構築が必要なのではあるまいか。[26] この問題について私見はまだ憶測の域を出ないけれども、検討すべき点が三つあると思う。その一は、主要事実を必要なかぎり具体化することであり、これによって従来間接事実と考えられてきたものが主要事実に転化する余地が拡大される（過失はその適例である）[27]。その二は、訴訟前の交渉過程[28]に関連する事実を主張責任論の中に取り込むことである[29]。その三は、重要な間接事実を主張責任の対象とすることである――これはその一の反面と見る向きもあろうが、それにとどまらない――。以上はいずれも、個別的にはすでに論議されてきていることであるが[30]、その総合的検討はなお今後の課題といえよう。

このようにして主張責任論がより豊かでダイナミックな内容を有するに至るとき、要件事実教育に対する批判や不満は次第に消え失せ、また主張責任論は実務とくに弁護士界による訴訟促進実現への努力に対して確固たる訴訟理論的支持を与えることができるのではあるまいか。

以上、表題の論文の結びとしては不相応な大風呂敷めいたことを書き連ねたが、本節の初めに述べたように大方のご教示を得たいがためにほかならない。忌憚のないご批判・ご高見を賜るようお願いして擱筆する。

（1）　昨年（一九八七年）第一審訴訟手続等に関する部分的改正が行われたが（SFS 1987：747 等）、基本的な面での変更はない。改正の内容に関する簡単な解説として Bjorn Edquist, Lagstiftningen i riksdagen våren 1987, SvJT 1987 s. 627–629 がある。
（2）　田辺公二『民事訴訟の動態と背景』（一九六四、弘文堂）一四二頁、など参照。
（3）　つとに中村英郎教授（中村・次掲書の書評（中村『民事訴訟論集第二巻』（一九七六、成文堂）二五一頁以下、同訳、イヤラッド・シムソン「スウェーデン訴訟法序説」国士館法学七号（一九七五）一六一頁以下））、井上治典教授（井上「ルドルフ・ブルンス『スエーデン既判力論散策』」法学論叢九三巻四号（一九七三）一〇七頁以下）などが関心を示している。また、スウェーデンの証拠法理論が早くからわが国で注目されてきたことについては拙訳、ボールディング「証明責任および証明度」本書四三八頁および中野貞一郎『過失の推認』(一九七八、有斐閣)六一頁以下、堤龍弥「フリッツ・バウア記念論文集　証明力　Beweiswert Olof Ekelöf」季刊実務民事法六号(一九八四)一三八頁以下参照。

(4)　要件事実論は、実体法規の文言、形式を基礎として考えると同時に、立証責任の負担の面での公平・妥当性の確保を常に考慮すべきであるとし、これがいわゆる通説的見解として理解される今日の法律要件分類説だという(『要件事実第一巻』一〇―一一頁)。もっとも山本満雄『リーガルマインドへの挑戦　パートⅡ』(一九八一、有斐閣)二八二―二八三頁によると、司法研修所の教官は研修所教育(および実務の大勢)は法律要件分類説ではないと明言しているとのことであるが、これはおそらく規範説と法律要件分類説との混同に基因する聞き違いか言い違いなのであろう。他方、スウェーデン法の主張責任論においても法律事実とその主張責任の分配の重要性が強調されており、ただ分配問題の決定に当たっていわば訴訟法的利益考量が支配的になっているのである。従って、両者の基本的思考にはかなりの共通性が認められるとみることも可能である。このような見地に立てば、以下の私見もそれほど違和感なく理解していただけるかも知れない。

(5)　伊藤滋夫「要件事実と実体法」ジュリスト八六九号(一九八六)一四頁以下、など。

(6)　伊藤滋夫「続・要件事実と実体法(上)」ジュリスト八八一号(一九八七)八九頁以下参照。そこに挙示されている文献の他に、『注釈民法(一〇)』(一九八七、有斐閣)とくに三八七頁以下、四一三頁以下、六二〇頁以下(北川善太郎執筆)、鈴木禄弥「なんてったって証明責任――倉田卓次監修『要件事実の証明責任・債権総論』の書評にかえて」判例タイムズ六三一号(一九八七)六一頁以下、前田達明「続・主張責任と証明責任」判例タイムズ六四〇号(一九八七)六五頁以下、同「続々・主張責任と証明責任」判例タイムズ六九四号(一九八九)二九頁以下、星野英一「民法の解釈のしかたとその背景」法学教室九七号(一九八八)二二頁以下、などがある。さらに、著名な民法学者三人と伊藤判事との監修で、主として民法学者と裁判官(民裁教官経験者)による民法財産法全編について要件事実の解明を試みた『民法注釈財産法』(全七巻別巻一巻)(青林書院)の刊行が近く開始されるという。

(7)　すでに田尾桃二「主要事実と間接事実にかんする二、三の疑問」兼子博士還暦記念『裁判法の諸問題（中）』（一九六九、有斐閣）二六九頁以下にその先駆が見られ、ひき続き――その方向は異なるが――、三井哲夫『要件事実の再構成』（一九七六、法曹会）、『法律要件分類説の修正および醇化に関する若干の具体的事例に就て（続要件事実の再構成）』（一九八四、法曹会）――もっとも著者によれば後者は「司法研修所民事裁判教官室のある一時期の考へ方を自分なりにまとめたもの」という（一五六頁）――、並木茂「民事訴訟における主張と証明の法理」判例タイムズ六四五―六四六号（一九八七）その他氏の多数の論文、藤原弘道『時効と占有』（一九八五、日本評論社）とくに第Ⅰ部第二章など、が現れている。なお田尾判事が、要件事実教育の「始祖」ともいうべき村松判事がその晩年には先鋭化しつつある要件事実論を難解と嘆じ、その行過ぎに批判的と推測された、と書いているのは注目に値しよう（田尾「村松先生と法曹教育」判例タイムズ六三〇号（一九八七）八七頁以下）。

(8)　多数に上るが、最近のものとして、上柳敏郎「司法研修所民事裁判教育の実態と問題点」法律時報七三六号（一九八八）四六頁以下を挙げておく。そこには関連する文献が挙示されている。

(9)　伊藤・前掲両論文、前田・前掲「続・主張責任と証明責任」および「主張責任と証明責任」判例タイムズ五九六号（一九八六）二頁以下。ちなみに伊藤判事の見解は民裁教官室のそれと全く同一である（『要件事実第一巻』二一頁以下等参照）。

(10)　中野貞一郎「主張責任と証明責任」判例タイムズ六六八号（一九八八）四頁以下。なお松本博之『証明責任の分配』（一九八七、有斐閣）（新版・一九九六、信山社。以下引用は旧版による）はかねて「債務不履行についての主張責任は債権者にあるが、債務の履行の証明責任は債務者にあると解することも理論上十分に可能である」としていた（二九八頁）。

(11)　わが国は弁護士強制制度を採っておらず、実際にも本人訴訟はかなり多数に上る（棚瀬孝雄『現代社会と弁護士』（一九八七、日本評論社）三四頁、など参照）。この点を民事訴訟法の解釈論にどの程度まで反映させるべきかは困難な課題である（谷口安平「弁護士と法・事実」民事訴訟雑誌三四号（一九八八）三七頁以下、はこの問題に検討のメスを入れた最近の労作である）。いずれにせよ、弁護士強制制度を採用している西独の主張責任・

証明責任論をストレートにわが国に導入しようとすることには疑問があろう。それでは本人訴訟における裁判所の釈明上の負担も過度に重くならざるを得ない（西独においてもＺＰＯ一三九条の解釈について弁護士訴訟と本人訴訟との区別に配慮した判例が存する（BGH, NJW 1984, 310.)。この判例の評価については石川明＝出口雅久訳、ハンス・プリュッティング「民事訴訟における裁判官の指摘義務」法学研究六一巻九号（一九八八）二六頁参照）。要件事実論が規範説や伝統的な意味での法律要件分類説を採らないということにも、その辺の考慮が多少働いているのではあるまいか（前注（４）参照）。結局のところ民事訴訟の高度の技術性にかんがみ、ある程度弁護士訴訟中心の理論にならざるを得ないであろうが、常に本人訴訟を念頭においてその理論修正をはかることが必要だと思われる。なお筆者はここに、法律扶助制度が有名無実に近く（米国のコンティンジェント・フィーのように実質的にその代替的機能を果たしうるものも含めて）、かつ、弁護士費用の訴訟費用化もされていないわが国において、弁護士訴訟中心の理論による訴訟運営を行うことは、憲法の保障する裁判を受ける権利に影響する重大な問題ではないか、という疑問を提起しておきたい。木川博士も筆者とはやや視点が異なるが、弁護士強制制度の採用の必然性という見地から、本人訴訟が多い現状は「日本の民訴制度の恥部であり、憲法上の問題ですらある。」という（木川「訴訟促進とその対策」ジュリスト増刊『民事訴訟法の争点』（新版、一九八八）四一頁。三ケ月章『民事訴訟法研究』第二巻（一九六二、有斐閣）三五三頁以下、同第四巻（一九六六、同）四九頁、中野貞一郎「実務の継受」季刊実務民事法三号（一九八三）二一〇頁以下も参照）。

（12）　前田「続・主張責任と証明責任」七〇頁、星野「民法解釈論序説」同『民法論集第一巻』（一九七〇、有斐閣）一一頁。碧海純一『法哲学概論』（全訂第一版、一九七三、弘文堂）一四九頁も参照。また、規範説擁護派の重鎮、倉田卓次博士も同趣旨と思われる発言をしている（「研究会証明責任論の現状と課題」判例タイムズ六七九号三五頁）。

スウェーデン訴訟手続法の独訳者シムソンは、同法について「容易に理解できるような、法律家でない者にもわかりやすい表現と形式を採ることが意識的に努力されており、専門家のための秘密法典を作ることは避けられている。」と指摘している（Gerhard Simson, Das Zivil-und Strafprozessgesetz Schwedens (1953) S. 9. 訳文は中村訳・前掲一七〇頁による)。エーケレーヴもその訴訟法解釈論のなかで、現行法は必要以上に複雑化させてはならないと主張する (Ekelöf, I s. 63.)。

(13) 鈴木・前掲六五頁。

(14) 同旨、前田・前掲「正・続」両論文、米倉明「民法講義――総則(第七五回)」法学教室九一号(一九八八)八四頁(なお、松本・前掲二九七頁、倉田監修三四―三五頁参照)。要件事実論の側でも主張責任と証明責任との必然的一致を主張しているわけではない(伊藤「続・要件事実と実体法(下)」ジュリスト八八二号(一九八七)六二頁)。ちなみに、行政事件の取消訴訟において主張責任と証明責任とが分離するか否かについては積極、消極両説あるが、積極説が多い(雄川一郎=塩野宏=園部逸夫編『現代行政法体系5』(一九八四、有斐閣)一八七頁以下およびそこ(一九〇頁)に引用の文献(山村恒年執筆)ならびに渡部吉隆=園部逸夫編『行政事件訴訟法体系』(一九八五、西神田編集室)三四三頁(濱秀和執筆)など参照。なお、前注(12)の研究会における春日偉知郎、ライポルト両教授の発言(四三頁)参照)。

(15) 「主として」というのは、訴訟の適正・妥当な運営ということももちろん考慮されるべきであるが、この点は証明責任と共通すると考えられるからである。

(16) 『要件事実第一巻』二九―三〇頁、伊藤「要件事実と実体法」一五―一六頁、など。中島弘道『挙証責任の研究』(一九四九、有斐閣)は、主張責任の分配により訴訟が非常に簡単明瞭になることを説く(二七―二八頁)。注目すべき指摘である。

(17) しばしば指摘される「原告土地所有・被告土地占有」というタイプの訴状については(これに対する要件事実論からの弁明として、伊藤「要件事実と実体法」一七―一八頁参照)、筆者も実務上かなり目にしたが、このような訴状のため被告が防御できず、出頭した第一回期日を空費したとしたら、被告の被る損害は弁護士訴訟の場合にはその日当分だけでも相当な額に達するはずである(とりわけ遠隔地での訴訟の場合を考えよ)。本来それは原告が負担すべき筋合いのものと考えられるが、弁護士費用の訴訟費用化がされていないわが国ではこのような問題は現実化しないし、また民訴九一条の適用も通説的な主張責任論を前提とするかぎり困難であろう。しかし果たしてそれでよいのであろうか？　木川統一郎博士が要件事実教育の絶対的必要性を説きながら、合わせて徴表の重要性を強調し、それを認識させないような要件事実教育は「民事裁判にとっては死に至る病である」と痛言していることが顧みられるべきである（木川『訴訟促進政策の新展開』（一九八七、日本評論社）二七九頁）。

また、地方都市で弁護士をしている友人（優れた著書・論文を発表している篤学・練達の士である）から最近聞いた話であるが、代理人の側では必要と考える事情にわたる部分の準備書面の記載の陳述をほとんど問答無用的に禁止する裁判官があるとのことである。事実とすればここでも要件事実論（の誤解）が訴訟運営にマイナスに働いている現象が見られると言わざるを得ない。

(18)　例えば、上原敏夫「訴訟促進・審理充実の展望」ジュリスト九一四号（一九八八）一〇一頁。ついでながら、同じく司法研修所出身の民訴学者であるのに、上原教授が要件事実論に賛同し、小林秀之教授がその強靱な反対論者である（小林『民事裁判の審理』（一九八七、有斐閣）など）のはすこぶる興味深く思われる。修習生（出身者）の間にも一般的に二つの傾向が見られるのかも知れない。

(19)　鈴木・前掲六五頁。ちなみに筆者は、司法研修所に入った頃、教官からではないが先輩から、「刑法学の理論は全部忘れて判例だけ覚えろ」と言われて、奇妙に納得してしまった記憶がある（刑法学者には叱られるかも知れないが）。

(20)　民裁教官室によれば、民事裁判修習の基本的な柱は要件事実教育、事実認定教育および訴訟運営に関する教育の三本であるという（「民事裁判修習の現状と展望」司法研修所論集・創立四〇周年記念特集号（一九八八、法曹会）一一四頁）。そしてこの論説を読むと、民事裁判修習は現行の修習期間および大学の法学教育を前提にするかぎり極めてバランスの取れたもので、ほぼ完成の域に達しているかのような印象すら受ける。それなのになぜ、上述のような批判や弊害が後をたたないのであろうか。部外者である筆者には十分に理解しかねるけれども、その大きな一因は、右の三本の柱が密接な内的関連性を有するものとして捉えられ、教えられていないことにあるのではあるまいか。しかもこのことは単なる教育技術の問題ではなく、要件事実論そのものの体質に根ざしているように思われるのである。

(21)　前述のように、前田教授は主張責任と証明責任との負担者を分けることを主張するが(前掲各論文)、主張責任の分配については規範説を採るようであり（とくに前田「続・主張責任と証明責任」六七頁参照)、この点において私見とは異なることになる。

ちなみに西村重雄教授は、自身の大学における要件事実教育の経験から、学生に民事訴訟法の知識があることは望ましいが、それがないことは必ずしも大きな障害にならないように思われると指摘する（西村「大学における要件事実論教育の実際と問題点」司法研修所論集・創立四〇周年記念特集号二五四頁以下、とくに二七九頁)。問題はどのようなレベルないし形での要件事実教育かということであろう。もっとも同論文は、要件事実論に対する一つの極めて適切な評価を示しているとみられ、共感するところが多い。

(22)　『要件事実第一巻』二七六頁。しかしかつては、逆に被告＝債務者の負担と解していた（谷口・前掲書二一一頁)。このような旧説の論拠については三井・前掲『要件事実の再構成』五頁以下に詳しい。

(23)　本書二四頁。スウェーデンにおいては全貸金請求事件のうち、ごく僅かな数についてのみ弁済期の到来が争いとなることは「経験の示すところ」だといわれる（Boman, s. 249.)。ちなみにわが国の要件事実論も、この点に関する訴訟運営上の実質的配慮をしていないわけではない（『要件事実第一巻』一七八頁等参照)。

(24)　貸金請求は通常、遅延損害金の附帯請求を伴い、弁済期の主張がないと遅延損害金の請求原因（請求の特定としての）が不明であるから、貸金請求訴訟において原告はほとんどの場合、結局は弁済期を主張せざるを得ず、従って弁済期の主張を要しないというような見解は、日本法の解釈論として到底採用できない、と批判されるかも知れない。しかし、実際には一般に訴状の請求原因の結びにおいて「――の遅延損害金の支払を求める」旨表示されるので、それで請求の特定としては十分であって、あとは主張責任の分配の問題に過ぎない（四注(13)参照)。これは弁済期は主張しているが、いかなる権利で、いかなる発生原因から生じたかを明示していない場合（司法研修所編「民事訴訟第一審手続の解説――事件記録に基づいて」(一九八九、法曹会）八頁は、それでも差し支えないとする）とは、いわば裏腹のケースと言えよう。ちなみにスウェーデン法においては、訴状の申立て欄に「――日からの年五%の遅延損害金（ränta, drömålsränta）の支払を求める」というように請求に色付けをして表示するから、弁済期の主張がなくとも遅延損害金の請求の特定ができないという事態が生じることはまずないと言ってよい。

(25) 伊藤「要件事実と実体法」一六頁。

(26) 高橋宏志教授は、主張責任の概念が担う内容・役割は貧しいものになっていることを指摘し、その事実を多少膨らませる思考実験などを提案している（高橋「要件事実と訴訟法学」ジュリスト八八一号（一九八七）一〇〇―一〇一頁）。

(27) 太田勝造教授が訴訟における立法事実について論じ、「過失や正当事由のような一般条項を『事実』ととらえるかつての民事訴訟理論では、判決事実と立法事実との区別ができなくなるであろう。」と述べているのは新しい視角からの興味深い指摘である（太田「法の進化と社会科学」『竜嵜喜助先生還暦記念　紛争処理と正義』一九八八、有斐閣出版サービス）一三七頁）。

(28) 山本克己教授が「訴訟外のそれと連続する交渉過程として訴訟を把握する場合には、まず問題とされるべきは主張論（そこでの事実主張の機能としては、要証命題の定立以上のものが措定されよう）」であろうという指摘をしているのは示唆に富む（山本・書評「新堂幸司編著『特別講義民事訴訟法』法学教室九五号（一九八八）七八頁）。

(29) 例えば、所有権に基づく明渡請求訴訟において、原告は所有権の取得原因事実を主張すべきであるが、被告が原告の所有であることを争わなければその必要がない。そこで次のように考えたらどうであろうか。原告は訴状において所有権取得原因事実を主張しないときはその理由すなわち、訴訟前の交渉過程から見て被告が所有権について争わないと思われる事情を記載する。所有権に争いがなければその占有権原に争いがあるわけであるから（どちらにも争いがなければそもそも訴訟にはならないはずである）、この事情とはつまり占有権原の争いに関する原告の立場からする主張ということになる。これによって被告は訴状を受け取ったときからすでに十分な防御が可能になるであろう。この考えは主張責任の対象となる主要事実についてはこれまでと全く同様に解しなから、その主張をしない理由の開示を要求するだけであるから、とくに違和感はないと思う。

なお木川博士によれば、西独においては主張具体化の程度は相手方の態度との相関において決定されるというのが実務の確定した原則であり、所有権に基づく返還訴訟では、原告への所有権帰属を一つの事実（Tatsache）として取り扱う原則が実務上確定していて、その実際的目的は無用な主張を回避することにある（木川『訴訟促進政策の新展開』一六二頁。なお西独における主張の具体化の問題については、森勇「主張と否認の具体化について」民事訴訟雑誌三四号（一九八八）二〇九頁以下参照）。主張具体化の程度が相手方の態度との相関において決定されるべきことは当然の事理とも言うべきで、この原則は正当だと思うが、私見も相手方に争いがないと予測される場合には所有権の帰属の主張のみで足りるとするもので、決してそれと矛盾するわけではない。青山善充「主要事実・間接事実の区別と主張責任」『講座民事訴訟④』（一九八五、弘文堂）三九七—三九八頁は、上述のような場合「仮に被告がこれを認める陳述をすれば、被告の陳述は権利自白となり、そのかぎりで原告は具体的事実の主張・立証を省略できるが、本来は、原告は右の場合にも具体的事実の主張をなすべきものと考える。」という。

(30)　その一および三について、新堂幸司『民事訴訟法（第二版）』（一九八一、筑摩書房）二八六頁以下、田尾・前掲二六九頁以下、竹下守夫「弁論主義」小山昇ら編『演習民事訴訟法（上）』（一九七三、青林書院）三四九頁以下、鈴木正裕「主要事実と間接事実」三ケ月章＝中野貞一郎＝竹下守夫編『新版・民事訴訟法演習1判決手続(1)』（一九八三、有斐閣）一二〇—一二一頁、青山・前掲三六七頁以下、など（以上に関する学説の要を得た概説として上田・前掲二九二頁）、その二について佐上善和「立証責任の意義と機能」井上治典＝伊藤真＝佐上善和『これからの民事訴訟法』（一九八四、日本評論社）一三九頁以下、佐藤彰一「証明責任論の課題(2)——訴訟内交渉過程の整序」『特別講座民事訴訟法』四六四頁以下、などを参照。

# 《附　録》

## 1　主要関連条文（試訳）

### 【訴訟手続法】

**一三章一条**　被告に対する給付の訴えは、履行期が未到来であっても以下各号に該るときは裁判することができる。

1　すでになされたもしくは将来の対価に依存しないもの、またはすでになされた対価に基づく年金若しくは終身保険利息金として支払うもので、かつその一部の弁済期が到来した場合における他の継続的給付の日時に関する問題

2　訴訟が提起されている他の請求の義務が履行されないとき初めて生ずる義務

3　履行期の到来した債権の支払がなされるまでの利息〔遅延損害金〕または主たる義務に付随するその他の付帯義務の問題

4　債権者にとって履行が適時になされることが重要であるときまたは被告がその履行を免れようとする特段の事情が存在するとき、または

5　以上のほか、法律により訴訟の提起が認められる請求

**一七章三条**　本書八頁参照。

**三五章三条一項**　当事者が訴訟手続においてある事実を自白し、かつ請求について自白が許容されるものであるときは当事者が自白した事実はかれを拘束する。当事者がその自白を撤回したときは、裁判所は撤回のために援用された理由およびその他の事情にかんがみ、自白に証拠としてのいかなる効果を与えるかを判断する。

**四二章**[**]**二条**　召喚状申請書には、以下各号の事項を包含しなければならない。

1　特定の訴えの申立て

2　訴えの申立ての原因として主張する事実の詳細な陳述
3　援用する証拠および各証拠により証明すべき事項に関する情報、ならびに
4　管轄がその他の記載から明らかでないときは、裁判所の管轄を充足する事実に関する情報
原告が事件の審理の方式に関して何らかの要望を有するときは申請書にその旨を表示すべきである。

申請書は原告またはその代理人自身によって署名されなければならない。

援用する証拠は申請書と共に提出すべきである。

**同章七条**　準備手続の際被告は直ちに答弁書により答弁をしなければならない。答弁書には以下各号の事項を記載しなければならない。
1　被告が行おうとする訴訟障害の抗弁
2　原告の訴えの申立てを認諾しまたは争う範囲
3　原告の訴えの申立てを争うときは、原告がかれの訴えを理由づける事実に関する陳述、および被告が陳述しようとする事実の表示をもってする争いの理由、ならびに
4　被告が援用する証拠および各証拠により証明する事項に関する情報
援用する証拠は、答弁と同時に提出すべきである。


**同章八条**　準備手続において当事者はそれぞれ、その主張しようとする一層の事実を開示し、かつ相手方の主張した事項に対して陳述しなければならない。また、従前になされていないかぎり、その援用しようとする証拠および各証拠により証明しようとする事項を明らかにしなければならない。まだ提出されていない書証は直ちに提出しなければならない。当事者は相手方の要求に基づき、その所持するその他の書証を開示する義務がある。

裁判所は事件の性質に従い、準備手続の際争点が明確になり、かつ、当事者が事件において主張しようとするすべての事項が開示されるようにしなければならない。裁判所は質問および指摘により当事者の陳述の不明確性および不十分性を除去するように努めなければならない。

裁判所は各種の問題または事件の一部が準備手続において別個に審理されるよう定めることができる。

**四三章七条一項**　本口頭弁論において原告はその訴えの申立てを陳述し、被告はそれを認諾するかまたは争うかを明らかにしなければならない。当事者はさらに順番に自己の訴訟活動を展開し、かつ相手方の主張する事項に対して自己の見解を明らかにしなければならない。

＊　家賃の支払および割賦払の金銭消費貸借における将来の分などを含まない趣旨である。すなわち、ＺＰＯ二五六条とは異なる。

Ekelöf, II s. 103. Matz, Handbok i svensk civilprocessrätt（1957）s. 157–158 も参照。

＊＊　四二章は訳出の各案とも SFS 1987：747 により改正されたが、その実質的内容に変更はない。

**【契約法】**（正式名称は「財産権の分野における契約およびその他の法律行為に関する法律」Lag 11 juni 1915 om avtal och andra rättshandlingar på förmägenrättens område）

**二五条**　他人の代理人として行為する者は、必要な代理権を有することについて責任を負う、それゆえ、代理権に従って行為したこと、問題とされる法律行為について表示されている本人の追認を得たこと、またはそうでなくとも本人に対しその有効を主張できることを証明できないときは、第三者に対しかれがその法律行為を本人に対し有効に主張できないことにより被るすべての損害を賠償する義務がある。

上記の規定は、第三者が代理権が存在しないことまたは代理権が踰越されたことを知っていたかまたは知るべかりしときは適用しない。法律行為をした者が、かれが知らず、かつそれに関して第三者もかれ〔代理人〕が知っていたはずだと正当に前提できないような特別の事情の結果として、本人に主張できない代理権に基づく行為をしたときも同様である。

＊　本法については山下丈教授による邦訳があるが（山下「スウェーデンの契約法について」広島法学八巻四号（一九八五）三〇五頁以下）、ここでは筆者の訳文を掲げる。

**【売買法】**（正式名称は「動産の売買および交換に関する法律」Lag 20 juni 1905 om köp och byte av lös egendom）＊

**五条**　売買が代金額の定め無しに締結されたときは、買主は売主が請求する額を、それが不相当と考えられないかぎり支払わなければならない。

**二三条**　売買が特定物に関し、かつ買主が目的物の引渡しの遅滞により損害を被るときは遅滞が売主の過失に帰しえないことが証明されないかぎり、買主は売主に対し損害賠償を請求することができる。

**四二条**　特定物が売られ、かつそれに瑕疵が存在するときは、買主は売買を解除し、または瑕疵に相当する代金の減額を請求することができる。瑕疵が軽微と考えられるときは、売主が詐欺的に行為した場合でなければ売買を解除することができない。

　目的物が売買の際に保証されたと考えられうる性質を欠くとき、瑕疵が売買の後に売主の管理不十分もしくは過失により生じたとき、または売主が詐欺的行為の責を負うときは、かれは買主に対しその損害を賠償する義務がある。

**五二条**　目的物の瑕疵または不足が明らかになり、かつ買主がそれに基づき訴えを提起しようと欲するときは、商事売買の際は直ちに、その他の売買の際は不相当な遅滞なしに、その旨を売主に対し通知をしなければならない。この通知をしないときは、買主は瑕疵または不足を認識しまたは認識できたはずであっても、買主はすべての（訴えを提起する）権利を喪失する。[**]

　買主が売買を解除しまたは他の物を請求しようと欲するときは、かれはその旨を売主に対し不相当な遅滞なしに通知しなければならない。これを怠るときは目的物の受領を拒絶し、または不足分を請求することができない。

**五三条**　五二条において瑕疵または不足に基づき訴えを提起する権利の喪失に関して定めるところは、売主が詐欺的に行為したか、または重大な過失があり、かつ瑕疵または不足が買主に著しい損害を招くときは適用しない。

**五四条**　買主が目的物を受領してから二年[***]内に売主に対し瑕疵または不足に基づく訴えを提起することを欲する旨を通知しないときは、売主が右期間後も同様に目的物について責任を負う旨を引き受けたか、または詐欺的な行為について責を負うときでなければ（訴えを提起する）権利を喪失する。[****]

＊　本法についても山下教授の邦訳があるが（山下「スウェーデン売買法条文翻訳」広島法学九巻三号（一九八

五))、ここでは筆者の訳文を掲げる。

＊＊　原文の該当個所は vare…all talan förlustig であるから字義どおりにはかっこ内を含めて訳すべきであるが、エーケレーヴによれば権利自体を失う意味である。Ekelöf, I s. 27.

＊＊＊　Lag 1985：717 により二年に改正（従前は一年）、一九八六年七月一日から施行。

＊＊＊＊　エーケレーヴは五四条の talan の意味については論及していないが、五二条の場合と同様に解すべきことになろう。

**【債務証書法】**（Lag（1936：81）om skuldebrev）

**五条一項前段**　弁済期が定められていないときは、債務者は債権者が請求した時に債務証書の債務を履行する義務を負い＊、かつ、かれ自身が欲するかぎり何時でも支払う権利を有する。

＊　この規定は、売買法一二条（履行期に関する同趣旨の規定）などと共に、約定により成立した債権一般に適用されうると解されている。Knut Rodhe, Obligationsrätt (1956) s. 116–117, Lärobok i obligationsrätt (6 uppl. 1986) s. 66.

## 2　〈資料〉召喚状申請書および答弁書の書式

以下に掲げるのは少額民事訴訟手続における召喚状申請書および答弁書の書式である。少額民事訴訟手続では本人訴訟が原則とされているため、このような書式用紙が作成・配布され、当事者の利用に供されている。本文の記述を理解するのに参考になると思われるので、ここにその訳文を示す。なおこの書式は Anders Bruzelius, Exempelsamling för juridisk grundkurs. Del 1 Underrättsförfarandet（1976）s. 14–21 から、当事者による記載部分を除外して転載した。

## Ⅰ　召喚状申請書の書式

少額民事訴訟手続

ルンダゴード地方裁判所

### 召　喚　状　申　請　書

あなたが裁判所に召喚状申請書を提出することに関連して―あなたが一般法律扶助を得ていないなら―申請手数料[**]として25クローネを支払わなければなりません。
あなたはこの用紙に記載するに当たって、下記の裁判所職員の援助を受けることができます。

氏名および肩書
H．ハンソン　　司法実務修習生[***]
電話番号

**原　告**

姓，名，個人識別番号および職業

---

住所，郵便番号および郵便局

---

自宅および執務先の電話番号ならびに電話するのに都合の良い時間

---

代理人：氏名、住所および電話番号

原告とは召喚状を申請する者です（すなわちあなた自身）。

**被　告**

姓，名，ならびにあなたが知っているならば個人識別番号および職業

---

住所，郵便番号および郵便局

---

自宅および執務先の電話番号（あなたが知っているならば）

---

代理人：氏名、住所および電話番号

---

被告とは請求が向けられる者です―相手方。

**備　考**

すべての書類は２通提出すべきです。
この用紙では足りないときは他の紙を使うことができます。その場合は「補記に続く」と記載すること。

**訴えの申立て**

ここにあなたは裁判所がどんな判決をすることを求めるのか、例えば被告が一定額の売買代金を支払うこと、ある品物を引き渡すこと、延滞している一定額の労働賃金を支払うこと、喪失した労働収入または破損した衣服類などのための一定額の損害賠償を支払うことを記載します。

**訴えの申立ての背景****

ここにあなたは簡潔に、紛争の背景として何が存在するかを説明し、かつ、あなたと相手方との間で問題になっている不一致について述べ、さらに被告が訴えの申立てに対してどんな態度を採ると考えるかについて書かなければなりません。
売買の場合には、売買契約締結の際被告との間で合意されたことを書くべきです。紛争のために意義を有するかぎり商品の種類のほか、例えば代金、品質、引き渡しの日時および支払条件も述べるべきです。さらに被告との不一致の点、例えば商品の品質について述べるべきです。最後に相手方が請求に対してどう答弁するとあなたは考えるかについて書くべきです。
労働契約が問題になるときは、その労働に関して労働協約が存在するかどうか、被告との間の合意内容、例えば雇用期間および賃金または委任事務の完了の時点*****、誰が材料を供給するかおよび費用償還の範囲について記載すべきです。さらに被告との間の不一致、例えば賃金または費用償還の範囲について述べるべきです。最後に相手方が請求に対してどう答弁するとあなたは考えるかについて書くべきです。
損害賠償請求が問題になるときは、例えば損害を起因した出来事について説明し、どのようにして被告が損害を惹起したとあなたは考えるかを述べ、さらにあなたはどのように請求する損害賠償額を算定したかを明らかにすべきです。最後に相手方が請求に対してどう答弁するとあなたは考えるかについて書くべきです。

----------------------------------------
----------------------------------------
----------------------------------------
----------------------------------------

**立証**

ここにあなたが必要と考える立証について書かなければなりません。

----------------------------------------

あなたが公共苦情処理委員会を利用したときは、委員の決定があればその写しを提出すべきです******。
書面による契約例えば割賦払い契約、領収書およびその他の書面の写しも添付すべきです。あなたが裁判所に尋問して欲しい証人の氏名、住所および電話番号は以下に記載しなければなりません。

証人尋問により立証したい事項 ……………………

自身の署名 ……………………

日　付 ……………………

## II　答弁書の書式

少額民事訴訟手続

# 召喚状申請書に対する陳述

あなたはこの用紙に記載するに当たって、下記の裁判所職員の援助を受けることができます。

氏名および肩書

H．ハンソン　　司法実務修習生

電話番号

原告とは召喚状を申請した者，すなわち請求を提出した者です。

被告とは請求が向けられる者です。

備　考

すべての書類は2通提出すべきです。

この用紙では足りないときは別の紙を使用できます。その場合は「補記に続く」と記載すること。

**原　告**

姓　　名

住所，郵便番号および郵便局

代理人：氏名、住所および電話番号

**被　告**

姓，名，個人識別番号および職業

住所，郵便番号および郵便局

自宅および執務先における電話番号ならびに電話に都合の良い時間

代理人：氏名、住所および電話番号

認諾するか，争うか

ここに原告の訴えの申立てを認諾するか，それとも争うか，即ち相手方の請求に同意するかどうかを記載します。その一部のみを争うときはどの部分を認諾し，どの部分を争うかを書かなければなりません。

争う背景*******

訴えの申立ての全部または一部を争うときはここにその理由を記載しなければなりません。その際には原告が召喚状申請書においてした主張に対して答えるべきです。さらにここに例えば売買または労働契約に関連して原告とした合意があればそれに関するあなたの見解を述べるべきです。紛争が損害賠償に関するときは、あなたの見解によれば出来事はどのように生じたか、および損害賠償額の算定についてどう考えられるかを説明すべきです。

立証

ここにあなたが必要と考える立証について書かなければなりません。

あなたが**公共苦情処理委員会**を利用したときは、委員会の決定があればその写しを提出すべきです。

**書面による契約例えば割賦払い契約、領収書**およびその他の書面の写しも添付すべきです。あなたが裁判所に尋問して欲しい証人の氏名、住所および電話番号は以下に記載しなければなりません。

証人尋問により立証したい事項

自身の署名

日　付

* 少額民事訴訟手続法（lagen om rättegången i tvistemål om mindre värden）は1987年の下級裁判所の訴訟手続の改革にあたって廃止されたが、その基本的部分は訴訟手続法中に吸収、維持されている（SFS 1987：747 等）。Ekelöf, V s. 14–5 等参照。

** 各種申立て手数料に関する政令（expeditionskungörelse）（1917：618）別表第Ⅱに定める額。1987年に新たに「通常裁判所における手数料に関する政令」（förordninig（1987：452）om avgifter vid allmänna domstolarna）が制定・施行され、それによると訴え提起の手数料は訴額にかかわらず275クローネである（別表1）。

*** 司法実務修習生はこのような裁判所の助言的職務に関して重要な役割を果たしている（後掲拙訳 74-5 頁参照）。

**** このケースでは実際に記載欄のスペースの約2倍が別紙で使われている。

***** スウェーデン法上委任（uppdrag）は広義においてはわが法の委任と請負の各一部を包含する概念とされる。なお個人のために有償で動産の注文品の製作（造）をすることは、注文売買として売買法の適用を受ける（同法2条）。Bertil Bengström, Särskilda avtalstyper I（1980）s. 103 ff.

****** 公共苦情処理委員会と少額訴訟手続との密接な関係については、筆者の訳編によるM・アイゼンスタイン「スウェーデンにおける公共苦情処理委員会」マウロ・カペレッティ編、小島武司＝谷口安平編訳『裁判・紛争処理の比較研究（下）』（1985、中央大学出版部）所収参照。

******* やはり別紙にかなりの補記がなされている。

## 3　P・O・ボールディングによる「ローゼンベルク『証明責任論（第三版）』の書評」（訳）

SvJT 1953 s. 502–503.

前掲拙訳「証明責任および証明度」について証明責任論の大家である某氏から（以下は私信の内容なのでお名前は控えさせて頂く）、拙訳を大変面白く読んだが、文構造理論の支持者がスウェーデンでは皆無のようであるのは理解できないという趣旨の読後感を頂戴した。前段は訳者にとって（そしておそらく原著者にとっても間違いなく）有り難く、嬉しいかぎりであるが、後段は訳者がひそかに怖れていたことであった。やはり、この点については拙訳または少なくとも本稿の中でその理由について多少の説明を加えるべきであったかと思う。そうしなかったのは、証明責任論については別稿を予定しているのでそちらに譲ることにしたからであるが、正直に告白するとそれだけではなく、この点についてまだわが国の読者に十分納得のゆく説明をする自信がないことにもよる（あえて一応の憶測を述べれば、スウェーデン私法はパンデクテン・システムを採っておらず、体系的整合性よりも市民への理解しやすさを顧慮して書かれていること（七注（12）参照）、およびスウェーデン法学（者）のリアリスティックな傾向が主因として関わっていると考えられる）。そこで以下に、ローゼンベルクの『証明責任論（第三版）』に対するボールディングの書評（本書四三七頁訳注〔21〕掲記のもの）の全文を訳出して、不十分ながらとりあえず某氏及び同様の疑問を抱かれるであろう読者へのお答えに代えたい。

ローゼンベルクはミュンヘン大学の名誉教授である。証明責任に関するかれのモノグラフィーすなわち本書は、ドイツにおけるスタンダード・ワークであり、その初版はすでに一九〇〇年に刊行された。ローゼンベルクによれば証明責任問題の解決のための一般的規則を樹立することは可能である。かれの規則は「各当事者は自己に有利な法規……の諸要件を主張・立証すべきである。」（九八頁以下（以下、引用文は第四・五版と同じなので、前掲倉田訳による。同書一一六頁――訳者）というものである。この規則はローゼンベルクによればすべての考えられる場合に用いうるばかりでなく（一二五頁）、「訴訟という息詰まるような土俵場から法秩序の清澄な青空へと」（一一七頁（倉田訳一三六―一三七頁――訳者）導く卓越した属性さえ有している。では、いかにして一見無内容な規則がそれほどすばらしい効果を持つことができるのか？　ローゼンベルクによれば、それは実体法規を各種のタイプに分類することによってである。法規は「権利根拠的」、「権利障害的」および「権利滅却的」、「権利抑制的」であるのみならず、「障害障害的」、「障害滅却的」でもありうる（一〇二頁）。このような基本的思考――それは本書の第二版（一九二三年）においても述べられていた――に対してオリーヴェクルーナ（証明義務と実体法（一九三〇年））は、評者の見解では壊滅的な打撃を与える批判を加えた。「実体的」法規の「性質」に関する一般的考察から証明責任規則を理由づけるすべての企図は失敗に帰する、と考えなければならない。証明責任規則は他のすべての規則と同様に、実際的な合目的的衡量に基づかなければならないのである。

しかしローゼンベルクの規則は、単に証明責任規則の基礎に関する問題だけでなく、「主張責任」（主張を提出する義務）と「証明責任」との関係という問題に関する見解も包含している。ローゼンベルクはこの二つの義務は結合できると考える。そしてかれの証明責任論にとって全く基本的なこの見解を無留保で宣言する。かれはこれら二つの義務のそれぞれに同一の目的的観点が関連するかどうかを詳細に検討することなく、かつかれ自身、現行法上一方の当事者が主張を提出し、他方がその主張事実について証明責任を負う場合が存在することに注目している（五二頁以下）にも拘らず。

最後に指摘した点は、著者にその出発点の一つを再考する理由を与えるであろう。つまり著者は一方の当事者が常に証明責任を負う（そして相手方はそれを負わない）ことが自明だということから出発する。責任の分配のみが疑わしいのである（九〇頁）。もしこのテーゼが常に一方または他方の当事者が「主張責任」を負わねばならぬという観察――確かにそれ自体は正当である――の引照によって理由づけることができないならば、テーゼはそもそも承認しうる理由を有しているかどうかが問題として提起されよう。ローゼンベルクはこの問題について法的真実概念に関する若干の無批判的考察（一四頁以下）以上には解明していない――しかもこの概念の擬制的性格についてはかれ自身意識しているように思われる（一八〇頁）。しかしながら、この問題は証明責任論における中心的問題の一つである。すなわち――、二つの仮説（事実的事象経過に関する）が互いに一致しないとき、裁判官は常に（原文はイタリック――訳者）一方の仮説のためにかなり高度の蓋然性を要求する規則を適用することを強いられる（そして他の仮説がより蓋然性が低い場合でも承認されうる結果を伴う）というやり方は合理的でありうるのか？

しかし、ローゼンベルクの基本テーゼおよび論証の方法を批判するにせよまたは承認するにせよ、本書は疑いもなく価値がある。それは多くの重要な問題に関して示唆的な観点を提示し、合わせて膨大な判例と文献を紹介する。スウェーデンの読者にとっては、ローゼンベルクがアルメーンの売買法コンメンタールのドイツ語訳を顧慮しているということを知るのは興味がある（一二六頁）。ローゼンベルクは――評者の見解ではそれは適切であるが――、アルメーンが証拠評価の問題と証明責任の問題とを十分明確に区別しておらず、かつ後者の問題の領域において「平均的蓋然性」に関する衡量が重要であるべきだと誤解していたことを指

摘しているのである。P.O.B.（Per Olof Bolding の頭文字——訳者）

# 第二　スウェーデン証拠法序説
## ――証明責任論のための準備作業を兼ねて――

「事実に関して優れた裁判官であることは容易なように思われるかも知れない――だが、それは実際には極めて困難なことなのである。多くの優れた法曹が事実に関する裁判官としては完全に失敗しているのだ。」

記録長官グリーン卿（Lord Greene, Master of the rolls）*

＊P・O・エーケレーヴ『訴訟手続法　第四巻』（第五版、一九八二）一七頁から再引用

## はじめに

実質的には「スウェーデン法における主張責任論」〔本書第一論文三頁以下〕の続編を成すものである。それゆえ、ことの順序としては主張責任論に引き続き証明責任論を取り扱うことが期待されるかも知れないが、スウェーデン法における証明責任の論議はその証明論と深く関わっている面があり、かつ証拠法上の術語およびその用法にはわが国のそれとやや異なるところがあるので、証拠責任について理解するためにはまず証拠法なかんずく証明の基礎法理を知ることが大切だと思われる。それにそもそも理論的には、証明責任の問題は必要な証明が達せられなかったときに初めて現実化するのであるから、証明論の問題を先に取り上げるのがむしろことの順序として正しいともいえるわけである。[1] ちなみにスウェーデンでもわが国でも、訴訟法の教科書では証明責任に先行して証拠評価に関する記述がなされているのが一般である。[2]

このようなわけで、スウェーデン証拠法の代表的教科書であるエーケレーヴの『訴訟手続法　第四巻』（第五版、一九八二）[3]の記述を中心として紹介、検討したいと思う。もっとも、なるべく正確な紹介が主眼であり、本格的な検討は本稿の意図するところではない。なお理解の便宜上、関連するわが国の学説や議論にも随時ふれるが、もとよりそれ自体が目的ではないから一応の言及にとどまることをお断りしておく。[4]

（1）　太田勝造教授は「証明責任理論は、心証形成・証明理論を前提とせざるをえない」という（同『裁判における証明論の基礎　事実認定と証明責任のベイズ理論的再構成』（一九八二、弘文堂）三頁。

（2）　Per Olof Ekelöf, Rättegång IV (5 uppl. 1982) § 23（以下単にIVとして引用するときはこの版を指す）、中野貞一郎＝松浦馨＝鈴木正裕編『民事訴訟法講義（補訂第二版）』（一九八六、有斐閣）第三章、新堂幸司『民事訴訟法（第二版）』（一九八一、筑摩書房）第三編第三章第五節、上田徹一郎『民事訴訟法』（一九八八、法学書院）第三章、など参照。

（3）原著名は（2）のとおり。近く第六版が出ると思われるが、本稿執筆時にはまだその情報に接しない（拙訳、P・O・ボールディング「証明責任および証明度」『竜嵜喜助先生還暦記念　紛争処理と正義』（一九八八、有斐閣出版サービス）一九九頁訳注〔18〕〔本書四三六頁〕参照）。

（4）なお、以下の記述は、スウェーデンにおいては民事・刑事両訴訟手続とも同一の法典＝訴訟手続法（rättegångsbalken）に定められており、大学の法学教育でも両者が「訴訟法」という単一の科目として教授されている（拙著『スウェーデンの司法』（一九八六、弘文堂）とくに六三頁以下参照）ことを念頭において読まれるよう望みたい。

## 一　証拠に関する概念[1]

証拠（bevis）という概念ないし用語はわが国においても多様な意義で用いられているが[2]、スウェーデン語の bevis についても同様である。それは少なくとも証拠または証明の両義で用いられる（したがって、ドイツ語の Beweislast が証明責任とも立証（挙証）責任とも訳されるのと同じ事情はこの語に相当する bevisbörda（n）についても存在する）[3]。しかしさらにそれを超えて多義的である。例えば訴訟手続法（以下、原則として単に「法」といい、また条文のみで引用する）四二章八条は、当事者はその援用しようとする証拠（bevis）を明らかにすべき旨規定しているが、この証拠は証拠事実ではなく、証拠方法である（証拠事実および証拠方法の意義については後述）。

エーケレーヴは証拠調べ（bevisning）は様々な異なる要素を包含し、その各要素について学説上異なる表現が行われており、意見の一致を見るのが難しいとしつつ、かれ自身はほぼ以下のような用語法を用いており、これが通説的なものと言ってよいと思われる。

まず立証ないし証拠の提出（förebringande av bevisning. 一四三章八条一項。学説では一般に bevisföring を用いる）と区別された最終弁論[4]および評議における証明の（有無の）理由付けという知的活動を証拠評価（bevisvärdering）とよぶ。それは一つまたは複数の事実（証明している事実（factum probans））の存在から他の事実（証明されるべき事実（factum probandum））の存在に関する結論を引き出すことである。前者の事実を証拠事実（bevisfaka）といい[5]、後者の事実を証明主題（bevistema）という。終局的な証明主題は常に法律事実（rättsfakta）[6]であるが、証拠事実も証明主題でありうる。証拠事実から証明主題の存否に関する結論を引き出すとき、前者は後者のために証拠価値（bevisvärde）を有するといわれる。証拠価値の強弱について語るときには証拠力（bevisstyrka）という表現が使われる。

本証（huvudbevis）と反証（motbevis（ning））との区別についても述べる必要がある。まず一方の当事者がなす立証が本証である。それ以上に詳しい定義をエーケレーヴはしていないが、事実を主張する者はそのための証拠を提出し、相手方はその後に反証をすべきだとし、かつ反証は法律事実の存在を「十分な証明」（styrkt）にまですることを要しない（彼はこれを通常の証明度とする）と述べている[7]。したがって、わが国における本証と反証の定義と似ている面もあるが、同じではない（もっともカーレンベリイは明白に、証明義務（責任）を負う者の立証が本証で、負わない者の立証が反証だとしている[8]）。本証に対して相手方がなす立証が反証であるが、これには二種類ある。一つは反対証拠（motsatsbevis）[9]すなわちアリバイのように本証の証明主題と一致しない（それを排除する）証拠事実の立証である。もう一つは本証の証拠価値を減弱させる消極的補助事実（後述）の立証であり、通常の反証（ordinär motbevis（ning））とよばれる。もっともテーマ説（後述）の論者はこの二つの反証の区別をしないようである[10]。

証拠評価（bevisvärdering）にあたってはいわゆる経験則（erfarenhetssats）が重要な役割を演ずる。[11] それは二つの事象間において一般的に妥当する関連に関する言明である。自由心証主義のもとでの経験則は、法定証拠主義における証拠評価法規が有していたのと同様の機能を充足するとされる。

補助事実（hjälpsfakta）は、それ自体からは証明主義の存否に関するなんらの結論も引き出せないが、証明主義のための証拠事実の証拠価値に影響を与える事実である。積極的補助事実は証拠価値を増強させ、消極的補助事実はそれを減弱――場合によっては欠如――させる。[12] なお、スリップ痕のような証拠事実は徴表（indicium）とよばれる。この語はすべての証拠価値をもつ事実（証拠事実）を表現するためにも用いられるが、通常、人証および文書以外の証拠事実の意味に限定して使われる。[13][14]

証拠方法（bevismedel）は証拠調べにおいて用いられるもので、裁判所が関連ある事実を観察（視覚に限らず、五官による認識のすべてを意味する）するのを可能ならしめることによって特徴づけられる。法はこれを人的（三六―三七章）なものと、物的なもの（三八―三九章）とに分ける。書面や犯罪の道具は証拠方法であるが、人的なものについては、証人は証拠方法ではなく、証人尋問が証拠方法だとされる。ドイツなどでは学説上、証拠方法は裁判所が観察する事実（例えば証言）の保持者（bärare）だとされるが、エーケレーヴは人間が証拠方法だというのはその人の尋問を表現するのを短縮した言い方だとし、そう理解しなければスウェーデン法においては、真実保証のない当事者尋問とそれのある当事者尋問の証拠方法とが同じになってしまうと批判する。[15] なお徴表は前述のように、証拠方法ではなくて証拠事実である。

証拠資料（bevismaterial）は狭義では本口頭弁論において裁判所が観察したもののみに限られるが、広義では証拠評価上意味をもつものすべてを包含し、徴表、補助事実および経験則などを含む。いわゆる弁論の全趣旨にあたるものも証拠資料（証拠事実）とされるが、[16] 弁論の全趣旨という語は法文上も学説においても用いられていない。証拠原因（bevisgrund）という語はかつては用いられていたが、[17] 現在の学説では全くみられない。これは後述するように、スウェーデン証拠法理論においては証明に関して裁判官の確信という概念をとらず、蓋然性の算定としていること[18]と深く関係しているように思われる（このことを明言する学説はないけれども、むしろ当然の前提にしているのではあるまいか）。

また、直接証拠（証明）、間接証拠（証明）という概念も現在では使われない。スウェーデン証拠法理論においてはすべての証拠（証明）は間接証拠（証明）になるからであろう。[19]

最後に証拠（bevis）という語の多義性が命題に表われる場合について触れておく。

「Aは法律事実Bのための bevis をなす」という表現は、AはBのために裁判所がBの存在を判決の基礎とすべきほどの強力な証明を構成することを意味しうる。「本件においては多くの徴表が存在するが、しかし bevis がない」という言明はこの意味である。他方、bevis がBに対する証拠事実の意味で、あるいはBの存在のために証拠価値――どれほどかは別として――をもつという意味で使われることもある。両者を区別する英語で言えば〝Evidence isn't proof.〟や、〝There was some evidence, but no proof.〟において proof は前者の意味、evidence は後者の意味で用いられているわけである。[20]

（1） 本節全般について Ekelöf, IV s. 7-16.
（2） 新堂・前掲三三五―三三六頁、中野ら・前掲二八七頁、上田・前掲三〇九―三一〇頁。
（3） 倉田卓次「一般条項と証明責任」同『民事実務と証明論』（一九八七、日本評論社。初出は一九七四）二五三―二五四頁参照。
（4） 拙訳、P・O・ボールディング『民事・刑事訴訟実務と弁護士』（一九八〇、ぎょうせい）三〇、五二頁以下、七二、一〇四頁以下参照。

(5) 拙稿「スウェーデン法における主張責任論（一）」（民商法雑誌一〇〇巻五号（一九八九）八八七頁以下〔本書八頁以下〕参照。わが国の間接事実に相当するが間接事実という表現は用いられない。ただし立法理由書などは、「間接に関連する事実」という間接事実類似の表現は使っている（同項八九〇頁）。なおこの証拠事実という語は、実務に浸透している数少ない新しく作られた術語の一つといわれる（Ekelöf, Supplement till Rättegång I-V（1990）s. 12.）。

(6) 前注（5）拙稿引用頁参照。

(7) Ekelöf, V（6 uppl. 1987）s. 74-75, IV s. 80-81.

(8) Ernst Kallenberg, Svensk civilprocessrätt II（1927）s. 547. これに対してエーケレーヴは、通常の言葉の用法に反するとし、原告が訴状において支払がないことの証拠を援用したとき、これを反証とは言わないだろうという（Ekelöf, V（1 uppl. 1963）s. 13.）。なお、後注（9）参照。

(9) これはドイツやわが国の訴訟法理論でいう「反対事実の証明」（Beweis der Gegensatz）とは異なる（Ekelöf, Beweiswert. in : Festschrift für Fritz Baur（1981）, S. 354.）。

(10) Ekelöf, Beviswärdemodellen kontra bevistemamodellen, SvJT 1989 s. 29. テーマ説に立つノルウェーのエックホフ（わが国では法社会学者としてよく知られているが、本来訴訟法学者として出発した人である）は本証と反証との区別は複雑な事案では困難だとする（Torstein Eckhoff, Temametode eller verdimetode i bevisvurderingen SvJT 1988 s. 327. なお s. 330, 338.）。

(11) Per Olof Bolding, Går det att bevisas?（1989）s. 66（以下、単に Bolding として引用）。

(12) Ekelöf, IV s. 21. なお、英法では補助事実が〝facts affecting the weight of evidence〟とよばれるという。A. a. s. 10.

(13) ハッスレルは徴表と証拠事実を同義とし、また法律事実に向けられた立証を直接立証、徴表に向けられた立証を間接立証（徴表立証）という。例えば領収書による支払の立証は前者、債権者が同額を自己の銀行口座に振り込んだことの立証は後者である（Åke Hassler, Svensk civilprocessrätt（1963）s. 343. なお、Bolding, s. 46参照）。

ちなみにわが国では、徴表の語が間接事実のみならず補助事実も含めて用いられることがあるといわれるが（近藤完爾「証拠の証明力」同『民事訴訟法論考第三巻　判決と心証形成』（一九七八、判例タイムズ社、初出は一九五四）三二頁）、後述のとおり両者の混同が証拠評価にあたって危険を生ずるおそれがあるので、このような用法は好ましくないであろう。

（14）立証と主題との間に存する因果的または論理的関連を「徴表メカニズム」（indiciemekanism）とよぶ論者がいることに注意したい。Soren Halden, Indiciemekanismer, TfR 1973 s. 56.

（15）ボールディングも当事者の供述や証言を証拠方法とみている（Bolding, s. 32 ff.）。エーケレーヴと同説とみるべきであろうか。旧法下における証拠方法の概念規定に関する多様な論議の詳細についてはKallenberg, a. a. s. 536–539 参照。

（16）Ekelöf, IV s. 51.

（17）Kallenberg, a. a. s. 536–59, Ekelöf, IV（1 uppl. 1963）s. 32.

（18）「証明とは、証拠・経験則による蓋然性証明である。」といわれる（太田・前掲八四頁）。

（19）Ekelöf, IV（1 uppl. 1963）s. 31–32. Bolding, Bevisbördan och den juridiska tekniken（1951）s. 26. ベンダーもこのことを指摘する（春日偉知郎「自由心証主義の現代的意義」『講座・民事訴訟⑤証拠』（一九八三、弘文堂）四七頁参照）。

（20）Ekelöf, IV s. 15, Bolding s. 48. なお、わが国における用法について、伊藤滋夫「要件事実と実体法断想（上）」ジュリスト九四五号（一九八九）一〇五頁参照。

## 二　自由心証主義と蓋然性理論モデル(1)

スウェーデンの証拠法制は、現行訴訟手続法の制定・施行により法定証拠主義から自由証拠審査主義（fri bevisprövning）に移行した。もっともすでに旧法時の最後の頃には、実務上かなりの程度まで法定証拠主義は自由心証主義に移行していた。ところで fri bevisprövning を自由心証主義と訳さず、自由証拠審査主義としたのはこのほうが原意に忠実で正確だからである。自由証拠審査主義は法定証拠主義に対立するものであるが、その内容は証拠方法の利用に対する制限（証人適格など）がないことと(2)、裁判官が提出された証拠の証拠価値を自由に判断できることの双方を含む。後者が自由心証主義（fri bevisvärdering）――ドイツ語の freie Beweiswürdigung 参照――である(3)。

なお、エーケレーヴが法定証拠主義の永続の第一の原因として、それが裁判所の証拠評価に対するコントロールを容易にした点を強調していることは、裁判所の自由心証のコントロールが新たな観点から問題になっている現在、改めて留意されてよいであろう。

さて自由心証主義のもとにおける裁判官の主観的確信をできるだけ間主観的にするために証拠法理論は蓋然性理論モデルを提示するが、これに関してテーマ説（temametoden, temateorin）と証拠価値説（bevisvärdemetoden, bevisvärdeteorin）との激しい対立がある(4)。この論争はスウェーデンに始まり、現在でも同国において最も顕著であるが、他の北欧諸国にも波及しつつあり(5)、また論争の参加者は訴訟法学者にとどまらず、哲学者や他の分野の社会科学者にまで及んでいる。いまや北欧訴訟法学における最もホットなイッシューといってよい問題である。両説の内容を的確に紹介することは関連領域について十分な素養を欠く筆者にとっては容易でないので誤解を避けるため、ウプサラ大学の法理学教授クラーミらの論文における簡明な説明をつぎに引用しよう。

(a)　テーマ説　アド・ホックに利用できる証拠資料は終局的なものだという仮定から出発する。Ｆのための立証が六〇％の蓋然性をもって信じられるならば、そのことから～Ｆに関する立証は四〇％の蓋然性をもって蓋然的でなければならない、ということが導かれる。何故ならば、Ｆのための蓋然性 (P/F) と～Ｆのための蓋然性 (P1～F) とは＝一〇〇％にならなければならないからである。

(b)　証拠価値説　各種の事実（証明主題）に関する蓋然性は〝片面的〟だと考える。

何故ならば、それは立証と主題との間に存する因果的または論理的関係の問題だからである[6]。例えばＦのための薄弱な立証が同様に～Ｆのための強力な立証を成すということは全く確かでない。証拠価値は証拠事実（Ｂ）が主題（ＢＴ）を立証する蓋然性である（言い換えれば一般に主題が証拠を起因したということ、例えば犯罪が証人の観察を惹起したことである）。

$$P(B_1 \to BT) + P^1(B_2 \to \sim BT) \leq 1$$

このようにして両方向において立証が薄弱だということもありうる。不確実性Ｐ？が生じうるし、そしてその〝量〟をその証拠価値に応じてＰと$P^1$との間に直接的に分配できるとは直ちに考えられない[7]。」

なお、テーマ説をとる者は始原的蓋然性[8]（ursprunglig sannolikhet, begynnelse sannolikhet）を認め、ベイズの定理の利用を肯定するが、証拠価値説の立場に立つ者はこれを否定する[9][10]。詳しくは六で後述する。

エーケレーヴが一九七三年に『訴訟手続法　第四巻』（第三版）において証拠価値説を唱道するまでは学説上――かれ自身を含めて――テーマ説（による理由づけ）が疑問とされることなく妥当していたといわれるが[11]、

現在ではスウェーデンに関するかぎり、証拠価値説の信奉者のほうが優勢のようにみえる。[12] 主張責任論の領域において大きな業績を挙げたボーマンも、基本的にはエーケレーヴの立場を支持しているといってよい。[13] しかしながら、スウェーデンの証拠法理論における一方の巨頭であるボールディングは断固としてテーマ説を堅持し、[14] 近時若手の俊英リンデルがこれに与したし、[15] ノルウェーの碩学エックホフも最近発表した論文でテーマ説の立場を再確認している――彼はどちらの説をとっても概ね同様の結果になると主張する――。[16] 事態はまさに流動的で、その動向は予測しがたいものがあるといえよう。それゆえ、本稿においてこの問題に深入りすることは避けることにする――率直に言ってそうするだけの能力もないのであるが――。[17] 以下、両説の対立が著しい問題については、まず証拠価値説（を代表する――この説の内部にも若干の差異が見られる[18]――）エーケレーヴの所説に基づいて説明し、その後にテーマ説の立場からのコメントを簡単に加えるという形で記述する。それは決して両説に対する評価を示すものではなく、主としてエーケレーヴの教科書がスウェーデン証拠法のスタンダード・ワークであるという理由によるものである。

（1）　本節全般について、Ekelöf, IV s. 16–17.

（2）　立法理由書は証拠方法の章下（三六―四〇章）に列挙されていないものも証拠として用いうることを明言している（SOU 1938：44 Processlagberedningens förslag till rättegång s. 377.）。

（3）　Sture Bergström et al., Juridikens termer (6 uppl. 1983) s. 71, Ekelöf, IV s. 200 ff. 参照。もっともボールディングは、証拠評価と証拠審査とは多くの場合に同意語として使われるが、正確には異なるとし、前者は立証の強度に関する見解の決定に尽きるのに対して、後者はそれにとどまらず証明責任および証明度の問題をも包含するという。Bolding, s. 50–51. 春日・前掲三一頁は、fri bevisprövning, fri bevisvärdering とも自由心証主義を意味するとみているようであるが、そうだとすればスウェーデン法の術語の理解としては正確でない。ちなみに、すでにわが国でもスウェーデンの証拠法理論についてかなりの数の紹介があるが、いずれもドイツ語または英語の文献によるためか、残念ながらミスリーディングな内容を含むものが散見される。

(4) エーケレーヴは最近では bevistemamodellen, bevisvärdemodellen という表現を使っている。Ekelöf, SvJT 1989 s. 26. なお証拠価値説は英語では evidentiary value model と訳されている。Lindell, Kommentar till en recension, SvJT 1988 s. 141 による。

(5) エックホフによれば、この論争はデンマークおよびノルウェーにおいてはまだそれほどではなく、概して無自覚的にテーマ説が採られている(Eckhoff, SvJT 1988 s. 322.)。またクラーミらによれば、フィンランドでもほぼ同じ状況にあるといってよい(Hannu Tapani Klami et al., Ett rationellt beviskrav, SvJT 1988 s. 593.)。クラーミは一九八七年にウプサラ大学に移るまでは、長らくフィンランドのオーボ(Åbo)大学で教えていた(SvJT 1987 s. 506.)

(6) これを徴表メカニズムとよぶ論者がいることについては一注(13)参照。

(7) Klami et al., SvJT 1988 s. 590. Bolding, s. 76ff. も参照。

(8) 太田・前掲一四六頁は「一般的蓋然性」という。

(9) Bolding, s. 76, Bengt Lindell, Sakfrågor och rättsfrågor (1987) s. 146. (以下、単に Lindell として引用)、Ekelöf, IV s. 47-48, SvJT 1989 s. 27.

(10) もっともクラーミらは証拠価値説を採りながらも、同説における始原的蓋然性を考慮することへの反情がやや行き過ぎていることを批判する(他方、純粋なベイズ的見方を提案するつもりもないという。Klami et al., SvJT 1988 s. 599.)。

(11) Lindell s. 146. もっとも証拠価値説はまだ存在しなかったので、明示的にテーマ説を名乗る学説があったわけではない。

(12) 証拠価値説の論者および文献については Lindell s. 144 ff. を参照。その後に現れたものとしては、クラーミらの前掲論文が重要である。

(13)　Robert Boman, Om Sakfrågor och rättsfrågor, TfR 1988 s. 429–430.

(14)　Bolding, s. 75 ff. och Osannolikhet eller ovisshet? En fråga om behandling av alternativhypoteser vid bevisvärdering, SvJT 1988 s. 606.（なお、前掲ボールディング、拙訳論文〔本書四〇九頁以下〕参照）。

(15)　Lindell s. 156 ff.

(16)　Eckhoff, SvJT 1988 s. 321. これに対するエーケレーヴの反論として Ekelöf, SvJT 1989 s. 26 ff. がある。

(17)　全くの憶測をここに若干述べることを許されるならば、両説ともそれを貫徹するのはいささか無理で、今後なんらかの修正ないしは両説の止揚が必要なのではないかという気がする。というのは両説とも裁判実務に巧く適合する面とそうしない面をそれぞれ有しているからである。一、二の場合について考えてみよう。

わが国の裁判実務の慣行であり（並木茂「自分の頭で考えよう――要件事実および証明責任を中心として」判例タイムズ七〇九号（一九八九）二三―二四頁参照）、かつ司法研修所の教えるところによれば、「事実の認定について説示をするに当たっては、ある当事者が立証責任を負う事実について、それが証拠によって認められるか又は認めるに足りる証拠がないかの説示をすれば十分であって、要証事実の不存在や反対事実の存在を認定できる旨説示する必要はない。要証事実の不存在や反対事実の存在は立証命題ではないから、これらが認められる場合であっても、原則として、その存否が不明な場合と同一の表現で判示するのが相当である。もっとも、事案によっては、要証事実の不存在や反対事実の存在を認定することが望ましい場合もある。」とされる（司法研修所編『七訂　民事判決起案の手引き』（一九八八、法曹会）七一頁）。証拠価値説はこのような判示の理論的説明にすこぶる適合的だといえよう。スウェーデンにおいても実務の在りようは基本的に同様であろう。ボーマンは、エーケレーヴの説すなわち証拠価値説の最大のメリットは一〇〇のケースの六〇についてaがbを証明することができるというとき、残りの四〇についてどうなのかは知られていないという指摘にあるとし、これは実務の取扱いに適合していると述べている（Boman, a. a. s. 429.）。

しかし、次のような場合はどうであろうか？　金銭支払請求事件において、合議体の一人の裁判官は支払がなされたことの証明値（心証度）が「一応の蓋然性」（antagligt）だとし、他の一人の裁判官は逆に支払がないことの証明値が「一応の蓋然性」だとする場合、彼らは互いに相手の証明値を〇以下「証明価値説の尺度によればそうなってしまう——三で示す尺度を参照）とみているわけではなく、両者の相違は実際には極めて微小なものに違いないのである。この例はボールディングが証拠価値説を批判する論拠の一つとして挙げているものであるが（Bolding, s. 123）、この場合などはテーマ説によって説明するほうが実態に即していると思われる。

（18） Lindell, SvJT 1988 s. 137-138.

## 三　証拠事実の評価の方法（1）

エーケレーヴはその『訴訟手続法　第四巻』の初版において、自由心証主義の性質に関する問題は裁判運営上最大の意義を有する問題なのに、スウェーデン法学はほとんど関心を示していないと嘆じ、これに関する最も詳細な文献としてボールディング『証明責任と法技術』（2）の第二章を挙げているにとどまる。（3）それから二〇年余の現在、いまや証明論はスウェーデン法学の最大の関心事の一つになっている。隔世の感を覚えるのは誰よりも彼自身であろう。

さて、一般的な見解では例えば証言の評価の際、裁判官は証言から証人が観察した事象経過を直接に引き出すとされている。自由心証主義のもとでは、周到であろうとすればそのようなやり方をしてはならない。証明主題が証拠事実であるか法律事実であるかに関わりなく、そのそれぞれの環がそれ自体として判断される証拠連環（beviskedja）（4）として精査されるべきである。これはスウェーデンの証拠法理論が一致して説くところである。（5）以下、エーケレーヴの挙げる例によって説明する。（6）多数の者が関与した暴行被告事件において、被告人が被害者を殴り倒すのを目撃したという証人の証言を評価する場合の証拠連環は次のようになる。すなわち――①　裁判官による証人の供述の観察（前述のように観察とは視覚だけでなく、五官によるそれをすべて含む。以下同じ）→②　証人の供述→③　証人がその供述により意味したこと→④　証人の記憶像→⑤　証人による暴行の事実の観察→⑥　被害者を殴り倒したのが被告人だったということ。

最初の環のみが証拠事実、最後の環のみが証明主題であって、他の中間の環はすべて、その直後の環のための証拠事実であると共に、直前の環のための証明主題である。

観察の内容は現実に生起した事象から多かれ少なかれ乖離した不正確なものであることが多いが、このことは法廷においても生じうる。証人と裁判官との距離が離れている場合、前者が後者に不分明に語るか、後者の聴力がよくない場合は、裁判官が証人の供述を誤聞することがありうる。しかしより大きな危険は、裁判官が証人の供述を誤解することである。日常用語とその表現形態は甚だ多義的であり、かつ漠然としている。言葉の用法は社会階層ごとに異なるし、ある人々は特有の言語習慣を発達させている。証人が適切に表現できないのは法廷という慣れない環境の中で神経質になっていることにもよる。実際証人が言おうと思っていたこととは正反対のことを供述してしまうことさえありうるのである。

証人が自己の観察に関する記憶と異なる供述をするならば、かれは通常偽証の責任を負う。証人が嘘を言っていることが判明したときはもちろんそれ以上の連環を調査すべき理由はない。しかし偽証の発見はとりわけ証言の一部のみが虚偽の場合は困難である。反対尋問の最も重要な任務の一つは証言の虚偽性を暴露することである。他方、証人が正直に供述したということは、なんら証言の信憑性の保障にならない。証人は誤信していたのかも知れないからである。

以上は①ないし③に関する問題点であるが、通常は、④と⑤の環が最大の困難を惹起する。記憶像の証拠価値は記憶に関して証言心理学が教えるように、多くの様々な補助事実を斟酌して判断しなければならない。記憶は時の経過と共に薄れて行く。記憶力には個人差が甚だしいうえに、同一人でも事柄いかんで異なる。観察した事象に関する他人との会話や新聞記事などによって本来の観察の記憶が歪められる。さらに観察それ自体が、視力、距離、注意の方向などの影響を受ける。これらはそのような補助事実の限定された列挙に過ぎない。しかし、この問題に関する詳細は証言心理学の文献に譲ることにしよう。(7) 上述したところから、証言を証拠連環として分析すべき主要な理由(の一つ)が明らかになるはずである(証拠連環については四　一参照)。

各環の証拠価値は、それぞれ異なる経験則と補助事実によって定まる。しかも通例経験則としてはすこぶる漠然としたものしか存しないから(近くから見たほうが遠くからよりもよく見えるなど)、補助事実が重要な役割を果たす(注意深く見ていたとすれば、遠くから見ていたことはそれほど問題にならないわけである)。補助事実の存在ももちろん証明の対象である。また当初の証拠価値は周到な審理がなされるほど事後的に増強されることになる。(8)

ところで補助事実と異なり、本来の証明主題自体の始原的蓋然性をどう取り扱うかがここでの大きな問題となる。証明主題はそもそも何らかの立証がなされる前にある始原的蓋然性を持つことがある。それは同様の状況にある母集団内における証明主題自体の通常性または非通常性の頻度である。ある母集団内における通常性は証拠としてある価値を有しうる。始原的蓋然性は統計的証拠の一種である。しかしそれは、証明主題と因果的な関連のある証拠が存するときはほとんど意味がないとして、エーケレーヴは次のような例を示す。(9)

一一頭の放牧されている牛のうち一〇頭がAに、一頭だけが隣人のBに属するとしよう。一頭の牛が近くの農園に侵入し、花畑と野菜畑を荒らした。ある証人がその牛を見知っており、それはBに属するものだと証言する。始原的蓋然性は約九%(1/10+1)のみであるが、証人がBの牛を見分けられたのは、それが折れた角を持っているからだと言うときは、ほとんどその証拠価値に影響しない。

大部分の訴訟においては法律事実は始原的蓋然性への手掛かりを欠いている。もっとも圧倒的多数の起訴は認容され、かつほとんどの有罪判決は正当であるということは考えられる。しかしもちろん、裁判所はこの点を顧慮してはならない。裁判所の任務はまさに当該事件が、被告人が無実であるという例外的事案に属するか否かをコントロールすることにあるのだ。

こうエーケレーヴは主張するのである。[10] この証拠主題に関する始原的蓋然性の否認が、かれのベイズの定理に対する批判の根拠をなしていることは六において再述する。

さて我々は、観察の証拠価値を補助事実の基礎の上に立って判断しなければならないが、それは直観的総合判断によってなされなければならない。とりわけ補助事実の数が多く、かつそれらが観察の証拠価値に互いに影響し合っているような場合はそうである。しかしながら、我々の直観は各々の補助事実自体をそれに妥当する経験則にかんがみ精査するとき初めてより確実に働くのである。すなわち直観的判断は存在する資料の推論的分析によって先行されるべきなのである(コンピュータは正しいデータがプログラムされていなければよく機能を果たしえないが、類似のことは人間の直観についてもいえる、と彼は言う)。

「証拠」は厳密に言うと、証言の場合には証拠事実(観察)およびこれに属する補助事実から成る。そして証人の観察によって本来証明されるものは証拠価値説によれば、証明主題例えば暴行が観察を惹起したということである（この点が証拠価値説の基本的出発点であることは前述した）。補助事実は観察がこのような仕方で生じたことを多かれ少なかれ蓋然的にする事実である。我々が事後に、現実に生起したことが観察がその有する内容を獲得するための必要条件だったことを確証できるならば観察は「正当」である。エーケレーヴはスリップ痕が自動車の速度の痕跡であるように、証人の観察は証明主題の「痕跡」とみられると考えるのである。[11]

同様に観察のための記憶像の証拠価値も、実際に後者が前者の痕跡であることに依存するのである。証人が暴行事件の発生の翌日に新聞でこれに関する記事を読んだという場合を想定する。そこには被害者に暴行を加えたのは被告人だと指摘されていた。証人は確かに犯行を目撃したが、しかし十分注意を払っていなかったため、自己の観察と新聞記事で読んだこととを混同してしまっているとしよう。新聞記事の内容が正しければ、証人が目撃したということは現実の事象経過と確かに一致する。しかし記憶像は観察によって惹起されていないから、証拠価値説によれば証言はなんらの証拠価値も有しないことになる。[12]

ところで、上記のような立証に確定した数値の証拠価値を与えることはできないとしながらもエーケレーヴは、理解を容易にし、かつ記述の便宜のために、証拠価値をゼロから一までの数値を用いて表示する。すなわち、観察の証拠価値が一であることは、観察が確かに現実に生起したことによって惹起されたことを意味する。逆に証拠価値がゼロであることは、観察から現実に生起したことに関するなんらの結論も引き出すことができないことを意味する。この場合観察は全く証拠価値を欠如しており、証明主題が観察を惹起したことのための蓋然性は証拠調べ前と同じ状態にとどまっている。この立証は我々の主題に関する知識をなんら増加させていないのである。

しかしこの見解は、後述するようにテーマ説の論者の承服しないところである。

次により一般的に見られるのは、証人の観察がある証拠価値を有するけれども、観察の際の状況にかんがみ証人が誤信しているかも知れないことを考慮にいれなければならず、したがって証拠価値が制限されるという場合である。この場合の証拠価値を3/4としよう。とすると、事象と観察との因果関係はどうなるのか？　観察は事象によって惹起されたか否かであって、現実は程度づけることはできない。我々が事象が蓋然的だというのは我々の知識が制約されており、かつ事実がどうだったのかについて良く知らないからである。すなわち厳密にいうと、蓋然性は主題の存在についてではなく、それに関する我々の言明に関わるのである。

具体的な事象に関する蓋然性の言明は、同様の関係にある一定の母集団内においてそれがどれほど通常であるかに関わるものでなければならない。我々の前に当該事象とまったく一致する一〇〇の証拠状況——正確に同じ証拠事実、補助事実および証明主題——の母集団があるとしよう（もちろん経験的にこのような母集団を調査することは不可能であり、ここでは記述の便宜上それを取り上げるに過ぎない）。証拠価値3/4は一〇〇のケースのうち七五において事象が観察を惹起したことを意味する。では残りの二五についてはどうなのか？

エーケレーヴは従前は主題は証拠を惹起しない、言い換えれば因果関係の非蓋然性についての情報を与える、と考えていた[13]。しかし現在では、二五％は主題に関する不確実性のみを象徴するに過ぎない、つまり二五％が主題により惹起されたか、その他のものであるかを確定することはできないと考えている[14]。それについて主題の非蓋然性に関するいかなる結論も引き出すことはできないというのである。

さて我々が本来関心を有しているのは証明主題の蓋然性であって、主題が証拠を惹起したことの蓋然性ではない。七五のケースにおいては証明主題が存在したにちがいない、何故ならば何事かが他のことを起因したとすれば、それはまた存在したにちがいないからである。では二五について証明主題の蓋然性はどうなのか？　それについて証拠はなんらの結論を採ることも認めない。たとい主題が証拠を惹起しなくとも存在することはありうる。それゆえ、二五の中には主題が存在するものが相当数ありうることを念頭におくべきである。このようにして証拠価値3/4は少なくとも七五％の蓋然性をもって証明主題自体が存在することを示しているわけである。

主題の存在のために極めて薄弱な立証のみがあるとする。このことから主題が存在しないための強力な理由が存在するという結論を引き出すことができないことは明らかである。しかしだからと言って、この場合になんらの証拠価値も認めないのは同様に誤っている。主題が一〇〇の同様の証拠状況のもとで一においてのみ証拠を惹起した、従って証拠価値は1/100だとしよう。このような薄弱な証拠でも、同一方向に語る他の証拠があるかぎり意味を持ちうるとエーケレーヴはいう。もっともこの点は、かねてシュライバーや倉田博士などから批判を浴びている点である(15)。

立証が主題の非蓋然性についてなんらの情報も与えないのは不便だという疑問が生ずるかも知れない。しかし証拠価値説によればそうではない。証明責任規則により裁判所は当該法律事実について要求される最低限度の証明力をもつ立証があるときにその法律事実を判決の基礎とすべきであるから、立証はこの事実の蓋然性のための最低限度の証拠価値を有することで足りるのである。

エーケレーヴはここで問題にされている蓋然性は、統計学で言われるそれとは異なるものであるとして、次のように述べている。

一国における証人がどれほど偽証を犯すかに関する調査がなされ、一〇〇のうち五は偽証だ、言い換えれば九五は正直に証言をしているという結果が明らかになったとしよう。ある従前になされた証言について偽証の有無が問題とされるとき、この統計は主題のための始原的蓋然性として利用することができる。しかし全く根本的に当該事件における補助事実に頼らなければならない（どれほど長く生きるだろうかという問題は、生命保険会社の余命表に基づいてのみ判断されるべきではない[16]）。たしかに我々は頻度の理由づけを用いることはできるが、それは一〇〇の同様の証拠状況、すなわち証拠状況が当該偽証被告事件と同一の一〇〇の偽証被告事件を母集団としてのみ利用できるに過ぎないのである[17]。

サイコロはどれほど注意深く調べても投げたときどの面が出るか予見できないように作られている。従ってその始原的蓋然性は1/6であり、これをより正確にするために証拠と補助事実を調査することは無意味である。このように考えると、統計的蓋然性と以上において問題にした蓋然性とを同一の言葉で表現するのは不適切なように思われる。後者は主題が存在することについてどれほど強い支持があるか、またはそれがどれほど確実であるかを示すものなのである[18]。

最後に証拠価値の程度に関する表現の問題についてエーケレーヴはこう言う。それは数値で表現することはできず、大雑把な算定の対象となるに過ぎない[19]。しかしだからといって、そのことはそう不便を惹起しない。立証の信頼性はそれが数値的に具体化できることに依存するものでないのである。もっとも異なる証拠価値を示すために適切なやや漠然とした言葉を見出すことが問題になる――ちょうどやかんの

図　A

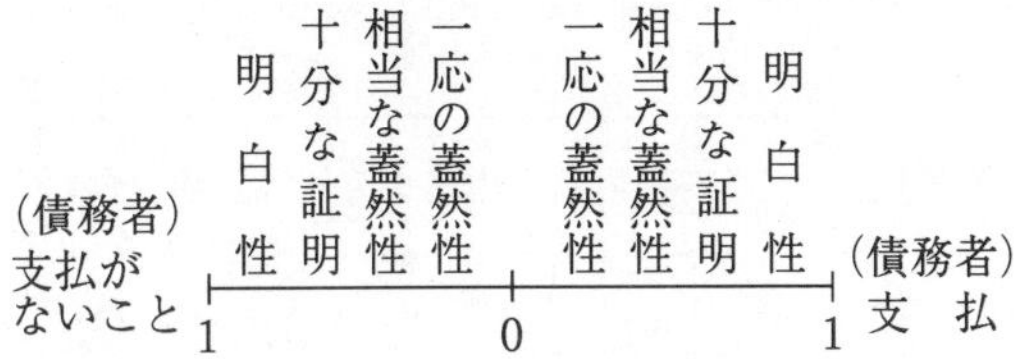

図 B

| 事実Xの不存在 | 明白性　相当な蓋然性　一応の蓋然性 | 一応の蓋然性　相当な蓋然性　明白性 | 事実Xの存在 |
|---|---|---|---|

水を冷たい、ぬるい、暖かい、熱いと表現するように[20]——。法文には多くの証明度を示す表現が見られる。それらのうち一般には、「一応の蓋然性」(antagligt)、「相当な蓋然性」(sannolikt)[21]、「十分な証明」(styrkt, visat) および「明白性」(uppenbart) が用いられている[22]。それゆえ、この四つの表現を用いるべきで、それ以上の分類は不必要だと思われるとして、エーケレーヴは上掲図Aのような証明値点(心証度)に関する尺度を提示する。この図式は共通のゼロを持つ二つの尺度を含む。一は法律事実の存在または不存在が完全に確実であることを示す。言語的表現は証拠価値の強さの程度を示す。たとい法律事実が明白性の点にあるとしてもこれと右側の終極点との間の距離が若干の不確実性が依然として残っていることを象徴している。立証が右側の位置にあるということから、当該事実の不存在について一応の蓋然性があるという結論を引き出すことはできない。二つの尺度はそのような対応関係にないのである[23]。

これに対してテーマ説を採るボールディングは、エーケレーヴのような見解は理解しがたいとし、「Xの立証とXの不存在の立証との間には、一方が強ければ強いほど他方が弱い(その逆も同じ)という関係が支配するに違いない」と主張する[24]。また彼は、証拠価値の程度を三つより多く細分することは実務上困難だと言い、「一応の蓋然性」、「相当な蓋然性」および「明白性」の三分法を提唱している。かれの尺度は、上掲図Bのようなものである[25]。

ちなみにこの証明値点と全く同じ表現が証明度のためにも用いられるので、両者を混同しないように注意すべきである。

ところで、最近発表されたクラーミらによるスウェーデンおよびフィンランドの裁判官に対するアンケート調査の結果は、上記のような学説の見解があまり実務に浸透していないことを窺わせる興味ある事実を示している。このことは証明度・証明値の議論がまだ活発化していないフィンランドについてはともかく、スウェーデンではほとんどの裁判官が大学法学部でエーケレーヴの証拠法教科書を読んでいることを考えると頗る奇妙に感じられる（クラーミらもそういう）。すなわちスウェーデンにおける回答によると、「明白性」、「十分な証明」ともひとしく九五％—一〇〇％とする者が最も多く（一人は明白性五〇％とする。超過原則を採る趣旨であろうか）、「相当の蓋然性」は大部分の者が四〇％から九〇％までの間とし、さらに「一応の蓋然性」についての回答にいたっては実に0から七五％までにわたる分布を示していた。(26)

（1）　本節全般についてEkelöf, IV s. 17–31. かれの説を紹介する堤龍弥「フリッツ・バウア記念論文集　証明力Beweiswert *Olof Ekelöf*」季刊実務民事法六号（一九八四）一三八頁以下も参照（原典は一注（9）掲記のもの）

（2）　Bolding, Bevisbördan och den juridiska tekniken (1951).

（3）　Ekelöf, IV(1 uppl. 1963)s. 18. エーケレーヴはこの問題に最大の関心を寄せているのは米法だとして、V. C. Ball, Probability theory and standards of proof, in Essays on Procedure and Evidence (1961) を引用している（太田・前掲二六九頁掲記のBallの論文と同一のものと思われる）。Ekelöf, a. st.

（4）　beviskedjaはドイツ語のBeweisketteのことであるが、後者を堤・前掲一三九頁は「証明連鎖」と訳し、木川統一郎『訴訟促進政策の新展開』（一九八七、日本評論社）一二二頁、春日・前掲四八頁は「証拠連鎖」と訳している。

（5） ボールディング・前掲訳書二六—二七頁、など参照。もっともテーマ説を採るリンデルは証拠資料の各部分をあまりに分析することは全体像を消失させてしまうとし、当該具体的状況に適合した〝最適〟経験則を創造してその基礎に立って、直接的に全証拠資料の総合的判断を行うべきだと主張する（Lindell, s. 247-248.）。
（6） 初版では自動車の速度の例であるが、④の証人の記憶像が含まれていない（Ekelöf, IV（1 uppl.）s. 12.）。
（7） Ekelöf, V s. 78-79 には問題点についての要約的説明がある。証言心理学に関する邦語の文献もすでにかなり存在するが、ここではさしあたり植松正『新版供述の心理』（一九七五、成文堂）と、最近の訳書として西本武彦訳、E・F・ロフタス『目撃者の証言』（一九八七、誠信書房）のみを挙げておこう（後者の巻末には詳細な英文の文献目録が付されている）。
なお、訴訟法学の立場からの注目すべき証言心理学に関連する研究として、菅原郁夫「証人尋問制度の心理学的考察（一—三）」法学五一巻五号、五二巻一号、四号（一九八七—一九八八）がある〔同、民事裁判心理学序説（一九九八年、信山社）所収〕。
（8） 太田・前掲一〇八頁以下参照。
（9） Ekelöf, IV s. 23-24.
（10） Ekelöf, IV s. 24. 刑事訴訟についてはテーマ説を採るボールディングも始原的蓋然性を否定する。Bolding, s. 83. 従って春日・前掲四九—五〇頁が挙げるベンダーによるベイズの定理の適用例の（b）および（c）——いずれも飲酒運転——は、スウェーデン証拠法理論では一般に認められないことになろう（後述する本文の偽証に関する記述も参照）。
（11） その因果関係の詳しい性質はともかく、網膜への知覚的印象およびこれに起因する脳への神経刺激が重要な意義を有するという（Ekelöf, IV s. 25.）。
（12） 本文に関連して、最近発生した横浜の弁護士一家失踪事件について、その自宅の「近くのある主婦は「新聞・テレビがあまり熱心に報道したので、事件当日の記憶と、報道で知ったことの整理がつかなくなった」といっている。」（朝日新聞一九八九年一二月二八日朝刊）という記事に注目させられた。なお、証言に関する証拠連環の他の例については、前掲ボールディング、拙訳書二六—二七頁参照。

(13) Ekelöf, IV (2 uppl. 1968) s. 68 etc.

(14) エーケレーヴはここにポパー（Karl R. Popper, The Logic of scientific discovery (1967) p. 211）を引用する。繰り返し上述したように、この点が証拠価値説とテーマ説との根本的差異の一つである。以下本文の説明は証拠価値説の立場からのものである。

(15) 倉田「父子関係の証明」前掲『民事実務と証明論』（初出は一九八一）三〇九頁など参照。

(16) 倉田「定期金賠償試論」同『民事交通訴訟の課題』（一九七〇、日本評論社。初出は一九六五）一〇七頁以下、同「人身賠償理論の戦後の歩み——交通事故裁判例への私的回顧の立場から」判例タイムズ七〇八号（一九八九）一二三頁参照。

(17) この二つの蓋然性を明白に区別するのはコーエン（Jonathan Cohen, The probable and the provable (1977) pp. 208, 213, 270）とシェイファー（Glenn Shafer, i Archiv for history of exact sciences (1978) p. 309）だという（両者とも筆者は未見）。Ekel öf, IV s. 29.

(18) シェイファーは前者を射倖的蓋然性（aleatory probability）、後者を認識的蓋然性（epistemic probaility）とよぶが、エーケレーヴは新しい用語を案出するのは不利益のほうが大きいとしてそうしない。Ekelöf, IV s. 30.

(19) Bolding, s. 74–75, 91 参照。

(20) Bolding, s. 61 参照。

(21) この sannolikt はもちろん証拠評価は「蓋然性（sannolikhet）の問題である」というときとは異なる意味で用いられている。Bolding, s. 91. Bolding, Bevisbördan och den juridiska tekniken s. 28 も参照。わが国でも二つの蓋然性を明確に区別しないことが議論の混乱を招いている面がある（石川明「蓋然性ということ」同『民事法の諸問題』（一九八七、一粒社）二一八頁参照）。倉田「民事交通事故訴訟における事実の証明度」前掲『民事交通訴訟の課題』（初出は一九六九）一三〇頁は、上記の蓋然性に代えて「確率」の語を用いている（なお、太田・前掲五頁参照）。

（22） この点はスウェーデン法が我が法などとは著しく異なるところである。証明度の表現の多様さについてはBolding, Bevisbördan och den juridiska tekiniken s. 167 参照。
（23） 従前の尺度（第二版まで）は、後掲ボールディングのそれとほぼ同様で、ゼロが中央に置かれていなかった。この変更はもちろんテーマ説から証拠価値説への改説による（前掲ボールディング、拙訳論文一七六頁以下〔本書四一〇頁以下〕参照）。
（24） 前掲ボールディング、拙訳論文一八三頁〔本書四一八頁〕。Gerjuoy in Jurimetrics 1977 p. 6（Ekelöf, IV s. 26 から再引用）も「有罪の蓋然性が〇であることは……すなわち被告が無罪であることの完全な確実性が存在することを意味する」という。
（25） 前掲ボールディング、拙訳論文一八五―一八六頁〔本書四二一―四二二頁〕参照。
（26） Klami et al., SvJT 1988 s. 593 - 594. スウェーデンにおける回答者は三五人、回答率は二三％であった（s. 533）。

## 四　複数の証拠事実の総合的評価(1)

事実問題が争いになる訴訟においては、単一の証拠事実の評価のみではなく、複数の証拠事実の総合的評価が問題になるのが通常の事態だと言える。そして学説上、証拠事実の総合的評価については、一　連環（kedjefallet）、二　共働効果（samverkansfallet）(2)、三　反対効果（motverkansfallet）の三つの場合が分類されている。

個別の証拠価値とそれらの証拠全体としての総合的証拠価値との間には論理的関連が支配するから、当該事件における証拠事実が有する証拠価値の総計を算定しうる公式を樹立することは可能である。しかしその前提として個々の証拠の証明力を数値でもって示すことができなければならない。ところが、それは不可能であり、僅かに「一応の蓋然性」等の漠然たる用語でしか証拠価値は示せないことは前述のとおりである。連環、共働効果、反対効果のいずれの場合においても裁判官は直観に頼らざるを得ない(3)。それゆえ、以下に掲げる公式は実際上推論の基礎として用いることはできないものの、一種の「サム(親指)の法則」として利用でき、そのようなものとして導標の機能を果たしうるであろう。このようにエーケレーヴは言って、以下三つの場合について説明する。

一　連環の場合　この場合は前節で述べたような証拠連環が存在する。すなわちA↓B↓Cである。この場合われわれが求めるのは、AがBを立証し、かつBがCを立証する蓋然性である。AのBのための証拠価値が3/4で、かつBのCのための証拠価値も同じだとしよう。このことは一六の同一の証拠状況における一二のケースについてBがAを惹起し、かつその一二の中にはAのみならず、Bも存在するが、他方、我々は残りの四のケースについてはどうなのか知らない、ということを意味する。そしてBはCを一二の四分の三すなわち九について立証することになる。AとBとCのための総合的証拠価値は3/4×3/4であるからである。そして残りの七について、立証はなんらの情報も与えない。

つまり証拠連環に含まれる環が多ければ多いほど各環がその次の環を完全な確実性をもって証明しないかぎり、その最終的証明主題のための立証は薄弱になるのである。

逆に言えば、証拠連環が短縮されればされるほど通常、最終的証明主題のための立証は強まるわけである。ここに伝聞証拠禁止の合理的根拠もあるといえよう(4)。

この連環の場合の算定公式は、さらに証人や当事者の供述を証拠連環としてみるべき理由をも成す。この算定公式によれば、証人の観察と記憶像の双方に不確実性が存在する場合、その相乗効果として証人が観察したという事象経過のための証拠価値がより薄弱になることが容易に理解されるのである。証拠連環が終局的証明主題のために有する証拠価値はしばしば過大評価されているが、この公式の利用によりこのような誤った判断の危険を減少させうる。ここにこの公式の実務上の価値があるとエーケレーヴは主張する。

二　共働効果の場合　これは同一の証明主題のために限定された証拠価値を有する複数の証拠事実が存在する場合である。(5) 同一の出来事（例えば暴行）を目撃したという二人の証人がいたとする。一人をA、もう一人をBとし、証明主題をCとして考える。A、BともCのための証拠価値を3/4とし、一六の同一の証拠状況があるとしよう。この場合Aは一二のケースについてCを立証する。もっともA、Bは互いに独立で従属し合わないものであることが前提とされる（後述参照）。BのCのための立証を一二と残りの四とに配分することができるから、Bは四のうち三を立証する。結局、AとBとのCのための総合的証拠価値は15/16になるわけである。この場合を確率理論における加法定理により算定すると

$$3/4 + 3/4 - (3/4 \times 3/4) = 15/16$$

となる。(6)

連環とは反対に、共働効果の場合には証拠価値を過小評価する危険が存在する。ニーケレーヴは裁判官の集まりで証拠評価に関する講演をした際、ある裁判官が共働効果の公式により算定すると証拠価値が驚くほど高くなると指摘したことを挙げ、その理由としておそらく複数の証拠の証明主題のための証拠価値は、最も強力な証拠の証拠価値よりも高いことはありえない、と考えられているからだろうと述べ、そうではないことを教えるところにこの公式の実務における価値があるとする。(7) それ自体としては「相当の蓋然性」に過ぎない二人の証言は、証明主題を「十分な証明」なものにするわけである。

しかしながら、次のような場合は共働効果が働かないと彼は警告する。低い証拠価値しか認められない二人の合致した証言X、Yについて合議の際、一人の裁判官はXは信用できる、何故ならYも同じことを言っているからと主張し、他の裁判官はYは信用できる、何故ならXも同じことを言っているからと主張したとしよう。これは誤りである。ある事実はそれと共働効果を有する他の証拠事実のために証拠事実および補助事実の双方として用いることは許されない(8)。

また上述したように共働効果の場合には証拠が互いに従属しないこと（ある証拠の証拠価値が他の証拠のそれによって影響されないこと）が必要である(9)。このことは徴表についてはとくに重要である。犯行現場に犯人が大きな両手、両足の跡を残していったとしよう。これらは犯人が大きな体格の者であることの属性の通常の結合に過ぎないから、単一の証拠事実として扱うべきである。もっともこの独立性の問題は人証については、法は尋問前の証人の本口頭弁論における同席を原則的に禁止する旨の規定（三六章九条一項）を置いて配慮を示しているが、比較的重要性が乏しいと考えられている(10)。

三　反対効果の場合(11)　これは証拠評価が最も困難な場合である。この場合は本証に対して矛盾する反対証拠（motsatsbevis）が存在する。例えば法律事実の存在を否定する徴表が存在するときであるが、反対証拠が本証よりも弱いときは本証の証明主題のための証拠価値を減殺するにとどまる。いずれにせよこの場合二つの証拠の総合的評価がなされなければならない。当事者間において数種の異なる商品の売買契約に関し、その一つの商品について契約が実際に締結されたかどうかが争いになっているとしよう。売主は契約交渉の際買主に、この商品は買主の利益に割引されているが申込を承諾する用意があるかと尋ねたところ、買主は同意して肯いたと主張するのに対して、買主は、これを否認し、契約交渉におけるその他の事実は買主が割引されていても申込を承諾しようとしなかったことを示していると主張する。この交渉の場には両当事者の各パートナーが同席していた。かれらはいずれも証人として尋問され、自分の側の当事者の主張を支持する証言をした。売主に有利な証言をA、買主が同意して肯いたことをC、買主に有利な証言をB、買主が承諾の印しをなんら示さなかったことをDとする。さらにAのCのための証拠価値を3/4、BのDのための証拠価値を1/3とする。この場合AがCを立証する蓋然性は、BがDを立証しない蓋然性にも依存しているわけである。

エーケレーヴは従前、この問題を共働効果の場合と同じように考えていた。すなわち、一六の同様な証拠状況においてAは一二のケースでCを立証し、そしてこの一二の1/3においてBはDを立証し、Aの証拠価値を減殺する。その結果としてBがDを立証しない一二のうちの八が残り、これについてはAのCのための証拠価値に影響がない。このようにしてAがCを立証するが、BがDを立証しない蓋然性は

$$3/4 - (3/4 \times 1/3)$$

すなわち1/2ということになる。

しかしその後に、他の学説から、これではCのための証拠価値があまりに低くなってしまうことが指摘され、この問題に対する異なる解決が提案されている。(12) エーケレーヴも再考の末、現在では次のような見解を採っている。まず本証Aがどれほど反対証拠Bを弱めるかを明らかにする。

$$1/3 - 1/3 \times 3/4 = 1/12$$

その後に、このようにして証拠価値を低下させられた反対証拠がどれほど本証を弱めるかを確定するためにもう一度この公式を適用する。

$$3/4 - 3/4 \times 1/12 = 11/16$$

結果的に約2/3になる。

以上により反対証拠は、その証拠価値が本証よりも甚だしく薄弱であるだけの理由で看過してはならないこと、他方、単純に右の例で3/4から1/3を控除すべきでもないこと、すなわち関連する全証拠資料を総合的に評価しなければならないことが明らかになる。反対効果の実務上の価値はこの関係に留意させることにあると彼は主張するのである。

これに対してテーマ説の論者は、通常の反証と反対事実による反証とを区別せず、かつ反対効果の公式の適用を問題にしないようである。[13]

（1）本節全般についてEkelöf, IV s. 31–38. なお、堤・前掲一四〇頁以下、木川・前掲一二四頁以下、春日・前掲四八頁以下、倉田・前掲「父子関係の証明」『民事実務と証明論』三〇七頁以下、など参照。

（2）これはベンダーがBeweisringとよぶものと同じである。Ekelöf, IV s. 34. Beweisringは「証拠円環」と訳されているが（木川・前掲一二三頁、春日・前掲四八頁、森勇＝豊田博昭訳、ロルフ・ベンダー「証明度」ペーター・アーレンス編、小島武司編訳『西独民事訴訟法の現在』（一九八八、中央大学出版部）二六七頁）、スウェーデン語では全く表現が異なるので留意すべきである。ちなみにエーケレーヴ自身はZusammenwirkungと独訳している（Ekelöf, Beweiswert. S. 353.）。

（3）Ekelöf, IV s. 33. 一見奇妙な感を与えるかもしれないが、証拠価値説を採るエーケレーヴのほうがテーマ説のボールディングよりも直観の重要性を強調している（Bolding, s. 68.）。

（4）スウェーデン証拠法には、学説上最良証拠資料の原則（principen om det bästa bevismaterialet）とよばれるものがある（三五章八条等はこの原則を規定するものと考えられている——ちなみにこの命名は英法のthe best evidence ruleから採られたとのことである——）。その重要な一つの結果として、できるかぎり証拠連環が短い証拠方法が用いられるべきだとされる。もっとも、この原則は伝聞証拠を排斥するわけではないし、また、同一事象の目撃証人が二人おり、その一人がより確実な情報を与えうる場合にまで適用されるものではないことは明らかだと解されている（Ekelöf, IV s. 54, 58.）。

（5）ボールディングは、本口頭弁論を経た大多数の事件では証明値点を十分に超える立証がなされているものと推測し、その主要な理由を共働効果の働きに求めている（Bolding, s. 90.）。

（6）この公式の利用に対してはわが国でも賛否両論がある。強く賛成するのは浜上則雄「製造物責任訴訟における証明問題（二）」判例タイムズ三一〇号（一九七四）三頁以下であり、反対説は、倉田・前掲三〇九頁などである。なお庭山英雄＝田中嘉之訳「リチャード・エグレストン『証拠、証明および確率』（一九七八年）」中京法学一六巻三号（一九八二）一七一―一八頁、太田・前掲九九―一〇〇頁参照。

（7）Ekelöf, IV s. 34. Hannu Tapani Klami, Johanna Sorvettla, Minna Hatakka, Evidentiary Value, Tidskrift utgiven Juridiska Föreningen i Finland 1989 p. 54. も参照。なお関連して、土屋哲夫「重複証人について」判例タイムズ五一二号（一九八四）六六―六七頁およびそこに引用の文献など参照。

（8）Ekelöf, IV s. 35. A、B二人の証言の証拠価値がいずれも1/2（50%）の場合、共働効果公式によるとその総合的証拠評価は

$$1/2 + 1/2 - (1/2 \times 1/2) = 3/4 (75\%)$$

になる。もしも、AのためにBを、BのためにAを証拠価値を高める補助事実に用いてA、Bとも3/4とみてこの公式を適用すると総合的証拠評価は15/16と不当に高くなってしまう。エーケレーヴの警告は極めて重要であり、それはまた間接事実と補助事実との区別の大きな実益を示しているといえよう。

ところで、わが国では間接事実と補助事実との区別が十分に意識されているとは思われないことは、証拠法理論に関する一流の学者・実務家諸氏の発言が明らかにしている（「研究会――証明責任論の現状と課題」判例タイムズ六七九号（一九八八）五一―五二頁）。このような状況においては、エーケレーヴが指摘する合議での誤りが容易に起こりうる危険があるのではないかと憂える。もっとも実際にはA、Bを互いに補助事実として使う

だけで共働効果公式は適用しない裁判官が多いと思う。その結果は1/2が3/4に高まるだけで、間接事実としてのみ用いて共働効果公式を適用したときと同じであって、実害は生じないわけである。（右の座談会において倉田博士は並木判事の挙げる例について、間接事実と補助事実の「両方兼ねているんだろう」と述べているが（五二頁）、それが補助事実として用いたうえで、さらに共働効果方式を適用することを認める趣旨であれば疑問ではあるまいか。）

（9）ボールディングもこのことを強調し、米国のコリンズ事件（小林秀之『証拠法』（一九八八、弘文堂）一一頁以下、七三頁以下に詳しく取り上げられている）のケースを詳細に批判する（Bolding, s. 68ff.）。

（10）エーケレーヴはかつては証人についても従属の可能性の問題を重視していた（Ekelöf, IV (1 uppl.) s. 28, Beweiswürdigung, Beweislast und Beweis des ersten Anscheins, ZZP 75 Haft 5 (1962) S. 294f. 浜上・前掲四頁も参照）。しかしその後立場を変えた。すなわち最近の教科書では、同一事故を目撃した複数の証人に関する消極的補助事実（事故の観察の際のショックによる観察能力の減退）にも個人差があり、タフな警察と繊細な神経の女性とでは同じでないことを理由に挙げて、補助事実は各証人の観察ごとに考慮すべきだとし、従属性の問題をあまり気にしていないようである（Ekelöf, IV s. 35-36.）。

（11）Ekelöf, IV s. 36 – 38. 反対効果の公式を認めるか否かは別として、この問題は間接反証理論を採る場合には極めて重要だと思われるが、わが国ではあまり論じられていない。春日・前掲三〇―三一頁は、わが国の学説が間接反証における証明度などの問題点を等閑視してしまったことについて批判的に論及している。

（12）Anders Stening, Bevisvärde（1975）s. 111 f, R. Goldsmith och S. I. Andersson, Bevisvärdemetoden versus temametoden vid juridisk bevisvärdering, TfR 1978 s. 96 ff.

（13）一注（10）参照。

## 五　排除証明[1]

エーケレーヴは排除証明（eliminationsbevis）に関する説明をアリバイの例で始める。侵入窃盗事件の被告人が犯行時には犯行現場から数キロ離れたカフェでビールを飲んでいたと主張し、その立証として同席していた同僚の証言を援用したとしよう。この証言が無視できないかぎり明らかに反対効果の場合に該当する。しかし検察官が、このアリバイは作られたものであることの証明に成功したとすれば、これはいわゆる排除証明であり、被告人の有罪のためのより強力な支持を構成するものである[2]。

当該訴訟で問題になっていること以外の他の可能性を排除することを通じて、前者の蓋然性がより一層高くなることを排除証明というわけである。排除証明は厳密に言えば、すべての種類の立証について存在しうるけれども、ここでそう呼ぶものは、その存在が証明主題を排除する事実の不存在を支持するもののみである。

排除証明は訴訟において一般的に見られる。とくに損害賠償請求訴訟における因果関係に関する場合はそうである。被告＝加害者が損害は原告主張の行為以外の他のものに起因すると主張したとする。そうでないことが証明されたときは、損害が原告主張のとおりに生じたことの蓋然性が増強する。その事例の説明のためにエーケレーヴは、次の二つの最高裁判例に論及する。

判例１　NJA 1949 s. 732[3]

国が農家の納屋を借り、軍の倉庫として使用していたが、軍はこれに電気照明設備を設置した。納屋が火災で焼失し、これによる損害賠償請求訴訟において原告＝貸主は電気照明設備に瑕疵があったと主張した。すなわち、電灯のコードの両端にプラグがなく、壁の差込み口に直接接続されていた。そのようなやり方では壁の差込み口（コンセント）の発熱がそこを発火させるほど強度になりうるというのである。しかし、火災がこのようにして発生したことの立証は薄弱だった。これに対して国は、自然発火、通行人の不注意による火災の発生またはサボタージュ（による設備の損傷）の可能性を主張した。最高裁は、審理の結果によれば「火災の原因が電気設備にあることは明らかで、他に何らかの承認しうる出火の説明は存しない」と判示した。本判決は、原告の火災原因の立証を不十分として請求を棄却した第一審判決を維持した第二審判決を変更し、国に損害賠償を命じたものである。

判例2　NJA 1977 s. 176

自動車がスリップして他の自動車に衝突し、前車の運転者が死亡したため、死者の遺産財団が道路管理庁（vägverket）に対し損害賠償請求訴訟を提起した。原告はスリップの原因は道路脇の穴（ほぼ長さ八メートル、幅一メートル、深さ〇・一メートル）に死者の車が落ちたことにあり、庁にはこの道路交通上危険な穴をそのまま放置した過失があると主張したのに対して、庁はこれを否認し、滑りやすい道路状態での不注意なハンドル捌きもしくは急ブレーキ、または車道の縁石に衝突したこと、タイヤがパンクしたこともしくはスピード違反が原因でありうると反論した。第一審は原告主張の過失を認めたが、第二審は逆にこれを認めなかった。本判決は、第一審と同様に被告の過失を認めたものの、過失相殺をして請求額の三分の二を認容した（もっとも五人の裁判官中二人は反対意見）。ちなみに、本判決の多数意見の示す一般的見解はボールディングの超過原則にかなり近いとみうるとして注目されている(4)。

損害に対する他のすべての原因が確実性をもって排除されるかぎり、主張された原因が存在したに違いない。因果関係の存在から原因の存在が帰結されるのである。この場合主張された原因のためのより直接的な立証が薄弱であることは問題にはならないのである。

しかし上述の判例のケースにおいてもすべての原因が確実性をもって排除されたわけではないし、そもそもそのようなことは通常可能ではない。だが第一の事件では、詳細な審理にもかかわらず、なんら他の火災原因のための証拠を見いだしえなかったのである。それゆえ反対証拠の不存在は排除証明を成すと言える。他方、第二の判例のケースにおいては極めて薄弱なものであるが本証を弱める反対証拠が存在するので、排除証明になるとはいえないとエーケレーヴは考える。

排除証明を特徴づける因果関係とはどのようなものか？　それは原則として、原告主張の事象——例えば被告がした行為——が存在しなければ、損害は発生しなかったであろうと考えられるということである。すなわち、この事象は損害発生のための必要条件でなければならない。ことは証言の場合観察が証明主題（例えば暴行）によって惹起されることと似ているが、この場合は因果関係から証明主題の蓋然性に関する結論が引き出されるのに対して、排除証明の場合はそのような結論を引き出すわけではなく、因果関係自体が証明主題である点に両者の大きな差異がある。その結果注意しなければならないのは、証言の場合はその証拠価値が極めて低いときでも共働効果の公式を適用できるが[5]、損害賠償訴訟における排除証明の場合に原告に向けられた証明度は著しく高くなるという。

排除証明は通常他の立証を強化するのみであるが、それでもって証明主題の存否に関して確実性に達しうる場合もある。そのための条件は同種の事案の大きな母集団について統計的調査が存在することで、その一例は血液型検査による父性の排除であり、もう一つの例は指紋による同一性の立証である。このような確実性は他の犯罪捜査技術的証拠によっては達することができない。その適例は筆跡鑑定である。(6)筆跡鑑定における方法は裁判官の生活経験に基づく補助事実の意義の判断に似ており、ただ筆跡鑑定の専門家の職業経験は極めて広範で詳密なものだという点が大きく異なっているのである。その総合的証拠評価も裁量的判断であって（筆跡における多くの互いに独立な稀少性を有する特性の存在が、本人の筆跡であることの蓋然性を増加させる）(7)、「すべての事情にかんがみ、被告人が問題の書面を作成したと判断される」とか、「行った調査の結果はある程度まで、被告人がその書面を作成したことを窺わせる」というような漠然たる表現で鑑定意見は表明される。要するに鑑定人が述べる意見は厳密に言えば、頻度関係についてのものなのである。このようにして筆跡鑑定はいわゆる「統計的証拠」の一種である。筆跡鑑定については以上のほかにも注意を要する点があるけれども、エーケレーヴはこれを排除証明に当たると解している。(8)

さらにもう一つの排除証明の例は積極的父性証拠に関する。父性確定訴訟においては血液型検査に基づき被告である男が受胎可能期間中に子の母と肉体関係を持った場合のいわゆる父性指数を確定できる。(9)いまその指数を一〇、すなわち被告が父である統計的蓋然性を約九〇％としよう。しかし被告が他の男も母とこの期間中に肉体関係を持ったと主張した場合は、それが事実でかつ血液型検査も父である可能性を示すなら、この男が父である確率も同様になりうる。この場合母が他の男とは関係がないと供述し、それが完全に措信できるなら排除証明を成す、とエーケレーヴはいうのである。(10)

ところで、管見の限りではエーケレーヴ以外に排除証明に論及する見解はほとんど見られない。その理由はよく分からないが、上述したところからみると、排除証明を取り立てて別個・独立の類型の証明として論ずる実益は、損害賠償請求訴訟における因果関係の確定の場合を除くとあまりないのではあるまいか。刑事訴訟の場合はもちろん民事訴訟においても、筆跡鑑定や特定の者の証言が排除証明になりうるとするのは事実認定にあたってそれらの証拠価値を一般的に過大に評価する心理的傾向を生む危険も予想される。排除証明という概念はこれを認めうるとしても、さしあたりその利用は損害賠償請求訴訟における因果関係の確定の場合に限定しておくのが妥当ではないかと筆者は考える(11)。

(1) 本節全般につきEkelöf, IV s. 38-46. なお、堤・前掲一四二―一四三頁参照。そこでは「消去証明」と訳されている。エーケレーヴはかつては「除外方式」(uteslutningsmetoden) という表現を用いていた (Ekelöf, IV (1 uppl.) s. 28.)。

(2) この点は一国における犯罪捜査や刑事司法の実態を捨象し、一般化して論ずるのは危険だと思われる。環直弥弁護士(元判事)は、アリバイを主張してそれが成り立たないときは、単にアリバイが成り立たないだけで、有罪の積極証拠が強くなるわけではないと述べており、石川元也弁護士も同旨の意見である(「座談会　刑事訴訟法の四〇年」自由と正義四〇巻七号 (一九八九) 一七一―一七二頁)。わが国のように被疑者が長時日身柄を拘束され、しかも取調べが峻烈をきわめるのが通例である国では、たといそれが法的に許容されるものであるにせよ、被疑者が苦し紛れに架空ないし根拠薄弱なアリバイを主張するおそれもあることが考慮されなければならない。エーケレーヴはそのような取調べを前提として立論しているのではあるまい。被疑者、被告人が全く自発的、任意にアリバイ工作をした場合を想定しているのであろう。スウェーデンにおける取調べの実態については前掲ボールディング、拙訳書七八頁以下が参考になろう。スウェーデンにおける多くの学説も私見と同趣旨である (Christian Diesen, Bevisprövning i brottmål (1994) s. 40 および同頁 not 44 に引用の文献参照)。

(3) これは堤・前掲一四二頁に挙げられている設例である。

（4）　前掲ボールディング、拙訳論文一九六頁原注（10）〔本書四三五頁〕参照。
（5）　倉田・前掲「父子関係の証明」『民事実務と証明論』三〇九頁注（三一）のエーケレーヴに対する批判を参照。
（6）　筆跡鑑定については吉田公一『文書鑑定の基礎と実際』（一九八三、立花書房）第二章（六頁以下）、など参照。わが国でも筆跡鑑定については実務家とくに弁護士の間に不信の念が強いようである。本人が書いた文書が偽造だと鑑定されて驚いたという経験を筆者に語った弁護士もいる（小島武司＝高谷進＝豊田愛祥『民事実務読本Ⅲ』（一九八八、東京布井出版）一〇三頁参照）。
（7）　吉田・前掲によれば、筆跡鑑定は「筆跡の個人内における恒常性と個人間における希少性の存在」を前提として行われる（三—四、七頁）。
（8）　Ekeöf, IV s. 44.
（9）　Åke Saldeen, Faställande av faderskap（1980）s. 149 ff. なお父性確定訴訟については、拙稿「スウェーデン身分事件訴訟手続法」岡垣学＝吉村徳重編『注解人事訴訟手続法』（一九八七、青林書院）四六六頁以下参照。
（10）　Ekelöf, IV s. 45–46.
（11）　本節を賀集唱「損害賠償請求訴訟における因果関係の証明」前掲講座民事訴訟⑤二一一頁以下の論述と対照すると興味深いであろう。民事訴訟における心証度を九九・九九％でなければならないとする同氏が「相手の反証を崩していけば、一つ崩す、次にもう一つ崩すと、合わせて二つ崩した場合には、その二が自乗になって四崩れたという具合になって、相対的に自分の立証が高くなっていく」（前掲『民事実務読本Ⅲ』二六六頁。なお特に二四六頁参照）というのは、排除証明と同様の作用を認める趣旨のように思われる。

## 六　ベイズの定理（1）

エーケレーヴは蓋然性理論による証拠評価に関する基本的思考の先駆者として一八世紀初頭の研究者を挙げ、その後最近に至るまでの二〇〇年間は全く別の証拠評価に関する見解が支配してきたことに言及したうえでベイズの定理を紹介し、しかしそれは、結局のところ証拠理論においては用いることができないと批判する。

まず貸金請求訴訟において証人が、債務者が弁済期の数日後に債権者に対し支払うのを見たと証言する場合を例にとって、ベイズの定理を次のように説明する（ベイズの定理については、わが国の証拠法の分野でもすでに十分に紹介されており、数学ないし統計学の素養を欠く筆者がこれに触れるのはまさに蛇足と思われるであろうが、以下の記述の関係上やむを得ない仕儀である）。

債務者が支払済であるのに債務額が請求されたとき、この証言が正しい蓋然性は、債務者が支払ったときにこの内容の証言がなされる頻度を、それと支払がないときに同一の証言がなされる頻度との合計で割ったものに等しい。ベイズの定理によれば、これは以下の公式で表現される。

$$S(B/V)=\frac{S(B)\times S(V/B)}{S(B)\times S(V/B)+S(\overline{B})\times S(V/\overline{B})}$$

S　は蓋然性（sannolikhet）の程度
V　は証言（vitnessmål）
B　は支払（betalning）
$\overline{B}$　は支払がないこと

を表す。

$S(B)$ と$S(\overline{B})$ とは、債権者が支払を受けていないと主張するとき、ある債務者の母集団において弁済期に関連して支払をすること、またはしないことがどれほど通常であるか、すなわち債務者の支払の有無に関する始原的蓋然性（事前確率）を示す。$S(V/B)$ と $S(V/\overline{B})$ とは、債務者が支払ったとき、または支払わないとき、どれほどの頻度でその証言が存在するかを示す。これによって債務者が支払ったことの蓋然性が基礎づけられるので、同時にどれほどその蓋然性がないかに関する情報も得られる。この点は長所であるが、エーケレーヴの立場からは上述のように証明責任規則の適用で起こりうる問題は解決されるので、取り立ててこれを論ずる必要がないことになる。

さてベイズの定理に対するエーケレーヴの批判は大要次のようなものである。まず、ここで問題とされている頻度に関する見解を形成するのは困難である。たしかに彼自身の説によっても頻度を使用しなければならないが、それは個々の補助事実の意義に関してであり、その際には生活経験に基づいて決定することができる。これに反し、どれほどしばしば債務者が弁済期に支払うか、または支払わないか、そして、どれほどしばしば当該事件におけるのと正確に同じ証言内容と補助事実が存するかを判断するとき、我々の窮境を助けてくれるようなものはなんら存在しないのである。とくに支払があったけれども、証言が証拠価値を欠くときに注意を向けるべきである。この場合ベイズの定理では $S(V/B)$ の下に入れられるに違いないが、一体誰がその種の頻度に関する見解をもたらすことができるのか？[2] このようにしてベイズの定理は、証明主題との因果的関連において存する証拠と比較して統計的証拠のほうに過大な意義を与える危険があり、証拠評価は著しく図式的になってしまうのである。ちなみにエーケレーヴ自身、これまで証明主題の通常性または非通常性に関して「一〇〇の同種の証拠状況の母集団において」という表現をしてきたが、これを確定することは実際にはできないことなのである。ところが、ベイズの定理の信奉者はそれができると考えているのだ。[3] ベイズの定理は医学および社会学などの分野において利用されている。それが十分に理由のあることかどうかはともかく、裁判における証拠評価にあたっては極めて特殊な関係以外の場合についてはその利用は疑問である。以上がエーケレーヴのベイズの定理に対する批判である。

これに対してテーマ説の論者はベイズの定理の利用を肯定する。(4) また証拠価値説の論者の中にも、前述のようにクラーミなどベイズの定理に対してエーケレーヴほどには厳しい態度を採らない者もいる。(5)

基本的にベイズの定理の利用を認めるかどうか——それはとりもなおさず、証拠価値説、テーマ説のいずれを採るかという態度決定に連なる——はともかくとして、エーケレーヴがベイズの定理に対する批判として説くところは実務家にとってかなりの説得力を有するようにも思われる。筆者自身は、勉強不足のためさしあたり以上の程度の紹介にとどめておくほかない。ちなみにベイズの定理の事実認定への適用可能性ないしその程度については、英米において激しい論争があることはすでにわが国に紹介されているところであり、わが国でも議論がある。(6)

(1) 本節全般についてEkelöf, IV s. 46–48. Lindell s. 146 ff. も参照。なお、ベイズの定理による証明論については太田・前掲書、同「民事訴訟法と確率・情報理論——証明度・解明度とベイズ決定方式・相互情報量」判例タイムズ五九八号（一九八六）二二〇頁以下参照。

(2) Ekelöf, SvJT 1989 s. 27 も参照。

(3) エーケレーヴはベンダーを挙げる。Ekelöf, IV s. 48.

(4) Lindell s. 146. Bolding s. 77 ff. も参照。

(5) 二注（10）参照。

(6) 太田・前掲書一〇二—一〇三頁、庭山＝田中訳・前掲「リチャード・エグレストン『証拠、証明および確率』（一九七八年）」九頁参照。わが国では長谷部恭男教授からベイズの定理の訴訟における事実認定のモデルとしての利用可能性について批判が提起されており、さらにこれに対する太田教授の反論がある（長谷部「ハードケースと裁判官の良心」学習院大学法学部研究年報二一号（一九八六）八頁以下、太田・前掲論文二二三頁以下）。なお、川浜昇「『法と経済学』と法解釈の関係について（四・完）」民商法雑誌一〇九巻三号（一九九三）四二五頁参照。

## 七　証拠評価と書証（1）

書証はとりわけ民事訴訟における事実認定にあたってしばしば決定的に重要な役割を演ずる。ところでスウェーデン法の特色は、他の諸国の法制と異なりいわゆる文書の形式的証拠力に関する規定を設けず、その判断をすべて自由心証主義の支配に委ねていることである。そこで書証の重要性にかんがみ、書証に関する証拠評価の問題について触れておくことにしよう。

さて、わが国では書証という言葉は、「人の思想が表現されている文書（2）」またはそのような文書による証拠調べの両義で使われている。学説は一般に後者の意味で用いているが（3）、実務上は前者の意味で使うのが通例といってよい（4）。スウェーデン法においては文書の意味では skriftligt handling, urkund, それ（に表現されている思想）が証拠とされるときには skriftligt bevis が用いられる。

文書の分類についてもやや異なるところがある。文書はまず公文書と私文書とに分けられるが、公文書とはわが国でいう公文書（日本民訴三二三条一条一項参照）だけでなく公的機関が受理し、保管する私人作成の文書も含む概念である。これは基本法が保障する公文書公開にいう公文書概念と一致するといえよう（5）。しかしこの分類は、証拠価値の判断にあたってはそれほど重要ではないとされている。これに対して記述文書

(beskrivande urkund) ――例えば私信、調書――と命令や要求 (imperativ, performativ) を包含する文書――例えば判決書、契約書、申請書、催告状――との区別は証拠評価上大切である。後者の作成はしばしば法律事実としての意義を有するのであって、いわゆる処分文書 (dispositiva urkunderna) がそうである。

以上の準備的記述を踏まえて書証の証拠価値の問題に入ってゆこう。文書の証拠価値はまずその真正性 (äkthet) に依存する。処分文書については多くの場合、文書の真正が確定されると証拠価値の判断はそれで終わってしまう。債権者が貸金請求訴訟を提起し、債務証書 (skuldebrev) を証拠として援用した場合を考えてみよう。請求原因は債務者の支払約束[6]、すなわちその旨の内容の文書を作成し、かつそれを債権者に交付したということである[7]。前者の事実関係については文書自体が証明をなす。そして文書が真正であることは債務者が当該意志表示をしたことを意味する[8][9]。債務証書が草案に過ぎないということ、仮装のものであること、強迫によるものであることは、債務者が主張・証明責任を負う反対事実に属する[10]。

しかし文書の真正性が争われることは少なく、よく問題になるのは文書の意味内容の解釈に関する当事者間の相違である。解釈は特別な種類の証拠評価である[11]。この場合もちろん証拠事実は文書であるが、何が証明主題で、どんな補助事実が証拠評価に影響するかが問題である。契約条項の意味内容の確定を例にとろう。まずそれは、一般的な言葉の用法の背景の下に行われなければならない。しかし同一の言葉や表現が異なる関連において異なる意味で用いられるから、それが現われる「文脈」(kontext) が決定的でありうる。様々な文脈の要素――例えばその他の契約内容、それが規制する事実関係――が、辞書的な意味のどちらが正当であるかを定めるために重要な補助事実である。

だが、そうしても契約条項の両義性が解消できない場合もある。この場合に決定的なのは上述したところとは異なる文脈、わけても当事者間の特別な関係、条項により意図したことに関する当事者の説明である。がここでも、原告はaの意味だといい、被告はいやbの意味だといって、不一致が見られるかもしれない。他に全く頼るべきものがないならば我々は証拠評価の性質をもつ解釈が惹起する問題の極限状況に達したことになる。

この場合一つの解決の方法は、条項の作成者に不利益な解釈（contra stipulatorem）の手法によることである。すなわち、原告がこの二義的な条項を作成したのだから、その意味に関しては被告の見解が受け入れられるべきだということになる。もっとも、これでは問題は証拠評価ではなく、法規の適用または契約の補完によって解決されるわけである。(12) しかし証拠評価と法適用との区別は必ずしも厳格には維持できないのである。例えば、契約内容はときには契約の言語的意味内容、ときにはその法律効果を意味するのである。

記述文書についても解釈の必要が生じうる。例えば手紙の内容が、差出人が観察した出来事の記述であってその記述があいまいなときは、かれの特有の表現の仕方、手紙が出された状況などを参酌して、その意味を確定しなければならない。もっとも記述文書の場合は法適用の問題は起きず、その代わりに、別の問題すなわち記述の真実性ということが出てくるのである。これは証言の証拠価値と同種の問題であるから、それと同じ検討がなされるべきことになる。(13)

また、例外的に証明主題が他の性質のものであることがある。例えば債務者が債務証書を作成・交付したことは他の事実と合して、その時点における債務者の経済状態に関する結論を可能にすることがありうる。

上述したように、スウェーデン法においては文書の証拠価値は自由心証主義によって判断される。しかし、他のいくつかの国ぐにでは文書の証拠価値に関する詳細な規定を設けており、また、そうでない国でも学説は同様の規則が適用されるべきだと主張しているのである（旧訴訟手続法下におけるスウェーデンの学説は後者の一例といえる）。それらの規定（則）を例示すると次のようなものである。公文書および証人による証明付きの私文書は真正なものと推定される、署名が真正ならば、本文も真正なものと推定される、公文書である記述文書の内容は真実と推定される。[14] これらの推定は法定証拠評価規則の性質を有するといってよい。それは反証を排除しないが、反証がないならば証拠評価の基礎に推定をおかなければならないのである。[15]

エーケレーヴはこれらの規則の適用に肯定的で、その理由付けとして、法的保障――この概念は多義的であるが、[16] ここでは法的予見性ないし取引の安全と言い換えてもよい――が文書の作成によって促進されることが指摘できるとしたうえ、さらに領収書に証明度を軽減させる推定としての効力を与えている。[17]

なお書証に関しては、近時の学説上基本的問題についてとくだんの議論は見られないようである。[18]

（1）本節全般について Ekelöf, IV s. 169–175. なお、わが国におけるこの問題に関して詳細な文献はやや古いが、岩松三郎＝兼子一編『法律実務講座　民事訴訟編　第四巻』（一九五一、有斐閣）二五九頁以下である。最近のものでは倉田卓次「書証実務の反省」前掲『民事実務と証明論』（初出は一九八五）一六〇頁以下がとくに有益である。

（2）岩松＝兼子編・前掲二五二頁。

（3）兼子一＝松浦馨＝新堂幸司＝竹下守夫『条解民事訴訟法』（一九八六、弘文堂）一〇三七頁（松浦執筆）、中野ら編・前掲三〇六頁、上田・前掲三五七頁。

（4）倉田・前掲一六一―一六二頁。しかし倉田博士はこのような実務の用語法を厳しく批判する（同頁）。

（5）統治組織法（regeringsform）二章一条一号、出版の自由に関する法律（tryckfrihetsförordning）二章とくに三条参照。

（6）金銭消費貸借はかつては要物契約と考えられていたが、現在では無利息のものは別として、契約法一条の諸成契約の原則が適用されると解されている。従って債務証書の作成・交付はもちろん契約成立の要件ではないけれども、取引生活上通常用いられている。Åke Malmström, Civilrätt (6 uppl. 1977) s. 124-125, 128.

(7) もっともオリーヴェクルーナは、通常の私法的見方によれば請求原因は支払約束であるが、裁判法規の観点からは支払約束に加えて金銭の交付が請求原因（かれの用語では基礎的要件）になるとし、金銭の交付の主張を不要にするためには債務証書自体を請求原因にすべきだと主張する。Karl Olivecrona, Rätt och dom (2 uppl. 1966) s. 219.

(8) 岩松＝兼子編・前掲は、処分証書の記載内容である法律的行為がその相手方（例えば挙証者）に到達したか否かは文書自体の証明力とは別問題であるが、文書が挙証者の手元にある事実によって到達が推定されることが多いという（二六九、二七七頁）。同旨松本博之『証明責任の分配』（一九八七、有斐閣）一六六頁。

(9) しかしエーケレーヴは、処分証書を化体した意思表示（förkroppsliga viljeförklaringen）だというのは、誤解を招く表現だと批判する。Ekelöf, IV s. 171. ちなみに岩松＝兼子編・前掲二五四頁は「処分証書は法律的行為の具現物ないし化身（Verkörperung）」だと述べている。

(10) Ekelöf, IV s. 171. 松本・前掲一六七—一六八頁参照。

(11) 兼子ら・前掲（松浦）が「処分証書の真正が認められれば、作成者がこれに記載された法律行為をしたことが直接証明される。ただし、——その行為をどう解釈すべきか等は別に判断されることがらである」（一〇四三—一〇四四頁）というのは、一般論としてはそのとおりであるが、これを卒然と読むと処分証書の証拠評価の中に解釈の問題が含まれていることを看過してしまうおそれがあることに注意すべきであろう（なお、この問題に関する英米法における議論について、上田誠一郎「英米法における「表現使用者に不利に」解釈原則（三・完）」民商法雑誌一〇〇巻五号（一九八九）八四〇頁以下参照）。

(12) 文書の実質的証拠力に関する判定を裁判所が決しかねる場合には、その証拠力の存在ないし程度に関する立証責任の問題として、挙証者の不利益に解する見解（岩松＝兼子編・前掲二七〇—二七一頁）は、やはり証拠評価でなく、法適用の問題として解決しているわけである。もっともここに証明責任を持ち出すのは理論的に疑問である。なお、英米法における議論について、上田（誠）・前掲八五〇—八五三頁参照。

(13) とくに留意すべき問題点について近藤・前掲四六—四七頁、岩松＝兼子編・前掲二七〇頁参照。

(14) 日本民訴法三二三、三二六条参照。

(15) なお（私）文書の内容に関する推定の問題についてNJA 1962 s. 80およびこれに対するボールディングのコメント（Bolding s. 115ff.）を参照。

(16) 前掲拙著二八—二九頁参照。

(17) Ekelöf, IV s. 174 – 175. この推定——法文上の根拠を欠く——は、証明責任の転換または証明度の軽減を伴うとされる（Ekelöf, IV s. 92ff.）。詳しくは、いずれ証明責任論を取り扱う際に論及することとしたい。ただ、この推定と西独における表見証明との関係についてだけ一言しておこう。表見証明についてエーケレーヴは次のように述べている。すなわち——表見証明は因果関係の問題に関して損害賠償請求権者に向けられた証明度の軽減を伴う推定である。その特色は、損害賠償義務者の反証は単に事故事象の競合する説明に関するのみでよいので、原告において被告が事故事象を惹起したことを証明しようとするときには、すべての立証が関係してくる点にある。表見証明は西独において私法の多くの領域で用いられているが、それはすべての法律事実が完全な確実性をもって立証されなければならないという見解を固執していることと関連しているのであろう。ベンダーのように多様な証明度の提唱者は、それが承認されるならばもはや表見証明は必要でなくなると考えているのである（Ekelöf, IV s. 97. なお、ベンダー、森＝豊田訳・前掲二六六頁以下参照）。この問題については中野貞一郎教授がエーケレーヴのドイツ語論文（四注（10）掲記のもの）の紹介・批判をしている（中野「過失の一応の推定について」同『過失の推認』（一九七八、弘文堂。初出は一九六七）六一—六二頁）。また、賀集唱判事は、間接反証についてその名を借りて事実的因果関係の証明の程度を引き下げているものと解するほかないと指摘する（同「損害賠償訴訟における因果関係の証明」）前掲『講座民事訴訟⑤証拠』二一六頁）。

(18) Bolding s. 41 ff. 参照。

## おわりに

以上、スウェーデン証拠法（理論）の基礎的部分の概説をこころみた。なるべく正確かつ平易な説明に努めたつもりであるが、能力の不足から正確さすら果たしてどこまで達成しえているか甚だ心許ない。とりわけ数学的素養の要求される問題についてその感が深い。

ところで、読者の中には事実認定ないし証明の領域において数学的方法を用いることに対して強い疑問と反情を抱かれる方がありうるであろう。(1) 筆者自身この点に関する心境は複雑で、いささかハムレット的なところがあるけれども、次に引く精神人類学者の藤岡喜愛教授の見解が極めて示唆的だと思う。教授はこう言う。伝統的な宿屋の番頭さんは入ってきた客をほとんど瞬時に判断し、女中さんにしかるべき部屋に案内するよう指示する。「要するに、番頭さんは「その方法を通しての対象」に慣れることによって、客を評価し、客の処遇を決定する能力を獲得している。それは数字以前でありながら、同時に統計なるものの本質を身につけているといえる(2)」と。同様のことは事実認定ないし証明の領域においてもあてはまるように思われる。経験に富む裁判官、実務法曹は長年の実務経験を通じて事実認定ないし証明における「数学以前でありながら、同時に統計なるものの本質を身につけている」といえよう。(3)（もっともそれを過信することは危険であり、常に自戒すべきである。宿屋の番頭さんの場合と異なり、誤った判断は重大な結果――ときに回復不可能な――をもたらすのであるから。）この領域における数学的方法はそれを分析し、解明してみせるにとどまるかも知れない。(4) しかし法学生や経験不足の若い法律家にとって数学的方法を学ぶことは、事実認定ないし証明における過誤を少なくし、長年の経験がようやく与えるものをより早く修得することを可能にすると考えられる。さらに事実認定ないし証明の間主観性をできるかぎり確保し、裁判に対するコントロールひいて国民の信頼をより強化するために、経験による直観的判断を数学的方法により省察してみることはすこぶる望ましいことではあるまいか。この意味においてスウェーデンの証明論はわが国の事実認定ないし証明の問題を考えるうえで大きな示唆を与えると筆者は信ずる。あえてわが不敏を省みず、本稿を草したゆえんでもある。

（1） それはある意味で正当というべき数式に対する警戒心の直覚的表れなのかも知れない。自動車事故工学の権威である江守一郎教授は、多くの法律家が数式に弱いことを批判する一方で、それに付け込んだ似非科学的な鑑定書が横行している事実を指摘し、「特に、たくさんの数式を並べて立てている鑑定書はまず疑ってかかるべきである。」と述べている（同「交通事故の鑑定について」東京弁護士会弁護士研修委員会『平成元年度春期弁護士研修講座テキスト』（一九八九）五三—五四頁）。

（2） 同「ニュートンがリンゴを喰ってから」森毅構成・演出『数学近未来』（一九八六、培風館）六七頁。なお関連して、村松俊夫「裁判に関する一考察」同『民事裁判の理論と実務　民事裁判研究Ⅲ』（一九六七、高文社。初出は一九五五）九頁以下の「勘」に関する記述を参照。

（3） 筆者は、問題の性質こそ異なるが主張責任についても、やはり実務経験の重要性が強調されるべきだと考えている。限られた民事裁判実務の経験からあえて発言することを許されるなら、練達の民事弁護士といわれる人は、たとい主要事実と間接事実との理論的区別こそ明確に意識していなかったにせよ、長年の経験を通じて主要事実と審理上重要な間接事実とを概ね過不足なく主張していたように思う（筆者はとくに判事補当時そのような弁護士の訴状、準備書面から学ぶことが少なくなかったと記憶する）。ここに裁判官、弁護士その他の法曹として多彩な経歴を有する元最高裁判所判事（現弁護士）環昌一氏の「弁護士である私の場合は、——事実を離れた法は無縁です。——事実の中から法が見えて来るのです。」「事実についての情報が頭の中に燃えていないとそこで働く法の姿も見えず、解釈論も何も頭に浮かんできません。」（同「事実との格闘の中で——民事弁護士の悩み」公法研究四九号（一九八七）五、一一頁）という言葉を私見に有利に援用させていただきたい（ちなみに同八—

九頁に述べられていることは、事実認定ないし証明論のエキスとして含蓄に富む)。また谷口正孝博士(元最高裁判事)も刑事裁判官の立場から民事裁判における事実の重要性について傾聴すべき発言をされている(同『裁判について考える』(一九八九、勁草書房)七四頁)。主要事実と間接事実との峻別を強行し、経験に培われた深い知恵まで一概に否定し去ってしまったようにみえるところに、要件事実論の問題点の一つがあるのではないかと筆者は憶測している(もっとも再び本稿の主題に立ち戻って言えば、要件事実論の論者が事実認定ないし証明の問題を軽視しているわけでは決してない。例えば、この立場のスポークスマンとも言うべき伊藤滋夫判事の「民事訴訟における事実認定に関する若干の考察」(調研紀要五四号(一九八八)一頁以下)は事実認定に関する近時の優れた業績である)。なお、熊谷直之助『民事判決書の型』補遺」判例時報六八三号(一九七二)一一頁参照。

(4) その意味では、堤・前掲がエーケレーヴの理論を評して「従来の証明作用の態様を実証的に分析してみせたにすぎず、いまだ機能的な道具として実務上活用しうるまでには至っていないのではないかと思われる」(一四三—一四四頁)というのは、そもそも「ないものねだり」の批判とも言えよう(太田・前掲書八五頁参照)。ボールディングは、まれな場合にのみ蓋然性の程度を数値で表現することに意味があると述べ、また証拠評価におけるより高度の方法が望ましいという理由だけから、そのような方法が利用できると考えるのは幻想に過ぎないと指摘している(Bolding, s. 91-92.)。味わうべき言葉だと思う。

〔補記〕

本稿は昨年(一九八九年)の夏休みにほぼ脱稿し、年末年始の休みに少し手を入れて完成したものであるが、神奈川法学の刊行が遅れているうちに、本年四月末ストックホルムで行われた国際商事仲裁会議に出席した後、数日間同市に滞在を続け、このテーマに関する文献資料中、それまでに参照しえなかったものの蒐集に努め、かなりの成果を上げることができた。わけてもウプサラ大学を訪ねた際、知友のサルデーン

(Saldeen) 教授からクラーミ (Klami) 教授が若い研究者らと共に、証明論に関する多数の論文を発表していることを知らされ、時間の関係上クラーミ氏には会えなかったものの、帰国後サルデーン氏の御配慮もあり、クラーミ氏からその証明論関係のほとんど全部の論文をお送りいただいたことは幸いであった(合計一三篇—その内すでに読んでいたものは二篇のみ)。これらの文献資料などに、一応目を通した結果、記述を若干修正したり、注を多少補充したりする必要が感じられるに至った。しかし、もはや内容に変更を加えることはできないので、ここに補記として最小限必要と考えられる点にかぎって補充しておきたい。なおクラーミ氏らの論文については、その一つを邦訳することについて承諾を得ており、近く発表することを予定している(ハンヌ・ターパニ・クラーミほか、拙訳「北欧における証明論・証明責任論の新しい動向」神奈川大学法学研究所研究年報一二号(一九九一)として発表した(本書四四一頁以下))。

㈠ 一ないし六全般を通じての注として、P. O. Ekelöf, Bevisvärde, Filosofisk tidskrift 1988 s. 1 ff. を加える。

㈡ 三注(7)に、証言心理学に関する邦語文献としてアルネ・トランケル、植村秀三訳『証言のなかの真実—事実認定の理論』一九七五、金剛出版)を加える。かねてこの訳書の存在は知っていたけれども、残念ながら執筆時に参看しえなかったため、引用を断念したのであるが、その後最高裁図書館から借り出して読むことができた。著者は世界的に高名なスウェーデンの供述心理学者であって、原著には独、英語訳の改訂・増補版があり、邦訳は英語版によっている。もっともトランケル的な方法に対しては、刑事訴訟の弾劾主義的構造に馴染まないのではないかという疑問や、「形式的構造分析」(訳書第三部第八章参照)は、証拠価値説の立場からは裁判制度への適用を承認しがたいであろうという批判が、最近スウェーデンでは出ている (Henrik Edelstam, Fakta i målet? — Några reflexioner med anledning av en avhandling i vittnespsykologi, SvJT 1990 s. 523, 540–541.)。

㈢　**四**の反対効果について、以下の説明を加える（本文**四**の終りから二行目と三行目の間に)。

エーケレーヴはその後さらに説を改め、現在では次の公式を採用している（この式ではAの証拠価値が3/4、Bの証拠価値が1/4の場合)。

$$\frac{3/4 - (3/4 \times 1/4)}{1 - (3/4 \times 1/4)} = 9/13$$

| | | | |
|---|---|---|---|
| + | + | + | ○ |
| + | + | + | ○ |
| + | + | + | ○ |
| ± | ± | ± | (○)<br>− |

これを図示すると上掲のようになる。＋は証明があること、○はないこと、－は反証があることを表す。蓋然性理論によれば＋、－の部分の三つは存在しないものとみるのが正確とされるから、分母が一三になるわけである。Ekelöf, Bevisvärde. s. 11–12. 本文の公式によりAの証拠価値が3/4、Bの証拠価値が1/4の場合を計算すると、答えは小数で〇・七（以下切捨て）になり、新しい式による答えの9/13は小数で〇・六九（同）であるから、結果的には差がごく僅かである。

㈣　**五**の排除証明について、最後に以下の説明を加える。

クラーミらは排除証明に言及し（logical coclusions on the so-called evidence by elimination と表現している)、しかしそれは刑事訴訟においては危険な方法でありうることを指摘する（Hannu Tapani Klami, Johanna Sorvettula, Minna Hatakka, Evidentiary Value, Tidskrift utgiven av Juridiska Föreningen i Finland 1989 p. 44.）この点において私見と合致する。

この補記を書き上げた直後、ボールディング教授から一九九〇年一〇月三日付の手紙で、エーケレーヴ教授の訃報を知らされた。享年八四という。ボールディングは近年、証明論・証明責任論においてエーケレーヴとは激しく対立する立場にあったが、手紙の文面はかつての恩師であり、偉大な訴訟法学者である故人に対する敬愛の念に満ち、哀切を極める。ここにその一節を引用し、謹んで心から哀悼の意を表する次第である。「ストックホルムにおける彼の葬儀には、最も著名な法律家たちが多数参列した。彼に匹敵するような重要な仕事を成し遂げたスウェーデンの法律学者はほとんど存在しない。」思えば一九八七年七月末、すでにあまり健康が優れない様子のエーケレーヴをストックホルムの自宅に訪ね、一時間余のあいだ話を伺うことができたのはまことに幸運というべきであった。そのとき情熱をこめて証明論について語っていた彼の姿は、今もなお脳裡に鮮明に刻印されている。それは生涯脳裡から消え失せることなく、怠慢な筆者に学問的精進の大切さを教え続けるであろう。

〔追　記〕

エーケレーヴの証拠法教科書（『訴訟手続　第四巻』の第六版は、彼の没後ボーマン（Robert Boman）――ウプサラ大学法学部の訴訟法講座の後継者――との共著という形で一九九二年に刊行された。同書では従前の版と異なり「§25　証明責任および証明度」（従前は「§25　証明責任」）の章が「証拠評価」の論述に先行し、かつ「§23　証拠概説」の一部を成していた「Ⅲ　証拠評価」が「§25A　証拠評価」として独立の章に格上げされている。いずれもエーケレーヴ自身の考えだという（s. 6―ボーマンの序文）。第六版についてとくに関心を抱く個所を拾い読みした程度で、第六版と第五版との異同の精密な検討を行っていない。

なお、最近における証拠法研究としては、ストックホルム大学のディーセン（Christian Diesen）の精力的な著作活動が注目される。彼はその著書 Bevisprövning i brottmål（1994）において刑事訴訟の証拠評価原則として hypotesmetoden（意訳すれば「選択的仮説排除説」）が最適だとする新説を提示し、引き続き極めて豊穣な生産力を示している。ここではとくに彼が編者兼共著者として関与する Bevis 1-5（1997-2000）を挙げておく。第四巻までは彼の指導を受けた学生の卒業論文を主とする論文集であるが、学生の論文でもその水準はかなり高い（スウェーデンの法学部の学生の卒業論文はわが国の修士論文に相当すると考えてよい）。第一巻は刑事訴訟、第二巻は難民認定手続、第三巻は税務訴訟、第四巻は損害賠償請求訴訟（債務不履行および不法行為）に関する。第五巻は一九四八年以降の関連する重要な最高裁判例を収録し、解説を付したものである。このシリーズはさらに続巻が予定されている。上記各文献についてその内容の一部を瞥見したにとどまる。

三の注（7）、〔補記〕㈡に関連して、二〇〇〇年に法律家と心理学者との協同により『法と心理学会』が設立されたことを記しておきたい。二〇〇一年一〇月に開催された第二回大会ではとくに若手研究者の意欲的な研究に注目させられた。今後この分野の研究が飛躍的に発展し、裁判における事実認定の一層の適正化に寄与することが期待される。また、同注に掲記した菅原論文は菅原『民事裁判心理学序説』（一九九八、信山社）としてまとめられている（同書第三ないし第五章）。

最後に、悲しみに耐えてボールディングの逝去について語らなければならない。彼は一九九七年一月に世を去った。享年七九。彼は筆者にとってスウェーデンいや世界中で最も親しい、心の通い合う友人の一人であった。一種のobituaryとして拙稿「Swedish law and I」神奈川法学三三巻一号（一九九八）一一頁以下がある。ご参照いただければ幸いである。

# 第三　スウェーデン法における証明責任論

## 一　はじめに——スウェーデン証明責任論の系譜の素描を兼ねて

本書第二論文（「スウェーデン証拠法序説——証明責任論のための準備作業を兼ねて」）を承け、スウェーデン法における証明責任論について、エーケレーヴとボールディングの学説を中心に紹介、検討するものである。最終的な目的はわが国の証明責任論の批判的検討とそれに代わる新たなモデルを提示することにあり——あるいはドン・キホーテ的な企図と評されるかも知れないが——、そのための準備作業でもある。このような考えはスウェーデン法の証明責任論に親しんでいる過程で次第に大きく成長してきたものであるが、思えば初めてスウェーデン法の証明責任論に接してからすでに二〇年近くが経過している。それなのにこれまでいたずらにその周辺を彷徨している有様であった。ここに漸く意を決して証明責任論という峻険な巨峰(1)にスウェーデン側から登攀に着手することにした次第である。ところで当初、まずスウェーデン法における証明責任論の画期的転回点をなしたオリーヴェクルーナの学説および彼に至るまでの学説史についての稿をまとめようと企て、彼の著書『証明義務と実体法（権）』（一九三二）(2)や『権利と判決』（一九六六）(3)などを自分なりに精読し、さらにカーレンベリィの古典的教科書(4)その他関連する若干の文献を読んでみた。しかしオリーヴェクルーナの基本的立場はヘーゲルストレーム（Axel Hägerström）、ルンステッド（Vilhelm Lundstedt）らに連なる法哲学におけるウプサラ学派——北欧リアリズム法学(5)——に基づくものであるが、それは当時も現在もスウェーデン法学において一般的に承認されているわけではない(6)。それにもかかわらず、オリーヴェクルーナの証明責任論が従来の証明責任論のすべてに対して壊滅的な打撃を与えたことはいまや衆目の一致するところである(7)。それゆえ現在のスウェーデン証明責任論を理解するためにはオリーヴェクルーナ以前の学説史やウプサラ学派について知ることはあまり必要でないといってよい。

他方オリーヴェクルーナよりやや若いがほぼ同世代に属し、かつ同じくウプサラで学んだエーケレーヴにおいては、最も顕著にオリーヴェクルーナとの類似点がみられる――後述のクラーミは、エーケレーヴを基本的に北欧リアリズム法学の代表者の一人と理解している――(8)。そしていうまでもなく、エーケレーヴの『訴訟手続法』第四巻はスウェーデン証拠法に関する代表的教科書である。またボールディングは、オリーヴェクルーナ以後、初めてこの国で証明責任論に関するモノグラフィーを著した訴訟法学者であって、ノルウェーのエックホフと並ぶ北欧証明責任論における超過原則の主唱者である（後述のようにエーケレーヴはこの原則に反対する）。最近ウプサラ大学の法理学教授のクラーミらによって、意思決定理論における階層化意思決定法（Analystic Hierarchy Process（AHP））に基づく証明責任に関する斬新な学説が提唱されており（九参照）(9)事態は新たな展開を示しつつあるが、さしあたりはこの二人の学説を中心に紹介、検討すればスウェーデンにおける証明責任論の現状を一応全体的に把握することができると考えられる。そこで、このような作業を試みたいと思う。なお、注記において関連するわが国の学説や議論にも随時多少触れるが、それは前稿（二頁）〔本書七二頁〕に述べたのと同じ趣旨によるものである。

〔補　説〕　もっとも理解の便宜上、最小限の証明責任に関する学説の系譜をごく簡単に素描しておく。オリーヴェクルーナの『証明義務と実体法（権）』が出現するまでは、おおむね民事訴訟の目的は権利の実現にあり、従って証明責任の分配においても可能なかぎりこれに寄与するよう配慮すべきものとされた。「証明責任はその主張が慣行（det sedvanliga）に反する当事者に課せられる」とする見解すなわち蓋然性説が最も

有力な地位を占めていたゆえんである。(10)

これに対してオリーヴェクルーナの前掲書は、証明責任規則が仕える社会的目的は、立法一般にとって決定的な目的と同一でなければならず、証明責任は実体法規の目的が実現されるよう分配されなければならないとし、証明責任分配のための一般原則の樹立の可能性を否定して、証明責任論におけるコペルニクス的展開を提唱したのである。当然のこととして彼は反対説の側からの激しい批判の集中砲火を浴び、彼は応募したルンド大学訴訟法教授の地位を拒否された(同書はそのための教授資格論文として書かれたもの)。しかしその後、彼の従来の証明責任論に対する批判は次第に同調者を獲得し、現在ではスウェーデンいな広く北欧における証明責任に関する論議の出発点を形成しているといってよい――ただし、証明責任(分配)の社会的機能に関する彼の基本的思考そのものに賛同するのは僅かにエーケレーヴのみのようである――。(11)このように同書は証明責任の学説史上きわめて重要なものであるから、その目次だけでも以下に掲げておこう。

二　古来の学説における主要原則
三　「原告は証明責任を負う」という規則の基礎
四　形式的真実
五　推定の概念
六　英国法およびフランス法。訴訟手続法一七章三三条(13)
第三　原告はその権利を証明すべしという原則
一　この原則の一九世紀における展開
二　この原則の普及
三　権利の存在を証明する方法
四　分配問題
五　出発点の結果として分配を説明する試み
六　分配の基礎としての正義および妥当性
七　通常のシェーマの貫徹
八　原告はその権利を証明すべしという原則の基礎
第四　各当事者はその利益に主張する法規の適用のための前提事実を証明すべしという原則
一　この学説の動機
二　この学説の意味内容
三　この学説による問題の解決

第三　スウェーデン法における証明責任論

オリーヴェクルーナの上掲書の後に、北欧において民事訴訟の証明責任を扱ったモノグラフィーとしては、上述のエックホフおよびボールディングのもの、すなわちTorstein Eckhoff, Tovilsrisikoen (1943) およびPer Olof Bolding, Beisbörda och den juridisika tekniken (1951) のほか、デンマークでP. Dige, Bevis i kontraktforhold (1945)、スウェーデンでLeif Bylund, Bevisbörda och bevistema. En studie av en bevisbörderegel i mål om föreningensrätts kränkningar (1970) が現れている――後者は表題から分かるようにもっぱら不当労働行為訴訟における証明責任に関する。しかし現在の証明責任論に影響力を有しているのはスウェーデンに関するかぎり前二者のみといってよいであろう（ディーゲのものは未見であるが[15]）。

（1）竜嵜喜助『証明責任論』（一九八七、有斐閣）一六五、二〇三頁参照。

（2）Karl Olivecrona, Bevisskyldigheten och den materiella rätten (1930).

（3）Olivecrona, Rätt och dom (2 uppl. 1966)

（4）Ernst Kallenberg, Svensk civilprocesrätt II (1927–1939). その第九章（五二五頁以下）が証拠法で、証明責任は六七五―七六六頁で扱われている。

（5）ウプサラ学派ないし北欧リアリズム法学とオリーヴェクルーナとの関係については簡単には、Karl Olivecrona, Law as fact (1939) の邦訳である碧海純一＝大田知行＝佐藤節子訳、カール・オリィヴェクローナ『事実としての法』（一九六九、勁草書房）の佐藤教授による解題（二二三頁以下）参照。佐藤氏にはウプサラ学派ないし北欧リアリズム法学に関する多数の論文があるので、詳しくはそれによられたい。ちなみに同名の一九七一年版の著書（著者によれば通常の意味での再版ではなく全くの新著）には安部濱男訳『法秩序の構造　経験法学としての』（一九七三、成文堂）がある。

（6）民・刑事訴訟の目的論においてウプサラ学派がほとんど影響を与えていない――エーケレーヴを除き――こ

とについては、Per Olof Ekelöf, En rättsvetenskaplig tragedi. Festskrift till Henrik Hessler (1985) s. 155－156. なお現代スウェーデン法理論におけるウプサラ学派に対する批判については、例えばAleksander Peczenik med Aulis Aarnio och Gunnar Bergholtz, Juridisk argumentation-en lärobok i allmän rättslära (1990) s. 75-76. 後者では、ウプサラ学派の見解は、現行法の枠内において法的決定を合理的に行うべしとする法治国家の要請に合致しないこと、形式的な法的保障すなわち法的決定の予見性の促進に寄与しないこと、および立法者をして立法権力はどんな政治的目的の道具でもありうるという結論を容易に引き出せることなどを理由に、ウプサラ学派の法律学に対するネガティヴな影響が指摘されている。

好美清光教授は、佐藤節子教授との「権利論」に関する「法哲学と実定法学の対話」のなかで、「本場の北欧で、この立場〔北欧リアリズム法学〕が実定法学（者）にどのようなインパクトを与えたか、与えていないか、そしてその理由といったことも知りたいところである」と述べている（好美「権利論」星野英一＝田中成明編『法哲学と実定法学の対話』（一九八九、有斐閣。初出は一九八八）二六七頁）。筆者は佐藤氏を無権代理して答えるつもりは毛頭ないが、北欧法を研究する者の一人として、以上の注記およびこれに関連する本文の記述がいささかなりとも好美氏――およびおそらく同様の疑問を抱かれるであろうわが国の実定法学者――のためにお役に立てれば幸いである(ちなみに上掲書の共著者の一人ベリィホルツは元裁判官で、現在ルンド大学の訴訟法教授)。さらに大雑把な印象論を附記することを許されるならば、北欧リアリズム法学は決していわば突然変異ではなく、北欧の法律家の実際的思考の側面（注（10）のオリーヴェクルーナの指摘参照）がそれを産み出し、それが再び北欧の法律家の実際的思考の側面を助長したという相互関係の存在はある程度否定できないと思われる。このことは以下で明らかにされる、主題である証明責任論に対する北欧訴訟法学と日、独のそれとのアプローチの基本的相違からも自ずから理解されるであろう。

（7） 拙訳、P・O・ボールディング「証明責任と証明度」『紛争処理と正義』（一九八八、有斐閣出版サービス）一八六―一八七頁〔本書四二二―四二三頁〕、Bengt Lindell, Sakfrågor och rättsfrågor（1987）s. 106.

（8） Hannu Tapani Klami, Något om Ekelöfs teleologiska metod, SvJT 1990 s. 228.

(9) より詳しくは、拙訳、ハンス・ターパニ・クラーミ、マリア・ラヒカイネンおよびヨハナンナ・ソルヴェットラ『北欧における証明論・証明責任論の新しい動向――証拠に関する理由づけの合理性について・一つのモデル』(神奈川大学法学研究所研究年報一二号(一九九一)〔本書四四一頁以下〕参照)。その他にもクラーミは単独または共同で証明論・証明責任論に関する多くの論文を書いている。

(10) Per Olof Ekelöf, Rättegång IV (5 uppl. 1982) s. 113. (以下、Ekelöf, IV として引用)、Olivecrona, Bevisskyldigheten och den materiella rätten. (以下、Bevisskyldigheten として引用) s. 118–119. 蓋然性説は、訴訟の任務を権利の実現にあるとする基本的前提から出発するとき、実際的傾向を有する北欧の法律家が向かう問題の自然な解決だと思われる、とオリーヴェクルーナはいう。A. a. s. 119. そのスウェーデンにおける例として大著・売買法コンメンタールの著者アルメーン(Tore Almén)が挙げられる。アルメーンに対してはローゼンベルクが批判的に論及している(倉田卓次訳、ローゼンベルク『証明責任論』(全訂版。一九八七、判例タイムズ社)一四七頁)。ボールディングもこの批判に賛する(拙稿「スウェーデン法における主張責任論(二・完)」民商法雑誌一〇〇巻六号(一九八九)一〇六五頁〔本書六九―七〇頁〕参照)。なおカーレンベリィは基本的には、当事者はその利益に援用する法規の適用のための前提事実について証明責任を負うという理論に立っていた。Olivecrona, Bevisskyldigheten s. 94.

(11) 以上の記述は Ekelöf, En rättsvetenskaplig tragedi. s. 131 ff. Lindell, a. a. s. 106 による。なおエーケレーヴの上記論文を紹介する拙著『スウェーデンの司法』(一九八六、弘文堂)九四―九五頁参照。

(12) 彼の博士論文は『ローマ法および近代法における法人概念の研究』(Studier över begreppet juridisk person i romersk och modern rätt (1928))であり、この論文によりウプサラ大学のローマ法および私法の助教授に採用された。この経歴から分かるように彼はローマ法に関する豊富な知識を有しており、『証明義務と実体法(権)』の第二章はこの「ローマ法源」の部分に限らずローマ法および中世法文献のラテン語のままの引用に満ちているので、正直のところ浅学な筆者には理解困難な箇所が多い。

(13) いうまでもなくこれは旧法の条文である。それはその成立当時支配的だった「原告は証明責任を負う」などの原則を表明したものであった。Olivecrona, Bevisskyldigheten s. 50. 現在のスウェーデン訴訟手続法（以下、単に「法」という）には証明責任を一般的に定める規定は存しないけれども、フィンランド訴訟手続法一七章二条は、原則としてある事実を自己の有利に主張する当事者は、その事実につき証明責任を負う旨定めている。

（14） regel（複数 regler）は規則とも規範とも訳せるが、原則として規則と訳している。しかし、ここでは規範と訳する（行為規則という表現は一般にしないので）。

（15） Per olof Bolding, Går det att bevisas?（1989 以下、単に Bolding として引用）の第五章（九五頁以下）は、証明責任も扱う最新の証拠法に関する単行書であるが、参考文献として後二者を挙示していない（一三二―一三三頁参照）。

なお、証明責任にも関連する証拠法のモノグラフィーとしてデンマークで Henrik Sahle, Om det juridiske bevis (1976) がある。同書については、Bolding, Bevisprövning utan sannolikhetsuppskattning, TfR 1978 s. 531 ff. 前掲拙訳、クラーミら「北欧における証明論・証明責任論の新しい動向――証拠に関する理由づけの合理性について・一つのモデル」原注（10）〔本書四五六頁〕参照。

## 二　証明責任の意義（1）

ボールディングはその証拠法に関する著書において証明責任の意義の説明にはいる前に、まず目を法律学の外に向け、事態をより一般的に考察することが問題の理解を明確にさせることを指摘する。すなわち、我々は不断に道標として利用できる事実が誤っているときは著しい危険を伴うことを知っているにもかかわらず、作為・不作為の決定をしなければならない（例えば湖水がスケートをするのに十分なほど結氷しているかどうかの判断を考えよ。しかもこの場合、遊びとしてするときと、湖上の小島の住人が緊急の要件で対岸に行こうとするときとでは、異なる誤信の危険を引き受けるはずである）。誤信の危険は蓋然性の先行条件である。どのような選択をしようともそこには多かれ少なかれ誤信の危険が付きまとっている。証明責任・証明度という語は法律学のものであるが、その背後にある現実はより一般的に観察されるのである。法律学を〝閉じたシステム〟としてみてはならない。そのような見方は現実の多様性に適合しない理論に導いてしまうおそれがある、と。[2]筆者はこの指摘は証明責任問題を論ずるに当たって極めて重要だと思う。そしてわが国の証明責任に関する論議は多分に法律学を〝閉じたシステム〟としてみている面があるのではないかという疑念を抱いているのであるが、この点についてはいずれ詳しく触れる機会を持ちたい。[3]

さて、法律事実例えば支払の存否が完全な確実性をもって明らかにされたときは証明責任問題は生じない。これに反して証明値点がその尺度の両端の中間に位置するときは裁判所は立証が十分か否かに関する見解の決定を行わなければならない。[4]

証明値点の尺度と同様の尺度に、証明度を示す蓋然性の程度を点として目盛ることができる。証明値がこの点を超える立証がなされていれば、その立証は十分とされる。この必要な証明値（証拠力）を示す点を証明責任点とよぶことができる。例えば証明度が「十分な証明（styrkt）」であるときに、「明白性」の程度まで立証があれば、証明は十分なわけである。[5]

証明責任は当事者の一方にのみ課せられるが、超過原則が適用される場合は当事者双方が証明責任を負う（あるいはどちらも負わない）ことになる。証明責任規則とは法律事実に関する証明責任についての情報を与える法規（範）である。[6]それは証明度を多かれ少なかれ具体化している。単にどちらの当事者が証明責任を負うかを定めているだけでは十分な情報を与えることができない。[7]これがスウェーデン法における証明責任の基本的理解であり、出発点である。[8]

民事訴訟においては法律事実の証明責任は当事者間に分配される。当事者の一方が証明責任を負うということは、証明責任を負う当事者が、事実の存在が証明されないことの危険を負うということを意味するといわれる(9)。従って証明責任の同意語として「証明の危険」(bevisrisiko)、「疑いの危険」(tvivelrisiko)という語を用いる論者もいる(10)。ボールディングも事態をより適切に表現する語として「誤信の危険」(risk för mistag)すなわち裁判所が誤った結論を採る危険―を示すが、しかしこれを強いて使用しようとはしない(11)。

証明責任問題は法定証拠主義下と自由心証主義下とではかなり異なる様相を呈する。前者においては当事者が自己の主張を二人の合致した証言またはその他の法律が完全証明(拠)(fullt bevis)と定める証拠事実で裏付けることができないとき、裁判所はどちらの当事者が証明責任を負うかを確定すれば十分である。これに対して自由心証主義のもとでは裁判所は立証が十分に強力であるか否かについて見解を決定することを強いられる。債務者は支払について証明責任を負うというような言明は何ら必要な情報を与えないのである。言い換えれば、債務者が証明責任を負うということは彼に対して何らかの証明度が向けられるということを意味している(12)。

自由心証主義のもとでも証明責任問題はどちらの当事者が証明責任を負うかの問題であるとし、証明度の強度の問題を証拠評価の領域に委ねる学説も少なくない。しかしどれほどの強度の立証が要求されるかの問題は、どれほどの強度の立証が当該事案において存在するかの判断によっては解決することができない。裁判所が後者の判断において何ら法規に拘束されないことは、前者の判断においてもそうであることの理由には決してならない。そのような学説が証明度の強度に論及しないのは、おそらく証明責任がいまだに法定証拠主義時代の証拠理論の影響を受けているからだとエーケレーヴは批判する(13)。この批判はドイツやわが国のほとんどの学説に向けられるといえよう。

ところで学説は一致して真正の証明責任（äkta bevisbörda）と不真正の証明責任（falska bebisbörda）とを厳格に区別する。[14] 前者は裁判所が証拠評価し、判決をするときだけでなく、訴訟中の立証活動さらには提訴前における証拠の保全および提訴の決定にも影響を及ぼす。しかしそれは、終始同一当事者に課せられている。これに対して後者は訴訟中の証拠状況に応じて当事者間を移動するのである。もっとも両者は密接な関係にあるために、実務においては容易に両者の混同が生ずる。判決理由の中にはそのような判示が見られることはしばしばである。[15]

なお、証拠事実に関する証明責任規則は存しない。証明責任規則はつねに法律事実に関するのである。[16][17] また、法律問題についても証明責任の問題は生じない。そこでは法律解釈の問題があるのみである。[18]

（1）　証明責任の同意語として証明義務（bevisskyldighet）が使われる。Ekelöf IV s. 79 (not 7). オリーヴェクルーナも両者を同一の意味で用いている（Olivecrona, Bevisskyldigheten s. 5-7 etc.）。

（2）　Bolding, s. 95-96.

（3）　法哲学者の長尾龍一教授が「立証責任という考え方はたいていのことが中途半端に推移する人生百般に妥当する。それは、何れが正しいと判断し難いときに我々がどういう行動をとるかの原則である」（同「立証責任」法学セミナー四二八号（一九九〇）七五頁）と指摘しているのはさすがだと思う。なお竜嵜・前掲二〇五頁参照。

（4）　この記述はスウェーデン法の証明論を前提にしているが、この問題については拙稿「スウェーデン証拠法序説」神奈川法学二五巻三号（一九九〇）五七三頁以下〔本書七一頁以下〕参照。

（5）　Ekelöf, IV s. 78.

（6）　証明責任論におけるいわゆる「純理論的側面」（吉野正三郎『西ドイツ民事訴訟法の現在』（一九九〇、成文堂。初出は一九八八）七頁以下参照）は、スウェーデン証明責任論においてはとくに議論されていないが、つとにオリーヴェクルーナ以来実体私法とは異別の証明責任規則の必要性は自明の前提とされている（拙稿「スウェーデンにおける主張責任論（二）」民商法雑誌一〇〇巻五号（一九八九）八九八―九〇〇頁〔本書二〇―二二頁〕参照）。それがとくに議論されないのは証明責任論におけるドイツなどとの基本的アプローチの違いから当然のことであろう。エーケレーヴは真偽不明の場合における証明責任規則の適用には十分な理由があるが、立法論的には当事者双方の申立ての中間を認める判決などの可能性もありうるとする（Ekelöf, IV s. 83.）。

（7） Ekelöf, IV s. 80-81, 86.

（8） 前掲、ボールディング、拙訳一七五頁参照。わが国でも太田勝造教授は「証明度の決定と証明責任分配が連続した問題」であることを明確に指摘する（同『裁判における証明論の基礎　事実認定と証明責任のベイズ理論的再構成』（一九八二、弘文堂）二〇八頁等参照）。

（9） もっともエーケレーヴは、例えば支払について債務者が「十分な証明」をしたときは、債権者はそれがなかったことの可能性があるとしても敗訴の危険にさらされるのであるから、程度の差こそあれ、上記の危険は両当事者とも負うとして、このような表現に賛成しない。Ekelöf, IV s. 79.

（10） A. st. 前者はアウグダール（Odin Augdahl）、後者はエックホフ（Eckhoff）の用語である。いずれもノルウェーの訴訟法学者。

（11） Bolding, s. 98. ちなみに松本博之『証明責任の分配』（一九八七、有斐閣）二頁は、証明責任の「責任」という語がことの本質を見誤らせる難点があると指摘している。倉田卓次「一般条項と証明責任」同『民事実務と証明論』（一九八七、日本評論社。初出は一九七四）二五三―二五五頁も参照。

（12） Ekelöf, IV s. 79–80. なお証明度は英語では standard of proof、ドイツ語では Beweismass である。Ekelöf, IV s. 80 (not 10).

（13） Ekelöf, IV s. 81. 111. つまり自由心証主義のもとにおける裁判官の確信（形成）を法定証拠主義下の完全証拠と同様に考えれば、古来からの証明度を必要としない証明責任論をそのまま維持できるわけである。

（14） Ekelöf, IV s. 82–83, Bolding, s. 98–99. わが国の用語法でいえば前者が客観的証明責任、後者が主観的証明責任である。前者は「疑いの危険」というエックホフは後者を証拠提出責任（bevosføringsbyrden）という（Eckhoff, a. a. s. 17, 35.）。

なお、リンデルは最近、抽象的証明責任という概念を提唱し、これは真正の証明責任（彼の用語では真正の具体的証明責任）分配の指標となるものであるが、後者と異なり当事者の地位、立証の難易などを考慮していないから、一般条項やこれに類する事項の証明責任の決定についてはあまり利用価値がないし、また抽象的証明責任の範囲内の事実について具体的証明責任の分配ができ、それは証明責任の転換ではないとする（Lindell, a. a. s. 393-394.）。この点については、前掲倉田訳、ローゼンベルク『証明責任論』一九〇頁以下、倉田・前掲「一般条項と証明責任」二五六―二五七頁、山木戸克己「自由心証と証明責任」同『民事訴訟法論集』（一九九〇、有斐閣。初出は一九七六）五一頁参照。

(15)　Ekelöf, IV s. 82-83.

(16)　Ekelöf, IV s. 84. 兼子一「立証責任」同『民事法研究　第Ⅲ巻』（一九六九、酒井書店。初出は一九五四）一一四頁、山木戸・前掲「自由心証と証明責任」三五頁、太田・前掲一三五頁参照。

(17)　もっとも、クラーミらはスウェーデンおよびフィンランドにおける裁判官に対するアンケート調査の結果に基づき、証拠評価、証明度および証明責任の間には相互に関連があることを主張する。この点については後述**九**参照。

(18)　Ekelöf, IV s. 84.

## 三　制定法規としての証明責任規則

以下の各節の順序は、おおむねエーケレーヴの教科書のそれに従う。スウェーデン証明責任論における問題関心の在り方を知る一助になるのではないかと考えるからである。(1) まず本節では制定法規としての証明責任規則を取り上げる。

旧法と異なり、現行訴訟手続法は一般的な証明責任の分配に関する規定を有しないが、実体法規の中には証明責任規定と呼ばれるものがある。それらは通常の証明責任規定と推定規定とに分けられる。ここではまず前者について述べる。

学説上証明責任規則は実体法規と区別して論じられるのが普通である。実体法規は法律効果が事実関係の存在に結び付けられるところに特色があるが、その存否が不明なときに関する何らかの情報も与えないからである。

この問題を解決する一つの可能性は法文の構造が証明責任の分配を明らかにするように作られていることである。すなわち、証明責任は法規の記述する事実関係が判決の基礎におかれることに利益を有する当事者に課せられるということである。しかしスウェーデンの法文はそのような原則にしたがって形成されていない。(2) ある法文の構造が他と異なるのは審美的理由や、理解の容易さへの配慮によることである。のみならず、上記原則による法適用は、立法者がすべての立法に当たって証明責任の分配に関する見解を決定したことを前提とするが、多くの証明責任問題は複雑であり、このような前提の要求は立法作業に著しい負担を負わせることになろう。さらにこの方法では証明度の差異を示すことができない。証明度が「一応の蓋然性」(antagligt)か、それとも「明白性」(uppenbart)かは大きな違いであって、証明責任規則が証明度に関する規定を欠くならばそもそも意味があるかどうかが疑問とされる。(3) 以上はいわゆる文構造理論に対する基本的批判といえるが、スウェーデン法の証明責任論において文構造理論が採用できないということはすべての学説の一致して認めるところである。(4) この点についてはなお後述する。

ところで証明責任という言葉自体はスウェーデンの成文法のなかに全くなく、ある法律事実に関する証明責任のみを定める規定もない。証明責任規定とよばれるものは証明責任に関する情報も与えるように形成されている私法法規である。その一例を挙げると売買法二三条である。[5]同条は「売買が特定物に関し、かつ買主が目的物の引渡しの遅滞により損害を被るときは、遅滞が売主の過失に帰しえないことが証明されないかぎり（med mindre det visas……）、買主は売主に対し損害賠償を請求することができる。」と規定する。この「……のことが証明されないかぎり（med mindre det visas……）」という文言でもって、立法者はその事実の証明責任が、それが利益である者すなわち売主に課せられることを示そうとしたのである。

しかし証明度についてはどうなのか。ボールディングは同条のような規定は証明度については定めていないと解している。[6]これに対してエーケレーヴは、証明度に関する情報を与えない証明責任規則はあまり意味がないこと、多くの証明責任規定はその制定当時はまだ法定証拠主義の証拠理論の影響を受けており、そこでは完全証拠が定められていたところ、自由心証主義のもとでそれに相当するのは高度の証明度であることを理由として、このような規定の文言は原則として「十分な証明」を意味すると解し、これが通常の証明度だと主張する。[7]

法文は証明度を表現するために多様な文言を用いている。[8]若干の規定はより高度の証明度あるいはより軽度の証明度を定めている。例えば売買法三四条は「明白な（uppenbart）」、相続法一一章一条は「（一応）考えられる（antagas）」という文言を使っている。[9]だが、これらの文言の一々の意味内容を精細に検討することは実益がないとされる。なぜならその意味するところは漠然としており、また同一の証明度を表すために異なる文言が用いられることがあるので、その意味内容を誤解する危険もあるからである。そこでエーケレーヴは証明値の場合と同様に、「一応の蓋然性」「相当な蓋然性」（sannolikt）「十分な証明」「明白性」の四つの証明度を用いて法文の証明責任規定の文言を解釈するのである。[10] 他方ボールディングは、エーケレーヴが通常の証明度とする「十分な証明」を証明度として採用せず、その余の三つのみを認める。[11]

最後に制定法規における証明責任規則の名宛人の問題について触れておこう――この問題は証明責任規則一般への射程を有する――。エーケレーヴによればこの問題は次のように理解される。これは証明責任規則が裁判所の行為規範とされるべきか、それとも市民の行為規範とされるべきか、という問題である。市民が私法法規を遵守するのはサンクションへの恐れからではなく義務感情に基づくべきであり、[12] したがって訴訟の結果の予見と関わるべきではない。それゆえ債務者の義務は支払を理由付ける事実の存在に結び付けられるべきで、債権者がそれを訴訟において証明したことに結び付けられるべきものではないのである。[13] そうでなければ支払義務は証拠へのアクセスに依存するという誤った外観を呈することになり、道徳的アピールとして働く法の能力に悪影響がもたらされるであろう。このようにして証明責任に関する法の明示的な規定は裁判所の行為規範とされなければならない。[14]

もっとも市民への行為規範の形を採る証明責任規定があるし(例えば売買法六条)、また、前述の売買法二三条のように裁判所、市民双方に対する行為規範と理解される規定もある。訴訟法における証明責任規定は一般に裁判所に対する行為規範として定められている、とされる。[15]

(1) エーケレーヴは第五版で、それまでの版とは記述の順序を大きく変更している。参考のために第五版と第四版までの「証明責任」の章(第二五章)における目次を次に掲げる。

I 証明責任概説

II 民事訴訟における証明責任

1 制定法規の証明責任規則

A　通常の証明責任規則

B　推定

2　非制定法規の証明責任規則

（従来の証明責任分配論に対する批判や超過原則などはここで一緒に扱われる。）

Ⅲ　刑事訴訟における証明責任

第四版まで

Ⅰ　証明責任概説

Ⅱ　証明責任と法規

1　通常の証明責任規則

2　推定

Ⅲ　民事訴訟における証明責任

1　証明責任分配の一般原則

2　証明責任規則の機能

3　証明軽減

4　超過原則

Ⅳ　刑事訴訟における証明責任

（2）　Ekelöf, IV s. 85. わが民法も法文上証明責任の分配を配慮して立法されていないことについては、石田穣『証明法の再構成』（一九八〇、東京大学出版会）一七―一八頁、松本・前掲四〇―四一頁など参照。

（3）　二注（7）参照。

（4）　前掲ボールディング、拙訳論文一八七頁〔本書四二三頁〕(Bolding, Bevisbördan och den juridiska tekniken (1951) s. 163 ff.（以下 Bevisbördan として引用））。もっとも彼が文構造理論による理由付けはしばしば合目的的な結果に導くと述べているのは注目に値する（A. a. s. 165.）。

（5） 売買法は一九九一年一月一日から同名の新法（SFS 1990：931）が施行され、旧法は廃止された（しかし以下に掲げるのはすべて旧法の規定である）。
（6） Bolding, Bevisbördan s. 169, 184.
（7） Ekelöf, IV s. 86-87.
（8） Bolding, Bevisbördan s. 166 ff.
（9） 注目に値するのは消費者売買法（konsumentköplagen）である。同法は多くの異なる証明度を定める証明責任規定を設けている。すなわち「明白な（uppenbart）」（三条一項、四条二項）、「証明する（visar）」（六条）、「相当な蓋然性がない（ej göras sannolikt）」（一〇条）、「（一応）考えられうる（kan.....antagas）」（七条一項）。消費者売買法も売買法と同じく、一九九一年一月一日から同名の新法（SFS 1990：932）が施行され、旧法は廃止された。しかしここに掲げたのはすべて旧法の規定である。
（10） Ekelöf, IV s. 87-88.
（11） 前掲ボールディング、拙訳論文一七六―一七七頁〔本書四二一頁〕。Bolding, Bevisbördan s. 170 etc.
（12） 田中成明『法の考え方と用い方　現代法の役割』（一九九〇、大蔵省印刷局）二四頁等参照。
（13） Olivecrona, Rätt och dom s. 152 参照。
（14） Ekelöf, IV s. 88.
（15） Ekelöf, IV s. 8-9.

## 四　証明責任と推定

推定という語は法律学の用語の中でも最も意味内容が不明確なものの一つである。推定に関する学説の重要な部分は古く注釈学派に源を発し[1]、このことが推定に関する理論をさらに複雑化しているのである。学説は以下の三つの推定を区別して論ずる。

1　事実上の推定（praesumtio hominis eller facti）

ネーマンによればこの推定は「一般的に生起するのが通常であるということに基づく蓋然的な推測である。[2]」推定する事実は重要な証拠価値を有する証拠事実（徴表）で構成されるのであって、この種の推定は証拠評価に属する。例えば父性確定訴訟において被告の父性を血液型により推定する場合がそれである。それはまた徴表の証拠価値を基礎付ける経験則の別名だといってよい。いずれにせよ、ここに本来の推定概念を用いる必要は全くないというべきである。ボールディングは事実上の推定という語を用いることを不可とし、その理由として言葉が思考を支配し、証拠事実に過大な証拠価値を認めてしまう危険があることを指摘する。[3]

2　法の・および法に関する推定（praesumtio juris et de jure）[4]

この推定は反証を許さないことによって特徴付けられる。交通犯罪の処罰に関する法律四条その一　三号（酒酔い運転）は、血液中に一定量以上のアルコール濃度を有する者は、「安全な方法で車両を運転することができないほど強度に飲酒により影響されているものとみなす（skall anses）」と規定しているのがその一例である。この規定の適用に当たっては被告人が飲酒にもかかわらず、安全に車両を運転できるかどうかは無関係である。従ってこれは一種の実体法規であるといえる。この規定は「一定量の軽度のアルコール血中濃度を有する者は日数罰金に処する」という飲酒運転に関する規定と同様の文言に書き改めることができる。そうしないのはアルコール血中濃度自体を犯罪の構成要件とする事態を明らかに隠蔽するためである。このことはおそらく、酒酔い運転に関する規定の立法当時（同法は一九五一年に制定）、多くの人々が飲酒しても安全に運転できる者は飲酒運転の秩序罰に処せられる以上に、交通犯罪として拘禁刑をもって処罰されるべきではないと考えていたことと関係しているのであろう、とエーケレーヴはいう。[5]

3　法上の推定（praesumtio juris）[6]

この推定は多くの面で2の推定に似ているが、反証を許す点において根本的に異なるものである。旧婚姻法六章九条は、適式な夫婦財産契約書が作成されている場合、夫婦の財産が配偶者のどちらに属するかをめぐり争いが生じたときは、夫婦財産契約書が「正しくないことが証明されるか、または特段の事情に基づきそれが正しくないと考えられないかぎり、夫婦財産契約書が証明力を有すべきである。」と規定する。立法理由書では、この規定は夫婦財産契約書の証拠価値を定めたものとみられている。[7] そして他の同様の規定についても同じく考えられている。[8] しかしそうではなく、これは証明責任規定と解すべきである。しかもこの種の推定のみが真の意味における推定なのである（エーケレーヴはその著書『訴訟手続法』においては推定という語をこの意味でのみ用いているという）。夫の財産に対する強制執行の際、夫婦財産契約によれば妻の所有に属するピアノを差し押さえられた妻が提起する第三者異議訴訟に例を採れば、[9] この推定は推定する事実（ピアノの所有権に関する情報を与える夫婦財産契約書）の前提のもとに、推定される事実（ピアノの所有権）[10] に関する証明責任がどうなるかを定めたものなのである。[11]

ボールディングはこの推定と通常の証明責任規則との差異は証明主題の範囲の広狭にすぎず、両者を区別する理由はないという見解を主張する。[12] たしかに通常の証明責任規則もときに推定とよばれる。例えば貸金請求訴訟において被告は支払っていないと推定されるといわれ、また、刑事訴訟においては被告人は無罪の推定を受ける。しかしエーケレーヴによればこのような見解は正しくない。この推定の特質は推定する事実の存在が証明責任を転換するところにあるのである。つまり前述の第三者異議訴訟の例でいえば、妻が夫婦財産契約を主張するときそれは訴えの原因を構成し、他方差押債権者は、夫がピアノの所有権を取得したことを主張・立証しなければならない（もっとも、その後に妻が夫からその所有権を取得した事実については妻が証明責任を負う）。証明責任転換の効果は、上記の推定する事実を妻の所有権に関する証拠であると同時に、妻が証明責任を負う事実にするのである。(13) 後者の見解が正当であろう。

ところで若干の場合においては推定が証明責任を転換せず、推定される事実の証明責任点が証明度の尺度の中央近くにまで移動する結果のみを伴い、親子法一章五条の父性の推定はその例に属するとエーケレーヴはいう。父性確定訴訟の場合、原告は被告の父性証明を通常いわゆる人類学的立証により行うことになるが、それはまれにのみ可能であるから、推定により原告の証明責任を容易ならしめることが必要である。推定する事実――受胎可能期間中の肉体関係――はしかし、従前と異なり、現行法のもとでは証明責任の転換を伴わず、原告のために子が被告により生まれたことを「一応の蓋然性」ある事実にするという証明軽減のみを伴うのである。(14)

法上の推定は制定法規の中には少ないけれども、裁判所がその法適用において制定法規に規定されていないこの推定を高度に利用している可能性がある。アウグダールは医師から患者に対する診療報酬請求訴訟において、患者が無料で診療するという約束があったと抗弁するとき、患者は原則としてその抗弁事実について証明責任を負うが、両者が近親関係にあるときは証明責任が逆になると考えているようである。(15) それは、証明責任規則は慣行的事実を基礎とすべきだという彼の見解と関連するのであるが、その是非はともかくとして（後述七参照）、この例は近親関係にあることに基づき、他の証明がないかぎり、無料診療の約束がなされたとみるべきだという推定を意味すると解することができる。

ティーベリィの挙げる他の例もこの推定に属する。彼は債務者は支払の事実について証明責任を負うが、債権者が債務証拠として保持しておらず、かつ債務者が弁済期に支払ったと抗弁するときは、その例外にしようとする。[16]債務者はこのような事情のもとでは債権者が反対の事情を証明しないかぎり、支払ったものと推定されるわけである。

制定法規にない推定も証明責任点をその尺度の中央近くに移動させるのみである場合がある。さらに推定により証明責任を課せられた当事者も、推定された事実を完全に反対証明することを要せず、その不存在をある程度の蓋然性あるものにすれば足りるかぎりにおいて証明軽減を認められうる。

証明責任点を移動させるのみの推定について判例から一つ例を採ろう。原告は被告に対し魚の売買代金の支払を請求した。被告は魚は受け取ったが、それは売買ではなく委託販売のためで、しかも売ることができないような粗悪品だったと主張した。これに対して原告は、従前の両者間の取引はいつも売買だったと反論した。[17]それが事実ならもちろん証拠評価において留意を要する証拠事実である。が、それにとどまらず、原告が売買の事実について証明責任を負うと考えるかぎり、[18]原告のために若干の証明軽減を伴う推定だとエーケレーヴはいう。そしてこれは、任意規定から乖離する条項を主張する当事者は、それについて証明責任を負うということと同様の理由（後述六、5参照）によって支持されるとする。取引生活は、同一当事者間においては事後の約束がある程度まで従前のそれと同様の条件で締結されたものと推定されることによって容易ならしめられるであろう。しかしこの利益は、証明責任の転換を伴うほど重要なものではなく、売買についての必要な証明度を例えば「十分な証明」から「相当な蓋然性」に軽減させる程度のものとされる。[19]

ところで、裁判実務がどの程度までこの種の制定法規にない推定を適用しているかはよく分からないという。この点に関する研究もほとんどなされていないのである。そもそも実務上問題自体が明確に意識されていないのかも知れない。しかしこの推定の適用は、推定する事実に経験則に基づくよりも高い証拠評価を与えるという「隠された形」において行われている可能性があることは疑いがない。その顕著な一例はドイツにおける表見証明である。エーケレーヴによれば表見証明は因果関係の問題について損害賠償請求権者に向けられた証明度の軽減を伴う推定と解される。[20] 筆者はわが国の判例の「一応の推定」理論もその例に挙げられると考える。[21]

最後にエーケレーヴは、法上の推定はとくに強い理由がある場合にのみ用いられるべきだし、そうでなければ法制度が複雑化し、その結果何が現行法かに関する判断が困難になり、法的保障に悪影響をもたらすと警告する。[22] 法上の推定を法律の明文による推定と解しないときは、このような歯止めが必要になるのは当然といえよう。

**附・三五章四条と推定および証明妨害について**

三五章四条は当事者の不出頭その他訴訟追行上の不作為について、裁判所が自由心証によりその証拠価値を判断できる旨定めている。この規定の適用をめぐって、それが相手方の主張のための証明度を軽減する推定であるとする説とそれを否定する説がある。ボールディングは前説であり、[23] エーケレーヴは後説をとる。[24] エーケレーヴは同条が民・刑両訴訟手続のための統一的な規定であることや、徴表にも適用されることを前説に対する反対理由とする。

また同条は、一方の当事者による証拠の毀滅など証明妨害の場合にも類推適用されると解されている。[25]

もっとも証明妨害については、日、独と異なり、スウェーデンではあまり論議がされていない(26)。

（1） Olivecona, Bevisskyldigheten s. 41.

（2） Nehman, Civilprocess (1751) s. 279 (Ekelöf, IV s. 90 から再引用) 英語では evidential presumption だという (A. st (not 45))。

（3） Bolding, Bevisbördan s. 135. 筆者はわが国でも同様の危険があるように感じている。

（4） この訳語は柴田光蔵『法律ラテン語辞典』(一九八五、日本評論社) による。上口裕訳、ジャン・フィリップ・レヴィ「中世学識法における証明の序列」(二) 南山法学一二巻二・三号 (一九八八) 五一頁は、「法律による、法律に関する推定」と訳している (同論文四九頁以下は法律上の推定を理解するうえで参考になる)。なお英語では conclusive または irrebutable presumption of law だという (Ekelöf IV s. 90 (not 45 a))。

（5） Ekelöf IV s. 90-91. この理解は日、独における擬制と同じである。なお、覆滅しえない (反証を許さない) 推定と擬制とを区別する見解について中島弘道『挙証責任の研究』(一九四九、有斐閣) 一四二頁、七戸英彦「不動産物権変動における対抗力の本質」慶大院法学研究科論文集二三号 (一九八六) 八二頁参照。

（6） この訳語も柴田・前掲による。ボールディングはこの推定を「法律上の推定」というのは、事実上の推定が法文に定められることもあるからやや不適切な表現だという (Bolding, Bevisbördan s. 136 (not 17))。わが国ではそういう場合はないようだが、後述のとおりスウェーデンと同様に法律の明文規定がない場合にも解釈上この推定を認めうる余地があることを考えると、わが国でも「法律上の推定」という呼称は不適切と思われる。明文の規定がなくても解釈上法律上の推定を認めうるか否か、わが国では見解が分かれている。肯定するのは浜上則雄「製造物責任における証明問題 (3)」判例タイムズ三一二号九頁以下、石田・前掲二一一頁、阿部徹「登記の推定力」幾代通ら編『不動産登記講座 1』(一九七六、日本評論社) 二四五頁、七戸「登記の推定力 (3・完)」法学研究六三巻三号 (一九九〇) 五七頁、山木戸・前掲「自由心証と挙証責任」四九頁。他方訴訟法学者は一般に消極のようであるが (倉田「〔書評〕石田穣著『証拠法の再構成』」前掲『民事実務と証明論』(初出は一九八一) 三四〇—三四一頁などは、明文規定がある場合に限られるのは「学界公認の用語の約束」ではないかという）、その態度は一貫していない。例えばわが国における消極説の元祖というべき兼子博士が（兼子一「推定の本質及び効果について」同『民事法研究第一巻』（一九四〇、弘文堂。初出は一九三七）三〇七頁等参照）、登記の推定力について法律上の推定と解しているのは自己矛盾ともいえようし（同論文三二六頁、兼子『判例民事訴訟法』（一九五〇、弘文堂）二〇九頁など）、松本・前掲二二三頁等も登記の推定力を法律上の推定とするが、明文規定がなくとも法律上の推定を認める趣旨かよく分からない。法律上の推定の法源について、法規の類推を認めるとしても（前掲倉田訳、ローゼンベルク『証明責任論』二九〇頁）、民法一八八条が登記に直ちに類推適用できるか問題であり、そう解するよりもむしろ端的に解釈による法律上の推定を肯定すべきではあるまいか。藤原弘道「一応の推定と証明責任の転換」『講座民事訴訟 ⑤』（一九八五、弘文堂）一三六—一三七頁は、一応の推定は法律上の推定と同様に、証明責任を転換させる機能を果たすと指摘する。実質的に解釈による法律上の推定を認める趣旨と解してよいと思われる。ちなみに、わが国で法律上の推定というのは、ラテン語から由来するのではなく、ドイツ語の Gesetzliche Vermutung, Gesetzvermutung の訳であろう（兼子・前掲「推定の本質及び効果について」三〇七頁参照）。なお、英語では rebuttable presumption of law だという（Ekelöf, IV s. 91 (not 47)）。

(7)　NJA II 1921 s. 91.

(8)　例えば、旧婚姻法一〇章二条二項については、NJA 1930 s. 194f.

(9)　第三者異議訴訟については、Torkel Gregow, Utsökningsrätt (1983) s. 101-106 参照。ちなみにスウェーデン強制執行法は、一九六〇年に始まる大改正作業の結果として最終的に一九八一年に新法が制定され、翌八二年一月一日から施行されている。

(10)　ここでは所有権の推定であるが、その意味は何らかの方法で所有権を取得したことであり、事実の推定との差異は形式的なものに過ぎないとされる。Ekelöf, IV s. 93 (not 56) Lindell, a. a. s. 314 はその差は程度問題に過ぎないという。このように解するほうが権利推定に関するわが国の通説的理解よりも合理的であろう。これはドイツの通説といわれる権利取得推定説と同一に帰すると思われる（松本・前掲二〇九頁参照）。

(11) 推定する事実はドイツ語で die Vermutngsbasis、アメリカ法では the basic fact とよばれるという。Ekelöf, IV s. 93 (not 53). なおわが国では、推定する事実を前提事実、推定される事実を推定事実とよぶのが通例であるが、ここではスウェーデンの用語法に従う。
(12) Bolding, Bevisbördan s. 138–139, 144. これに理解を示しながらも、やや疑問とするのは Lindell. a. a. s. 316–317.
(13) もっとも推定する事実が必然的に推定される事実のために証拠価値を有するかどうかは争われている。Ekelöf, IV s. 94 (not 58)。兼子・前掲「推定の本質及び効果について」三〇九―三一〇頁参照。
(14) Ekelöf, IV s. 94–95.
(15) Augdahl s. 78 f. (Ekelöf, IV s. 95 による)
(16) Tyberg, s. 174 f (Ekelöf, IV s. 95 による)
(17) NJA 1952 : 645.
(18) 委託販売の点は法律事実ではなく売買を排除する徴表に過ぎない。Ekelöf, IV s. 96 (not 66). 前掲倉田訳、ローゼンベルク『証明責任論』三四四頁以下参照。
(19) Ekelöf, IV s. 96. 船越隆司「実定法秩序と証明責任(13)」判例時報一三四七号(一九九〇)一九二頁は、「因果関係証明度の低減」が法律上の「事実推定の新たな境地」として注目されるという。
(20) 拙稿「スウェーデン証拠法序説」六一五―六一六頁注(17)〔本書一一八頁〕参照。賀集唱「損害賠償訴訟における因果関係の証明」前掲・講座民事訴訟⑤二一六頁も、間接反証について、その「名を借りて事実的因果関係の証明の程度を引き下げているものと解するほかはない」という。
(21) 一応の推定については、末川博「一応の推定と自由心証」同『権利侵害と権利濫用』(一九七〇、岩波書店。初出は一九二七)六〇九頁以下、中野貞一郎「過去の「一応の推定」について」同『過去の推認』(一九七八、弘文堂。初出は一九六七)一頁以下)、太田・前掲第七章(一九一頁以下)、藤原・前掲一三六頁以下、など参照。この問題について七戸「登記の推定力(1)」法学研究六二巻一一号(一九八九)四〇―四一頁も示唆に富む興味深い指摘をしている。筆者としてもいずれ詳論したいと思う。

(22) Ekelöf, IV s. 97.

(23) Bolding, Bevisbördan s. 123 ff, TfR 1978 s. 534.

(24) Ekelöf, IV s. 96.

(25) A. st (not 69).

(26) わが国でも証拠妨害についてドイツの学説・判例の紹介やそれを援用する学説が盛んであるにもかかわらず、それ自体は裁判実務にはほとんど影響を及ぼさず、「実務上は、ことさらに証明妨害の法理などとはいわないで、自由な心証によって事実を認定する際に、当然のこととしてそれを一つの間接事実として斟酌してきたにすぎない」といわれている（藤原・前掲一五三―一五四頁）。

## 五　非制定法規としての証明責任規則――その一・総論的考察

私法法規はごく僅かな範囲でしか証明責任規則として形成されていない。民事訴訟においては証明責任は一般に当事者間に分配されるから、このことは証明責任問題の解決に困難を惹起する。ちなみに、訴訟手続法の立法理由書は「自由証拠審査主義に基づく訴訟手続秩序においては、証明責任の問題は法定証拠主義理論を維持する制度におけるよりも重要性が少ない」と述べているが[1]、これがあまりにオプティミスティックな見解であったことは何よりも証明責任論の現状が証明しているといえよう。

しかも証明責任問題に関する判例も少ない。このことはこの問題が実務上しばしば現実化しうるものであることを考えると驚異に値する。その理由の一つは判決理由において裁判所が真正の証明責任と非真正のそれとを混同することによる。これでは裁判所が尺度のどこに証明責任点をおいたのかについて何らの情報も得られない。しかし他方、裁判所は判決主文を基礎づけるのに必要な限度を超えたことを述べる義務を有しない点に留意すべきである。エーケレーヴは売主から買主に対する代金請求訴訟において買主が目的物の引渡しを受けたときに即金で支払ったと主張する場合を例にとって以下のようにいう。(2)

この場合について古い判例は未払であることの証明責任が売主にあるとしているが、学説では争われている。裁判所が原告の請求を認容し、その判決理由として信用による売買であることが証明された(ha styrkt)と判示したとしよう。この判示には何ら欠点がない。これによって売主は自己の主張を明白性の程度にまで証明しなければならないという証明度が課されていないことが分かる。このような状況のもとでは当事者の何れが証明責任を負うかにかかわらず、信用が供与されたことが十分に証明されており、その結果裁判所は、厄介な証明責任問題に関する見解を決定することなく、事件について判決することができるのである。(3) このような判示のもつもう一つの長所は買主が証明力の程度に関する裁判所の見解について情報を与えられることで、これは彼が上訴の是非を判断するのに有益である、と。

しかしそれはそれとして、このように形成された判決理由をもつ判決は複雑な証明責任問題の解決に指針を示す判例としては利用しえない。では制定法規の証明責任規則がなく、判例も証明責任問題の解決に役立たないとき、どうしたらよいのか。これが以下において取り扱う問題である。

エーケレーヴはこの問題に対するアプローチをまず、彼はオリーヴェクルーナの『証明義務と実体法(権)』における基本的思考を基礎とすることを宣言し、そのエキスとして「実際のところ、ことは、証明責任規則が仕える社会的目的は、立法一般にとって決定的な目的と同一でなければならないということなのである。」という言葉を引用することから始める。(4) そしてこの言葉を「論議の出発点は、法律事実が完全な確実性をもって証明されたならば、訴訟において適用されるのは実体法規でなければならない」（傍点原文）ということである、と理解する。(5)

実体法規は訴訟においてはまれに存在するような理念的状態を取り扱っている。法律事実の存否が多かれ少なかれ不明確なとき、見解の決定のために決定的なことはオリーヴェクルーナによれば、次の二つの選択肢のどちらが実体法規の目的により良く合致するかということであろう。すなわち、証明責任の分配は実体法規が類推解釈されるか、それとも反対解釈されるかのどちらかによる適用がなされるかに依存しなければならない。重要なのは実体法規が社会生活において浸透力を得ることであり、証明責任に基づき言い渡された判決ができるかぎり実体的に正当なものであることではない、後者は前者に寄与するかぎりにおいてのみ意義を有する、とエーケレーヴは宣言する。これは極めてショッキングに響く言明であるが、ここではともかく彼の説を続けよう。(6)

実体法規の目的を彼はその目的論的方法により確定しようとする。(7) ある法律事実のために比較的薄弱な立証のみがあるとしよう。このような場合であっても実体法規の適用がその目的の実現に寄与するならば、この法律は類推適用されるべきであり、かつ、なされた立証は十分と考えられるべきである。証明度の強度もこのようにして決定されなければならない。(8) いかなる証明度が必要であるかは証明責任論における最大の問題を成すというべきである。このことは多くの私法上の法律事実の証明は一般的に言って困難だということと関連する。もし証明責任を負う当事者に高度の証明度を課するならば、例外的にのみ当事者は証明責任を履行しうるにとどまるという結果が生ずる。そのような状況にある当事者はもちろん相手方の要求に容易に譲歩せざるを得なくなり、このことは実体法規の社会生活における浸透力を減ずることになる。(9)

なお証明責任の転換は証明度の軽減以外の証明軽減の別形態である。後者のほうが前者よりもラディカルでない解決であり、前者を選んだときでも、これに被告のために後者を結合させるべき理由があることもありうる。(10)

ところで立証の困難の解決という問題は、前述の理由書の予測とは異なり、自由心証主義のもとで従前より以上に大きな意義を持つようになった。とりわけデンマークおよびノルウェーにおいては今世紀に入ってから多くの場合——とくに契約法および損害賠償法の領域で——、かなり薄弱な立証でも十分とする学説が唱道され——その極限形態がエックホフの超過原則——、裁判実務も学説に同調しているようである。(11)

エーケレーヴによれば、オリーヴェクルーナの提唱した見方はまた、当該の私法制度の枠内において証明責任および証明度に関する問題を取り扱うべきだという結論に導く。それゆえ、証明責任問題に関する原則的解決策を提示することはできず、若干の例でもってこの問題に関する目的的衡量をどのように行うべきかを示すことができるだけだということになる。その際とくに、我々は実体的な目的的観点が、その種の訴訟における立証の可能性に関する考慮とどのように関連するかに留意すべきであろう、とされる。(12)

これに対してボールディングは、実体的真実が社会的有用性の祭壇への犠牲に供せられてはならず、証明責任を実体法規が社会生活における浸透力を得ることを意図して構成するならば、あまりにも硬直した法制度、十分な多様化を認めない法制度に陥る危険がありうると批判する。そして基本的には超過原則の採用を提唱すると共に証明責任に関する一般的規則に代えて、各種の考慮すべき面の総合的衡量に基づく多様化された証明責任規則を樹立することの必要性を主張するのである。(13)

また超過原則に賛成するリンデルは、超過原則のほうが実体的により正しい判決をもたらすことを前提にして、エーケレーヴの見解は個人の正当な判決を求める要求を過小評価するもので、誤った判決が果たしてエーケレーヴのいうように社会生活における浸透力を有しうるか疑問だとし、実体法規の社会生活における浸透力と、実体的に正当な判決の両面の要請は決して矛盾せず、両者とも追求されるべきだとする。(14)(15) なお超過原則については八で詳しく言及する予定なので、ここではふれない。

総論的考察はこの程度にとどめ、節を改めて、個別的問題における証明責任の分配および証明度の決定についてどのように論じられているかをみることにしよう。

（1）SOU 1938：44 Processlagberedningens förslag till rättegångsbalk. II. Motiv m. m. s. 446.

（2）拙稿「スウェーデン法における主張責任論（二・完）」民商法雑誌一〇〇巻六号一〇三五—一〇三六頁〔本書三三二—三三四頁〕参照。

（3）わが国では近時、民事判決書の新様式に関連して反対事実の認定とその場合における証明責任の分配の判示の要否が問題とされている（松本博之「ミニ・シンポジウム　民事判決書の新様式について」判例タイムズ七四一号（一九九一）における発言（二一〇頁）参照）。

（4）Olivecrona, Bevisskyldigheten s. 130. 前掲ボールディング、拙訳論文一八六頁〔本書四二二頁〕参照。

（5）Ekelöf, IV s. 99. この理解については前掲ボールディング、拙訳論文一八七頁〔本書四二三頁〕参照。

（6）Ekelöf, IV s. 100. これに対する一つの批判としてボールディング、拙訳論文一八七頁以下〔本書四二三頁以下〕参照。またクラーミは、証明責任に関するエーケレーヴの見解は「口にするのも恐ろしい」ショッキングなものとみる向きがあることを述べている（Klami, SvJT 1990 s. 232.）。

（7）Ekelöf, Supplement till Rättegång I (1989). s. 54 ff. なお、エーケレーヴの目的論的方法に対する批判については Peczenik et al., a. a. s. 204-207 参照。

（8）Ekelöf, IV s. 100. これに対してクラーミは、エーケレーヴの目的論的方法を高く評価しながらも、このような見解は目的が手段を正当化するものだという理由などにより反対する（Klami, SvJT 1990 s. 231.）。

(9) Ekelöf, IV s. 100-101. なお六注(1)を参照。
(10) Ekelöf, IV s. 101.
(11) A. st.
(12) A. st.
(13) 前掲、ボールディング、拙訳論文一九〇―一九一、一九三頁以下〔本書四二七―四二八、四三〇頁以下〕等、Bolding, s. 118 ff.
(14) Lindell, a. a. s. 284.
(15) ボールディング、リンデルによるエーケレーヴ批判については、Klami, SvJT 1990 s. 230 に要約されている。

## 六　非制定法規としての証明責任規則――その二・各論的考察

本節では若干の具体的問題を通じて証明責任分配および証明度に関する規則をどのように考えるべきかについて主としてエーケレーヴの見解に依拠しつつ紹介する（以下では制定法規による証明責任規則の問題にも言及しているが、それは教育的配慮によると彼はいう）。

### 1　貸金請求訴訟について

貸金請求訴訟における支払の証明責任についてエーケレーヴはまず次のようにいう。「消費貸借の法的意義は、信用生活、そしてそれによる新たな実物資本の創出を促進・助長することに関わる。余剰金銭をもつ者は、それを自己の資力が必要な生産手段の購入に十分でない他の者に貸与すべきである。この目的を達成するには、債務者が弁済期にその債務を弁済するために最善をつくすことの保障が作出されなければならない。(1)」このことは債権者が支払を受けていないということを証明することの困難性と関連する。多くの場合債権者は、債務者が領収書を有していないということ以外の主張・立証はできない。しかもその証明値は債務者の反対の主張・立証により減弱させられうる。未払の債務者は、債権者に証明責任が課せられるかぎり、支払義務を免れる大きな可能性を保持するだろう。他方反対の解決では、領収書の交付を要求しなかった、あるいは紛失した債務者が二重払を強いられる危険がありうる。しかし故意に支払済の債務について支払請求をするのは刑法上の犯罪である（刑法一〇章六条後段）。さらに本質的な反論として、この危険は債務者一般にとっては何らその地位の不安定性を伴わないことが指摘される。何故ならば債務者は常に、支払ったときには領収書の交付を求めることにより証拠を保全することができるからである。それゆえ、証明責任の分配に関してそれがどの程度まで正当または不当な判決をもたらすかということに決定的な意義を認める考えは誤っている。経済的危機の際には多数の債務者が意識的に不当な支払の主張をし、そして当然のことながら敗訴するであろう。ところがより正常な経済状況のもとでは支払の主張は、多くの場合恐らく実際に支払をし、証拠がないために二重払を強いられるのは耐え難いことだと考える債務者により提出されよう。しかし証明責任の実際的機能にとってこのようなことは重要性を欠く。その種の債務者が二重払を強いられることは、信用を必要とする者がそれを調達しようとする傾向を減少させはしない。上述したように債務者への証明責任の分配は債務者一般にとってその地位の不安定を伴わないからである。そしてまた債務者に向けられた証明度の要求も著しく高度なものでなければ証明責任規則はその機能を充足できない。その証明度が低い程度のもので足りるならば、不当な支払の抗弁が増加することになろう。(2)

ところで、以上のような彼の所説はその同調者を得るのが困難であることを彼は自認し、その理由について次のような推測を述べる。法律学者すら無意識的に、信用生活の利益が債務者に二重払を強いることによって提供されるということに対して拒否反応を示しているのだろう。人は個別事件において正義が供給されるべきことを欲する。しかし正義の要求はしばしば社会的有用性の要請と合致しない。後者は領収書の交付を求めることを怠った債権者が信用生活の祭壇に犠牲として供されることを理由付けるのであるが、これに対して個別事件のみを視野におく法意識が反発するのである、と。(3)

これに対してボールディングは、このような場合を全く一般的に処理する証明責任規則が果たして望ましいことか疑問とする――その当事者は商人同士かも知れないし、個人同士その他さまざまな場合がありうる――。しかも証明責任が一方当事者に課せられ、かつ高度の証明度が要求されるならば、裁判所はより低い証明度の仮説を採用することを強いられるから（支払の証明値が六〇％で、支払のないことのそれが四〇％なら後者を認める結果になる）誤信の危険が増大するとして、基本的には超過原則の採用を主張する(4)（超過原則については後述八参照）。

## 2　自己決定能力の減弱を理由とする遺言無効確認訴訟について

証拠保全の可能性は必ずしもすべての場合に支配的な意義を有するわけではない。その一例は自己決定能力の減弱を理由とする遺言無効確認訴訟の場合である。相続法一三章二条に関する立法理由書は、遺言は法律行為よりもしばしば内容の面において瑕疵を帯びているがゆえに、そのような瑕疵の存在の立証についてはある程度低い証明度が設定されるべきである旨述べている。(5)同趣旨の判例もある。(6)エーケレーヴはこのような理由は支持しがたいとしながらも、以下の理由によりやはり証明度の軽減を主張する。

被相続人は一般にその遺言を秘密裡に保持するから、相続人は被相続人の精神状態に関する証拠を保全すべき理由を欠いている。他方受遺者は通常遺言の証人が自分の利益に語ることを期待できる。さらに老人はしばしば一人で暮らしており、死者になってからはもはやその精神状態について鑑定することはできない。従って相続人はしばしば著しい証明困難に遭遇するのであって、この証明度があまりに高いと同条の無効規定の実際的意義を甚だしく制約してしまうと考えられる。実体的理由は証明責任の分配が相続人に課せられることを正当化するが、上記の証明困難に基づき証明責任点は尺度のほとんど中央近くにおかれるべきである。(7)

### 3　労働災害保険法に関する訴訟について

労働災害保険法二章二条は「被保険者が労働において事故またはその他の加害的影響に遭遇したとき、その蒙った損害は、他に著しい理由が存しないかぎり、加害的影響に起因するものとされなければならない(skall…anses)。」と規定している。損害賠償請求訴訟において、被害者は一般に損害がどのようにして発生したかについて証明責任を負う。しかるに上記規定は、因果関係の証明責任を転換するのみならず、賠償義務者とされる側に免責のために高度の証明度を課している。賠償に応ずるのは社会公共であるから、このような規定は私人が賠償義務者であれば生じうるような不安定を伴わない。加えて被害者はたとい因果関係の存否が不明の場合でも賠償を得られるべきだという社会政策的理由がこの規定を支持するのである。(8)

### 4　証拠資料が相手方の「支配領域(maktsfär)」内にある場合

売買法二三条によれば、特定物の売買における売主は、目的物の引渡しの遅滞が彼の責によるものでないことについて証明責任を負う(条文は前出)。その理由としては売主は長い間その物を保持していたのであるから、遅滞の理由に関する証拠を保全することも容易だということが援用されうる。証拠資料は売主の支配領域内にあり、買主は売主の行動がどのようになされたかについて知ることができない。買主に証明責任が課せられるなら、たとい売主が過失で行為したとしても、買主が同条による代金減額を得ることは困難であろう。他方売主は通常、引渡しの遅滞について買主からの請求に対し自己を保護するより良き可能性を有するのであって、同条の証明責任規定は売主にとって一般に何ら重大な地位の不安定を伴わない。また証明度の軽減により売主を保護すべき必要も認められない。(9)

さらに、売主が遅滞について証明責任を負うべき理由が存する。種類売買(leveransavtal)においては、売主は引渡しの遅滞により買主が蒙った損害について厳格責任を負う(売買法二四条)。これによって売主は適時の引渡しのために最善を尽くすべき強い圧力に晒される一方、買主は遅滞の場合にも最大限可能な保障を享受できる。特定物売買において売主が証明責任を負うことは厳格責任より弱い程度にせよ同一方向に作用する。たとい証拠資料が買主よりも売主によって高度に支配されていないとしても証明責任を売主に課することは、損害賠償の予防的・矯正的効果の強化を意味するがゆえに、その理由があるのである。(10)

他方、損害賠償義務者に証明責任が課せられることは、彼にとって証明困難が著しいかぎり厄介な地位の不安定性を伴うが、その活動がまれでなく損害を生じさせるような企業は責任保険により証明責任規則が与える不安定性を除去することになる。(11)

### 5　現状有姿の売買について

買主が目的物の瑕疵を理由に代金の減額を請求し、これに対して売主が物は現状のままで売られたと主張し、さらに買主がこれを争う場合について考えよう。この場合双方とも契約の締結に関する証拠を保全する同等の可能性を有している。現状で売られたのなら、売主はこの点について書面による証拠を保全できるし、逆だとしたら買主がそうすることができる。[12]

しかし現状で売られなかったことに争いがないときは、売買法四二条の任意規定が適用されることに注意すべきである。売買法の与える情報は売買契約の締結を容易ならしめることにある。当事者が同条からの乖離を主張しないときは、すべての場合にこの規定が適用されることにより、当事者は様々な将来生じうる問題に関する意見の違いを規制する煩わしさから解放されるのである。この目的は、契約が任意規定から乖離した条項を有することを否認する当事者に、そのことについての証明責任が課せられるとしたら達成することができないであろう。[13]

上記説例の場合、エーケレーヴの見解では売主は現状で売られたことについて「十分な証明」をすべきである。高度の証明度が向けられないと、任意規定による取引の容易化はできなくなってしまうであろうからである（ちなみに彼は証明責任規定も任意規定と解する）。[14] 支配的な取引慣行に基づく非制定法規範に乖離する契約条項が主張される場合も同様に解すべきである。もっとも上述したところは乖離した契約条項に関する証明責任の分配について考慮を要する目的的観点の一つに過ぎず、他に反対方向への解釈を支持すべき論拠もありうることに留意しなければならない。

一つの厄介な問題は、当該条項が一般的なものであり、したがって任意規定が例外的にのみ適用されるような場合にどうすべきかということである。例えばこのような留保規定（reservstadgande）として売買法五条、一二条がある。この場合には契約の締結は乖離条項を主張する当事者に証明を課することにより特に容易化されるわけではないから、他の観点が決定的になるべき可能性を考えなければならない。[15]

また当事者の争いが、特定の条項のより詳細な意味内容に関することもある。この場合もその問題についての任意規定があるときはこれを出発点として解決しうる。

売主、買主とも買主が信用の供与を受けたことについては一致しているが、その期間の長さについて争いがあるときは、証明責任は買主に課せられる。買主のほうが売買法一二条の規定より最寄り大きな乖離を主張しているからである。(16)

上記のような分配により、相手方に有利な条項に同意した当事者は、相手方からより以上の利益を奪われることに対して保護される。そして双方とも任意規定から自己に有利な乖離を主張し、いずれもその主張を証明できないときは、任意規定が適用されるべきであろう。この解釈の長所は、相手方が不利益な条項に同意したと主張する当事者は、その条項が証明されないときに、少なくとも問題の点についてもそもそも何らかの合意も存しなかったときよりも悪い結果を承認することを要しないという点にあろう。さらにこの見解は契約の締結は、できるかぎり証拠保全的措置によって面倒なものにされるべきではないという取引の利益により理由づけられるであろう。(17)

しかしながら、必ずしも常に拠るべき任意規定が存在するわけではない。例えばどんな種類の物が売られたかが争いになる場合がそれに当たる。売買が一定の数量のにしんの缶詰に関することは争いがないが、それがオイルのものか、トマトソースのものかについて、売主は前者を主張し、買主は後者を主張し、どちらの側にもその合意に関する十分な立証がないとしよう——電話での合意を考えよ——。(ちなみにこれは、契約の不成立または売主の申込がいかに解釈されるべきかの問題ではない。)

エーケレーヴはかつてはこの場合には超過原則の適用を提案した。(18) しかし現在では改説し、売主、買主を問わず、原告に証明責任を課している。すなわちどちらの当事者も契約の履行を強制できないことになる。(19)

当事者の一方に証明責任を課するということの欠点は、その相手方をして悪意で訴訟に及ばせる誘因となりうることにある。このような弊害はある程度まで、訴訟手続法三五章四条ならびに当事者の真実義務および文書提出義務に関する規定により除去できる。証明責任を負う当事者は、相手方に対し彼がアクセスでき、かつ自己に有利な証拠の提出を強制することができる。もっとも、ヘイマンのようにこれを目して相手方は調査責任（utredningsbörda）を負うと表現することは[20]、誤解を招くと思われるとエーケレーヴはいう[21]。なお不法行為一般の証明責任および証明度については、超過原則と密接に関連する面があるので、これと合わせて後に改めて言及する（八）。

（1）Ekelöf, IV s. 102. 前掲、ボールディング、拙訳論文一八八頁〔本書四二五頁〕。クラーミは、エーケレーヴが本文のようにいうとき、彼は消費貸借の「究極の目的」について語っているのであって、これは現代法理論における「根源的正当化」（deep-justification）とよばれる法的議論の総合的基準（実体的正義など）に当たるが、しかし他のこの種論者と異なりマクロ的効果（より一般的にいえば、法規の一般的な「行為方向付け機能（handlingsdirigerande funktion）」）を視野にいれて立論しているのだという。そしてこの点がしばしば看過されてきた彼の説の重要な出発点であることを指摘する（Klami, SvJT 1990 s. 232.）。これはエーケレーヴの証明責任論を正しく理解するために留意すべき重要な指摘だと思われる。

（2）Ekelöf, IV s. 102–103.

（3）Ekelöf, IV s. 104.

（4）前掲、ボールディング、拙訳論文一九一頁〔本書四二八頁〕。

（5）NJA II 1930 s. 193. 一九三四年法の相続法によると、受遺者は遺言者の精神状態について証明責任を負うとされた。その理由は、親族の利益を遺言に基づく外部からの請求に対して保護しようとするところにあった。遺言の証人が受遺者の利益に証言をしても、それは相続人の反証により容易に無視された。遺言者が完全に健全な精神状態にあったと認めるべき圧倒的な事由がある場合でさえも、遺言は無効とされたのである。しかし時の経過について、家族共同体の漸次的解体と共に、判例は相続人に対してより強い反証を要求するようになり、ついには相続人に証明責任を課するに至った。現行法の規定はこのような経緯を踏まえて成立したものである。Ekelöf, IV s. 104.

(6) NJA 1977 s. 552.

(7) Ekelöf, IV s. 105.

(8) Ekelöf, IV s. 105–106.

(9) Ekelöf, IV s. 106–107.

(10) Ekelöf, IV s. 107. NJA 1968：17 は受寄物の損害に関するが、受託者は損害が彼の過失に起因するものでないことについて証明責任を負うと判示する。

(11) Ekelöf, IV s. 107.

(12) Ekelöf, IV s. 107–108.

(13) Ekelöf, IV s. 108. なお任意規定と証明責任との関係については前掲倉田訳、ローゼンベルク『証明責任論』三七〇頁以下、松本・前掲八九頁以下参照。

(14) Ekelöf, IV s. 108 (not 118)、リンデルは証明責任および証明度に関する合意も有効でありうると解する (Lindell, a. a. s. 330, Partsautonomins gränser (1988) s. 128–129.)。なお、証明責任契約については、金洪奎『証拠契約の研究』(一九七五、法律文化社) 三四頁以下が詳しい。

(15) Ekelöf, IV s. 108–109. NJA 1975：280 (とくに s. 286–287) は、建設業者と注文主＝消費者との間に締結された建築請負契約について代金額の約定があったか否かが争いになった事案であるが (売買法五条の適用の有無)、最高裁は建設業者＝企業に証明責任を課し、これにより書面による契約を締結する慣行が促進され、ひいて消費者保護の強化に寄与するとした。

(16) Ekelöf, IV s. 109. NJA 1948 s. 554 は、おそらく同趣旨の見解に立つ。この事件では契約によれば当事者間で信用が供与されたが、その範囲について売主よりも買主のほうがより大きな程度を主張しているために、買主に証明責任が課せられた。

(17) Ekelöf, IV s. 109.
(18) Ekelöf, IV (2 uppl. 1969) s. 110.
(19) Ekelöf, IV s. 110.
(20) Lars Heuman, Reklamationsnämnder och försäkrigsnämnder (1980) s. 472.
(21) Ekelöf, IV s. 110. ボールディングはヘイマンの説を紹介するのみで、これに対する賛否を明らかにしていない。Bolding, s. 98 (not 5).

## 七　証明責任に関する従来の諸説の批判

エーケレーヴはその証拠法教科書において、以上のような証明責任論におけるアプローチと基本的に異なるものとして、規範説ないし法律要件説を含む従来の証明責任論に関する学説を一括して批判する。[1] ちなみにボールディングはその証明責任論に関する著書において学説史に全く論及しておらず、この点は証明責任論を取り扱う他の文献においても同様である。[2] エーケレーヴの教科書でもこの部分はより小さい活字になっており、このことは学生にとって受験のためには読むことを省略できるか、あるいは精読を要しないことを意味している。[3] これらの事実はスウェーデンの訴訟法学者の従来の証明責任論に対する否定的な態度を自ずから示すものといえよう。

さてエーケレーヴが批判する諸説を列挙すると、「原告が証明責任を負う」(Actori incumbit probatio. Onus probandi incumbit ei qui agit.)、「証明責任は主張する者が負い、否定する者は負わない」(Ei incumbit probatio qui dicit, non qui negat.)、「証明責任はその主張が慣行（det sedvanliga）に反する当事者に課せられる」などである。最後のものは従前北欧において多数説の位置を占めていたが、今日ではそれを失っているし、その他の上記の説もすでに学説史的過去に属することはいうまでもない。そこで以下には、規範説ないし法律要件説に対する批判に当たると考えられる部分のみを紹介することにする。

彼は規範説ないし法律要件説は理解しうる内容を有しない証明責任論の一つに属すると評する。もっとも彼は規範説ないし法律要件説という用語を使わず、「法律事実に関する証明責任は、それを自己の有利に援用する者に課せられる」または「各当事者は彼の請求（申立て）を支持する法規における法律事実を構成する事実について証明責任を負う」という原則およびその変種を批判し、その立場の代表者としてローゼンベルクを引用するのである。(4) 彼の批判は次のようなものである。

この原則によれば、契約締結の際、被告が自分は未成年だったと主張し、原告がそうでないと主張するとき、被告が前者について、原告が後者について証明責任を負うことになろう。だが、このことは被告が未成年か、成年かという問題について両当事者が証明責任を負うことを意味することになり不合理である。

この原則の変種は、原告は権利根拠事実（例えば契約、加害行為）について、被告は権利障害事実（例えば詐欺）および権利滅却事実（例えば支払）について証明責任を負うとするものである。しかし何故、未成年が権利障害事実で、成年が権利根拠事実を構成しないのか。その可能な理由としては、証明責任規則によりそれが決定できるということであり、未成年を主張する者はそれについて証明責任を負うから未成年は権利障害事実になるということであるが、これではそのような原則は何ら証明責任問題の解決の基礎とすることができない、といわざるを得ない。

これに反して権利根拠事実と権利滅却事実とを区別することは、後者は前者に続いて生起するから可能である。後者としては例えば債権の時効による消滅が挙げられる。しかしそれには何ら中断事由がないことが前提になる。中断の事実については債権者が証明責任を負うことになるから、この区別は貫徹できないといえよう。(5)(6)

なおスウェーデンの制定法は法文の構造が証明責任の分配を明らかにするようには形成されていない点については前述三参照。以上の規範説ないし法律要件説に対する批判は基本的には一九三〇年に発表されたオリーヴェクルーナの証明責任論に基づくもので、現在ではスウェーデン訴訟法学の通説的見解であると考えられる。

（1）　Ekelöf, IV s. 111–114.
（2）　例えば、Leif Bylund, Bevisbörda och bevistema (1970)。
（3）　Ekelöf, I (5 uppl. 1977) s. 3、拙著『スウェーデンの司法』（一九八六、弘文堂）六七頁参照。もっとも、このような印刷上の扱いは第五版になってからであり、第四版までは通常の本文と同じ大きさの活字で印刷されていた。
（4）　Ekelöf, IV s. 112.
（5）　Ekelöf, IV s. 112 – 113. 規範説ないし法律要件説に対する彼の批判は、現在ではわが国の読者に対して別に目新しい感を与えないが、それがこの証拠法教科書の初版（一九六三）以来ほとんど全く同一内容のものである（初版九〇頁参照）という事実に注目すべきである。念のために記せば、オリーヴェクルーナの規範説批判は一九三〇年であり、エーケレーヴの初版のそれさえも、ドイツにおける規範説批判の発端とされるライポルトの著書（一九六六）よりもはるかに早いのである。なおボールディングによるローゼンベルク『証明責任論』の書評（一九五三）参照（前掲、拙稿「スウェーデンにおける主張責任論（二・完）」一〇六四—一〇六五頁〔本書六七—

七〇頁〕)。柏木邦良『民事訴訟法への視点　ドイツ民事訴訟法管見』(一九九二、リンパック)一二三頁注(4)も参照。

(6)　岡村玄治『挙証責任論其の他五題』(一九二四、巌松堂)三六—三七頁は、ドイツのベッチィンガー(Betzinger)の所説、すなわち証明責任規定に関する通説(三分説)は権利防止の法規(いわゆる障権規定)の前提たる事実については維持できないとする批判を紹介し、これに賛成する。

## 八　超過原則および不法行為における証明度

### 1　超過原則とその批判

近年、北欧において最も有力な学説は超過原則である[(1)]。この説によれば証明責任点は尺度の中央におかれるから、どちらの当事者に証明責任が課せられるともいえないことになる。言い換えれば、考えうる最も微弱な立証の超過でも決定的だということになる——従ってそれは英米法における蓋然性の優越と必ずしも同一ではない[(2)]——。スウェーデンにおける超過原則の提唱者ボールディングは、これを証明責任の基本原則として主張し、これによってこそ実体的真実により良く合致した判決(の基礎)が可能になるという。彼によれば「低い蓋然性例えば〇・五一では結果を決定するのにあまりに危険だというような単純なやり方で問題を片付けてしまうことは」「選択肢として一層低い程度の蓋然性つまり〇・四九をもつ仮説を承認することになる」のである[(3)]。この言明は証拠評価に関するテーマ説を前提とするならば正当といえよう。テーマ説に賛するリンデルも超過原則を実体的真実に合することを理由に採用する[(4)]。しばしば低い証明度——その極限が超過原則の場合である——は実体的真実に反する判決を招く危険があるという批判がなされる[(5)]が、むしろ実体的真実を尊重するがゆえに低い証明度が主張されるのであることは改めて留意されてよい[(6)]。

もちろん超過原則の擁護者といえども、あらゆる場合にその貫徹を主張するわけではなく、証明責任の分配においては各種の考慮すべき面の総合的考量が要求されることを承認しつつ、ただ基本的思考原則として超過原則を採用すべきこと、(7)またこれによるべき場合がかなりありうることを主張するのである。そしてそのような場合の例として一般に挙げられるのは不法行為による損害賠償請求訴訟や次に述べる親子関係存否確認訴訟である。

エーケレーヴはかつては超過原則にやや好意的であったが、(8)現在でははなはだ批判的であり、ボールディングの挙げる産婦人科の病院における出生時の誤認混同を理由とする親からの親子関係存否確認訴訟のような極めて限定される場合を除き、証明責任分配の一般原則としての超過原則を強く否定する。この親子関係存否確認訴訟の場合というのはボールディングによれば次のようなものである。すなわち、病院の職員が二人の新生児が誤認混同されてしまった疑いをいだき、それを理由に子の母親に対し、母子関係が裁判所により決定されるまで子の引渡しを拒否したので、母親のどちらかが訴えを提起したところ、証拠調べの結果は誤認混同が生じたことを窺わせる微小な立証の超過があるに過ぎない場合である。(9)この場合にはエーケレーヴも他に証明責任分配のための決定的な観点がないとして超過原則の採用を肯定する。

しかしそのような場合は別として、彼は超過原則を以下のように厳しく批判する。(10)

超過原則の主張者は、証明責任規則はそれを適用した結果ができるかぎり実体的に正当であることを寄与すべきだというが、前述したようにそうではなくて、法規が社会生活における浸透力を得ることがその目的なのである。しかも超過原則は判決が実体的に正当になることを保障しない。超過原則は五一％と四九％との立証がある場合には五一％のほうを採用するわけであるが、この場合は一〇〇の同一の証拠状況における一のみについて証明主題が存在するけれども、残余について我々は何らの知識も有しないのである。実際には立証は証明主題の存在についてほとんど何も知られていないという情報を与えるに過ぎない。判決がこのように不確実な知識に基礎をおくことは何らその実体的正当性を保障しないことは明らかである。[11] エーケレーヴのこの批判は証拠評価における証拠価値説を前提とするものである。ここに我々は証明論ないし証拠評価と証明責任論が密接に関連しあっていることを知るのである。

裁判実務でもすでに若干の判例が超過原則を採用しているといわれる。例えば判決理由の中には十分な立証として「優越的な蓋然性」(övervägande skäl)「……のためのより大きな蓋然性」(större sannolikhet för att ……) などの表現がみられる。[12]

これに対してエーケレーヴは、このような表現がいかなる証明度を意味するのかを知ることは困難だという。彼の提唱する四つの証明度が一般に承認されていないことは彼自身が認めるところである。彼は多くの法律家は「証明」(styrkt) ということを完全な確実性と同視し、それ以外の低い証明度は一括して蓋然性(sannolikhet) でもって意味しているのではないかと考えている。[13] そしてこのような状況のもとでは判例における上記の表現は、「一応の蓋然性」または「相当な蓋然性」のどちらかを意味していることが可能だとするのである。[14]

### 2　不法行為における証明度

裁判所はとりわけ不法行為訴訟において証明度を軽減していることが注目される。判例が超過原則を採用したといわれるのもおおむね不法行為訴訟においてである。原則として被害者＝原告は被告の加害行為のみならず、その過失、因果関係および損害の範囲について証明責任を負う。この証明責任規則はそのかぎりで、人の過失ある加害行為についてのみこれを防止しようとする損害賠償法の機能とも合致する。しかし被害者は損害賠償請求権の要件に含まれる多くの事実を証明するのに大きな困難を覚える。予め証拠を保全することは稀にのみ可能であり、加害行為の際に事故の経過を調査することはしばしば難しい。それゆえ通常の証明度が課せられるならば、被害者が訴えを提起することは絶望的であり、その結果損害賠償法の予防的・矯正的効果のいずれも弱化させられてしまう。[15] このことは実際に損害賠償法の規定がそもそも社会における安全に寄与しないという結果を伴うであろう。ここに超過原則が不法行為訴訟においてとくに支持される根拠があるといえよう。しかし超過原則を原則として否定するエーケレーヴは、異なったアプローチを探求する。そしてそれは解釈論的にみてすこぶる興味深いものであるので、以下にやや詳しく紹介しよう。

まず損害の範囲および額について——とくに人身損害について——被害者の証明困難が著しい。このことが法三五章五条の規定されている理由である。すなわち同条によれば、損害の程度の評価の際には損害の範囲および額以外の事情——例えば当事者の財産関係、被告の過失の程度および付保険の有無など——も斟酌することができるのである。しかし判例、学説とも同条の本質的意味として、損害の範囲および額に関する僅かな立証でも十分だと考えている。[16] もっともエーケレーヴはこの場合にも超過原則を適用すべきではなく、少なくとも「一応の蓋然性」の立証がなされるべきだという。[17]

次に因果関係および過失を構成する事実については同条は適用されないが、証明度の軽減——とくに因果関係については——を考える必要がある。少なくとも過失が明らかならば、加害者は因果関係が証明されず、単に「相当な蓋然性」にとどまるとの理由で責任を免れることはできないとするのが学説の見解で、エーケレーヴもこれに与する。[18]

行為と損害との間の因果関係に関する証明責任も証明度も単純な基準により判断することはできない。ある事実が他の事実を惹起したことの蓋然性は、前者が存在したかどうか、かつそれが後者を惹起したかどうかという両者がどれほど確実かに依存する。そして実務上最大の困難が生ずるのは後者の問題についてである。因果関係という語は統一的な意味をもたず、それはある場合には多くの事実に依存する因果の関連である。これらの事実のすべてについて必ずしも同一の当事者が証明責任を負うわけではないし[19]、またそれぞれの証明度も異なりうる[20]。以下、通常問題となる若干の問題を取り上げて彼の所説をみよう。

(1) 原告が、損害は被告が保護規定の遵守を怠ったことにより発生したと主張する場合[21] 被告がこれを否認するときは、原告はこのことについて証明責任を負うけれども、この証明は通例困難ではない。しかし被告が不遵守を認めるものの、たとい遵守したとしても損害の発生を防止することはできなかったと主張するときは、やはり原告に証明責任がある。もっともそのような「仮定的事象経過」の立証は極めて困難であるから、証明度は「相当な蓋然性」または「一応の蓋然性」にまで軽減されると彼は解する[22]。この場合にも超過原則の適用には反対する。このようにして1の場合については証明責任はすべて原告にあるが、場合によりその証明度は異なるのである。

(2) 被告が損害は被告の行為ではなく、全く別の行為によるものだと主張する場合[23] 死亡事故による損害賠償請求訴訟において、被告が死因は病気であり、加害行為によるのではないと主張したケースが、最高裁が超過原則を適用したとされるものの大部分である[24]。しかしエーケレーヴは判文上これらの判例が超過原則を認めたものと解することはできず、むしろ証明責任は原告に課せられるけれども、証明度を「相当な蓋然性」または「一応の蓋然性」に軽減したものと読むのが正しい解釈だと思われると主張する。いずれにせよこの場合には二つの見方ができる。第一は病気とその効果を実体法的な反対事実とみるものであり、この事実について被告が証明責任を負う。第二は加害行為が死因であることの立証の価値を減弱または剥奪する徴表とみるものである。第一の場合証拠資料はそれぞれの因果関係に分けられ、被告も自己の主張した因果関係について証明軽減を享受する。これはビールンドが不当労働行為訴訟における証明責任の分配として主張する説である。(25) 第二の場合、証拠資料は全体として判断され、病気の事実も反対効果の公式が適用される反対証拠としてみられる。エーケレーヴは最高裁は第二の立場を採っていると推測し——若干の判例の文言には反するように見えるにもかかわらず——、そうしなければ判断の誤りが生じうるという。(26)

(3)　被告が、たとい加害行為がなかったとしても、他の事実から損害が生じたであろうと主張する場合(27)

この場合は全く独立の事象かまたは競合する事象でありうる。その一例は病気で働けない人が、病気でなくても働くことができなくなるような加害行為を受けた場合である。この場合には加害行為をした者は損害賠償責任を負わないと解される（若干の異説もあるが、通説のようである）(28)。その理由としては、被告は損害の発生を注意しても防止できないことが挙げられている。この場合被告は病気とその効果の点について証明責任を負う。もっとも原告が罹患していたことについては「十分な証明」をしなければならないが、病気による労働能力への影響については証明困難の故に証明度が軽減される。この二重の証明責任を果たせば被告は免責されるのである。

しかし通常は以上のような場合ではなく、被告が、原告の病気が損害の発生に補完的に寄与したとか、両原因が競合的に結果を惹起したとか主張する場合である。この場合には被告主張のとおりとしても被告は免責されないと解される。だが、厄介なのは、この場合における損害賠償義務の範囲である。明白に損害を二つの部分に分けられるならば、加害者は自己の部分についてのみ責任を負うと考えられるが、実務上は裁量的分割が可能な場合と同様に処理している。このような問題が生じたときその証明責任は被告に課せられるべきである。すなわち、病気が共働した範囲が明らかでないときは被告が全額の損害賠償責任を負うのである。(29) 死の主たる原因が加害行為であるときも同様に解される。その基準は病気がかなり速やかに死をもたらすほど重篤なものか否かであろう。そうでなければ、死の主因は加害行為とみるべきであろう。(30)

以上のように、エーケレーヴは超過原則を批判すると共に、それを採用したといわれる判例を検討して、不法行為に関する証明責任および証明度に関する自説を提示しており、そこには説得力を有し、示唆に富む見解が含まれている。しかし判例はすでに超過原則を部分的に採用するに至っているか、少なくともそれに接近しつつあるという見方が有力である。(31) いずれにせよ、超過原則と「一応の蓋然性」との差はほとんど紙一重ともいえるから、スウェーデンの学説、判例はとくに不法行為訴訟において大幅な証明度の軽減を認めているわけで、その結果として証明責任問題がわが国などとは大きく異なる様相を呈していることは明らかである。(32)(33)

（1） Ekelöf, IV s. 114、前掲、ボールディング、拙訳論文一九六頁原注（10）〔本書四三三頁〕の説明参照。
（2） 前掲、ボールディング、拙訳論文一八四頁〔本書四二〇頁〕、小林秀之『証拠法』（一九八〇、弘文堂）一二三六頁以下、など参照。
（3） 前掲ボールディング、拙訳論文一八四頁〔本書四二〇頁〕。
（4） Lindell, a. a. s. 156 ff.
（5） わが国でも不法行為訴訟の証明責任に関するいわゆる蓋然性説や優越的証拠説に対する批判にはそのような趣旨のものが多い（例えば、中野・前掲「過去の「一応の推定」について」六二頁、山木戸・前掲「自由心証と

挙証責任」二八頁、賀集・前掲一五九頁参照)。
(6)　上述のように超過原則が有力になりつつあるのは、それが実体的に正当な判決に寄与しうると考えられているからであることはエーケレーヴ自身認めるところである。Ekelöf, En Rättsvetenskaplig tragedi s. 153. なおわが国において前掲注(5)のような状況の中で、証明度を高くすることが誤判の危険を増大させることを的確に指摘しているのは太田・前掲一三六頁である。この若い英才の卓見(この点のみに限らないが)に畏敬の念を抱かざるを得ない(石田・前掲一四二頁も同趣旨である)。
(7)　Bolding, Bevisbördan s. 88, Går det att bevisas? とくに s. 127.
(8)　Ekelöf, IV (2 uppl. 1969) s. 107 ff (とくに s. 110).
(9)　Bolding, Bevisbördan s. 88. この種の事件は現実に起きている。NJA 1949 : 144. もっとも、この事件の第一審判決時に子は四歳に近く、誤認混同の事実は十分に証明されたと認定されている。この判決に関連してボールディングは、子が一方の母親に引き渡されてから数年後に誤認混同を理由に訴えが提起された場合には超過原則は適用されず、強力な証明が必要だという。それは誤った判決が子に与える影響の重大さなどが証明責任の決定において考慮されなければならないからである。Bolding, Bevisbördan s. 87. なおオリーヴェクルーナも、複数の者から借りた馬の返還の場合を例にとって、超過原則という表現は用いていないが同様の解決を提案している(Olivecrona, Rätt och dom. s. 220–221.)。
　ちなみに、本文のような事案においてノン・リケット判決を下すことが何ら問題の解決を意味しないことは明らかであろう(ノン・リケット判決については、竜嵜・前掲四八頁以下参照)。
(10)　Ekelöf, IV s. 115 ff.
(11)　その他証拠評価上の理由について A. a. s. 116. これに対してクラーミは、このような場合法律家はそうは考えないかも知れない――証明主題を支持する証拠が極めて薄弱であるにもかかわらず、他の情報の欠缺によりそれが最も説得力ある説明であるがゆえに――と述べている(Klami, On truth and evidence (1986 ステンシル版), p. 55.)。

(12) NJA 1952 s. 127, 1959 s. 326, 1964 s. 187, 1973 s. 108, 1976 s. 670, 1977 s. 182など。とくにNJA 1977 s. 176の多数意見の一般的見解はヴェラムソン（当時最高裁判事）によりボールディングの超過原則にかなり近いとみうることが指摘されている（前掲ボールディング、拙訳論文一九六頁原注（10）〔本書四三三頁〕の説明参照）。

(13) Ekelöf, IV s. 116–117. 前掲拙稿「スウェーデン証拠法序説」五九三頁〔本書九三頁〕、前掲ボールディング、拙訳論文一九二―一九三頁〔本書四二九頁〕参照。

(14) Ekelöf, IV s. 117.

(15) A. st. 後掲一〇注（3）の鶴岡灯油訴訟判決においてわが国の最高裁判事たちの念頭にはこのような思念は全く浮かばなかったようである。

(16) NJA 1966 s. 22, 1973 s. 723, 1977 s. 418 och 492, 1981 s. 951.

(17) Ekelöf, IV s. 118.

(18) Ekelöf, IV s. 118. 判例は仮定的事象経過の因果関係について証明度の軽減にとどまらず、証明責任の転換を認めているると解しうるとする学説もある。A. a. s. 119 (not 159). ちなみに、ドイツの判例は医療事故訴訟において過失の認定ができれば、因果関係について証明責任の転換をはかっている（春日偉知郎『民事証拠法研究証拠の収集・提出と証明責任』（一九九一、有斐閣）四三四頁）。

(19) 山木戸博士も要件事実を特殊化、類型化してそれぞれにつき別異の証明責任の分配を定めることは妨げないとする（同・前掲「自由心証と挙証責任」四九、五一頁）。

(20) Ekelöf, IV s. 118.

(21) Ekelöf, IV s. 118–119.

(22) アゲールは場合によってはこのような事実の因果関係の証明責任を被告に課することが可能だとする。Anders Agell, Orsaksrekvisitet och beviskrav i skadeståndsrätten. Festskrift till Per Olof Ekelöf (1972) s. 11 ff. アゲールの本論文は、不法行為法における因果関係の証明責任問題について詳論する重要な文献である。

(23) Ekelöf, IV s. 119–120.
(24) NJA 1952 s. 127, 1959 s. 326, 1964 s. 187, 1977 s. 181.
(25) Bylund, a. a. s. 14 etc. わが国の不当労働行為訴訟に関する注目すべき判例として東京高判昭四三・五・三一東京高等裁判所判決時報（民事）一九巻五号一二〇頁は、一応の推定の手法を用いている。太田・前掲二〇四頁はこれをむしろ証明度軽減への傾向が明確だと評する。
(26) Ekelöf, IV s. 120.
(27) Ekelöf, IV s. 120–121. 事実上損害に作用した原因として、「必要な条件（nödvändig betingelse）」と「十分な条件（tillräcklig betingelse）」とを区別するのが通例である。必要な条件という概念は、次のような場合に実務上有用である。すなわち、行為者が他の行動を採ったとしても損害が発生したであろうときは、行為者は損害賠償責任を負わないが、それは主張された加害行為が損害の発生のための必要な条件ではないからである。必要な条件の有無の問題は、仮定的事象経過の判断を伴う。これに対して十分な条件とは、必要な条件ではないが、損害の発生に寄与する条件である（Agell, a. a. s. 3–4.)。
　エーケレーヴは、本文⑶の事例について、病気で働けない人が病気でなくても働けなくなるような加害行為を受けた場合は、両原因はいずれも損害のための十分な条件であるが、必要な条件ではなく、また、両原因が競合的に結果を惹起したような場合は、各原因とも必要な条件だが、両者は合してのみ十分な条件になるという（Ekelöf, a. st.)。
(28) Ekelöf, IV s. 120 (not 165).
(29) NJA 1961 s. 432 その他。
(30) Ekelöf, IV s. 121.
(31) 前掲注（1）参照。なお、Agell, a. a. s. 19.
(32) オリーヴェクルーナは不法行為訴訟における証明責任問題に触れていないが、デンマークのティーベリィはすでに一九〇四年の著書において、不法行為訴訟において当事者はかなり広汎に証明度の低減による証明軽減を享受できるべきだと提唱していた。Ekelöf, En Rättsvetenskaplig tragedi s. 141による。この証明軽減の問題は北欧では長い伝統を有するわけである。

(33) 以上の記述では、ドイツ文献への言及を原則として省略したが、エーケレーヴはその証拠法教科書の「証明責任」の章において、同書の刊行時点(一九八二年)までの証明責任ないし証拠法に関する重要なドイツ文献をほとんどすべて参照、引用している。わが国でよく知られているものを挙げれば、Bender, Leipold, Massen, Musielak, Reinecke, Rosenberg, Wahrendorf のモノグラフィーや論文など。スウェーデン訴訟法学は決してドイツの理論状況を無視しているわけではないのであって、このことはスウェーデンの証明責任論ないし証拠法を理解するうえでとくに留意すべき点であろう。

## 九　補論　クラーミらの新説——階層化意思決定法(Analytic Hierarchy Process (AHP))による証明責任および証明度の決定

現在ウプサラ大学の法理学教授であるクラーミは、その前フィンランドのオーボ大学に在職していたが、当時から「法と真実」という研究プロジェクトを主宰しており、その研究成果として若い共同研究者たちと連名で、証明論・証明責任論に関する多数の論文を発表している。(1) その内容を一口に言えば、フィンランドおよびスウェーデンにおいて裁判官の証明責任および証明度に関する意識調査(アンケート調査)を行い、その結果を分析したうえ、それに基づき意思決定論における Analytic Hierarchy Process (AHP)——わが国では階層分析法とも訳されるが、最近は「階層化意思決定法」という訳語が定着しつつあるようである(2)——によるモデルを構築し、それにしたがって証明責任および証明度を決定することを提案するものである。果たして筆者がクラーミらの説を的確に理解しているか甚だ心許ないけれども、以下誤解を恐れずにそれを紹介してみる。

まずアンケート調査の結果によれば――それは極めて興味深いものであるがここに詳細を紹介することはできない[3]――、両国の裁判官のほとんどは証拠評価について証拠価値説を採用し、テーマ説を採っていないけれども、その反面、価値説が前提とする推論的な分析はあまり知られておらず、証拠評価の全体的かつ直観的な性質を強調している。また証明度に関するエーケレーヴの用語法はほとんど実務に浸透しておらず（スウェーデンにおいてさえ）、証明度に関する数値的表現もすこぶる多様であった。

クラーミらはこの調査の結果として、彼らが事前にいだいていた仮説すなわち証拠評価、証明度および証明責任の間には関数的関連性が存在するという仮説が支持されるように思われると結論する。「これらを分離しようとする理論の努力にもかかわらず、裁判官は自らの直観的自由を保持しようと欲し、またその際、彼らは固定的な証明度や証明責任規則に拘束されるとは考えない[4]」というのである。このようなわけで、証拠評価、証明度および証明責任の間の関数的関連に表現を与える、実務においても適用しうるモデルを構築すべきだとする。

ところで証明度および証明責任は本来二つの問題すなわち証拠価値――別言すれば具体的蓋然性――および危険の引受けという問題を意味している。そして蓋然性の要求と算定される危険との間には関数的な関連がある。

$$P_{\min} > \frac{1}{1 + \frac{D_x}{D_y}}$$

$P_{\min}$は必要な蓋然性を、$D_x$および$D_y$は一方または他方の方向における誤った決定に結合する損失効用（disutilities）を意味する[5]。これらの損失効用を相互の関係において数値的に示すことができる状態にあるならば（例えば〇――一〇〇の尺度に)、この公式は決定の基礎の蓋然性のための最低限の証明度を与える。例えばある者が殺人罪で起訴され、死刑判決を言い渡されるならば、誤った決定に伴う損失効用は明らかに最大値一〇〇である。他方誤った無罪判決が二〇の損失効用を伴うと考えるならば、有罪判決のための蓋然性の要求は八三・三%になる。

この蓋然性の要求に加えて、①主張の始原的蓋然性、②訴訟前および訴訟中における立証の可能性、③実体法規範の目的ならびに④誤判の場合における危険の分配を念頭に置いた社会的考慮の四つの論拠――それはボールディングらが柔軟な証明度および証明責任規則を樹立するときに考慮しようとする観点と同じであるという――を証明度および証明責任決定のための測定器として用いることができる。すなわちコンピュータを用いてこれらの論拠のいわゆる分析的階層化を行うならば、蓋然性の要求の価値を衡量し、かつ効用――損失効用の判断および危険判断の「複合的目的性」のために正確な表現を与える最低限度の蓋然性を算定することができる。このようにして本来は主観的な効用――損失効用の判断および諸目的の衡量から発して証拠評価と証明度の関係をコントロールすることができる。すなわち――

$P_{ev} \geqq P_{min}$ →決定……立証主題の存在は証明されている。

$P_{bv} > P_{min}$ →決定……立証主題の不存在が証明されている。

証明責任規則は証拠価値がどちらの場合においても十分でないときにのみ必要とされる。これがクラーミらの新説の概要である。(6)

これに対する訴訟法学者の側からの反応はまだ見られない。しかしクラーミらの説は基本的にはエーケレーヴの証拠価値説を基礎としており、多くの場合論文の発表前にエーケレーヴに草稿を示してその意見を求めていたとのことである。(7) もしエーケレーヴの証拠法教科書の新版が部分的にせよクラーミらの説をとり(8)

いれることにでもなれば、それは今後の訴訟法学、証明責任論に重大な影響を与えることになるであろう。

(1) Hannu Tapani Klami, Mikael Marklund, Marja Rahikainen och Johanna Sorvettula, Ett rationellt beviskrav, SvJT 1988 s. 589 ff. その他。以下の記述は、主として同論文およびKlami, Sorvettula och Rahikainen, Synpunkter på forskning om bevisfrågor, Tidskrift utgiven av Juridiska Föreningen i Finland 1988 s. 22 ff. による。

(2) 大村平『戦略ゲームの話』(一九九〇、日科技連出版)一三三頁。

(3) 証明度については前掲「スウェーデン証拠法序説」中に要点を紹介したので(五九二―五九三頁〔本書九一―九三頁〕)、ここには「より弱い立場の当事者は証明度に関して保護されるべきか」という興味ある問いに対する回答を紹介してみよう。(a)消費者売買において売買の目的物の品質が問題になるとき。(b)住居の賃貸借において解除(約)事由が問題になるとき。(c)労働契約において解除(約)事由が問題になるとき。

| | (a) | | (b) | | (c) | |
|---|---|---|---|---|---|---|
| 回答の選択肢 | S | F | S | F | S | F |
| 賛成 | 1 | 6 | 0 | 6 | 0 | 5 |
| 保留付きで賛成 | 4 | 10 | 1 | 9 | 1 | 11 |
| 全面的には賛成できない | 10 | 1 | 4 | | 6 | |
| 全く不賛成 | 17 | 7 | 20 | 9 | 19 | 8 |

Sはスウェーデン、Fはフィンランドである。回答はスウェーデンで回答者三五人、回答率二三%、フィンランドでは回答者二五人、回答率はスウェーデンよりやや低い(正確には不明)。みられるように回答は両国で異なる結果を示している(Klami et al., SvJT 1988 s. 593, 595–596.)。なお、空欄については説明がない。

(4) A. a. s. 598.

(5) この公式については、太田・前掲一五二―一五三頁参照。

(6) より詳しくは前掲クラーミら、拙訳「北欧における証明論・証明責任論の新しい動向――証拠に関する理由づけの合理性について・一つのモデル」〔本書四四一頁以下〕を参照されたい。

（7） 注（6）の拙訳論文の原注＊参照。

（8） この期待は一九九〇年一一月、エーケレーヴの死により空しくなったかと思われたが、最近の情報によれば、新版が一九九一年中に刊行されるとのことである。Per Henrik Lindblom, Per Olof Ekelöf in memoriam, SvJT 1990 s. 669. もはや古典的著作と称すべき彼の証拠法教科書は将来とも誰かの手によってさらに改訂され、長くその生命を維持し続けるであろう（新版＝第六版は一九九二年に刊行された。第二論文の〔追記〕参照。しかしクラーミ説に対する言及はないようである）。

## 一〇 おわりに——要約と示唆

以上をもって、スウェーデン証明責任論の紹介、検討——といっても実際にはほとんど平板な紹介に終始してしまったが——を終わる。その要約とそれが示唆するものについて一言しておきたい。

スウェーデン証明責任論の基本的特徴をわが国のそれと対比していうならば、第一に証明責任の問題は証明責任の分配と証明度の決定の両者を包含していること——より正確には証明度は証明責任の具体化である——、第二に証明責任論における従来の諸説は否定されているのみならず、そもそも一般的な原則の樹立は断念されていること、第三に証明責任と主張責任とは原則的に分離・独立したものとして捉えられていることの三点に要約できよう。もっとも最後の第三については別稿「スウェーデン法における主張責任論」(1)において扱ったので、それを前提として、この点にとくに言及していない。

前記三点（第三については本書第一論文でやや詳論した）ともわが国の証明責任論の今後の在り方を考えるうえで、極めて貴重な示唆を与えると信じている。現在証明責任論争について一種の消極的な評価がみられること[2]の根源にはこの第一のような問題が不問に付されたまま、分配問題だけが論じられてきたことにあるのではないかと憶測する。証明責任問題において真に重要なのはどちらの当事者が証明責任を負うかではなく、むしろその証明度はどの程度のものかということではないのか（たとい負うとしても、証明度いかんによってその責任の内容にはまさに雲泥の差が生じうる）[3]。そして証明度の問題を証明責任の中に取り入れることは、必然的に主張責任と証明責任との乖離を要求することになろうし、また証明責任に関する一般原則の樹立を困難ならしめるであろう[4]。三つの問題は密接に関連しあっているのである。それだけにわが国の証明責任論の在り方を変えることは想像を絶する困難に遭遇することが予想される[5]。だがこれは、どんなに困難でもわが国の司法と法律学にとって必要なことではあるまいか。この結語は改めてそれを本格的に論ずる新しい別稿のための予告でもある。駑馬に鞭打ってなるべく早い機会にその義務を果したいと思う[6]。

（1）　拙稿「スウェーデン法における主張責任論（一）、（二・完）」民商法雑誌一〇〇巻五、六号（一九八九）所収〔本書三頁以下〕。

（2）　竜寄・前掲二一二頁、「証明責任論の現状と課題」法学セミナー三三六号（一九八三）五一頁、佐藤昇「立証責任論における行為規範の台頭と客観的立証責任概念の意義」立命館法学一六五・一六六号（一九八二）とくに六三二頁注（2）、吉野正三郎「一九九〇年学界回顧　民事訴訟法」法律時報七六九号（一九九〇）一二九頁参照。松本・前掲二頁は上記竜寄、佐藤両論文を引用して同様の指摘をし、その原因を「これまでの議論が……総論的理論的問題に片寄り、必ずしも十分な各論的検討が加えられなかったこと」に求めているようである。確かにそれも一因であろうが、それにとどまらず、もっと根本的な原因があるのではないかというのが筆者のいだく疑問である。

（3）　いわゆる鶴岡灯油訴訟最高裁判決（平元・一二・八民集四三巻一一号一二五九頁）を読んで、わが国における現在の証明責任論の無力を痛感せざるを得なかった。本判決には様々な問題が含まれているけれども（これについては法律時報六二巻三号（一九九〇）の特集、など参照）、筆者の問題関心からはもしわが国の証明責任論が証明度を含むもっと実質的内容に富むものであったら、あるいは判決の結論は違っていたかも知れないと思われるのである。

ところで本判決に対しては裁判官や訴訟法学者からもすでに批判が現われている（藤原弘道「損害およびその額の証明」判例タイムズ七三三号（一九九〇）所収、伊藤真「独禁法違反損害賠償訴訟（上）、（下）」ジュリスト九六六、九六八号（一九九〇）所収）。藤原論文はさしあたり実務としては無難な行き方であろうが（しかしそれだけで足りるとは思えない）、伊藤論文は証明責任および証明度に関する伝統的な立場を基本的に堅持しつつも、因果関係と損害額の証明について回帰分析を内容とする統計学的立証を提言するもので、実務家にとってはかなり抵抗を感じる見解ではあるまいか。筆者自身はこのような方向に必ずしも反対でないものの、伊藤論文には何か木に竹を接いだような違和感を覚える。因果関係と損害額の証明についてそこまで科学的方法を徹底するならば、同時に——あるいはむしろその前に——証明責任および証明度に関する伝統的な立場が強く反省されてしかるべきではないかと思うのである。

さらにいえば、この種訴訟において常にそのような統計学的立証を要求することは、原告に過大な立証の費用負担を強い、ひいてこの面から権利の実現を困難にする恐れがないかが検討されるべきである（たといこのような立証が米国で現実的に可能だとしても、両国における民事訴訟の経済的背景も合わせ考えなければならない。わが国の鉱害事件について歴史的事実として同様のことを指摘するのは、牛山積『公害裁判の展開と法理論』（一九七六、日本評論社）三四頁）。ちなみに最近、スウェーデン訴訟手続法は損害額の評価に関する三五章五条を改正し、同条の適用範囲に立証が損害の範囲との関係で不相当な費用や不利益を伴うと考えられる場合、または訴額が少額である場合を含めることにした。これは上述のような配慮に基づくもので参考に値しよう。

もっとも、以上は伊藤論文に対する一応の読後感ないしこれに触発された感想に過ぎず、伊藤説についてはなおよく考えてみたい（吉野・前掲一二九頁は伊藤論文を高く評価している）。

（4） 例えば、井上治典「ある不動産取引紛争と手続法理論への示唆」『石田喜久夫・西原道雄・高木多喜男先生

還暦記念論文集　上巻　不動産法の課題と展望』（一九九〇、日本評論社）三九三頁は、そのような方向を目指しているように思われる。

（5）竜嵜・前掲二〇四頁は、証明責任論に関する「多くの文献にもかかわらず、わが裁判実務は微動だにしない。」と嘆ずる。事態の現状はそうであるにしても、しかし、現代は山すら動くような時代である。裁判実務、証明責任論といえども時代の切実な要請に応えるためには動かざるを得ないはずである。最近、裁判所主導型で弁論兼和解という新しい審理方式や、民事判決書の新様式が実践され始めている。このような審理方式、判決書様式は一世代前の裁判実務においてはとうてい想像すらできないことであったといえよう。その評価は別として、裁判実務もまた大きく、激しく動きつつある例証がまさにここにある（両者に対する評価については、拙稿「いわゆる「弁論兼和解」に関する一管見」判例タイムズ七三四号（一九九〇）八頁以下、同「民事判決書の新しい様式について」法学教室一一七号（一九九〇）九頁、「座談会　民事判決書の新しい様式をめぐって」ジュリスト九五八号（一九九〇）における発言を参照）。

我々はラートブルフの「訴訟（法）は船のマストのようなものである。マストが船体の些細な動揺にも大きく揺れるように社会の変動は敏感に訴訟に反映される」という趣旨の言葉の含意を、いま深く思うべきではあるまいか（碧海純一訳、ラードブルフ『法学入門』（一九六一、東京大学出版会）二〇四頁）。

（6）前掲拙稿「スウェーデン法における主張責任論（一）、（二・完）」（本書三頁以下）においては、わが国の主張責任論にやや詳しく批判的に言及したため、スウェーデン法の理論を日本法の中に短絡的に持ち込もうとしている嫌いがあると批判される向きがある。それはもっともだと思うが、しかしそこでは読者から筆者の今後の研究に対する批判、助言を頂くためにいわば観測球的にあえてやや短絡的とみられかねないポレミークな発言をしておいたのである。いずれわが国の主張責任論についても本格的に論じなければならないことは覚悟している——主張責任論については証明責任と異なる意味で難しい問題があり、これも容易なことではないが。

## 主要関連条文（刑法以外は試訳）

### 訴訟手続法

**三五章四条**　当事者が裁判所の決定により、裁判所に出頭すること、その他訴訟手続においてなすべきこと、または審理上なされた質問に答えることを怠ったときは、裁判所はすべての事情を斟酌して、当事者の行為に証拠としていかなる効果を帰せしめるべきか判断する。

同章五条　生じた損害の評価が問題であり、かつ、損害に関する十分な立証が全くできないときまたは著しく困難であるときは、裁判所は損害を妥当な額に評価することができる。立証が損害の範囲と合理的な関係にたたない費用または不利益を伴うと考えうるとき、および申し立てられた損害賠償が少額であるときもまた同様とする。*

＊後段は法律一九八八年六号で追加。

**売買法**（売買法は一九九一年一月一日から同名の新法（SFS 1990 : 931）が施行され、旧法は一九九〇年一二月末日をもって廃止された。ここに掲げるのは旧法の条文である）

**五条、二三条、四二条**　いずれも前掲拙稿「スウェーデン法における主張責任論（二・完）」一〇五八頁〔本書六一頁〕所載

**六条**　商事売買においては、目的物の計算書が買主に交付され、かつ彼が計算書に記載された代金額を承認できない旨売主にできる限り速やかに通知しないときは、買主はより低い価額が定められていることとまた

は請求された代金額が明らかに不当であることを証明しない（ej visas）かぎり、その代金額を支払う義務を負う。

**一二条** 売買契約によれば売主または買主に課せられる義務の履行の時期が定められておらず、かつ、遅延なしに履行されるべき事情も明らかでないときは、請求の際に履行しなければならない。

**二四条** 売買が供給契約（leveransavtal）[*]に関わり、かつ売主の側の遅滞により損害が生ずるときは、遅滞が売主の過失に基因するものでないとしても彼は損害を賠償する責を負う。ただし売買の際の留保により賠償義務が免除されているとき、またはその種類のすべての商品もしくは売買契約による数量の商品の毀滅、または戦争、輸入禁止もしくはこれらと同視すべき出来事のような売買締結時に顧慮しえない事情の結果、契約履行の可能性が排除されるとみられる（anses）ときはこの限りでない。

＊供給契約とは種類売買を意味する（同法三条参照）。

**三四条末文** このような競売（買主の計算による公売）を行うことができず、または競売に関する費用が売買代金から償うことができないことが明らかである（är uppenbart）ときは、売主は目的物を廃棄することができる。

**相続法**

**一三章二条** 遺言は精神病、心神喪失またはその他自己活動の剥奪による影響のもとに作成されたときは無効とする。

**親子法**

**一章五条** 父性が判決により確定される場合、この受胎期間中に、男が子の母と情交を持ったことが明らか

(är utrett) にされ、かつ、すべての事実を斟酌して子が男により出生したことの蓋然性がある (är sannolikt) ときは、裁判所は男を父と宣言すべきである。

**労働災害保険法**

**二章二条**　被保険者が労働において事故またはその他の加害的影響に遭遇したとき、その蒙った損害は、他に著しい理由が存しないかぎり、加害的影響に起因するものとされなければならない。

**刑法一〇章六条後段**[*]

発出されなかった文章に従い、または支払済の債務について支払請求をなす場合、若しくは既に受領済みの物品につき引渡し請求を為す場合、または債務履行請求に対し発行されたことのない領収書をもって支払済みを主張する場合も又同じである。〔罰金または二年以下の拘禁〕

＊　訳文は、宮沢浩一訳『一九六五年スウェーデン刑法典』(法務資料四〇六号、一九六五) 四九頁による。

# 第四　行政訴訟における主張・証明責任論



## はじめに

この表題は羊頭狗肉である。ここで扱うのは行政訴訟の主張・証明責任論が民事訴訟のそれに示唆するものに関する中間的覚え書にすぎない。「行政訴訟における主張・証明責任[(1)]」という問題は、もう随分昔のことになるが、民事裁判実務のなかで筆者が規範説ないし法律要件説に対する疑問を抱くにいたった一つの契機を与えており、主張・証明責任論に取り組む以上、いずれこの問題に論及することが必要だと考えていたし、それはまた上述のような意味で多分にノスタルジアを感じさせるテーマでもあるのである。法制実務にも十数年間併任されつつ、行政法学者として卓越した業績を挙げてこられた成田頼明教授は、筆者にとって法制実務と裁判実務との違いこそあれ、やや類似した経歴をもつ先達として、つねに深い畏敬の念に加え、一種の親近感をもって、その存在と業績を望見してきた方である。成田先生の退官を記念する論文集への執筆のお誘いを受けたとき、とっさに同教授に捧げる論文のテーマは是非これにしたいと思った。

だが、研究計画の上からは、このテーマを現在扱うのはやや時期尚早なのである。この仕事はまだ、主として法理論的に依拠しようとするスウェーデン法の主張・証明責任論について一、二の紹介論文を書いた段階にとどまっており、我が国の民事訴訟における主張・証明責任論に関する自説を明確に展開するまでに至っていない。(2) 実はこのテーマは、その後に一種の応用問題として取り上げることを予定していたものである。したがって、現段階においてこのテーマについて書くとすれば、冒頭に述べたようなことしか書けないし、またそれは今後の修正をある程度留保したものとならざるを得ない。中間的覚え書と称するゆえんである。(3)

(1) 後述するように、これまでの我が国の主張・証明責任論の一般的見解によると、両者の分配（基準）は一致すると考えられているので、本稿では、証明責任（論）という表現が主張責任（論）を含意するものとして用いられている場合が多いことをお断りしておきたい（もっとも両者を区別すべき場合はそうしてある）。

(2) 私見の基本的方向については、拙稿「スウェーデン法における主張責任論（二・完）」民商法雑誌一〇〇巻六号（一九八九）一〇四三頁以下〔本書四二頁以下〕、「スウェーデン法における証明責任論」神奈川大学法学研究所研究年報一二号（一九九一）九〇頁〔本書一八六頁以下〕などに簡単ながら示唆しておいた。

(3) 本稿における文献の引用は、必ずしも網羅的とはいえないが、一応必要なかぎりのものは参照し、引用したつもりである。しかし、とくに行政（訴訟）法関係のものについては、思わぬ見落としがあるかもしれない。

## 一　行政訴訟における主張・証明責任論の概観

戦後、新たな行政訴訟制度が発足した当時から一九六〇年代までの民事訴訟法学における証明責任の理解については、規範説（文構造理論）ないし法律要件分類説による客観的証明責任論が支配していた[2]。それによれば、証明責任とは法適用の対象となる事実（法律要件事実、主要事実）が真偽（存否）不明の場合における当事者一方の不利益、危険であり、その不利益、危険の負担はもっぱらあるいは主として、実体法規の構造によって決せられ、権利根拠事実については権利主張者が、権利障害事実および権利滅却事実についてはその相手方が、それぞれの証明責任を負い、また主張責任の所在は証明責任に従うとされている。

ところが、一九七〇代初頭に始り、現在に至るまで続く証明責任論争では、このような見解とくに規範説の当否が様々な形で批判されるにいたり、多数の新説の登場をみている。その詳細については次節にゆずることにするが、論争における問題点はほぼ三つないし四つに要約される。すなわち、第一に実体法および訴訟法とは異別・独立の証明責任規範の要否、第二に証明責任分配の基準、そして第三に、第一、二の議論と密接に関係するが、証明責任と主張責任との乖離を認めるか否か、さらに第四を加えるならば、客観的証明責任か、行為責任的証明責任か（後者では上述の証明責任の理解は否定される）、である。

行政訴訟における主張・証明責任論は上述のような民事訴訟のそれ（とくに証明責任論争以前の支配的見解）の強い影響下に――これに対する否定、反発を含めて――形成されてきたといってよい[2]。

行政訴訟における証明責任（行政法学では一般に立証責任という用語が使われている[3]）が客観的証明責任の意味で理解されていることについては争いがないけれども、その分配の基準については多様な説が存在する。議論は一般に行政訴訟の典型というべき取消訴訟をめぐってなされており、行政訴訟における主張・証明責任論の基本的問題を取り扱うものであるから、以下では取消訴訟のそれに限定して検討することにしたい（しかしその検討の結果は、すべての類型の行政訴訟への射程を有すると考える）。

最新の体系的教科書である塩野宏『行政法Ⅱ』（一九九一、有斐閣）によると、取消訴訟における証明責任の分配の原則についてはなお通説が形成されているとはいえず、学説は次の六説に整理分類されている。(4)

(1) 公定力根拠説　行政行為は公定力を有し、適法性の推定を受けるので、すべて原告が証明責任を負うとする説である。(5)

(2) 法治主義根拠説　(1)の対極に位置する考え方で、法治主義の原則からして、行政庁が行政処分の適法事由のすべてについて証明責任を負うとする説である。(6)

(3) 法律要件分類説　民事法上の法律要件分類説を導入し、取消訴訟は消極的確認訴訟に類似するので、行政処分の権利根拠事実は行政庁の、権利障害・消滅事実は原告の証明責任に属するとする説である。すなわち、行政庁の権利行使規定については、権利行使を主張する者が要件事実について証明責任を負い（積極的処分については行政庁、消極的処分（申請拒否処分）については原告）、権限不行使規定については、処分権限の不行使を主張する者が要件事実について証明責任を負う（積極的処分については原告、消極的処分については行政庁）とする。(7)

(4) 憲法秩序帰納説　国民の自由権的基本権に立脚し、国民の自由を制限し、国民に義務を課する行政行為の取消訴訟においては、つねに行政庁が証明責任を負い、国民の側から国に対して自己の権利領域、利益領域を拡張することを求める請求（社会的給付についての申請拒否処分取消訴訟など）では原告が証明責任を負うとする説である。[8]

(5)　個別検討説　当事者間の公平、事案の性質、事物に関する立証の難易等により個別具体的に判断すべきものとする説である。[9]

(6)　調査義務説　行政処分をするにあたり、行政庁は法令を誠実に執行すべき任務の一環として当該関係人に対して調査義務を負うことを前提に、行政庁が主要事実としての処分を適法ならしめる事実について、その調査義務の範囲で証明責任を負うとする説である。この説では行政庁がすべての主要事実について証明責任を負うことになるが、その負担過重は証明度の操作により緩和されるとする。[10]

しかし、具体的にどの論者の見解が上記各説のどれに属するかを決定するのは必ずしも容易でなく、分類を行う論者によって多少異なるようである。例えば、行政法一般の法理だけでなく、各特殊法の法論理に即して証明責任の分配を決すべきだとする兼子教授の説を、[11]規範説とする論者もいる[12]（これには疑問がある。たとえ広義のものにせよ規範説（より正確には法律要件分類説）は、基本的には法文の構造から証明責任の分配を引き出すのであるが、兼子教授の「特殊法の法論理」云々という表現がそこまで意味しているとは速断できないからである。特殊法領域ごとにその特質にかんがみ妥当な証明責任の分配を考えるべきでという意味ならば、むしろ個別検討説のヴァリエーションとみるのが正しいように思われる。[13]）

また宮崎良夫教授の説を上記のどれに位置づけるかもなかなか難しいのではあるまいか。[14]

上記各説の長短・得失についてはすでに多くの文献で論じられているのでここに繰り返さない。[15]本稿における筆者の問題関心との関係で注目に価するのは、次の三点である。すなわち、――

第一に、証明責任論争のなかでは、証明責任は民事訴訟の脊椎であり、それが訴訟前に予め画一的な基準で決定されていなければ民事訴訟の適切な運営は不可能だという趣旨の批判が、規範説の立場から利益考量説ないし個別検討説に対して向けられたが、[16] 行政訴訟ではこの論争が始まるはるか以前、一九五〇年代後半に雄川説＝個別検討説が登場し、いまや有力説の地位を占めていることである。このことは右の規範説の批判の正統性を疑わせるに足りよう。[17]

第二に、民事訴訟の主張、証明責任論ではいまだに、法律要件分類説はもちろんこれを批判する利益考量説すら、主張責任と証明責任との原則的一致を固執しているのが学説の大勢であるが、[18] 行政訴訟においては代表的教科書のなかで、証明責任について基本的に個別検討説を採る立場から「自己に有利な事実が審理に現れない限り不利益を負うことと、真偽不明のときに負う不利益とは論理的にはつねに同一の分配基準によることにはならないと思われる」として、主張責任と証明責任との分離を主張する注目すべき見解が現れていることである。[19]

第三に、僅かながら証明責任に関連して証明度の問題を論ずる見解が現れ、しかも、証明度はその処分について規律する法の趣旨によって定まるべきであることが主張されていることである。[20]

以上の三点は、民事訴訟の主張・証明責任論を考える上で極めて思考刺激的である。

前述のように、行政訴訟の主張・証明責任論は民事訴訟のそれにかなりの配慮を示しつつ展開されてきたが——それは民事訴訟法（理論）の一般手続法（理論）としての性格上当然ともいえるものの（行政事件訴訟法七条参照）——、逆に民事訴訟の主張・証明責任論においては行政訴訟のそれは全くといってよいほど視野の外に置かれてきた。[21] これは現在の憲法、行政事件訴訟法のもとにおける民事訴訟と行政訴訟の基本的同質性にかんがみ、奇妙な一方通行現象というべきであろう。[22]

私見によれば、主張・証明責任論におけるこのような民事訴訟法理論と行政法理論との断絶――とりわけ前者の側からの――は、主張・証明責任論の正しい発展のためにも、民事訴訟・行政訴訟実務において主張・証明責任論が充分な効用を発揮するためにも[23]（訴訟前・外における予防法的効果を含めて）、極めて問題だといわなければならない。このような問題意識から、以上の三点の検討を通じて、ささやかながら民事訴訟法理論と行政訴訟法理論との架橋を図ることができればと願うものである。

（1）　規範説も広義では法律要件分類説のなかに包含されるけれども、両者は厳密には同一ではない（松本博之『証明責任の分配』（一九八七、有斐閣）三七頁以下（新版・一九九六、信山社。以下、引用は旧版による）、竜嵜喜助『証明責任論』（一九八七、有斐閣出版サービス）一六七頁以下（初出は一九八三）参照）。しかし規範説と法律要件説をとくに区別しない論者も少なくない。行政訴訟における証明責任論では、証明責任論争のなかで規範説と法律要件分類説との差異が意識されるようになってからも、両者を同一視する見解が一般的である（山村恒年「主張責任・立証責任」雄川一郎＝塩野宏＝園部逸夫編『現代行政法大系第五巻』（一九八四、有斐閣）一九四頁、椎名慎太郎「違法性の立証責任」ジュリスト増刊・行政法の争点（新版）（一九九〇）二一六頁、など参照）。以下では、両者をとくに区別する必要がないときは、法律要件分類説ということにする。

（2）　春日教授は、行政訴訟における証明責任の問題は「民事訴訟への依存性と民事訴訟からの独自性との緊張関係」のなかで論じられてきたと表現する（春日偉知郎①「行政訴訟における証明責任」南博方編『条解行政事件訴訟法』（一九八七、弘文堂）二五五頁。なお同②「証明責任」園部逸夫編『注解行政事件訴訟法』（一九八七、有斐閣）一〇四頁参照。

（3）　もっとも小早川教授は、証明責任という言葉を用いている（小早川光郎「調査・処分・証明――取消訴訟における証明責任問題の一考察」『雄川一郎先生献呈論集　行政法の諸問題（中）』（一九九〇、有斐閣）二四九頁、行政法学者のなかではおそらく唯一人である。

（4）　塩野・前掲二二〇頁以下。ただし各説の命名は同書にはなく、第六説以外は、濱秀和「主張責任・立証責任」

渡部吉隆＝園部逸夫編『行政事件訴訟法体系』（一九八五、西神田編集室）三四五頁以下によったが、第六説は筆者が便宜のため仮に名付けたものにすぎず、いずれ提唱者自身による適切な命名を期待したい。また各説の内容については、主として塩野教授の要約によったものの、もちろん他の諸論稿を参照した。

なお本稿の性質上、以下、裁判例への言及は原則として割愛することにした。裁判例の概観については、最高裁判所事務総局編『行政事件訴訟十年史』（一九七二、法曹会）一五〇頁以下、『続行政事件訴訟一〇年史』（一九七二、法曹会）二一二頁以下、『続々行政事件訴訟一〇年史（上）』（一九八一、法曹会）一六六頁以下、など参照。

（5）田中二郎『行政争訟の法理』（一九五四、有斐閣）一〇七―一〇八頁、『行政法総論』（一九五七、有斐閣）二七六、二七八頁、田中穣治『行政法原論』（一九五二、春秋社）四九―五〇頁、「行政行為の公定力」『行政法講座第二巻』（一九六四、有斐閣）八九―九〇頁。もっとも田中博士はすでに改説し（同『新版行政法上巻』（全訂第二版。一九七四、弘文堂）三四五頁）、現在この説を採るものは見当たらない。

（6）塩野教授はこの説の文献を挙げていないが、一般に関根英郷「無効な行政行為における瑕疵の「重大かつ明白性」に関する二、三の問題」『司法研修所創立十五周年記念論文集下巻』（一九六二、法曹会）三三二頁以下が引用される。なお高根義三郎『行政訴訟の研究』（一九五七、一粒社）六一頁以下は、取消訴訟においては行政処分の判断の構造から全面的に行政庁に証明責任があるとするが、その行政訴訟法理論の基本的前提として、三権分立は基本権保障のための手段であって、自己目的ではないこと、行政訴訟は裁判権によって個人の権利を行政権の行使から守るためのものであることを強調する（一―四頁）、この説のグループに入れてよいであろう。

ちなみに上記のような考え方の背景には、戦後の新しい民主的司法制度のもとでの裁判官の使命感――それはまた裁判官の戦争責任の反省やしょく罪意識とも無関係ではあるまい――があったと思われる。しばしば引用される次の下級審判決は、その当時の裁判所の雰囲気の一端を如実に感じさせる（当時の裁判所には現在では想像もつかないほど、自由で民主的な空気が充満していた）。「法治国にあっては、行政という名においてする権力的恣意や法規からの逸脱を認めることはできない……。……抗告訴訟は、当該行政処分が適法妥当であることを信ずる行政庁が原告の疑問に応えてその処分は、原告の権利や利益を違法に侵害するものでないことを客観的に証明する、いや、しなければならない公開の場である……。……抗告訴訟においては、行政処分をした行政庁が、その処分の適法なことについてすべて立証責任を負担すると解するのが、制度の設けられた趣旨にも合致し、正義と衡平の理念にかなうゆえんでもある」（大阪地裁昭和三四年一二月二四日判決（行裁集一〇巻一二号二三四〇頁）（もっとも、この判決がその国民の権利保護を高唱する一般的立言にもかかわらず、当該訴訟（無効確認訴訟）の主張・証明責任についてそれを原告に課しているのは、やはり民事訴訟の主張・証明責任論の支配的思考に囚われていたことを示している――関根・前掲五一頁参照）。

他方、法治主義根拠説や法律要件分類（とくに前者）は、行政およびこれに理論的支柱を与えてきた伝統的行政法学の側からみれば、裁判所（官）の危険な気負い、独走と映じたかもしれない。公定力根拠説にはこのような司法部の状況に対する防御的反応というべき面もあったのではないかと憶測される。

筆者個人は、公定力根拠説に対して随分行政に都合のいい身勝手な説だと反発しながら（行政法には全く初学者のこととて、田中、田上両博士の行政法理論には最大限の敬意を払っていたつもりだが、この説だけはどう考えてもおかしいと確信していた）、他方、法律要件分類説もそれがそのまま行政訴訟に通用するとは到底思えなかった。雄川博士の後掲書で、個別検討説を強い共感をもって読んだときの知的興奮は今でもありありと想起することができる。

以上、昭和三〇年代の裁判所の現場をいささか知る者の一人として蛇足的感想を記してみた。

（7）　塩野教授は、この説の文献として浜川清「立証責任」遠藤博也＝阿部泰隆編『講義行政法Ⅱ（行政救済法）』（一九八二、青林書院新社）二三八頁以下のみを挙げる。しかし規範説的見解を最も早い時期に、忠実かつ詳細に展開したのは瀧川判事（当時）である（瀧川叡一「行政訴訟における立証責任」『岩松裁判官還暦記念　訴訟と裁判』（一九五一、有斐閣）四七一頁以下、同「行政訴訟の請求原因、立証責任及び判決の効力」『民事訴訟法講座第五巻』（一九五六、有斐閣）一四二九頁以下）。村上博己『証明責任の研究』（一九七五、有斐閣）三二三頁も基本的に法律要件分類説に属する。

（8）塩野氏は、この説の文献として、高林克巳「行政訴訟における立証責任」『行政法講座第三巻』（一九六五、有斐閣）三〇一頁のみを挙げるが、市原昌三郎「取消訴訟における立証責任」『実務民事訴訟講座第八巻』（一九七〇、日本評論社）二二七頁もこれに属する。

（9）雄川一郎『行政争訟法』（一九五七、有斐閣）二一四頁。この説は民事訴訟における主張・証明責任論に関する当時の通説的理解から全く離れた大胆な主張であり（民事訴訟法学者や民事裁判の実務家には当時、このような見解を提唱する勇気は到底なかっただろう）、ここに行政訴訟の主張・証明責任論は、公定力根拠説は別として民事訴訟におけるそれと異なる独自の路線を歩む端緒が開かれたのであり、その学説史的意義は極めて大きいというべきである。

濱・前掲三四八頁、山村・前掲二〇二頁以下、塩野・前掲一二三頁も基本的にこの立場を採る。

（10）小早川・前掲二七三—二七四頁など。なお同氏は、証明度に関して「一般に取消訴訟における証明責任分配の問題として論じられていることがらのうちのかなりの部分は、この、立証の必要ないし証明の程度に関する議論として理解すべきであるように思われる。」という注目すべき指摘をしている（二七八頁注（47））。

（11）兼子仁『行政争訟法』（一九七八、筑摩書房）二四九頁など。

（12）山村・前掲二〇一頁。

（13）春日氏も、兼子説は個別検討説を「基本的に是と」するという（春日・前掲①二六三頁、②一〇九頁）。

（14）宮崎良夫「行政訴訟における主張・立証責任」同『行政訴訟の法理論』（一九八四、三省堂）二六三頁以下（初出は一九八三）。

（15）各説に対する批判を簡潔にまとめたものとして、塩野・前掲一二二—一二三頁参照。

（16）倉田卓次『民事実務と証明論』（一九八七、日本評論社）三三八—三三九頁（初出は一九八一）。

（17）山村・前掲二〇三頁参照。この山村教授の指摘は正しいと思う。なお行政訴訟の判決書では、要件事実の順序にしたがった事実摘示を行う民事訴訟のそれと異なり、請求原因とその認否以外に双方の主張をある程度順序立てて整理するにとどめるという形になっている（園部逸夫『裁判行政法講話』（一九八八、日本評論社）二〇頁)。

(18) 新堂幸司『民事訴訟法〈第二版補正版〉』(一九九〇、弘文堂)二八五頁。

(19) 塩野・前掲一二四―一二五頁。多くの論者が取消訴訟においては主張責任と証明責任が一致しないことを認める(浜川・前掲二三八頁、春日・前掲②一〇七頁およびそこに引用の文献参照)。

(20) 小早川・前掲二七四頁。他の説にも証明度の軽減を認めるものがある(後掲二注(8)参照。なお、村上博己『民事裁判における証明責任』(一九八〇、有斐閣。初出は一九六二)二四頁以下参照)。

(21) もっともこのことは、民事訴訟法学者による行政訴訟の主張・証明責任に関する研究や論及が存在しないことを意味しない。古くは斎藤秀夫教授(同「税務訴訟の立証責任と適法性の推定」前掲『訴訟と裁判』四三二頁以下など)、三ヶ月章博士(同『民事訴訟法』(一九五九、有斐閣)四一三―四一四頁注(1))の業績があり、その後に村上・前掲三一七頁以下など、小林秀之『証拠法』(一九八八、弘文堂)一八二頁以下、などが現れている。とりわけ、①春日・前掲①二五四頁以下、②同・前掲一〇三頁以下が注目される。これらの論考は、民事訴訟法学における証明責任論、証拠法研究の最先端に立つ春日氏が(その主要な成果は、同『民事証拠法研究　証拠の収集・提出と証明責任』(一九九一、有斐閣)にまとめられている)、民事訴訟の主張・証明責任論との関連を充分に考慮しつつ行政訴訟のそれを論じたものである。氏は、法律要件分類説などを批判すると共に、証明責任の果たす法的安定性や予測可能性という機能(この点については後注(23)参照)は行政訴訟においても看過できないとし、「実体法の目的論的解釈を通じ、その背後に潜む実質的な根拠を析出し、これを補充的であるにせよ、……証明責任の分配のファクターに加えるべき」(②二六六頁)であろうとする。つまり、法律要件分類説の原則は場合により修正を加えて柔軟に運用されるべき「枠組み規定」(Faustregel)ではないかという(同二六三―二六六頁、②一一一頁参照)。伝統的証明責任論の立場からのすこぶる柔軟な見解として傾聴に価する。ただ私見によれば、上述の実質的な根拠は単に補充的なものにとどまらず、むしろ証明責任決定の主要な契機の一つと考えられるべきだと思われる。

しかし上記のいずれの論者も、行政訴訟の証明責任論から自らの民事訴訟の証明責任論に対する影響を受けているとは思えない。

(22) とくに当事者訴訟は、「抗告訴訟に近いものから民事訴訟に限りなく近いものまでありうる」のである（鈴木庸夫・前掲『注解行政事件訴訟法』六五頁、高木光「公法上の当事者訴訟」前掲行政法の争点二一七頁）。民事訴訟の主張・証明責任論は、たとえ抗告訴訟を管轄外として無視するにせよ、少なくともこのような民事訴訟に近接する行政訴訟（この中には福祉国家現象に必然的に随伴する金銭ないし行政サービスの給付を求めるもの、その他広範な訴訟類型が含まれよう）を視野に入れたものでなければなるまい。このことは現代福祉国家における民事訴訟法学に課せられた重大な課題というべきである。

なお行政訴訟と民事訴訟との関係を考える上で、阿部泰隆『行政救済の実効性』（一九八五、弘文堂）第一、二章（初出は一九七六、一九八二の順）は有益な示唆に富む。

(23) 法律要件分類説の論者は、客観的、一義的に証明責任が定まっていることによる法的安定性や当事者に対する予測可能性の重要性を強調するのが常であり、この点が利益考量説ないし個別検討説に対する批判のポイントをなしている（前注（21）参照）。

しかし法的安定性や予測可能性という言葉が、充分にその内容を吟味しないまま、一種のマジック・ワードとして使われている嫌いがあると思う。民法の要件事実についてさえ、主として民法典自体の構造から証明責任を引き出すのは決して容易ではなく（このことは多年にわたる司法研修所民事裁判官室の要件事実論の研究作業がいまだに一応の集大成すらみせていないことが例証している）、また法律要件分類説による分配は平均的な法律家にとってすらかなり難解であることは否めない。

いやしくも法律家である以上は、その程度の難解さに耐えて法律要件分類説を修得すべきだというかもしれない。しかし、それ自体はあるいは正論であるにせよ（いわゆる要件事実教育は、法曹養成教育として重大な機能を営むことを筆者は認める（四注（1）参照）。だが、以下に述べるところはそれとは別個の問題である）、民法は第一次的に市民の行為規範なのだから、法的安定性や予測可能性をいうならば、市民の法律生活一般にとってのそれを念頭に置いて考えるべきであろう。間接反証理論、条件、期限に関する否認説と抗弁説の深刻な対立などを抱えこんだ、この複雑な証明責任分配論が我が国の訴訟前、外の市民の法律生活において果たしてどれほど法的安定性や予測可能性に奉仕してきたといえるのであろうか（法律問題、法的紛争のうち訴訟にまで発展するものは、ほんの一部にすぎないことを想起せよ）。

一般的な分配原理を否定する証明責任論が法的安定性や予測可能性において法律分類説に劣るというのは根拠のない誤解である。一般的な分配原理を否定する見解（の多く）は、ある紛争類型ごとに多元的な考量により証明責任を決定することを通じて、取引生活の円滑化、訴訟前・外における紛争の解決に最大限に寄与することを意図しているのである（拙稿・前掲「スウェーデン法における証明責任論」六三頁以下〔本書一五七頁以下〕における証明責任分配の理由づけを参照）。

以上に述べたことは、行政訴訟における証明責任論を考えるとき、民事訴訟よりも一層強く当てはまるといえよう。行政訴訟における証明責任論の有する訴訟前・外の効果については、**四**で後述する。

## 二　民事訴訟における主張・証明責任論の現状と問題点

民事訴訟における主張・証明責任論の状況は、最近かなり鎮静化、より正確にいえば低迷化しているけれども、まさに百家争鳴の観がある。竜寄喜助教授による学説の現状は、規範説、いわゆる法律要件分類説、修正理論、新特別要件説、利益考慮説、行為責任的証明責任論の六つに整理分類される(1)。また最後のものには、文字どおり「行為責任としての証明責任」で考えてゆこうとする学説と、証明責任よりも主張責任、しかも行為責任としての主張責任を優先してゆこうとする立場がある(2)。

この分類が行政訴訟の証明責任論に関する学説の分類と異なるのは、後者が分配基準をめぐる相違に基づく分類であるのに対して、より広範な争点に基づく分類である点にある。

前説で若干ふれたが、理解の便宜上やや詳しく述べれば次のようである。

第一に、証明責任規範を認めるか否かで、規範説といわゆる法律要件分類説は明確に区別されうる。この意味では、司法研修所の要件事実論[3]は、証明責任規範を認めない点で規範説に類し、他方分配基準において規範説ほどリジッドでなく、いわゆる法律要件分類説と同様であるから、上記の六説とは別個の説として分類すべきかもしれない[4]。

ところで、大雑把にいえば最初の四つと要件事実論は法律要件分類説のグループとして包括し、かたい法律要件分類説＝規範説、やわらかい法律要件分類説＝その他の三説とみることもできるであろう。行政訴訟の主張・証明責任論では、上記の四つをとくに区別していないようであるから、行政法学の研究者にはこういう分類のほうが理解しやすいかもしれない。

第二は、分配基準に関する争いであり、この点は行政訴訟と共通する論点である。

第三は、客観的証明責任か、行為責任かという争いであり、最後の説とそれ以外の説とが対立することになる。

なお、いずれの説も主張責任と証明責任は原則として一致すると考えているようである（もっとも行為責任的証明責任説は別である。この説では両者は異ならざるを得ないであろう）。

各説のそれぞれの問題点については別論として、ここでは共通する問題点のみを指摘しておく。もっとも最後の行為責任的証明責任論については一言しておく必要があろう。この説とくに証明責任を純粋の行為規範として考える説は、結局無限後退の議論に陥るから、真偽不明の解決策としては採用の余地がないと思われる。この説は、なぜ真偽不明という事態が生じ、一体誰の責任でそうなったのかを問題とすべきだとし、当事者が立証を尽くしてなおかつ事実が真偽不明になった場合、裁判所としても判断できないことになるだろうという。しかし、それでは当事者が行為責任を尽くしたか否か（の事実関係）が真偽不明の場合はどうするのか。それを解決するための（客観的）証明責任規範が必要になろう。[5] 加えて、紛争の解決を目的とする訴訟過程の中に、さらにミクロコスモスとしての派生的、手続的紛争を発生させることは合理的・効率的な訴訟運営のために最大限に避けるべきである――この意味で事案解明義務や証明妨害の理論の導入にも慎重さが要求されよう――。手続上自ずから明白になる当事者の訴訟法秩序の観点から是認しがたい立証上の作為・不作為に対するサンクションについては、弁護士費用の訴訟費用化を図り訴訟費用のサンクション機能を強化した上で、訴訟費用の負担の問題（民訴九一、九二条参照）として対処すべきで、またそれで満足すべきであろう（もっとも、場合によっては、ノン・リケット判決ができるような立法的手当をする余地まで否定するわけではない。しかしこのような立法は一種の（客観的）証明責任規定の制定に他ならない）。

さて、ほとんどの各説に共通する問題点の第一は、いずれも意識的・無意識的にもっぱら権利の確定・証明という観点から証明責任の問題を考えている点である。[6] たしかに訴訟物論として新、旧いずれの説に与するにせよ、[7] 民事訴訟における証明は権利ないし法律関係の存否に関係する事実について問題となるのだから、そのように考えは当然ともいえる。しかし目を民事訴訟の外に向けてみれば、証明責任ないしこれに類する問題が生ずる事態はいくらでも存在する。それゆえことを行政についてみても、行政訴訟のみならず、行政決定手続においても証明責任が問題になるのである（三で後述するスウェーデンの行政手続・訴訟における証明責任論の説明を参照）。そして我が国の行政訴訟（抗告訴訟）の訴訟物は「処分の違法性」とされているから、[8] 権利から出発する思考ではうまく行かないのは当然である。

証明責任を考える上での出発点は、我々がある意思決定をする場合に、その決定を行うための事実的基礎が必ずしも明確でない場合（そういう場合は決して少なくない）に、どのような（どの程度の）危険を冒すか、また決定を受ける両当事者が存在する場合には、その危険をどのように当事者間に分配するか、そしてその基準は何か、ということである[9][10]。民事訴訟における証明責任論が権利中心思考に彩られているのは、右のような証明責任の基本的考え方が、民事訴訟の審理の対象が権利であるために特殊な変容を受けているからであって、決して民事訴訟の証明責任の本質的属性のようなものではないのである[11]。

第二の問題点は、第一と関係することであるが、証明責任の問題はその分配に尽きるのではなく、それと同時にその証明度が問題であると思われるのに[12]、各説とも分配問題の議論に終始してしまっているという点である。

証明責任の問題を上記のように意思決定における事実的基礎が不明確な場合の解決策として捉えるならば、当然にどの程度の危険が容認されるべきかということが極めて重要な問題になる。両当事者が存在する場合には、どの当時者に危険＝証明責任が分配されるべきかだけでなく、その証明度はどの程度であるべきかが決定されなければならない。この点、我が国では証明とは裁判官の確信（形成）であると一般に理解されていることもあり[13]、証明度を論ずる必要性に乏しいと考えられているのかもしれない。しかし私見によれば、そこには証明責任の観念に対する先入観の固執があるだけでなく、裁判官、弁護士、法学者を含む法律家集団の事実認定に対する過度の楽観論――さらにあえていえば共同幻想――が伏在しているように思われる。

まず、証明責任論の内容はア・プリオリに証明責任分配論に尽きるわけでは決してない。そう考えてきたのは、スウェーデンの偉大な訴訟法学者P・O・エーケレーヴが的確に指摘しているように、我が国やドイツの証明責任論が法定証拠主義的思考に無意識的に囚われているからである。すなわち法定証拠主義における完全証明（拠）の代用物として自由心証としての証明＝確信が考えられているのである。[14] 後者の問題については、法律家は裁判官を含めて必ずしも事実認定ないし証明の専門家ではないことに注意を促しておきたい。[15]

いずれにせよ上記各説とも、証明責任の分配に関する自説の正当性を主張し、論証に努めるだけで、証明度に関する見解を提示していない。[16] 広義の法律要件分類説ではそれは不可能であり、利益考量説からは可能なはずであるが、そこまで論じていない。

第三の問題点は、主張責任と証明責任との原則的一致を固執している点である。[17] 証明責任について上記のような考え方を採れば、証明責任と主張責任とは原理的に全く別個の問題であることが自ずから分かるはずである。この問題点は、各説の証明責任に対する基本的理解に問題があることに原因しているのである。

（最後にそもそも、民事訴訟における証明責任分配の一般的原則の樹立が可能なのかという点も利益考量説（および行為責任的証明責任論）以外の各説に通ずる問題点であるが、この点については行政訴訟のそれにも共通する論点であり、後に一括して述べることにする。）

このようにみてくると、民事訴訟における主張・証明責任論は証明責任論争の中で、行政訴訟におけるそれよりはるかにソフィストケートされた議論を重ねてきたにもかかわらず、主張・証明責任の理解としては行政訴訟のそれのほうが、むしろ正しい方向を辿っていることが看取されるであろう。少なくとも私見の立場からはそう評価せざるを得ない。なぜこんな結果になってしまったのであろうか。それは結局、民事訴訟法の理論と実務における伝統的主張・証明責任論＝法律要件分類説的思考の呪縛があまりにも強過ぎたことに帰するのではあるまいか。民事訴訟の主張・証明責任論はＦ・ベーコンの言葉を借りれば、イドラに囚われていたのである。他方、行政訴訟の領域ではこのような呪縛、イドラを脱して自由に思考しなければならぬ切実な現実的要請が民事訴訟よりも強大だったわけである。

しかし、上述の主張・証明責任論に関する私見とこれに基づく伝統的主張・証明責任論に対する批判は、わが国では全く新説なので（個別的論点についてはともかく、全体像としては）珍奇な思い付きの議論という誤解を避けるために、節を改めて、私見の形成に大きな影響を与えてきた北欧とくにスウェーデン法における主張・証明責任論の骨子を紹介し、それを通じて私見をもう少し明らかにすることを試みたいと思う。

（1）竜寄・前掲一六七頁以下。

（2）高橋宏志「証明責任について（一）」法学教室一二七号（一九九一）注（5）参照。

（3）要件事実論は、「要件事実主張立証責任論」の略称だといわれる（『故定塚孝司判事遺稿論集　主張立証責任論の構造に関する一試論』（一九九二、判例タイムズ社）四七九頁（武藤春光「解題」）。

（4）司法研修所編『増補民事訴訟における要件事実第一巻』（一九八六、法曹会）五、一〇—一一頁、伊藤滋夫「要件事実と実体法」ジュリスト八六九号二五、二八頁参照。

（5）もっとも並木判事は、行為責任的証明責任論を採りながら、真偽不明の場合に客観的証明責任論と同じ結果を認める（並木茂「民事訴訟における主張と証明の法理（下）」判例タイムズ六四六号（一九八七）一七頁）。

（6）このことは法律要件分類説による権利根拠規定、権利障害規定、権利消滅規定の三分類をみただけで明らかであるが、この権利中心的思考の表明はとりわけ民事裁判官による論稿に顕著である。伊藤・前掲一五頁、定塚・前掲三頁（初出は一九八四）、倉田卓次編『要件事実の証明責任　債権総論』（一九八六、西神田編集室）六—七頁における並木判事の発言、など（並木氏は証明責任論に関する最も有力なポレミークの一人であり、これに関する多くの論稿を発表している）。ただし、主張責任論における権利中心的思考の重要性を否定するわけではない。

（7）もっとも、このような権利中心的思考が、訴訟物論における旧説とより親和性を有していることは明らかであり、諸家が指摘している（並木・前掲七頁の発言、村松俊夫「実務と新訴訟物理論」法曹時報一四巻四号（一九六二）一頁以下、小林秀之「民事訴訟法の現代問題（3）」判例タイムズ七五二号（一九九一）三八頁）。

（8）　山村・前掲一九六頁、塩野・前掲七二頁。

（9）　拙稿、前掲「スウェーデン法における証明責任論」四五―四六頁（本書一三六―一三七頁）参照。わが国の民訴学者で、ほぼ同旨の指摘をしている例外的存在として小林秀之教授がいる（同・前掲一三四、一三六頁）。

（10）　我が国の民訴法学者も、証明責任的思考がひろく訴訟外にも存在することに注目してこなかったわけではない。坪内逍遙『桐一葉』における木村重成の議論を紹介する教科書、論文が存在する（斎藤秀夫『民事訴訟法概論（新版）』（一九八二、有斐閣）二九五頁、竜嵜・前掲一八七頁以下）。しかしその関心は、証明責任の分配基準の議論を超えて証明責任論の基本的あり方のレベルでは論者に影響を与えていないのが惜しまれる。

谷口安平『口述民事訴訟法』（一九八七、成文堂）二二五頁は、法律要件にあたる事実を認定して法律効果を判断するという構造の手続では必ず証明責任が必要になるが、このような構造を採らない非訟事件では証明責任の観念は必要でないという。前段はそのとおりであるが、後段の表現はミスリーディングだと思う。非訟事件の性質をどのように捉えるにせよ、非訟事件においても決定のための事実的基礎が十分でなく、中立人（相手方がある場合は当事者の一方）がその危険を負担しなければならない場合があるのであって、これを証明責任とよぶかどうかは別論として、証明責任と全く同様の現象がここでもみられるのである。筆者は端的に非訟事件における証明責任を認めるほうが、訴訟の非訟化現象が顕著な今日、非訟事件における手続保障の見地からも望ましいと考える（この場合の証明責任は民事訴訟のそれ以上に分配問題よりも証明度の問題に重点がおかれることになろう）。以上の議論は、行政決定手続における証明責任の観念を認めるべきことと連動している（小早川・前掲とくに二七二頁参照）。

ちなみに、法哲学者の長尾龍一教授は、証明責任的思考がひろく訴訟外、人生百般に妥当することを的確に指摘している（同「立証責任」法学セミナー四二八号（一九九〇）七五頁）。

（11）　この権利中心的思考が、規範説ないし法律要件分類説と統合するとき、それは現代のように制定法と法的現実とのギャップが急激に生じうる時代、新しい権利の生成がしばしば訴訟上の中心的争点とされる時代においては、訴訟の目的・機能を阻害する方向に働く危険があることに注意しなければならない（訴訟の目的・機能の理解についても様々な考え方がありうるが、いわゆる現代型訴訟の適正かつ迅速な解決が現代の民事訴訟における最大の課題の一つであることは、何人も否定しえないであろう）。最近、この問題に関連して傾聴すべき説得的な論稿に接したので、是非ここに紹介しておきたい（児玉寛「実体法学からみた民訴法「改正」問題」法と民主主義二六六号（一九九二）一四頁以下）。児玉教授の所説を本稿に必要な限りで要約すると、おおむね以下のとおりである。

学説彙纂五〇巻一七章第一法文は、ユース（jus 法）とレーグラ（regula 規則、法範）について語っているが、この両者の関係は比喩的にいえば、ユースは法秩序という泉に湧き出したり注ぎこまれている水の全体であって、レーグラはそこから汲みとられたものに過ぎない（条文や判例法はレーグラである）。レーグラはユースの要約であるから、二重の意味において両者の乖離が生ずる。第一に要約が過不足なくされていないことがありうるし、第二にレーグラが作られた後にユースが変化したり、レーグラの存在しない問題について新たにユースが生成する可能性があるからである。ユースは法的問題に触発されて初めて顕在化するのであるから、民事訴訟において法を実現するためには両者の乖離の有無を明らかにしてユースを貫徹して行かなければならない。この重要な作業を「裁判所は法を知る」などという法諺にしたがって裁判所に白紙委任してしまうことは問題である、と。

裁判官のなかからも、薬害や公害などの事件では何が主要事実なのかさえはっきりしないようなものがかなり数としてあるような感じがする、という声がある（木川統一郎「敗訴見込の当事者の証拠申請の採否」〔講演と座談会〕における某裁判官の発言（判例タイムズ六九一号（一九九八）一五頁）。

私見によれば、規範説ないし法律要件分類説は、レーグラからユースを引き出す手法としてはすぐれており、思考経済的にすこぶる効率的であるが、両者の乖離が問題となっている訴訟においては無力なのである。それゆえに、たとえ多くの契約法関係の訴訟類型において法律要件分類説による処理が妥当するとしても、主張・証明責任分配の基本原理としてこれのみを採用することは、民事訴訟の目的・機能に照らして問題であり、したがってまた実務教育の見地からも法律要件分類説的思考を過度に強調することには疑問があるといわなければならない。この問題については、いずれ別稿で詳論するつもりであり、ここでは児玉論文に触発された感想を一言するにとどめる（以上に関連して参照に価する重要な文献を若干掲げておく。E・エーエリッヒの古典的論文「自由な法発見と自由法学」（中務俊昌＝堤龍弥訳、神戸学院法学二〇巻三・四号（一九九〇）六八七頁以下、その他の訳がある。この論文は事実認定についても示唆的である）、田尾桃二「要件事実論について」法曹時報四四巻六号（一九九二）一〇二三頁以下（この論文は豊富な民事裁判官の経験と司法研修所民事裁判教官の経歴を有する田尾教授が要件事実論について好意的かつ批判的に考察したものである。氏の見解はおおむね私見に近いように思われる）、法政研究五七巻一号（一九九〇）所載の井上治典、児玉寛、河野正憲、吉村徳重各教授の諸論稿（これらの諸論稿については、いずれ改めて検討を行うことを予定している）。

(12)　村上博己「民事裁判における証明度」同『民事裁判における証明責任』（一九八〇、有斐閣）一頁以下（初出一九六二）は、証明度について詳論する先駆的業績であり、行政事件の証明度にも言及している。

(13)　我が国の判例、学説における証明概念の理解に関する優れた分析として、太田勝造『裁判における証明論の基礎』（一九八二、弘文堂）第一章参照。

(14)　拙稿・前掲「スウェーデン法における証明責任論」四七頁〔本書一三八―一三九頁〕参照。

(15)　裁判官ないしひろく法律家が事実認定の専門家でないことについては、ハンス・ターパニ・クラーミほか、拙訳「北欧における証明論・証明責任論の新しい動向――証拠に関する理由づけの合理性について・一つのモデル――」神奈川大学法学研究所研究年報一二号（一九九一）四九―五〇頁訳注〔a〕〔本書四五八―四五九頁〕参照。なお拙稿「いわゆる『弁論兼和解』に関する一管見」判例タイムズ七三四頁（一九九〇）一二頁も参照。念のために附言するが、このことは一般的に我が国の裁判官が事実認定に精根を傾けている事実、少なくとも裁判官のエトスとしてそうあるべきだと信じている事実とは別個の問題である。この点は裁判上の事実認定における事実とは何か、という疑問と関わっており、ここに言及する余裕がない（これに関連して、法哲学年報一九九〇『法的思考の現在』九四―九五、一一二―一一三頁参照）。いずれ別稿で考えたいと思う。以下では、さしあたり注記しておきたい事実認定ないし証明に関する若干の事項にふれるにとどめる。

極論として、高名な民事裁判官や民事訴訟法学者によって民事の証明も刑事の証明も証明度が同じだという説が主張されているが、これなどは明らかに誤りである。その裁判官とは岩松三郎、村松俊夫両氏、学者は兼子一博士である。例えば兼子博士は、「九分九厘まで間違いないと認められて初めて真実と認定すべきであ」るという（同「立証責任」『民事訴訟法講座第二巻』（一九五四、有斐閣）五六八頁。しかしこのような極限的に高い証明度を要求したら、民事訴訟における大部分の証明主題は証明なしということにならざるをえず、民事訴訟の運営は事実上不可能になってしまう。このことは筆者自身の乏しい民事裁判実務の経験からも断言して憚らない。岩松、村松批判については倉田卓次博士の次の文章を援用したい。「実務家の中にも……証明度を民刑共通にする人が少なくないが、戦後初期にその方向へ主導された岩松（三郎）さんや村松（俊夫）さんは、民事裁判しか知らなかった方である。刑事事件をやり、死刑判決を起案していたら、民刑同じという議論はなかった筈と、私は確信している。そういう確信を持ち得たことでも刑事裁判の経験は私にとって貴重だった。」（同「思い出すままに（第二部）4——続・裁判官の戦後史」判例タイムズ七七一号（一九九二）六四頁。なお同『民事実務と裁判論』（一九八七、日本評論社）三五五頁（初出は一九八四）参照）。全く同感である（中野次雄『刑事法と裁判の諸問題』（一九八七、成文堂）一五五—一五六頁（初出は一九八〇）も同旨）。野崎判事によれば、民事訴訟における証明度が刑事訴訟におけるそれよりも軽度でよいことを肯定するのは、現在の通説的見解とされる（野崎幸雄「当事者の立証活動」民事研修二七四号（一九八〇）一六頁）。ちなみに倉田氏は、審理終結の時にある主要事実の存否についての真偽不明の心証を持つような事態は稀で、百件に一つ、いな千件に一つであるという（倉田・前掲書三三八頁）。また同様の発言をする裁判官は少なくない。しかも倉田氏自身は事実認定について「断ずるに怯」で、証明責任による判決を一番多く試みた一人であろうと述べている（同『裁判官の戦後史』（一九八七、勁草書房）一四七—一四八頁）。

このことは民事裁判官が証明度をかなり低く設定しているか（松本・前掲二九頁参照）、それとも事実認定についてすこぶる自信過剰であることを憶測させるといえよう（筆者の知るかぎり多くの弁護士が、後者は憶測でなく、事実だと指摘していることを附言しておこう。事実認定の難しさの一例証として、今中道信『法服を脱いでから——裁判官随想』（一九九一、勁草書房）一五二頁参照）。

なお以上に関連して、賀集唱教授（元判事）が、心証度は九九・九％でなければならないと思う、と述べていることにふれておきたい。同氏の表現はやや難解で、実際は七対三だが、その三の隙間を埋める理由を判決に書くという（小島武司＝高倉進＝豊田愛祥『民事実務読本Ⅲ　証明・事実認定』（一九八八、東京布井出版）二四六頁）。これは結局、解明度を考慮に入れると心証度が九九・九％になるということではあるまいか（解明度については、太田・前掲一〇八頁以下、倉田・前掲『民事実務と証明論』三五五頁参照）。いい換えれば当該訴訟において審理を尽くした結果、最終的に七対三であることが一〇〇％に近く明白であることを上記のように表現しているのではないかと理解される。ちなみに、この訴訟における心証度と解明度との関係をどう理解するか、すなわち訴訟における事実認定を最終的なものとみるか否かが、スウェーデン証明論におけるテーマ説と証拠価値説との対立の基本にある重要な論点であり、前説はこれを肯定し、後説は否定する立場を採るのである。リンデルは、「私は事象Xが生起したことの蓋然性が七〇％あることを八〇％の程度まで信ずる」という言明について、前者を質的蓋然性、後者を量的蓋然性とよんでいる。Bengt Lindell, Temametoden och värdemetoden vid juridisk bevisvärdering, i Rätt och sanning (1990) s. 17 ff. なお上記両説については、拙稿「スウェーデン証拠法序説」神奈川法学二五巻三号（一九九〇）五八一頁以下〔本書七九頁以下〕参照。

(16)　松本・前掲五頁は、証明度の問題は証明責任とは異なるそれ自体大きな問題であるとして、同書では論及していない。ここに典型的にみられるような我が国の証明責任論の証明度の取扱いに対する筆者の批判的感想については、拙稿、前掲「スウェーデン法における証明責任論」九一頁注（3）〔本書一八八頁〕参照。

(17)　もっとも最近は例外的にせよ両者の分離を認める見解が増えつつある（高橋「証明責任について（二）」法学教室一二八号（一九九一）八四頁以下参照）。とくに並木氏は、主張と証明とは全く役割が違い、それぞれが別個独立の役割を担っていることを明確に指摘する（並木・前掲『要件事実の証明責任　債権総論』一〇頁)。正当な認識というべきである(ただし並木・前掲「民事訴訟における主張と証明の法律(下)」一五—一六頁参照)。

## 三　主張責任、証明責任および証明度
### ——スウェーデン法における主張・証明責任論の骨子

我が国の証明責任論は、ドイツのそれの圧倒的な影響のもとに展開されてきたが、もちろんドイツのそれがそのまま我が国で妥当するわけではない。なぜなら、ドイツ民法典の立法者は証明責任の分配を考慮にいれて法文を起草したといわれるのに対して、我が国の民法の起草者は証明責任の分配を法文の構成の中に織り込まなかったとみられるからである——このことは近時の証明責任論争の中でようやく明確に認識されてきた。(1) さらに目を他の法制度に転ずれば、そこではドイツとは全く異なる証明責任論が実務や学界を支配していることが明らかである。例えば米国では証明責任の分配に関する一般的基準は廃棄され、政策、公平、蓋然性その他の要素を複合的に考慮して証明責任の分配を決定している。(2) スウェーデンにおける証明責任論も大雑把にいえば、米国法のそれに類似するといえよう。しかもスウェーデン法は、広い意味では大陸法系に属するとされているだけに、(3) 我が国の証明責任論を考える上で示唆に富むと思われる。(4) そこで以下、スウェーデン法における証明責任論について、その骨子を紹介する。

半世紀におよぶスウェーデンの現行訴訟手続法(一九四二年制定、四八年施行)下における主張・証明責任論の学説史のなかで、法律要件分類説が有力な支持を得たことは一度もない。事態は他の北欧諸国でも同様といってよいが、誤りなきを保するためのスウェーデン法に限定して説明する。(5)

オリーヴェクルーナはすでに一九三〇年に発表した証明責任論に関するモノグラフィーのなかで、ローゼンベルクらの規範説その他のドイツの法律要件分類説的証明責任論を厳しく批判し（この中には近代スウェーデン訴訟法学の建設者というべきカーレンベリィの説も含まれた）[6]、証明責任論に関する一般原則の樹立の不可能性を指摘した。[7]そこではすでに権利根拠事実と権利障害事実とを区別することの困難性についても的確に論及されている。[8]その後におけるスウェーデン法における主張・証明責任論の展開は、彼の学説を出発点として展開され、深化してゆく。

現在のその特徴をドイツや我が国のそれと対比していうならば、次の三点に要約できる。すなわち、——

⑴　証明責任の問題は、証明責任の分配と証明度の決定の両者を包含していること。より正確には証明度は証明責任の具体化であること。

⑵　証明責任論における従来の諸説はすべて否定されているのみならず、そもそも一般的な分配原則の樹立は断念されていること。そして証明責任の分配および証明度の決定については、学説は多様であるけれども、当該実体法規の社会生活に対する浸透力とか、多元的な因子の総合的考量によって行うべきだとされていること。

⑶　証明責任と主張責任とは原則的に分離・独立したものとして捉えられていること。そして主張責任については、主として訴訟の効率的運営（無用な訴訟資料の氾濫の防止）の見地からその分配を決定すべきものと考えられていること。

そして証拠法における重点は、証明責任論プロパーよりも——それを包含しつつも——証明論に移行しているのである。[9]

行政訴訟における証明責任論について略述すると、おおむね次のとおりである。

まずスウェーデンでは行政訴訟法（förvaltningsprocessrätt）という用語は、我が国でいう行政訴訟法を含むが、より広く行政決定に関する手続規定及び一般原則の複合体を指標するものとして用いられていることに留意すべきである。[10] 法典としては行政裁判所において適用される同名の行政訴訟法典（förvaltningsprocesslag（1971：291）が存在するが、行政訴訟法の法源には同法典のみならず、行政法典（förvaltningslag（1971：290）も包含される。[11]

そこで証明責任の問題も行政訴訟のみならず、行政決定手続においても生ずるものとして論じられる。行政手続は職権探知主義（officialprincipen）を採っているので、立証の不備（真偽不明）の危険は、通常私人に負担させるべきではないというのが原則である。[12] もっともこの原則は厳格に貫徹されるわけではなく、事件の種類・性質にかんがみ修正される。図式的にいえば、処分が私人に対する侵害的なものである場合は、公共の側に証明責任が課せられるけれども、私人が公共から利益を享受しようとする場合には、彼は少なくともその利益を求めることを正当化する事実関係を立証することに努めることが要求されることになる。二当事者対立関係が存在する場合には、一般訴訟法規（範）に準則が求められる。

証明責任に関する一般原則を樹立することは困難で、このことは個々の案件の解決は、適用される行政法規の実体的内容により影響されることと関わっているといわれる。[13]

ところで、上記の諸点とくに(2)および(3)については、すでに我が国行政訴訟の主張・証明責任論（の一部）が正当にも到達しているところである。

筆者が行政訴訟の主張・証明責任論が民事訴訟のそれに示唆するものがあるというのはこのことを意味し

ているのである。我が国のおおむねの民訴学説は日本の主張・証明責任論を考えるのに、ドイツの理論状況にのみ目を奪われて自らの足元で注目すべき見解が大きく成長しつつあることを意識的・無意識的に無視してきたという批判を甘受せざるを得ないと思う。

(1) ドイツの証明責任論の詳細な検討に基づき、自説を展開する証明責任論のすぐれたモノグラフィーである松本・前掲もこの認識から出発している（三頁）。これは証明責任論争の一つの大きな成果といってよい。

この関係において、つとに中村宗雄博士が、蕩々たる法律要件分類説の主流に抗して、我が国の実体法はドイツと異なり、証明責任を考慮して立法されていない旨を指摘し、法律要件分類説を採ることはできず、結局個別的に決定するほかないと説いていたことが注目されるべきである（中村宗雄『訂正民事訴訟法下巻』（訂正三版、一九四九、早大出版会）二五五頁）。これは同氏が当時の民訴学者には珍しく若干の弁護士経験を有し、しかもドイツ法に通暁する碩学であったことにかんがみると、重要な意義を有するといえよう。

ところが、この中村説は三ケ月博士から激しい論難を浴びた（三ケ月・前掲四一四頁注（2））にとどまり、中村博士の学問的後継者と注目される人々によっても正当に継承・発展させられなかったことは甚だ残念に思われる。石田穣『証拠法の再編成』（一九八〇、東京大学出版会）の「第二章　我が国における立証責任論の発展」は、我が国の証明責任論の学説史を扱う労作であるが、中村氏の前掲書に引用しながらこの点にふれず、氏を特別要件説の論者としているのみである（二三、三〇、三三頁）。

(2) 小林・前掲一六八頁以下、同『アメリカ民事訴訟法』（一九八五、弘文堂）二五三頁以下参照。なお山村・前掲一九九頁も参照。

(3) グンナル・ベリィホルツ、拙訳「スウェーデンにおける代替的紛争解決」『国際シンポジウム・国際化時代における民事司法における報告』（一九九二）一〇頁参照。

(4) 倉田氏は、訴訟実務はおよそ規範説で動いており、非規範説には机上の空論と評したい場合も少なくないとし、判例法国は別論として、法典をもつ以上は原則として規範説を採るのが当然ではないかと思うと述べている

（倉田編・前掲二頁）。このような主張にかんがみ（これに対する批判としては、小林・前掲『アメリカ民事訴訟法』二六六頁、など参照）、以下の記述は法典国であるが、統一的法典を有しない国における証明責任論の紹介として有意義だと信ずる。

(5) 以下の記述は、拙稿・前掲「スウェーデン法における証明責任論」三七頁以下〔本書一二七頁以下〕、拙訳、P・O・ボールディング「証明責任および証明度」『竜嵜喜助先生還暦記念紛争処理と正義』（一九八八、有斐閣出版サービス）一七一頁以下〔本書四〇七頁以下〕、「スウェーデン法における主張責任論（一）」民商法雑誌一〇〇巻五号（一九八九）八九八頁以下〔本書二一頁以下〕に基づくものである。なお関連して、春日・前掲『民事証拠法研究』四九—五〇頁参照。

なお、上記各拙稿を草する当時には残念ながら参看しえなかったPer Olof Ekelöf, Kompendium över civilprocessen del II, 1948, Uppsala（エーケレーヴの民事訴訟法綱要（ステンシル版））の証明責任の部分が、一巻にまとめられた彼の著作集、Per Olof Ekelöf, Valda skrifter 1942 - 1990 (de lege) 1991, Stockholm, のなかに復刻されたので (s. 306 ff.)、ここに引用しておきたい。それによれば、彼の証明責任に関する基本的見解とくに法律要件分類説に対する批判は一九四八年当時から同一であることが分かる。

(6) Karl Olivecrona, Bevisskyldigheten och den materiella rätten, 1930, Uppsala s. 93 ff.

(7) A. a. s. 159 ff.

(8) A. a. s. 70.

(9) 拙稿・前掲「スウェーデン証拠法序説」五七三頁以下〔本書七三頁以下〕参照。

(10) Hans Ragnemalm, Förvaltnings processrättens grunder, Sjunde upplagan 1992, Stockholm, s. 13. 彼は行政機関の手続と行政裁判所のそれとの差違は、本質的なものではなく、むしろ程度問題に過ぎないとし、行政訴訟法という用語を行政裁判所の手続にのみ適用される法規に限定するのはミスリーディングだとする。A. a. s. 22-23.（ちなみに本書の著者ラーグネマルムは、ストックホルム大学の行政法教授から国会オンブズマンに転じ、現在は行政最高裁判所判事である。）

しかし他方、スウェーデンの行政裁判所は法務省の所管に属し、その司法行政については通常裁判所と同様に、司法行政庁が担当していることが留意されるべきである。

(11) A. a. s. 25 ff. スウェーデンの行政手続一般については、Håkan Strömberg, Allmän förvaltningsrätt, 1980, Lund s. 90 ff. 参照（最新版は手元になく引用できない）。なお英文による概説としては、Stig Jägerskiöld, Administrative law in : Stig Strömholm(ed.), An Introduction to Swedish Law(2nd ed.), 1988, Stockholm, pp. 79 ff. その他がある。

(12) 小早川・前掲二六六頁は、「国家機関の側で行われるべき調査検討が不十分であることの結果を相手方に負担させてはならない」と同旨のことを説いている。

(13) Ragnemalm, a. a. s. 76–77.

## 四　民事・行政訴訟における主張・証明責任論の進むべき方向

以上、すこぶる粗雑な論述に終始してしまったが、それでも結論的に、以下のことがいえるように思う。約言すれば、今後の主張・証明責任論は、民事・行政訴訟とも行政訴訟のそれ、とくに個別検討説の方向を発展させるとともに、証明度の問題を証明責任論の重要課題とすべきであり、さらに主張責任と証明責任とが別個の考量を要する問題であることを明確に認識すべきである。行政訴訟に重点をおいて、やや敷衍して述べれば以下のとおりである。

私見は主張・証明責任の分配についてほとんど異論がみられない問題についてまでその分配のあり方に異議申立てをしようとするものではない（そのような問題は、法律要件分類説にかぎらずどの説を採ってもほぼ同一の分配結果が得られるのである）。しかし行政訴訟はもちろん民事訴訟のなかの現代型訴訟や不法行為訴訟においては、証明責任分配についてある程度類型化された訴訟類型ごとに一応の分配原則のようなものをつくることはあるいは可能かもしれないとしても、それをあまり固定的・硬直的に考えるのは危険である(1)。

つぎに証明度については、行政訴訟では、通常の民事訴訟の場合より以上に、公益上の要請から証明度を通常よりも高く設定すべき場合、あるいは市民の権利保護の要請から逆に証明度を通常より低く設定すべき場合などが多いと思われる(2)。証明責任の分配にとどまらず証明度についても、具体的法文ないし紛争類型ごとに検討することはドグマティークとしての行政法学の今後の重要な任務の一つになろう。もっとも訴訟上ならびに訴訟前・外の紛争解決に対する考量が要求されるから、民事訴訟法学の側からの協同が大切であることはいうまでもない。

この紛争解決に対する考量という面に関連して、証明責任の予防的効果(それは行政訴訟の証明責任については権利保護的効果として現れるであろう)の重要性も指摘しておきたい。

証明責任の負担者およびその証明度ができるかぎり明らかになればなるほど、行政処分に際して、それをめぐる紛争が訴訟に発展した場合を考慮した証拠の保全措置(決定の理由付記を含めて)がなされることになろう。このことは少なくとも行政庁に関する限り当然に期待されるはずである。証拠の保全は通常文書の形態で行われる。そしてこのことは公文書公開制度の確立とあいまって、行政手続の透明化と紛争の自主的解決を促進すると考えられる(3)。

最後に、主張責任の証明責任に対する独立性を継承した場合、主張責任の分配については訴訟運営の合理的・効率的運営という観点からの考量を重視すべきである。合理的とか、効率的とかいう言葉は、ややもすると制度設営者の側からの発想で、国民の裁判を受ける権利を軽視するものだという批判をうけやすい。たしかに従来の司法政策、訴訟政策のなかには合理性、効率性の名のもとにそのように疑われてもやむをえないものがあったかも知れない。しかし真の意味での訴訟運営の合理化、効率化は適正・迅速かつ廉価な裁判の実現のために不可欠であり、国民の裁判を受ける権利を実質的に強化するものなのである。(4)

行政訴訟では民事訴訟以上に主張責任を証明責任と別個に考えるべき必要性がとりわけ大きいと思われる。すなわち訴訟の効率的運営の見地から原告に主張責任を課する反面、証明責任は行政庁が負うべき場合がかなりあるのではあるまいか。例えば、取消訴訟における違法事由の主張は、争点特定のためなされるもので、処分のどの要件事実を欠くかを特定できる程度に主張すれば足りるのであって、具体的に主要事実の不存在まで主張しなければならないものではないから、違法事由の主張について原告に主張責任があるということにはならないという説がある。(5) たしかに、争点特定のための主張は、主張責任というよりも訴訟における審判対象の提示というべきで、消極的確認訴訟における原告による審判対象である権利の特定に類するかもしれない。しかし、民事訴訟における事実主張の具体性の程度は紛争類型、紛争の態様により多様でありうるが、(6) 行政訴訟においても単なる違法事由の特定を超えてより詳細な事実主張の責任を原告に課するのが訴訟運営上正当化される場合もありうると思う。(7)

前述したように、真の意味での訴訟運営の合理化、効率化は、国民の裁判を受ける権利を実質的に強化するものである。行政訴訟における主張責任論がこのような方向で再構築されることは、よりよき法の支配の実現にとって大きな意義を有するのではあるまいか。(8)

(1)　誤解のないよう一言しておくが、私見によっても司法研修所におけるこれまでの要件実務教育の成果（の骨格部分）に貴重なものとして今後とも維持されるべきであろう。それはまた実務法曹にとって不可欠な要件事実的思考――要件事実的思考と要件事実論とは異なることに注意せよ――の臨床的修練として重要な意義を有すると評価される（この点については、拙稿「法曹養成と法解釈」法社会学四五号（一九九三所収）参照）。しかし、民法を裁判規範として再構築するという要件事実論の路線を徹底してゆくことには大きな疑問がある。このアプローチはとりわけ民法の財産法の領域では主張・証明責任の分配を考える上で有効であるにせよ、法文の措辞・構造はあくまでもそれを決定するための基準の一つに過ぎないことを認識すべきである。このような基本的思考態度を採用することによってこそ、思考経済を活用しつつ、新たな法的紛争についてレーグラを通じてユースを汲み上げ、現代における民事司法の役割に対する市民の期待に応えることが可能になるといえよう（二注（11）参照）。

なお、私見の詳細な論述は別の機会に譲らなければならないが、一言でつくせば一般原則的な分配基準を否定し、個別的に（ある程度の類型化は可能であり、それに努めるべきである）当該実体法（規）の趣旨、実体法（規）に基づく価値判断に利益考量的要素を加味して、証明責任の分配および証明度を決定すべきだというものである（高橋「証明責任について（三）」法学教室一二九号（一九九一）八八頁参照）。筆者は利益考量説ないし個別検討説をこのような射程を含意するものと理解している。

(2) 行政訴訟では民事訴訟よりも実体的真実解明の必要性が強いことが指摘されているが（原田尚彦「行政訴訟における文書提出命令」判例タイムズ三二五号（一九七五）一六―一七頁）。また中野貞一郎『過失の推認』（一九七八、弘文堂）六二頁（初出は一九六七）は、行政訴訟と民事訴訟の証明度が同一でよいのか問題であろうという）、必ずしも一概にそうはいえず、証明主題により異なると思われる（小早川・前掲二七四頁参照）。山村・前掲一九二頁は、原告適格を基礎づける法律上の利益を有することは疎明で足りるとする。

(3) 行政訴訟において和解が可能か否かについては学説、判例とも分れるところであるが、筆者がここでいうのは、必ずしも法的に和解という形態をとらないでなされる紛争の任意的解決を含むものである（東条武治「行政事件訴訟における和解」行政法の争点二三四―二三五頁およびそこに引用の文献参照）。

ちなみに、スウェーデンの環境損害賠償法（miljöskadelagen (1986：225)）三条三項は、同法による被害者からの損害賠償請求訴訟における因果関係の証明度について蓋然性の優越で足りる旨規定し、最高裁判例はその制定前から繰り返し同旨の見解を判示している。H. Brun, C. Diesen, T. Olsson, Bevispraxis Bevis 5 (2000) s. 451－452.。そして学説は、このような証明度の軽減は環境破壊行為を減少させるための効果的な圧力手段として重要な意義を有することを指摘している。Ulla Jacobsson, Tvistemål, 1990, Malmö, s. 90-91.

上述したところにかんがみ、〝証明責任規則のＡＤＲ (Alternative Dispute Resolution) 機能〟とでもいうべきものを検討することが今後における証明責任論の一つの大きな課題ではないかと考える（竜寄・前掲二四一頁（初出は一九八二）は、健康保険による診療報酬請求権に関する証明責任判決の社会的機能に言及しており、この問題を考える上で示唆的である）。

(4)　例えば、釈明の問題を考えただけでも、主張・証明責任が同一だとすると、証明責任の分配について疑義がある訴訟では、どちらの当事者に釈明すべきかをめぐって審理が紛糾するおそれがある。しかし両責任が別だということになれば、主張それ自体は証明よりもはるかに容易であるから、当事者は比較的気軽に釈明に応じることであろう（いわばメタ弁論として、主張責任の所在にかかわらず、訴訟進行の便宜上どちらが主張するかを合意させることも比較的容易になろう）。その結果として、訴訟中における審理時間の空費がかなり避けられると思う。

(5)　山村・前掲一八八頁。氏のこの見解は、氏が主張責任と証明責任とはその分配が一致するという立場を採ることと関連している（山村・前掲一八九頁）。しかし、氏は分配基準について利益考量説を採るのであるから、両責任の一致を固執する必要もないように思う。

(6)　司法研修所編・前掲『増補民事訴訟における要件事実第一巻』五三頁、拙稿「法的観点指摘義務」民事訴訟法判例百選Ⅰ・別冊ジュリスト一一四号（一九九二）二〇七頁参照。

(7)　もっとも取消訴訟においては、行政庁がその調査義務の範囲で証明責任のみならず主張責任も負うと解するならば（小早川・前掲二七三頁）、取消訴訟に関するかぎり私見は無益ということになる。また市橋克哉「民訴法「改正」と行政訴訟」法と民主主義二七〇号（一九九二）は、抗告訴訟においては被告行政庁に処分の具体的根拠事由を網羅的に主張させるというのがこれまでの運用であり、この運用は行政庁による資料の独占、行政手続の未整備、出訴期間の短さなどにかんがみ、行政訴訟を国民に利用しやすいものにするという視角からはどうしても維持されるべきだとする（五—六頁）。

これらの見解に強い共感を抱くけれども、行政訴訟一般を通ずる議論としては、なお私見が妥当しうる余地があると思う。

（8） 現代福祉国家においては、民事法と行政法をなるべく一体的に捉えることができる法理論が要請されているという基本的認識が筆者にはあり、以上の私見はそれを主張・証明責任論について展開したものだといってもよい。この意味で筆者は、園部逸夫最高裁判所判事の次の言葉に深い共感を覚える。「行政法で割り切れる部分は行政法に、民法で割り切れる部分は民法によって解釈するという従来の二分論では、行政法がこれからの社会の要請に応じて的確に機能して行くには不十分で、そこには、どうしても、行政法と民法とが攪拌されて混ざりあった混合型の法領域が必要なのではないかと考えるのである。」（同「行政訴訟と民事訴訟・再論」前掲『行政法の諸問題（中）』三三四頁）。そのような法領域は今後拡大の一途を辿るに違いない。この言葉は直接には行政法の専門家に向けられているように読めるが、民事（訴訟）法の研究者、実務家にとっても頂門の一針というべきであろう。

## おわりに

最初から危惧していたことなのだが、やはりそのとおりに本稿は舌足らずな一般論に終始してしまったようである。そのくせ、注記では筆者の関心の赴くままに民事訴訟関係の議論をくだくだしく書き込み過ぎた嫌いがあるかもしれない（もっとも、筆者としてはこのような注記も、行政法の研究者の方々に民事訴訟への関心を深めていただくために多少役立つのではないかと愚考しているのだが。）いずれにせよ、もともと行政法の門外漢である筆者に行政訴訟における主張・証明責任とくにその分配について個別具体的な問題を取り扱う議論をする資格も能力もあるわけがない。筆者としては行政訴訟における主張・証明責任の問題が、通常の民事訴訟のそれと共通する問題であり、しかも基本的には行政訴訟におけるその考え方をさらに発展させてゆくことが、民事・行政訴訟を通ずる主張・証明責任論の進むべき方向であることを読者にご理解いただければ、目的はほぼ達せられたことになる。そう願いつつ擱筆する次第である。

〔追　記〕

三の注(10)に引用した文献についてはその後邦訳が出ている。拙訳、ハンス・ラーグネマルム『スウェーデン行政手続・訴訟法概説』(一九九五、信山社)がそれである(引用個所は訳書では一五頁)。ちなみに、ラーグネマルムはその後EU司法裁判所判事に転じたが、現在では母国に戻り、行政最高裁判所長官の顕職にある。

# 第五　刑事訴訟における証明責任

「裁判官は神通力を持っていない。平凡な人間が考えても、有罪であることに疑いのない犯罪を処罰する程度で、社会一般は満足すべきではないか。神の眼で観れば犯人であっても、平凡な人間がそれを見逃すことは、寧ろ、その社会の誇り――とできないものだろうか。」斎藤朔郎*

＊斎藤朔郎「事実認定論」『刑事訴訟法論集』（一九六五、有斐閣。初出は一九五二）一〇一頁から。

## はじめに

本稿の主眼は、主張・証明責任論に関する私見が民事訴訟のみならず、行政、刑事の訴訟においても基本的に通用することを論証することにあるが（行政訴訟については、拙稿「行政訴訟における主張・証明責任論」『成田頼明先生横浜国立大学退官記念　国際化時代の行政と法』（一九九三、良書普及会）所収〔本書第四論文一一九五頁以下〕を参照）、このテーマに関連するかぎりで平素刑事訴訟（法）について考えていたことを若干書き込んである。あるいは刑事訴訟法専攻でない者の放言に類する部分もあるかも知れない。忌憚のない御批判、御教示を賜ることができれば幸いである。

## 一　概　説[1]

従来民事訴訟の証明責任と刑事訴訟のそれとはあまり関係がないように考えられてきたと思われる。[2]しかし私見によれば後述するように、証明責任とは意思決定における事実的基礎が不明確な場合における危険の引受けの問題なのであるから、基本的には両訴訟において同一の問題として扱うことができる。もとより刑事訴訟において証明責任が民事訴訟と著しく異なる発現形態を示すことはいうまでもないが[3]、そのことを念頭に置きながら、筆者の立場からする刑事訴訟における証明責任の基本的問題と思われるものについて若干の検討をしてみたい。

まず最初に、以下の論述に必要なかぎりで証明責任論に関する私見を説明しておこう。証明責任を考える上での出発点は、我々がある意思決定をする場合に、その決定を行うための事実的基礎が不明確なときに

（そういう場合は決して少なくない。むしろそれが通例であろう）、どのような（どの程度の）危険を冒すか、また決定を受ける両当事者が存在する場合には、その危険をどのように当事者間に分配するか、そしてその基準は何か、ということである。したがって、刑事手続についていえば、捜査段階における被疑事実に関する証明責任も考えることができるし、また考えるべきなのである。(4)

ところで、刑事訴訟の証明責任の民事訴訟との大きな相違は、無罪推定（ＩＤＰＲ）の原則の帰結として、原則として検察官がすべての法律事実（詳しくは後述）について証明責任を負うので、その分配の問題がほとんど生じないこと、しかも証明度は民事訴訟よりもはるかに高度のもの（合理的な疑いを超える証明、(5)筆者の証明度の用語でいえば原則として〝明白性〟の程度の証明）が要求されることにある。これは近代法における基本原理の一つとしての地位を確立しており、日本国憲法のもとでも明文の規定はないけれども、憲法上の原則として承認されているというべきである。(6)したがって、特段の合理的理由が存しない以上、法律の規定をもって被告人に証明責任を負わせることは違憲の疑いを生ずることになる。

違法性阻却事由・責任阻却事由や主観的要素については被告人に証明責任を負わせる説もあるが、(7)通説は正当にも反対である。(8)明文規定をもってすら特段の理由がないかぎり被告人に証明責任を分担させることが許されないのであるから、解釈による証明責任の転換やこれと同一の結果をもたらす解釈による法律上の推定(9)を認める余地はもちろんないというべきである。

（1）　証明責任を意味する用語として刑事訴訟法学では一般に（実質的）挙証責任という言葉が用いられている。客観的挙証責任、説得の責任という用語も同意義に使われている（松尾浩也「挙証責任」証拠法大系Ｉ（一九七〇、日本評論社）四九頁）。なお、斎藤博士は、確証責任という言葉を用いるが（斎藤朔郎「事実認定論」同『刑事訴訟論集』（一九六五、有斐閣。初出は一九五二）二二頁）、これは追随者を見出せなかったようである。以下、本稿では証明責任という語で一貫する。

（2） 村井敏邦「挙証責任と推定」刑事訴訟法の争点（新版）・ジュリスト増刊（一九九一）一九〇頁参照。もっとも、松尾浩也「刑事訴訟における挙証責任」上智法学論集一巻一号（一九五七）二三六頁以下、吉村徳重「刑事訴訟における形式的挙証責任の意義」法政研究二四巻二号（一九五七）二二七頁以下は、ドイツ民事訴訟法学の証明責任論に詳細に言及している。

（3） しかし旧刑事訴訟法下、職権主義と実体的真実主義を理由として証明責任の存在を否定した通説は誤りというべきである。斎藤博士はつとにこのことを明確に指摘している（斎藤・前掲二一六—二一七頁）。ドイツでは今日でも刑事訴訟の分野では証明責任論はほとんど展開されないという（田宮裕『刑事訴訟法』一九九二、有斐閣二九七頁）。

このことは我が国の刑事訴訟法学における証明責任論が英米法とくにアメリカ法のそれに傾斜してゆく一つの大きな要因を成したと推測される。その結果、我が国の証明責任論は民事訴訟法ではドイツ法の、刑事訴訟ではアメリカ法のそれぞれ圧倒的影響を受けたものになってしまい、統一的に理解するのがすこぶる困難である。これは証明責任論の実務的重要性にかんがみ、我が国の訴訟実務（家）にとって甚だ不幸なことといわなければならない。

なお、現行法の下でも検察官がすべての事実について証明責任を負う以上、証明責任という概念を認める必要がないとするものに依田敬一郎『刑事訴訟における立証の必要』（一九七七、高千穂書房）がある（六一—六二頁）。同書は弁護士である著者が実務家の立場から証明責任などに関する刑訴学説を忌憚なく批判的に検討したものですこぶる示唆に富む。もっとも氏は、団藤博士始め多くの刑訴学者が証明責任と立証の必要を混同しているというけれども、そのように誤解される余地のある表現がないわけではないにせよ、混同しているとまで断定してしまうのは疑問だと思われる（六三頁以下参照）。

（4） 私見の詳細については、拙稿「主張・証明責任論の基本問題」（神奈川大学法学研究所研究年報一九九三）

〔本書二五九頁以下〕、同・前掲「行政訴訟における主張責任・証明責任論」とくに二〇六頁以下〔本書二〇八頁以下〕参照。

（5）〝合理的な疑いを超える〟（beyond reasonable doubt）の意味内容とその表現上の問題点については、村井『疑い』は払拭されたか?―証明の程度と責任」法学セミナー四四五号（一九九二）一〇四頁参照。田村豊『裁判上の証明』（一九六〇、法律文化社）一七七―一七八頁は、合理的な疑いを定義づけることの困難さを指摘する。またドイツ法では「確実性に接着する蓋然性」（an Sicherheit grenzende Wahlscheinlichkeit）という表現が使われるが、同様の証明度を示すものとみてよい（松尾『刑事訴訟法　下　I』（一九八二、弘文堂）二三頁）。

（6）松尾・前掲「挙証責任」五一頁、田宮・前掲二九七頁、渥美東洋『刑事訴訟法〔新版〕』（一九九〇、有斐閣）三一二頁、など。田宮教授は憲法三一条、渥美教授は憲法三七条一項、三八条一項を援用する。なお、IDPR原則と証明度の関係について小田中聰樹『ゼミナール刑事訴訟法（下）演習編』（一九八八、有斐閣）一五五頁以下参照。

（7）違法性阻却事由・責任阻却事由について小野清一郎『犯罪構成要件の理論』（一九五三、有斐閣。初出は一九五二）一六五頁以下、主観的要素について井上正治「刑法における主観的要素の証明」『瀧川先生還暦記念・現代刑法学の課題　下』（一九五五、有斐閣）四四九頁以下。

（8）松尾・前掲注（1）五一頁、田宮・前掲二九八頁、村井・前掲一九〇頁、松尾浩也監修、松本時夫、土本武司編『条解刑事訴訟法』（一九八四、弘文堂）六〇九頁、など。

（9）法律上の推定については、平野龍一「刑事訴訟における推定」法学協会雑誌七四巻三号（一九五七）二三五頁以下、吉村徳重「英米法における推定（その一）九大法学二号（一九五七）一頁以下が詳しい。

## 二　証明責任の分配

### (一) 原　則

刑事訴訟における証明責任は原則としてすべての法律事実すなわち、犯罪構成要件事実のみならず、違法性阻却事実・責任阻却事実および処罰条件事実、さらに刑の加重減免の事実（の存在または不存在）についても検察官が負うのが原則である。(1) したがって、民事訴訟におけるような意味での証明責任の分配は刑事訴訟では問題にならない。

しかしこの原則を貫徹しようとすると、いかに検察官が国家権力による強大な捜査権を動員して証拠の収集・保全ができるからといって、場合により負担加重になりうる。(2) のみならず、このことは好ましからざる副作用として、捜査機関による当該犯罪と不均衡な身柄拘束その他の強制捜査、自白の強要を招く恐れがあることを合わせ考えなければならない。この意味でIDPR原則との調整に配慮しつつ、ある程度まで証明度を軽減することは、捜査段階まで視野に入れた刑事手続における人権保障の見地から検討に値価しよう。(3) また証明主題の提示を被告人にさせて、その事項にかぎって検察官が証明責任を負うとすることも考えるべきである。このような証明度の軽減や主張責任の分配は、私見によれば民事訴訟で活用されるべき法技術であるが、(4) 刑事訴訟においても限定的な利用が必要かつ有益だと思われる。

まず、証明度の軽減（詳しくは三で論及する）については、原則として犯罪事実に関するかぎり否定されなければならないが、刑の減免事由などについては考慮されてよい。(5) 量刑の事由についても同様に解すべきである。執行猶予か、実刑か両者の事由の一方について決定的に優越する証明がないときは、超過原則によるべきだとする見解も考えられるが、軽い処分を選択すべきであろう。[6][7]

つぎに、主張責任に関連する問題としては、構成要件が所有権や債権を含む場合が挙げられる。この場合の証明責任は権利根拠事実だけでなく、権利障害事実、権利滅却事実の不存在まで検察官が証明責任を負うのか、それとも民事訴訟の証明責任の原則に従えばよいのか。[8] 私見によればこの場合は、検察官がすべてについて証明責任を負うけれども、被告人は権利障害事実、権利滅却事実の存在について準主張責任（この主張の責任については後述**五**参照）を負うと解するのが相当である。（ここでは便宜のため、通説的な法律要件分類説の立場で説明している。）

同様に違法性阻却事実・責任阻却事実についても被告人が準主張責任を有し、その主張がない場合は構成要件該当事実の証明で足りるというべきである。この場合に通説は阻却事由の不存在が事実上推定されるとし、事実上の推定を理論的に疑問視する論者は、被告人にその存在についての一応の証拠の提出を要求したり（証拠提出責任）[9]、または被告人に争点を形成する責任（争点形成責任）が生ずるという。[10]

しかし一応の証拠とはなにを意味するかは曖昧であり、その意味内容いかんでは被告人にとってその程度の立証すら困難な場合がありうる。争点形成責任という新概念については、刑訴学者のあいだにも、形式的・主観的挙証責任や証拠提出責任との異同について疑問があるようである。[11]

被告人の供述は刑事訴訟においては主張と証拠という二面性を有しており、規則一九七条一項（なお刑訴三一九、三二二条参照）はこのことを明らかにしている。したがって被告人がその主張をした以上、それだけで一応の証拠の提出があったといえるし、[12] またこれによって争点が形成されたともみることができるのである。もちろんその結果として検察官にどれほどの立証が必要とされることになるかは、事案により異なりうる

（したがって証拠提出責任を認める根拠として、主張だけでは無責任になされるおそれがあるというような見解は、立証の必要の多様性を正解しないものと評すべきである）。

同様の問題が違法性阻却事実・責任阻却事実について生ずるので、以下にこの点について言及する。違法性阻却事実・責任阻却事実についても検察官は一般的な証明責任を有するが、それは原則として被告人の主張がなければ顕在化しない。これは民事訴訟において過失の証明責任が転換される場合、権利主張者の側に特定の過失の主張責任を負わせるのと同様に考えることができる。[13]これは民事、刑事を問わず対論的（弾劾的）訴訟というものの構造上本来的に要請される主張・証明のあり方だといってよい[14]（詳しくは後述五参照）。このような主張の責任を課されることは一見被告人にとって不利益なように思われるかもしれないが、実はその逆なのである。なぜならば、被告人が主張をすることにより（それは立証と異なり、ほんの一挙手、一投足の労に過ぎない）検察官の証明主題が具体的に明確になる結果、被告人にとって検察官の立証に対する効果的な反証が容易になるからである。

構成要件該当事実の存在が違法性阻却事実・責任阻却事実の不存在を事実上推定させるとは必ずしも経験則からはいえないし[15]、また上記のように考えれば、構成要件該当事実の証明による違法性阻却事実・責任阻却事実の不存在の事実上の推定というような理論構成を採る必要はないわけである。もっとも被告人の主張がない場合でも証拠上その疑念が生ずるときは立証の必要が直ちに顕在化することはいうまでもない。

## （二）証明度

すでに刑事訴訟における原則的証明度については明らかにされているが、ここで証明度の軽減との関係で

問題になる証明度の段階について整理しておこう。刑事訴訟においても民事訴訟で用いた証明度の図が利用できる。(16)

有罪（事実の存在）
明　白　性
十分な証明
相当な蓋然性
一応の蓋然性
（中間点）……
明　白　性
無罪（事実の不存在）

明白性（合理的な疑いを超える証明）
十分な証明（罪を犯したことを疑うに足りる十分な理由――刑訴二一〇条一項(17)
相当な蓋然性（罪を犯したことを疑うに足りる相当な理由――同法六〇条一項、一九九条一項）
一応の蓋然性（同規則九条三項、同法二一八条一項の場合の犯罪事実。疎明も同じ）

この証明度の図は、捜査段階においても証明責任および証明度が問題になることを明らかに示している。この場合の証明責任は捜査官が被疑事実を証明度まで立証できなかったときに被る不利益、危険であり、勾留請求却下、逮捕状請求却下などを結果する。もっとも捜査段階における証明度は、ことの性質上被疑者の側の反証にほとんど晒されていないので、その解明度は極めて低いことに注意すべきである。(18)

### ㈢　法律上の推定

刑事訴訟法学の議論では、法律上の（事実）推定には、義務的推定と許容的推定があるとされる。(19)これは民事訴訟理論ではみられない分類である。義務的推定は民事訴訟における法律上の推定と同じであるが、許容的推定は、反証がないこと自体を証拠として、推定事実を認定することができるという推定である。刑事訴訟における推定はこの許容的推定だとする説が有力である。[20] これは筆者のいう証明度の軽減にとどまる法律上の推定とほとんど同じであり、民事訴訟における表見証明に類する。[21]

表見証明と同様に、許容的推定もその実体はおおむね証明度の軽減にほかならないと考えられる。こういう言い方をすると刑事訴訟ではショッキングに響くかも知れないが、前提事実の立証だけで反証がなければ推定事実が確信の程度まで証明されるというのは、実は推定事実についての証明度が前提事実の証明という推定事実としては低い証明度に軽減されており、反証の提出はその証明度に達した心証を動揺させるから、反証がなければ証明があったという結果になるのとほとんど変わりがないのである。反証の提出がないことは必ずしも証明力を増強するわけではない。[22] このように許容的推定の実体が証明度の軽減であることを認識することは、この種規定の実質的合理的根拠を探り、刑事訴訟における証明責任の原則からの逸脱を監視するためにも必要だと考える。

なお、上述のとおり刑事訴訟における法律上の推定は民事訴訟と異なり明文規定がなければ認められないのが原則であるが、被告人に有利な事実については証明度の軽減としての法律上の推定を解釈により認める余地があると考える。

### (四) 事実上の推定

事実上の推定についても一言しておこう。事実上の推定の本体は推定でなく推理であって、事物の蓋然性に基づく純然たる事実判断にほかならず、別言すれば経験則の与える証拠価値のことである。[23] しかし学説や判例が事実上の推定と称しているものの中には、実は経験則の与える証拠価値以上のものを推定する「証明度を軽減する法律上の推定」（ないしそれに類似のもの）が混在しているとみられる。[24] 民事訴訟における一応の推定や、刑事訴訟における構成要件事実の証明により違法阻却事実・責任阻却事実の不存在が事実上推定される（私はそれに反対であるけれども）という場合の事実上の推定なるものは正にこれに属する。それは経験則の与える以上のものを推定しているからである。このような事実上の推定が民刑両訴訟において用いられる主要な理由は、我が国では一般的に法律上の推定は法規の明文がある場合にかぎるという固定観念があるため、解釈による法律上の推定という概念に考えおよばないためであろう。[25]

わざわざ事実上の推定という場合の多くは、実は一種の軽い程度の法律上の推定すなわち証明度の軽減であることを洞察すべきである。[26]

（1）　通説である。松尾・刑事訴訟法二二二頁、田宮・前掲二九八頁、石井一正『刑事訴訟法』（一九八八、判例タイムズ社）三四六頁など。ただし基本的に通説の立場を採りながら減刑事由のうち自首については、被告人の証明責任に属するとする説もあるが（斎藤・前掲五二頁）、自首でないことについて検察官が証明責任を負うと解するのが正しいと思う（多数説も同様である――同頁）。

（2）　依田氏は、弁護士の立場からしても検察官に極めて過重な負担を強いることになるという（依田・前掲二三、七頁）。

（3）　井上博士が主観的要素につき証明責任の転換を提唱し――そのこと自体には賛成しがたいが――、その論拠の一部として、被告人に対する捜査機関の追及防止、強制捜査権限との調和を挙げているのは卓見である（井上・前掲四六三、四六九、四七三頁）。

（4）　詳しくは拙稿・前掲「主張・証明責任論の基本問題」〔本書二五九頁以下〕参照。

（5）　エーケレーヴはスウェーデン法について同様の結論をとる（Per Olof Ekelöf, Rättegång IV (5 uppl, 1982)

s. 128参照)。団藤博士は「刑の減免の理由となる事実についても、その不存在につき検察官に挙証責任があるものと解するのがおそらく正当であろう。」と微妙な表現をする(団藤重光『新刑事訴訟法綱要 六訂版』(一九五八、創文社)一九九頁)。小野・前掲は被告人に負担させている(一七二―一七三頁)。

なお、注(1)のとおり斎藤博士は、自首の事実の証明責任は被告人にあるとするが、検察官の証明責任の証明度が軽減されるにとどまると解するほうが妥当であろう。

(6) エーケレーヴはスウェーデン法について同様の結論をとる(Ekelöf, a. a. s. 129参照)。

(7) 犯罪事実についても一見類似の問題が生ずる。例えば殺人事件において被害者の嘱託の有無が争われ、嘱託の事実について十分な証明がない場合は(真偽不明の場合を含めて)軽い嘱託殺人罪として処理すべきである。もっとも、実はこの場合は検察官が嘱託がないことについて証明責任を有するのであるから、類似は表見的なものに過ぎない(村井・前掲「『疑い』は払拭されたか?――証明の程度と責任」一〇七頁およびそこに掲記の裁判例参照)。

(8) スウェーデン法の議論についてEkelöf, a. a. s. 128 not 199参照。

(9) 平野龍一『刑事訴訟法』(一九五八、有斐閣)一八四頁。

(10) 松尾・前掲『刑事訴訟法 下 I』一九頁。

(11) 村井・前掲一九〇頁。

(12) 田村・前掲一七六―一七七頁は、「被告人は一般的には不利な状況証拠で囲繞されている。そして、彼の唯一の頼みは自己の単なる事実の否認である」という。吉村「無罪の推定と有罪の推定」法政研究二五巻二―四合併号(一九五九)四二一頁も、「被告人によっては供述以外に自己に有利な証拠をもたない場合もあろう。」と指摘する。また毛利弁護士は、阻却事由の不存在のような事実上の推定は主張のみでも破れるとする(毛利与一『刑事証拠法』(一九六七、法律文化社)四二頁)。

(13) 拙稿「スウェーデン法における主張責任論(二)」民商法雑誌一〇〇巻六号(一九八九)一〇三九頁、一〇四二頁注(4)〔本書三七、四〇頁〕参照。なお、自動車損害賠償保障法三条の場合は、単なる証明責任の転換ではないから、権利主張者（被害者原告）による過失に関する証明主題の提示の主張を要しないわけである。
(14) 拙稿「スウェーデン法における主張責任論(一)」民商法雑誌一〇〇巻五号（一九八九）八九五頁〔本書一六一—一七頁〕参照。
(15) 山崎清『証拠法序説』（一九六一、有精堂出版）一三二頁、一三六頁以下参照。
(16) この図については拙稿「スウェーデン証拠法序説」神奈川法学二五巻三号（一九九〇）五九一—五九二頁〔本書九一—九二頁〕参照。
(17) 柏木千秋『刑事訴訟法』（一九七〇、有斐閣）二〇一頁注（1）参照。松尾・前掲刑事訴訟法一六頁は、令状発布の要件としての犯罪事実の嫌疑を認定する場合は訴訟法上の事実の認定だという。しかし訴訟法上の事実であろうが、原則として証明責任および証明度の問題が変わるわけではない。なお疎明については、民事訴訟では証明度の軽減と証拠の制限に特色があるが（民訴二六六条一項）、刑事訴訟では訴訟法上の事実に関する証明度の軽減として規定されており、証拠を制限する明文はない（刑訴二〇六条一項、二二七条二項など）。筆者は疎明の証明度を最も低い「一応の蓋然性」と理解している。ちなみに、事実認定に証拠調べの規定が適用されないことが、証明度を論ずる妨げとなるものでないことはもちろんである（柏木・前掲二〇九頁注（1）は、疎明についても証明責任が問題となりうることを指摘している）。
(18) 解明度については、拙稿・前掲「行政訴訟における証明責任」二二二頁(二)注（15）〔本書二一五頁〕参照。解明度を考慮すると、逮捕と勾留の場合の証明度は同一であるが、勾留は勾留質問を経たうえでなされるから（刑訴六一条）、逮捕よりも解明度が高いというべきである。この点に留意することは勾留の司法的抑制のために有意義だと思われる。勾留質問で被疑者の弁解を聴いた結果に基づき、被疑事実を認めるべき相当の理由がないとして勾留請求が却下される場合がありうることを理論的に説明できるからである（却下の場合検察官が裁判官に文句をいってくることが多いが、それに対する理論武装の提供にもなりうるであろう）。一応の蓋然性は嫌疑が五〇％を超える証明度であり、それよりも低い嫌疑があると思料される場合は任意捜査で処理すべきである（刑訴一八九条二項、一九一条一項参照）。このように任意捜査と強制捜査の限界を画する意味でも証明度の決定は重要だといわなければならない。

(19) 平野『刑事訴訟法の基礎理論』(一九六四、日本評論社)一四〇―一四一頁、吉村・前掲「英米法における推定(その一)」四、一九頁、村井・前掲一九一頁など。

(20) 斎藤・前掲七三頁以下、平野・前掲『刑事訴訟法概説』一三二頁、田宮・「挙証責任」法学教室九一号(一九八八)一〇七頁など。もっとも団藤・前掲一九七頁は、法律上の推定を覆すためには反対の事実を証明する必要があるという。斎藤博士は民事訴訟法を含めた法律上の推定一般の効果として、義務的推定の効果を認める我が国の通説は疑問だとする(斎藤・前掲七八―八〇頁)。依田氏も同説である(依田・前掲五四頁)。

(21) 拙稿・前掲「スウェーデン法における証明責任論」五八―五九頁〔本書一五一頁〕参照。

(22) 吉村・前掲「無罪の推定と有罪の推定」四二六頁は、被告人に証拠の提出を要求するためには、「供述以外に有利な証拠をもっていることの蓋然性が大である必要がある。」という。

(23) 斎藤・前掲七一頁参照。

(24) 山崎・前掲一四〇―一四一頁参照。この点については、英米法における議論とくにデニング判事の見解が参考に価する。彼によれば、推定は決定推定(conclusive presumption)、強制推定(compelling presumption)、仮の推定(provisional presumption)の三つに分類され、第一は反証を許さない法律上の推定、第三は事実上の推定とこれに類する一部の反証を許す推定、第二は残余の反証を許す法律上の推定である。そして第二と第三の法律的効果の違いは、後者は相手方に証拠提出の責任を促すにすぎず、前者は証明責任を転換するところにある(A. T. Denning, Presumptions and Burdens. 61 L. Q. R. (1945), 379 et seq. 田宮・前掲一四二―一四三頁)。我が国で事実上の推定とよばれるものはこの第三の推定とほぼ同じだと思われる。

(25) 前注(21)参照。

(26) 中島博士が事実上の推定は証明度を軽減するという(中島弘道『挙証責任の研究』(一九四九、有斐閣)一五二―一五三頁)のに対して、斎藤博士は挙証責任と心証を混同するものと批判する(斎藤・前掲七七頁注(9))。文字どおりに解すればこの批判は正しいが、中島氏の所論は事実上の推定のなかに実は証明度の軽減としての法律上の推定があることの洞察に基づいているのではないかと思われる。この点については、田村・前掲一五六―一五七頁参照。

## 三　証明度の軽減

### (一)　その一――例外としての被告人に対する証明責任の分配に関連して

刑事訴訟における証明度はいうまでもなく民事訴訟のそれよりもはるかに高い。しかし上述したようにそれが軽減される場合もありうる。本節ではこの問題をとくに被告人に対する証明責任の転換の問題と関連させて考えてみる。

まず一般的にいって、合理的な疑いを超える証明度が要求されるのは有罪のための事実についてであり、無罪のための事実についてではないことに留意する必要がある。このことは有罪のための事実の証明責任が原則として検察官にあるため通常は顕在化した問題として意識されないが（違法性・責任阻却事実の不存在が証明されない場合のなかには、その存在が明白なものから、かなり高い蓋然性をもってその不存在が立証されているが確信にまで至らないものまで含まれている）、被告人に証明責任が課されている場合（それは無罪のための事実の証明責任である）にはこの点がまさに問題となるのである。現行法上、被告人に証明責任が課されている場合は極めて少なく、学説上議論されるのは、刑法二〇七条の同時傷害、二三〇条の二の事実の真実性の証明、いわゆる公害罪法五条の因果関係の推定などであるが、ここでは二三〇条の二の場合を例にとって考える。

上記の理由により、この場合の事実の真実性の証明に必要とされる証明度は合理的な疑いを超えるものであることを要せず、民事訴訟の証明度で足りると解すべきである。(1)実質的にもそう解しないで、私人である被告人に刑事訴訟の原則的証明度による証明を要求したのでは本条が適用される可能性は著しく限定されてしまう。このことは一般的に被告人に証明責任が課されている場合に該当するといえる(2)。もっともすべての場合にそうであるとは必ずしも断定できず、異なる証明度を要求する特段の合理的理由がある場合もありうると考えられる。これは個別の刑罰法規ごとに刑事実体法の解釈として決すべき問題である。

### (二) その二——犯罪の軽重、主観的要素と証明度の軽減

証明度の軽減に関するもう一つの重要な——そしておそらく意見の一致をみるのが極度に困難な問題——は、犯罪の軽重に応じて異別の証明度を認めるべきか、すなわち合理的疑いを超える証明を証明度とする原則から言えば、それからの乖離としての証明度の軽減という問題である。

我々は日常経験の世界において、意思決定を行うにあたってその事実的基礎を判断する場合、ことの軽重に応じて危険の引受けの程度を異にしている。例えばスケートをするための結氷の程度を判断する場合でも、遊びでするときと、他に交通機関がなく、緊急の用務で対岸に行かねばならぬときでは異なる危険の引受けをせざるを得ないのである(3)。このことは裁判官の事実認定における証明度の決定にあっても不可避的に影響するのではあるまいか。そしてそれは基本的に是認されてしかるべきではないのか。実際問題として例えば、強盗殺人事件と信号無視の道路交通法違反事件の証明度が同一であると果たして信じられるであろうか。またそもそも同一であることが必要なのか。これがここでの問題である。

ところが、証拠法レベルの議論としては犯罪の軽重にかかわらず証明度は同一だとする見解が通説であり、判例だと思われる(4)。ただその建前がどこまで実際に貫かれているかはかなり疑問である。おそらく道路交通

法違反の罪の証明度などはかなり低いのではないか。またこの種事件の処理のコストを考えるとそれでやむを得ないのではあるまいか。さらに留意すべき点は、軽微な犯罪についてまであまりに高度の証明度を要求すると、最終的には罰金や科料で片付く軽微犯罪について捜査段階で逮捕などの強制捜査を誘発し、ひいてそれが刑罰に代わるサンクション機能を果たすという本末転倒の結果を招来する危険があることである。(この危険は現在すでにある程度顕在化していると思われる。(5))

この危険の問題はさらに、一般に高度の証明度を要求する犯罪についても、一定の事実とくに主観的要素については証明度を軽減すべきではないかという問題を提起する。この点は犯罪の軽重による証明度の軽減以上に異論の多い問題かも知れない。しかし未必の故意を例に採るまでもなく、(6)主観的要素は被告人の自白がなければ決定的な証明は困難であり、我が国の裁判官の心理としては自白がないと一抹の不安を感ずるのが偽らざる気持ちであろう。これを一概に自白偏重の意識と非難することはできない。高い証明値に達した証明により正しい裁判をしたいという慎重さの現れなのだから。しかしそれが捜査官をして自白の獲得に狂奔させ、結果的に任意性に問題のある自白を多発させ、誤判の最大の原因を成していることは疑いえない事実である。(7)

そうだとすると、問題解決の方向としては、主観的要素の少なくとも一部については証明度の軽減を認めること、および推定規定を設けること(とくに行政刑法に関する犯罪については)以外にはないように思われる。刑法学者が主観的要素について精緻な理論を構築すること、刑事訴訟法学者が主観的要素についても高い証明度を要求することは、いずれも刑事法の人権保障機能を十全ならしめようとの良き意図に基づくことは言うまでもない。しかし現実には、それがかえって人権侵害の温床にもなっているのではないかという疑いがないわけではないことに思いを致すべきであろう。

刑事法学のアウトサイダーである筆者にはこれ以上の具体的議論を展開する能力がないけれども、本稿のテーマとの関係でいえばＩＤＰＲ原則との調整に配慮しつつ、どのような犯罪について、またどのような犯罪のどのような主観的要素について、どの程度証明度の軽減が認められるべきかが検討されてよいのではあるまいか。そして、推定規定についても「個別的に現在の推定規定の合理性を検討」すべき必要があることはそのとおりであるが、「将来的には、このような推定規定を払拭していくのが、望ましい立法のあり方[8]」と言い切ることにはかなり疑問があると思わざるを得ないのである。[9][10]

（1）　学説はおおむね同趣旨である（平野・前掲『刑事訴訟法』一八七頁、渥美・前掲三一五頁、など）。ただし、判例は反対である（最判昭和三四・五・七刑集一三巻五号六四一頁）。

（2）　ほとんどの学説がこのことを認める。前注（1）掲記の文献のほか、前掲『条解刑事訴訟法』六〇九頁、鈴木・前掲『刑事訴訟法』二〇〇頁、田宮・前掲『刑事訴訟法』三〇三頁、など。なお刑事訴訟学者は一般に「証拠（明）の優越」という語を用いているが（英米法の影響であろう）、それは民事訴訟における証明度の意味と解される（例えば田宮・前掲二九一頁参照）。しかし、我が国の民事訴訟における証明度が証拠（明）の優越だといわれれば、民事訴訟の理論家も実務家も大多数が異議を唱えるであろう（もっともこの言葉の意味内容が曖昧だから、それをどう理解するかにもよるが（Ｐ・Ｏ・ボールディング、拙訳「証明責任および証明度」『竜嵜喜助先生還暦記念　紛争処理と正義』（一九八八、有斐閣出版サービス）一九八頁訳注〔13〕〔本書四三五—四三六頁〕参照））。我が国の民事訴訟では通常より高い証明度（筆者の用語では「十分な証明」）が要求されているからである（例えば小林秀之『証拠法』（一九九〇、弘文堂）六九—七〇頁参照）。また証拠（明）の優越という概念は我が国の民事訴訟の理論および実務に馴染みのないものである。さらに、刑訴学者のいう証拠（明）の優越が民事訴訟の証明度（筆者の用語では「十分な証明」）を意味するのか、それともより低い証明度（筆者の用語では「相当な蓋然性」、あるいは「一応の蓋然性」）を意味するのか必ずしも明らかでないといわざるを得ない。

したがって、このような慣熟していない概念をそのまま我が国の議論に持ち込むことは理論の実務への浸透力を考えるならば、極めて問題ではないかと筆者は考える。筆者自身は刑事訴訟における証明度の軽減を、原則として証明度を「明白性」から「十分な証明」に引き下げる意味で用いていることを念のために明らかにしておきたい。

（3）　拙稿・前掲「スウェーデン法における証明責任論」四六頁参照。ウイグモアも証明責任の存在について、AがMから投資を得たいと望み、BがMの投資に反対している場合を例にとって説明している（斎藤・前掲一九一―二〇頁）。しかし二当事者の例なので、訴訟の場合に近い反面、スケートの例に比べると射程が狭過ぎる。

（4）　前掲『条解刑事訴訟法』六〇九頁は、交通事件即決裁判手続や略式手続においても、犯罪事実については合理的な疑いを超えた証明を必要とするという。一般にこのことを当然自明としているのであろう。

しかし裁判官出身の柏木教授は、等しく証明の心証といっても死刑の言渡しと執行猶予の言渡しとでは事実上心証の程度に差異のあることは否定できないであろうとする（柏木・前掲二〇一頁注（1））。また英法についてケニィは、犯罪が重大であればあるほど、必要とされる証明の限度も高くなるという（C. T. Kenny, Outline of Criminal Law 15th ed. 1936)、p. 454、ケニィ『英国刑事法要論（証拠法の部）』（司法資料二八六号、一九四九）一二六頁）。

リアリスチックなアプローチを好むスウェーデン法においても議論は分かれている。エーケレーヴは証明度はすべての犯罪について同程度であるべきだとし、その理由として軽微な犯罪は通常の市民も犯すことが多く、そのような市民は罰金刑によって、職業的犯罪者が拘禁刑により受ける以上の苦痛を被ることがありうることなどを挙げる。Ekelöf, a. a. s. 126. これに対してボールディングやサーリンは犯罪の軽重により証明度は異なるべきだとする。もっともボールディングは、罰金刑に当たる事件でも一律に証明度を考えるべきではなく、犯罪類型の相違を考慮に入れることを要するとする。例えば道路交通法違反と性的逸脱を理由とする軽微犯罪（我が国の軽犯罪法一条二三号など参照）とは同一には論じられないとする（Per Olof Bolding, Går det att bevisas? s. 113, Nils-Erik Salin, Beviskrav i brottmål, Advokaten 1988 s. 267.）。なお、この点に関するクラーミの所説について、末尾の〔補論〕参照。

(5) 違法性阻却事由・責任阻却事由について被告人の側に検察官による犯罪事実の証明と同様の高度の証明度が要求されているのが実態だと聞く。もしこれが事実だとすれば、本文のような証明度軽減の主張は、結果的に被告人側の立証の証明度の軽減に寄与するであろう。したがってこのような面からも、犯罪事実に関する証明度の軽減が被告人に不利益だとは一概にいえないのである。

(6) 在官当時、被告人の警察での供述調書には未必の故意が明確に記載されていない場合、検察官調書には例外なくその点が明示されているのを読んで、検察官は肉体的拷問はおそらく絶対にしないだろうが、これは一種の法律的拷問かも知れない、という感想をいだいたことを想起する。しかし、本文で述べるように裁判所がこういう内容の供述調書を好むから検察官はそうするのであって、検察官としては状況からして未必の故意が認定しうる場合でも、被疑者に無理にでもそう言わせるか、法律的作文をしたい心理になるのを必ずしも責められないかも知れない。

(7) 平野氏が許容的推定の意義について、第一に経験則たる事実上の推定を法文化することにより、事実の推論に臆病な裁判官を教育するという効果を挙げているのは(平野・前掲「刑事訴訟における推定」一三五頁)、本文のような裁判官の慎重さを考慮してのことであろう。

(8) 村井・前掲刑事訴訟法の争点一九一頁。

(9) 斎藤・前掲七七―七八頁は、刑事訴訟における法律上の推定の活用の必要性を説く。

(10) 私見は、かつての検察部内のイデオローグにより主張された主観的要素の立証困難を理由とする刑法の客観化の提唱(松尾「挙証責任および推定」刑事訴訟法講座二巻(一九六四、有斐閣)一二四頁参照)と同様の主張と誤解されるかも知れない。しかし私見は、捜査における身柄拘束の謙抑、とくに少なくとも否認する被疑者を代用監獄に勾留することの絶対的禁止とワンセットでの主張であることにとくに注意を喚起したいと思う。

## 四　主観的証明責任、証拠提出責任、争点形成責任?

刑事訴訟においては主観的証明責任や証拠提出責任を認める学説が有力である。(1) 主観的証明責任はほぼ民事訴訟と同様の用法で使われているが、証拠提出責任は陪審制度を前提とする英米法の証拠提出責任(burden of producing evidence)から示唆されて生まれたもので、刑事訴訟法学に特有の観念である。(2) しかし近時民事訴訟でもドイツの学説の動向に影響されて主観的証明責任の新たな形態について証拠提出責任という用語が使われ始めたから、(3) 両者の誤解、混同を生ずる危険は大きい。(4)

民事訴訟においても主観的証明責任も証拠提出責任も不要だと考えるので、まして刑事訴訟では無用だと思う。(5) 争点形成責任についても同様である。

繰り返しになるが、刑事訴訟においては検察官が原則としてすべての証明主題について証明責任を負うのである。そして検察官は公益の代表者(検察庁法四条参照)として公訴を提起するのであるから、起訴した以上その事件について立証すべき義務を有することは別段の訴訟法上の義務付けを要しない。したがって、裁判所が検察官に立証を促すために主観的証明責任が必要だというような議論は無用だと思う。(6)

刑事訴訟における主観的証明責任や証拠提出責任などの導入は、被告人に過大な立証負担を課する機能を営むだけではないか――これは論者の意図に反してであろうが――と危惧せざるを得ない。(7) 否認事件においてほとんどの場合被告人の保釈は著しく困難であること、国選弁護の貧弱な実情、とくに捜査段階における国選弁護の欠如などを考えると、被告人については訴訟の具体的状況に応じて立証の必要が生じうるとするだけで十分だと考える。(8)

突然逮捕され、長期間にわたり拘留され、弁護人との打合わせもままならない状況の中で公判に臨まなければならぬ被告人（否認事件の被告人の大半はこのような状況のなかにある）に対して、当事者主義の名のもとに上記のような責任を課するのは、筆者には行き過ぎた当事者主義の固執としか思われない(9)。刑事手続過程の現実を直視するならば、公判審理（における証拠調べ）とは、裁判所と被告人、弁護人が共同して検察官提出の有罪のための証拠を吟味するフォーラムであり、そこでは被告人の利益のための職権主義(10)に補完された当事者主義が支配する、とみたほうが我が国の刑事裁判のあり方にふさわしいのではあるまいか(11)。

（1） 村井・前掲刑事訴訟法の争点一九〇頁参照。
（2） 松尾・前掲「挙証責任」五〇頁。
（3） 松本博之『証明責任の分配』（一九八七、有斐閣）一一頁以下、春日偉知郎『民事証拠法研究』（一九九一、有斐閣）二四頁以下、など。
（4） もっとも小林・前掲は民事訴訟の証拠提出責任を米国法のそれと同様に理解し、この観念の採用に賛成する（二四七―二四八頁）。
（5） 詳しくは拙稿・前掲「主張・証明責任論の基本問題」〔本書二五九頁以下〕参照。なお、柏木・前掲二一〇―二一一頁注（2）参照。
（6） 証拠提出責任を提唱する平野氏ですら「検察官は公訴を提起して有罪を主張した以上それを立証する責任があるといっても不当ではないと思われる。」という（平野・前掲『刑事訴訟法概説』一九三頁）。
（7） 伊達博士もこのことを強調し、「実務の立場からみると、刑事訴訟において、いかに当事者主義が強化されたからといって、法律的な意味においてかような立証の負担という観念を認めることは、どうも納得できない。」という（伊達秋雄『刑事訴訟法講話』（一九五七、日本評論社）二一四頁）。
（8） 同旨 伊達・前掲二一六頁、鈴木茂嗣『刑事訴訟法〔改訂版〕』（一九九〇、青林書院）二〇〇頁、同『刑事

訴訟法の基本問題』(一九八八、成文堂)一八七頁。実務家や実務家出身の刑訴学者が立証の必要と主観的証明責任を同視し、主観的証明責任や証拠提出責任に特別の関心を示さないのは実務の智恵として高く評価されてよい(前掲『条解刑事訴訟法』六〇九―六一〇頁、石井・前掲三四五頁、土本武司『刑事訴訟法要義』(一九九一、有斐閣)三三三―三三四頁)。なお、田宮教授は立証の必要を「事実的挙証責任とよぶのがふさわしい」というが(田宮・前掲三〇〇頁)、無用の術語をふやし、実務家を混乱させるだけではあるまいか。そもそも証明責任は規範的問題であるから、事実的証明責任という用語は形容矛盾の嫌いがある。

(9) 大野正男「法廷技術」前掲刑事訴訟法の争点一六七頁は、証拠開示の伴わない当事者主義は、〝一方的当事者主義〟だと批判する。証明責任を巡る理論のほとんどは、現行刑事訴訟法がまだ新刑訴とよばれていたころに、英米とくにアメリカの証拠法理論を参考にして構築されている。そこでは当事者主義に対するやや楽観的な期待が随所に感じられる。しかし半世紀に近い刑事訴訟法運用の軌跡は、その期待とは異なる現実を産み出すに至っている。その是非は別として、このような現実を踏まえた刑事訴訟法の理念にふさわしい被告人の権利保護のための理論は、たんに当事者主義の強調だけで足りるとは考えられない。もっとも刑訴学者は必ずしもそう考えないようである(田口守一「書評　田宮裕『刑事訴訟法』」法学セミナー四五八号(一九九三)一三六頁参照)。なお依田・前掲も実務家の立場から、多くの学説が当事者主義の名のもとに被告人に不利益な解釈をすることの不当さを指摘している(一六、一八―一九頁)。

(10) 平野氏は、法が裁判所に職権証拠調べの権限を認めたのはおそらく主として被告人の権利を守るためだと思われる、という(平野・前掲『刑事訴訟法の基礎理論』一四三頁)。

(11) 高名な民事訴訟法学者であり、現に弁護士でもある木川統一郎博士はその刑事弁護の経験を踏まえて、我が国の刑事法廷(合議体)には四人の検察官――検察官席の検察官と裁判官席に座っている裁判官という名の検察官――がいると指摘している(同「四人の検事」判例タイムズ四一六号(一九八〇)一頁)。この表現を逆に借用すれば、被告人には四人(単独体では二人)の弁護人――本来の弁護人と裁判官という名の公益弁護人――が必要なのではあるまいか。

## 五　準主張責任

刑事訴訟においては明文による例外規定がある場合を除き、被告人に本来の意味の主張責任がないことはいうまでもない。(1) しかし検察官が原則としてすべての証明主題について証明責任を負っていることにかんがみ、そして当該事件において法律的に関連を有する事実はほとんど無限といってもよいから（例えば違法性阻却事由だけについても実に多くの場合が列挙されうる）、ある種の事実については被告人の主張を待って、かつその主張の範囲内に証明責任の内容を限界づけることが刑事訴訟といえども必要である。(2) 筆者が紹介したオリーヴェクルーナのいう継続的関連性の原則、継続的証明の原則は民事、刑事を問わずすべての訴訟に妥当するのである。(3) そして、このことは審理の拡散化を防止し、真に必要な事項に立証を集中させるという意味で、被告人にとっても利益である。刑事訴訟法三三五条二項はこのような意味における主張の責任の根拠として援用できるであろう（たとい同条項のような規定がないとしても、訴訟理論的には訴訟における信義則にその究極的根拠を求めることができよう）。(4)

このような意味における被告人の主張の責任は本来のそれと区別する意味で〝準主張責任〟とよぶべきものであるが（民事訴訟における主要事実以外の事実に関する準主張責任と同じである）、簡略のため単に主張責任といっても、刑事訴訟では本来の意味の主張責任は被告人については例外的にしか存在しないのだから、誤解の生ずる余地はほとんどない。(5)

準主張責任について繰り返し説明しておけば、ある事実の主張がない場合は、それが顧慮されない（ことがありうる）という不利益、危険をもたらす結果責任である。つまり真正の主張責任が、ある事実の主張がない場合にそれを判決の基礎にできない不利益、危険であるのと類似する面と異なる面がある。その特徴は、真正の主張責任が通常、自己が証明責任を負う証明主題の提示であるのに対して、準主張責任は通常、相手方が証明責任を負う証明主題の提示であるという点にある。

弁論主義の適用される民事訴訟では準主張責任は主要事実以外の事実について問題となるのみであるが、刑事訴訟では被告人主張の事実は原則としてすべて準主張責任の対象である。

筆者は前述したように、証拠提出責任や争点形成責任に反対であるが、その意味内容を被告人の準主張責任と同一のものとして捉えるならば、その限りにおいてそれを肯定しても別に問題はないわけである。被告人の主張は証拠でもあり、またそれによって検察官が立証すべき主題が明確になることは、すなわち争点が形成されることであるから、このような理解は決して我田引水の議論ではないはずである。しかし、このように解することができるとすれば、準主張責任のほかに被告人に過大な責任を課する懸念を生ずる（少なくともそういう印象を与える）証拠提出責任や争点形成責任というような概念は不要に帰することになる。

（1）　平場博士は訴因、罰条について主張責任の概念を認めるが（平場安治『改訂刑事訴訟法講義』（一九五四、有斐閣）一四六頁）、これに対して依田氏は、違法性阻却事由・責任阻却事由についてその証拠があっても被告人の主張がないかぎり認定できないという懸念を生じかねないから主張責任を認めるのは不当だとする（依田・前掲九〇頁注（39））。準主張責任という概念、ネーミングはこのような批判を避けることもできよう。

（2）　ディーセンはスウェーデン刑事訴訟について同趣旨を主張する（Christian Diesen, Bevisprövning i brottmål (1994) s. 67.）。

（3）　拙稿・前掲「スウェーデン法における主張責任論㈠」八九四―八九五頁〔本書一六―一七頁〕参照。

（4）　中野貞一郎「変わりゆく民事裁判」奈良法学会雑誌四巻二号（一九九一）二五頁参照。

（5）　実務における道具としての訴訟理論の使いやすさという面を重視し、いたずらに術語、概念を増やすことを避ける私見の立場と、準主張責任という概念の提唱は一見矛盾するような印象を与えるかも知れない。しかし真に必要な概念の創出まで避けることはできないし、それでは理論の役割の否定になってしまう。準主張責任という概念は、前注（1）の批判のような誤解を招かないためにも、また民事訴訟の主張責任論との統一的理解をはかるためにも有用なのである。もっとも末広厳太郎「小智恵にとらわれた現代の法律学」同『嘘の効用』（一九五四、日本評論社）一六七―一六八頁の指摘とくに「できるならば、いわゆる学説の数を減らすことをひたすら心掛けてこそ立派な学者である。」（一五七頁）という言葉は、今日においても法律学者にとって頂門の一針だと信じている。

## むすび

以上の私見は筆者の民事、行政訴訟における主張・証明責任論の延長線上にあり、民事、行政、刑事のすべての訴訟を通じてそれが基本的には同一の問題で、ただ現象形態を異にするだけであることを明らかにし、その結果として、できるだけ実務家にとって理解しやすく、かつ使いやすい道具としての理論を提供することを意図している。しばしば法律（解釈）学の任務は裁判をコントロールすることにあるといわれるが、そもそも法律実務家に十分に理解されることなしには、コントロールの機能を発揮する余地がないであろう（理解しながら故意に無視するのは論外として）。この意味で裁判をコントロールできる理論と裁判実務に役立つ理論とは同じ盾の両面に過ぎないともいえよう。多くの実務家は民事、行政、刑事の訴訟を同時にまたは時を異にして取り扱わなければならない。不必要な概念、理論の相違は混乱をひきおこし[(1)]、効率的な訴訟運営を妨げ、訴訟関係人とくに被告人の権利保護に悪影響をきたす恐れがありうるのである[(2)]。

もっとも、筆者は刑事訴訟法の専攻者ではなく、刑訴理論の全体的、体系的理論に欠けるところがあることは自認せざるを得ない。本稿のテーマに関するかぎりはなるべく網羅的に文献を読んだつもりであるが、それにも思わぬ見落としがあるかも知れない。筆者としては刑訴理論に関する知見の乏しさを、かつてのささやかな実務体験（数年間の刑事裁判官としての執務と、僅かな刑事弁護事件の取扱いにすぎないが）で得たものでおぎないつつ、貧しい思索を重ねてみた次第である。実務に関わったのもすでにずいぶん昔の話であるけれども、管見のかぎりでは我が国の刑事司法の状況は当時も現在もほとんど変化していないように思われる。したがって、私見がそれほど的外れという程のことはないと思う。

最後にもう一点附言しておきたい。刑事訴訟事件はそれに関連する民事訴訟（国家賠償その他の損害賠償事件など）を発生させる。また立法論としては被害者の権利救済の観点から附帯私訴制度の再導入も一つの切実な検討課題であろう。このような問題を視野に収めるとき、こうした試みも、必ずしもアウトサイダーの放言として一蹴されるべきではあるまいと考えるのである。

（1）　民事訴訟法学と刑事訴訟法学とで証明責任に関する用語が異なること、とくに後者では用語が多様であることも大きな問題である（依田・前掲三七頁参照）。しかし民事訴訟法学と刑事訴訟法学のどちらもお互いに譲歩しないだろうから、統一を望むことはできまい。その意味でも私見のように基本的に証明責任と立証の必要の二つしか用語として用いなければ、用語の単純化と合わせてその統一も達成されることになる。

（2）　ささやかな実務体験から一例を挙げておきたい。筆者は修習生時代（昭和二七、八年）を含めて、刑事法廷で弁護人が検察側が提出しようとする検察官、司法警察職員作成の供述調書に対して、成立は認めるが立証趣旨は争う、というような民事訴訟と同様の認否をするのをしばしば目撃した。このような場合は裁判所から、それは同意する趣旨ですね、と釈明されて肯定するのが通例だったが、実は同意（刑訴三二六条）ということの意味がよく分からなかったのだと思う。すなわち、弁護人は刑事訴訟法に馴染みがないため、公務員作成の文書の成立は否認できないが（民訴三二三条参照）、その内容は被告人に不利なので証拠にしたくないという趣旨を上記のように表現したのであるまいか。だとすると、真意はむしろ同意しないということではなかったかと思われる（必ずしも弁護人を不勉強と批判することはできない。筆者が修習した部の裁判長は名刑事裁判官とうたわれた人だが、公然と「私は新刑訴が分からない」というのが口癖で、ほんとうにあまり知らなかったようである。検察官が証拠調べの請求をした際および証拠調べ実施後意見を問われて、意見はないと述べたときは、同意したものと認めてよいという最判昭二六・九・二八刑集五巻一〇号二一三二頁の背景にはこのような実務の実態があったのである）。

我が国の刑事裁判の現状の最大の特徴と問題点は調書裁判にあると指摘されているが（石松竹雄「裁判官からみたわが国の刑事裁判」現代司法を考える会『わが国の刑事裁判を考える』（一九九一）四頁）、その原因の一つはこの辺にもあるのではないかと筆者は考えざるを得ないのである。なお調書裁判については、「特集　刑事弁護と「調書裁判」」刑法雑誌三二巻四号（一九九二）五五一頁以下参照。

〔補論〕三の注（4）に関連する補論（証明度決定に関するクラーミの所説）

フィンランドの法学者クラーミ（ヘルシンキ大学教授）は現在北欧の証明（責任）論の分野におけるもっともアクティヴな研究者といってよいが、証明度の決定について次の公式を提示する。*

$$P_{\min} > \frac{1}{1+\frac{D_g}{D_i}}$$

$D_i$は誤った有罪判決がもたらす害悪（損失効用、以下同じ）、$D_g$は誤った無罪判決がもたらす害悪である。

かりに前者を一〇〇、後者を二〇とすると、

$$\frac{1}{1+\frac{20}{100}}=\frac{1}{1.2}=0.833=83.3\%$$ になる

しばしば誤った有罪判決の危険のみが語られるが、これは正しくないと彼はいう。誤った有罪判決のみに害悪が付着すると考えると、証明度は事実上一〇〇%に設定しなければならなくなってしまう。すなわち

$$\frac{1}{1+\frac{0}{x}}=\frac{1}{1}=1=100\%$$

ゆえに、誤った無罪判決に伴う害悪も考慮すべきである。とくに重大な刑事事件では真犯人が無罪になり、犯罪が迷宮入りになってしまうことは看過し難い害悪だとする。

彼はこのような基本的立場を踏まえて、一般論として重大犯罪の証明度が軽微犯罪のそれよりも高くあるべきだとは必ずしもいえず、また軽微犯罪の誤判についても有罪判決と無罪判決とでは異なる害悪をもたらしうるから、証明度を一律に考えるべきではないとする。例えば、著名な政治家が万引きで起訴された場合、誤った無罪判決は大した害悪をもたらさないが、誤った有罪判決は彼にとって破滅的な害悪をもたらすかも知れない、と述べている。Hans Tapani Klami, Mordet på Olof Palme (1990), s. 19–20.

なお、一人の無実の者を罰するよりも一〇人の真犯人を逃がしたほうがよいという法諺は、彼の公式にしたがうと、$D_g$が一〇%になるので、証明度は九〇・九%に設定される。すなわち

$$\text{証明度}>\frac{1}{1+\frac{10}{100}}=\frac{1}{1.1}=0.909=90.9\%$$

Klami, a. a. s. 60–61.（この証明度を十分とみるかどうかは別論である。）

＊　この公式およびクラーミの所説については、拙稿「スウェーデン法における証明責任論」神奈川大学法学研究所研究年報一二号（一九九一）八七―八八頁〔本書一八三―一八四頁〕、拙訳、ハンス・ターパニ・クラーミ、マリア・ラヒカイネンおよびヨハンナ・ソルヴェットラ「北欧における証明論・証明責任論の新しい動向」同号三三五頁以下〔本書四四一頁以下〕参照。

〔追　記〕

〔補論〕においてクラーミのいう「軽微犯罪の誤判についても有罪判決と無罪判決とでは異なる害悪をもたらしうるから、証明度を一律に考えるべきではない」という説に関連して考えさせられるのは、最近わが国では痴漢（条例違反）冤罪が主張される事件が増加していることである。例えば、いわゆる長崎事件における判決の量刑は罰金五万円であるが、被告人は事実誤認による冤罪を主張して最高裁に上告している。弁護人の数は一〇〇名を超え、二〇〇余頁に及ぶ膨大な上告趣意書が提出されている（被告人自身も詳細な上告趣意書を提出）。被告人および弁護人が本件に費やした時間、費用そしてエネルギーは、判決における量刑と全く比較を絶することが明らかである。このことは軽微犯罪における証明度も犯罪類型に応じて考えるべきこと（痴漢犯罪などにおいては慎重・厳格な事実認定の必要性）を強く示唆するといえよう。

なお、本稿においては参照できなかったが、その後増田豊教授の「刑事手続における法律上の推定と表見証明――特に責任推定と危険推定をめぐって」法律論叢六五巻四・五合併号（一九九三）その他一連の刑事証明論に関する論稿を読み、多大の教示を得た。記して謝意を表する次第である。

# 第六　主張・証明責任論の基本問題



## プロローグ――意図するもの

ここでは民事訴訟における主張・証明責任(1)の法理を論ずる。我が国の民事訴訟における主張・証明責任論の領域では、長らくいわゆる法律要件分類説が実務および学説の双方を支配してきたが、一九七〇年代の初頭からいわゆる証明責任論争が展開され、学説はいまや百花繚乱の観を呈するに至っている[2]。しかしこの論争は必ずしも我が国の訴訟実務ないし訴訟理論の内発的要請から生まれたものとはいえず——公害訴訟や医療過誤訴訟の頻発など我が国の民事訴訟をめぐる客観的状況の変化がその背景に存在することは否定できないが——、ドイツの学説の動向に敏感に反応した面が強い（ドイツで規範説批判の火蓋を切ったライポルトの著書が現れたのが一九六六年である[3]）。そのためか、証明責任論争は実務にほとんど浸透せず[4]、また論争はドイツのそれに余りにも引き摺られ過ぎたきらいがあり[5]、主張・証明責任論の在り方を根本的に再検討し、新しい理論構築を行う方向への展開を示していないように思われる。現在、証明責任論争が低迷化している大きな原因はまさにこの辺にあるのではあるまいか[6]。例えば、証明責任規範の要否はこの論争における最も基本的な論点の一つであるが、議論の花々しさのわりにはその内容は貧困と評せざるを得ず、あえていえば「泰山鳴動鼠一匹」の感すらしないではない[7]。

しかし主張・証明責任は、適正・迅速な訴訟運営のために決定的に重要な課題を成すというべきである。証明責任は、すべての民事、行政および刑事の訴訟運営に不可欠であるのみならず、訴訟外の公私の法律生活にも大きな影響を与えるのである。また主張責任は証明責任と異なり、その射程は弁論主義の働く民事訴訟および行政訴訟に限られるとはいえ、合理的、効率的で公正な訴訟運営にとってきわめて重要な役割を有する（ただし、後述するように準主張責任はすべての訴訟において働くことに注意）。ところが証明責任論争のなかでは、証明責任の機能がきわめて限局されたものとして捉えられ、しかも主張責任と証明責任との機能の差異が十分に意識されていない。

主張・証明責任はこれまで一般に考えられてきた以上に、はるかに訴訟運営上実務的に有用なものであること、とくに証明責任はそれを超えて重要な予防法的機能をも有することを認識し、それにふさわしい主張・証明責任論の新たな構築がなされなければなるまい。(8) これは訴訟理論ないし紛争解決の理論の研究として必要であるとともに、我が国における紛争の法的解決、裁判運営の適正化、合理化の見地からも焦眉の急務だと思われる。

このような問題関心から従来の主張・証明責任論を根本的に再検討し、真に「民事訴訟の脊椎」として機能しうるような主張・証明責任論を構築、提示することに及ばずながら努めたい―せめてその基本的方向だけは示したい―と考える。そして、ここで提示される証明責任の法理が一般的には、行政訴訟、刑事訴訟さらには行政手続などにおける判決ないし意思決定にも適用されうるものであることも明らかにしたい。なお、我が国の主張・証明責任論の現状と問題点について拙稿「行政訴訟における主張・証明責任論」『成田頼明先生横浜国立大学退官記念　国際化時代の行政と法』(一九九三、良書普及会)所収〔本書第四論文―一九五頁以下〕、の論述を前提にしている。

(1)　これまでの我が国の主張・証明責任論の一般的見解によると、主張責任と証明責任とはその分配(基準)が一致する――前者は後者に従う――と考えられているので、本稿においては以下、文脈上誤解が生じない限り証明責任(論)という表現が主張責任(論)を包含をする意味で用いられることが多いことをお断りしておく。

(2)　詳しくは、拙稿・前掲「行政訴訟における主張・証明責任論」二〇三頁以下〔本書二〇五頁以下〕参照。

(3)　Dieter Leipold, Beweislastregeln und gesetzliche Vermutungen (1966).
なお、以下本稿において依拠する外国法に関する文献資料は、北欧法に関するものを除き、原則として我が国のそれを用いることをお断りしておく。その理由は、この分野においてはすでに多数のすぐれた比較法的研究が存在し、とりわけドイツについては厖大な研究業績が蓄積されており、それらを最大限に利用させて頂くことは、学問における分業として許されると考えること、および外国法（理論）に言及するのは、主に我が国に受容されているものとしてのそれに対する関心からであることによる。

（4）竜嵜教授は、証明責任論に関する「多くの文献にもかかわらず、わが裁判実務は微動だにしない」と嘆ずる（竜嵜喜助『証明責任論』（一九八七、有斐閣出版サービス）二〇四頁）。

（5）高橋教授は証明責任規範をめぐる論争について、その意義に一定の評価を与えつつも「ただし、余りに特殊ドイツ的な論議という部分がないではないとは言えるかもしれない。」と述べている（高橋宏志「証明責任について（一）」法学教室一一七号（一九九一）六二頁注（8））。

（6）拙稿「スウェーデン法における証明責任論」神奈川大学法学研究所研究年報一二号（一九九一）九一頁注（2）〔本書一八七―一八八頁〕参照。

（7）規範説的立場からの批判であるが、松浦教授は「この論争は多分に観念的な、また卵が先か鶏が先か式の争い」だという（兼子一＝松浦馨＝新堂幸司＝竹下守夫『条解民事訴訟法』（一九八六、弘文堂）九三二頁）。この点については前注（5）参照。

（8）春日教授は、証拠提出責任（主観的証明責任）を重視し、審理の充実をはかることにより、証明責任による裁判を避けることのほうがむしろ先決であるとする（これに賛同するものとして、竹下守夫、石川明両教授が挙げられている（春日『民事証拠法研究』（一九九一、有斐閣）四頁、一一頁注（17））。しかしこのような方向に必ずしも全面的には賛成できない。そこには我が国の研究者の事実認定に対する過度の楽観論が根底にあるように感じられる。のみならず審理充実の主張は、劣位にある当事者に過度の負担を課するおそれがあることを看過すべきではないと考える。

## 〔補論〕 このテーマに関するスウェーデン法の比較法的重要性について

法規の措辞・構造から証明責任の分配を引き出す規範説ないし法律要件分類説は包括的な実体私法典の存在を自明の前提とするから、コモン・ローの法制の国々においては規範説ないし法律要件分類説による証明責任の分配が不可能であることはみやすい道理である。(1) このことは例えば米国の証明責任論についてみれば直ちに明らかになる。そこでは証明責任の分配に関する一般的基準は廃棄され、政策、公平、蓋然性その他の要素を複合的に考慮して証明責任の分配が決定されている。(2)

これに対して、大陸法制の国々では、ドイツにおいて規範説が長らく通説の地位を占めてき、激しい証明責任論争を経たいまなお、修正された規範説が通説の地位を堅持していることは周知のところである。(3) またフランスにおいても一種の法律要件分類説が通説といわれる。(4)

ところがスウェーデンは広い意味では大陸法制に属するけれども、パンデクテン・システムを採用しておらず、包括的な民法典を有しない(契約法、売買法その他の個別的私法典のみが存在する)。そして法文は理解しやすさとか、審美的理由を考慮して書かれているとされる。(5) したがって、規範説ないし法律要件分類説の根拠となるべき法典を欠くことになる。このことがスウェーデンにおいて規範説がその登場の初期から拒絶反応をもって迎えられた根本的理由であろう。

我が国の民法典が証明責任の分配を十分に考慮して立法されていないことはすでに学界における共通の理解といってよい。(6) そうすると、我が民法はドイツ民法とスウェーデン民法との中間にあるとみることもできるのであって、スウェーデンの証明責任論は我が国の証明責任問題を考える上ですこぶる示唆に富むのではないかと思われるのである。

さらに、伝統的証明責任論――この言葉は法律要件分類説を含む従来の証明責任論の総称の意味で使うことにする――の立場を採っても証明責任が証明度の問題や証明(論)と密接に関連していることを否定できないが、(7) これらの分野ではスウェーデンはドイツよりはるかに進んでおり、ドイツにおいて証明度の議論は始まったのは一九七五年ごろ以降であって、しかもそれはとりわけスウェーデン法に刺激されたことによるものであることはドイツの学者の自認するところである。(8) この意味でもスウェーデンの証明責任論および証明論の研究は我々にとって重要な関心事とならざるを得ないのである。

以上によって、このテーマに関するスウェーデン法の研究が、現在の我が国の民事訴訟の理論と実務にとって有用であることは疑問の余地がないといえよう。(9)

(1) 英国のハートやフランスのグジェゴルティクのいう外的視点と内的視点という分類によれば、裁判官は行政官と異なり、ある程度（法律）外的視点に立たざるを得ないとされる（星野英一「民法学（法学）以前」千葉大学法学論集六三巻三・四号（一九九二）三二頁）。この意味でも法規を過度に拘束的に考える嫌いのある規範説ないし法律要件分類説は基本的法制の差異を超えて問題を含んでいるように思われる。

(2) 小林秀之『証拠法』（一九八九、弘文堂）一六八頁以下、『アメリカ民事訴訟法』（一九八五、弘文堂）二五三頁以下。

(3) P・アーレンス＝H・プリュッティング、吉野正三郎＝松村和徳＝安達栄司訳『ドイツ民事訴訟法』（一九九〇、晃洋書房）一八一頁（プリュッティング）。

(4) 若林安雄「フランス法における証明責任論（序説）」判例タイムズ三三四号（一九七六）三二頁）。

(5) 拙稿・前掲「スウェーデン法における証明責任論」五〇頁〔本書一四四頁〕。

(6) 石田穣『証拠法の再構成』（一九八〇、東京大学出版会）一七頁、松本『証明責任の分配』（一九八七、有斐

閣）三頁（新版・一九九六、信山社　以下、引用は旧版による）竜嵜・前掲一八四頁、小林・前掲『証拠法』一五九頁、など。

（7）松本・前掲五頁参照。

（8）アーレンス＝プリュッティング、吉野＝松村＝安達訳・前掲一七〇頁（プリュッティング）。このようにドイツで証明度の議論が始まったのは一九七五年ごろ以降であるのに、スウェーデンではすでに一九四〇年代の前半から証明度の議論がなされているのであって、この点に関する限りドイツ訴訟法学は低開発国ないし発展途上国だったといわざるを得ない。しかもこの状況は証明責任論争を経験した現在に至っても十分には解消されていないように思われる。

（9）我が国の民事訴訟の理論および実務において最近、スウェーデン法が注目されていることを物語る二つの事実についてふれておきたい。一つは、一九九二年八月に行われた民事訴訟法施行百周年を記念する国際シンポジウム「国際化時代における民事司法」にスウェーデンからも代表的報告者が招かれたことである（その人、グンナル・ベリィホルツ（ルンド大学教授）は「スウェーデンにおける裁判外紛争解決」と題する報告書を提出したが（それを訳出した）、残念ながら急病のため会議に出席できなかった。）

もう一つは同年五月、菅野宏之判事が最高裁判所から派遣されてスウェーデンの民事司法の調査研究に赴いたことである。同氏は、裁判官、司法行政関係者、民事訴訟関係法規の改正作業の担当者などと面接するなど精力的に活動し、多大の成果を収められたようである（最高裁判所事務総局編『外国の民事訴訟の審理に関する参考資料』（一九九三、法曹会）における氏のスウェーデンに関する記述および発言を参照）。もっとも、同氏が発表した最終的な報告書というべき「スウェーデンにおける民事訴訟の運営」法曹会編『ヨーロッパにおける民事訴訟の実情㊦』（一九九八、法曹会）三三一頁以下）の内容をみる限りでは、その調査研究の結果は、現地滞在の期間が一週間足らずであったこととスウェーデン（訴訟）法に関する基礎知識の欠如が相乗的に作用したためであろうが、誤解と即断を含むものに終わっているのが惜しまれる。例えば、最高裁の裁判官は長官を除けば行政庁の本省の課長クラスに位置付けられるという記述（三四一頁）などはその典型例である。スウェーデンでは最高裁長官という官職名はなく（この点、高裁長官hovrättspresident）とは異なる)、正式には他の裁判官と同様に最高裁判事（justitieråd）に過ぎないし、長官がとくに大きな行政上の権限を有するわけでもない。そして最高裁判事は法曹界における最高の顕職であって、弁護士や大学教授でその任命を拒絶する者は絶無に近い（何人かの友人の教授に聞いてみたが、いずれも最高裁判事への任命は大きな名誉と考えるという回答であった）。スウェーデンの最高裁判事の名誉のためにこのことを特記しておく。

（なお、刑事司法についても、植村稔判事が翌九三年四月から数カ月にわたる現地での調査研究を行われた。）

## 一　問題の所在

私見によれば、（客観的）証明責任とは、意思決定における事実的基礎が不明確な場合における解決策、危険の引受けの問題である。すなわち我々がある意思決定をする場合に、その決定を行うための事実的基礎が十分でないとき（そういう場合は決して少なくない）に、どのような（どの程度の）危険を冒すか、また決定を受ける両当事者が存在する場合には、その危険をどのように当事者間に分配するか、そしてその基準は何か、ということが証明責任の問題として論じられることの基本なのである。民事訴訟における従来の証明責任論が一般に権利の確定・証明という観点からアプローチするという権利中心的思考に彩られているのは、民事訴訟の審理・判断の対象が権利であるために特殊な変容を受けているからであって、決して民事訴訟の証明責任の本質的属性に由来するものではないというべきである。このような証明責任の理解こそ自由心証主義のもとにおける証明責任の最も正しい理解だと筆者は考える。このことが本稿の基本的出発点である。

証明責任（義務）という言葉ないし概念やその分配原則それ自体はローマ法以来存在する。(1)しかし真偽不明の場合における当事者の負担ないし危険としての客観的証明責任が明確に認識され、問題とされるのは、ドイツにおいて現行民事訴訟法の制定により裁判宣誓が廃止されたことを機縁とする。それまでは、不完全な証明の場合の真偽不明は、足りない証明力を補充して完全な証拠とし、または不完全な証拠を排除する裁判宣誓制度によって解決されていたので、真偽不明を解決する客観的証明責任の概念を必要としなかったのである。(2)

ようやく民事法制定後約一〇年を経て客観的証明責任論が相次いで登場し、一九〇〇年にはすでにローゼンベルクの『証明責任論』の初版が現れている。一九一〇年代には客観的証明責任論が大勢を占めるに至った。他方、裁判宣誓、要求宣誓に代る当事者尋問の導入により自由心証主義が確立し、事案の真偽不明はほとんど生じないような期待ないし幻想が支配していたことに留意すべきである。(3)（この点はスウェーデンでも同様であり、一九四二年の訴訟手続法の制定による完全な自由心証主義への移行は真偽不明の事態の発生をほとんど絶滅させるとの楽観論が支配していた。(4)）

ドイツにおいて証明度に関して確信概念が採られ、証明責任論が証明責任の分配問題だけに関心を示しており、最近にいたるまで証明度の問題が学説の関心を惹かなかったことの根源には、法定証拠主義とりわけ裁判宣誓制度との関連があると考えられる。すなわち、法定証拠主義における完全証明（拠）と自由心証主義における確信が意識的ないし無意識的に等値されてしまい、その結果として真偽不明の場合における証明責任の分配問題を決定すれば足り、証明度を問題にする必要はないということにされたものと考えられるのである。(5)

法定証拠主義的思考に囚われたドイツの法的証明責任論を脱却すれば、証明責任の問題は証明度を包含する——多くの場合証明度のほうが分配問題よりもむしろ重要である——ものであること、そしてそれは訴訟における特有の問題ではなく、対立当事者の存在しない手続はもちろん、ひろく意思決定における事実的基礎が不明確な場合における危険の引受けの問題として考察されることが明らかになる。スウェーデンの証明責任論における超過原則の提唱者P・O・ボールディングは、その証拠法の概説書における証明責任の記述の冒頭に、湖水がスケートをするのに充分なほど結氷しているかどうかの判断の例を挙げ、「法律学を〝閉じたシステム〟としてみてはならない。そのような見方は現実の多様性に適合しない理論に導いてしまうおそれがある」という意味の指摘をしている[6]が、まさに至言だと思う。この批判は、ドイツおよび我が国の証明責任論の大部分に対して向けられるといえよう。

証明責任の問題を証明度の問題[7]と関連させて考えれば、法文から証明責任の分配を引き出す規範説ないし法律要件分類説が成立する根拠は失われるとともに、証明責任の分配と主張責任のそれとを原則的に一致させるという思考様式の妥当性に対する疑問が生ぜざるを得なくなるはずである[8]。もっともこのことは、思考経済として規範説的主張・証明責任の分配が一定の範囲で有効であることまで否定するわけではないことを付け加えておきたい。

ところで、この最後の点は主張・証明責任分配の一般原則の可否という最も重要な問題に連なるので、節を改めて詳しく論ずることにしよう（主張責任と証明責任との原則的不一致という問題は六において後述する）。

（1） 雉本朗造「証明責任の分配」同『民事訴訟法論文集』（一九二八、内外出版印刷）八四七頁以下、中島弘道『挙証責任の研究』（一九五三、有斐閣）三四頁以下、など参照。
（2） 竜寄・前掲二一頁。
（3） 竜寄・前掲二五頁。
（4） 拙稿・前掲「スウェーデン法における証明責任論」六二頁〔本書一五五頁〕参照。

（5） 拙稿・前掲「スウェーデン法における証明責任論」四七頁〔本書一三八―一三九頁〕におけるエーケレーヴの見解参照。
（6） 拙稿・前掲「スウェーデン法における証明責任論」四六頁〔本書一三六―一三七頁〕。
（7） したがってスウェーデンの学者は、証明度を〝証明責任点〟bevisbördepunkt とよんでいる(Ekelöf & Boman（後掲), s. 57, Per Olof Bolding, Går det att bevisas? (1989) s. 98.)。
（8） 最近の我が国の学説は、証明度の問題が証明責任と同じく法律問題であることを認めながら、それは証明責任とは異別の問題だとする（松本・前掲四―五頁、春日・前掲一八頁）。このことに関連して春日氏は、証明責任が原則として実体法に属するのに対して、証明度は訴訟法に属する点で対蹠的だとし、この法的性質の問題は定義規定の面よりも国際私法、時際法および証明責任契約の有効性の諸問題と密接に関連しているために意味をもつのだという（同・前掲二二三頁注（12））。筆者はこの点についてまだ十分に詰めて検討していないが、証明責任の問題のなかに証明度を含めるならば、当然に証明度の問題も実体法の問題と考えてよいと思う。
もっとも刑事訴訟について、田宮教授は証明責任規則は手続法に属するという（田宮裕「挙証責任」法学教室九一号（一九八八）一〇四頁注（3）、同『刑事訴訟法』（一九九二、有斐閣二九六頁注（19））。犯罪の国際化したがって刑事訴訟の国際化に伴い、証明責任の問題も国際刑事訴訟法学の問題となることが予想される。

## 二 証明責任の分配と証明度

法律要件分類説その他の証明責任の分配に関する一般原則は果たして可能なのであるか。このことはドイツやフランスではおおむね肯定され、他方、英米やスウェーデンなどでは否定されている。このような基本的差異をもたらしている根本的理由は、両者における実体法規の在り方にあると考えられることはすでに指摘した。しかし証明度を考慮に入れるならば、法典国においても（修正）規範説ないし法律要件分類説（以下、法律要件分類説という語は（修正）規範説を含む意味で用いる）による分配基準を採用することは困難なはずである。それ以外の証明責任論争以前の伝統的証明責任論による分配基準は学説史的過去に属するもので、ここで是非を論ずる必要があるとは思われない。

しかも分配問題だけを考えても、法律要件分類説が原則的に機能しうるのはおおむね通常の契約法の領域にすぎず、不法行為法や新たに生成中の権利が問題となる紛争、さらには行政法がからむ紛争などではそれが十分な切れ味を発揮することを期待できないことは事実が示している。(1)

そうであるのに、限定的な機能しか期待しえない法律要件分類説に基づく主張・証明責任の分配の理論の修練を最高度に重視する司法研修所の要件事実教育の基本路線には疑問があるというべきである。（もっともそれが複雑多様な法的現実の中から紛争の解決＝審理・判決のために重要な要素となる事実（要件事実）を識別する、という法律家にとって基本的に重要な能力の養成に寄与する面があることは率直に肯定されてよい。(2)）

証明責任の分配に関する実効的な一般的基本原則は存在せず（真偽不明の場合に主要事実の不存在を疑制する原則規定なるものはそれ自体正しいにせよ、とりたてて議論するほどのものとは思われない）、それは実体法の趣旨・目的に照らし、かつ各種の多面的考量を経て決定するほかないというべきである。(3) その際証明責任の分配および証明度の決定が、たんに訴訟において権利の保護が実現されることを意図するだけでなく、それが紛争の予防ないし訴訟前・外での紛争解決にも寄与しうるような解釈がなされなければならない。実体法の措辞・構造が証明責任の分配や証明度を指示しているならば、もちろんそれに最優先順位が与えられる。(4) このかぎりにおいては法律要件分類説が適用されるという言い方も可能である——そう事態を表現したいならば、また、このような証明責任の分配および証明度決定の手法をマスターした上で、契約法的ケースにおいては便宜、まず実務処理の効率化のために法律要件分類説的アプローチを試みてみることは一向に差し支えないことである。

ところで証明度については、①明白性（刑事訴訟における原則的証明度）、（②準・明白性[5]）③十分な証明（民事訴訟における原則的証明度）、④相当な証明（民事訴訟における軽減された証明度）、⑤一応の証明（同）の四つないし五つに分けるのが訴訟実務の実態に即すると思う。[6] 図示すればつぎのようになる。

事実の存在

明　白　性
（準・明白性）
十分な証明
相当な証明
一応の証明
一応の証明
相当な証明
十分な証明
（準・明白性）
明　白　性

事実の不存在

もっとも、これらを％で表示する我が国における学説の説明[7]には筆者はやや警戒的である——説明の便宜としては理解できるが——。これらはちょうど水の温度を感覚的に、冷たい、ぬるい、暖かい、熱いと表現するようにラフな程度でしかその差異を説明できないのである。[8]

### ＊　否認と抗弁および本証と反証の区別

伝統的証明責任論では、証明責任を負う者が、その事実について提出する主張が抗弁であり、また証明責任を負う事実についてする証拠が本証であるとして、否認と抗弁および本証と反証の区別の基準としてきた。しかし主張責任と証明責任が異別のものであり、その分配が異なることになると、この区別は維持できず、新たな基準が必要になる。

結論的にいえば、否認と抗弁の区別については主張責任の所在により、本証と反証の区別については原則として証明責任の所在により決すべきである。[9]

もっとも、主張不存在の場合における当事者の不利益、危険としての主張責任があまり大きな意味を有しないことは後に述べるとおりであり(六)、本証と反証の区別についても、両者の間に立証上の差異があるわけではない。(10) したがって、この区別の必要性は、従来考えられてきたよりも小さいといえる。

また、主張や立証の釈明は、必ずしも主張・証明責任の分配に基づいてなされるわけではなく、訴訟過程の具体的状況に即応してなされるのであるから、審理上主張・証明責任の分配が予め明確になっていることが要求されるともいえない（それが望ましいことはもちろんであるが)。なお判決書の書き方におけるこの区別の必要性の問題については、後述八を参照。

要するに、主要事実の明確化とその主張・立証は訴訟運営上不可欠であるが、このことはそれが主張・証明責任の分配を必然的前提として行われることと同一ではないのである。後者は望ましいことであるにせよ、主張・証明責任の分配が法文上一義的に明確であるか、解釈によりそれが達成できることが前提になる。しかしこのような前提は限られた法的紛争についてしか可能でないのである。(立法当時、一義的に明確な法文すら時代の変化につれて妥当性を失うことがありうる。(11))

以上が私見による証明責任分配および証明度決定に関する基本的考え方であるが、これは証明度軽減および証明責任転換としての法律上の推定ならびに超過原則によって補完される必要がある。次節以下で論ずることにしたい。

(1) その一例である鶴岡灯油訴訟事件判決について、拙稿・前掲「スウェーデン法における証明責任論」九一頁注(3)〔本書一八八頁〕参照。

(2) 拙稿「法曹養成と法解釈」法社会学四五号（一九九三）一三―一四頁。なお、「ミニ・シンポジウム　大学における民事訴訟法教育」民事訴訟雑誌三八号（一九九二）一七〇―一七一頁における加藤新太郎判事の発言参照。

（3）　柏木博士が証明責任の分配は結局解釈問題であるという立場を採っているのは（柏木邦良『民事訴訟法への視点　ドイツ民事訴訟法管見』（一九九二、リンパック）一三四―一三五頁）、私見にかなり近い面があるように思われる。氏の所説はドイツ法に精通する我が国の民事訴訟法学者の中では驚くほどドイツ法理論に囚われない柔軟さを示している。

（4）　我が国では実体法が証明度を指示している例は民事法では見当たらないようである。疎明は証明度の軽減と利用しうる証拠方法の制限がワン・セットになったものであるから、純粋の証明度に関するものではない。疎明は証明度の軽減のみならず証拠方法の制限をも規定するものであるから（もっとも刑事訴訟の疎明には証拠方法の制限は規定されていない）、疎明の解明度は極めて低いというべきである。また解明度が低いことが保全手続において疎明があるにも拘らず、担保を供与させることを正当化するわけである。

しかし刑事訴訟法には「罪を犯したことを疑うに足りる相当な理由」（六〇条、一九九条）、「罪を犯したことを疑うに足りる充分な理由」（二一〇条）など証明度に関する規定が存在する。とくに後者は第一次的には犯罪捜査の職にある者が、緊急逮捕という意思決定をする場合の証明責任および証明度を規定したものということができ、私見のような証明責任の理解が伝統的証明責任論よりも広範かつ有効な射程距離を有することを示す例証である。もっともこれらの証明度も疎明と同様に解明度が低いことに注意すべきである（拙稿・前掲「刑事訴訟における証明責任」一四二頁注（18）〔本書二四一頁〕参照）。

（ちなみに、民法五七六条の「権利ノ全部又ハ一部ヲ……失ウ虞アルトキ」などについては、「おそれ」の基礎事実は証明すべきだというのが従来の見解であるが（司法研修所民事裁判教官室編『増補　民事訴訟における要件事実　第一巻』（一九八八、法曹会）一三九頁以下参照）、むしろ証明度の軽減を定めた趣旨、すなわち証明主題の性質にかんがみ証明度を蓋然性の程度にまで軽減したものと解する余地もあると思われる。証明度を証明責任論のなかに取り込んだ場合には、このような議論を個別の法規について行うことが可能になるのである。）

（5） 証明度はゆるやかな枠のあるものだから、準・明白性は証明度として設定せず、明白性の下限と十分な証明の上限との限界領域と考えて運用で処理するほうがベターかも知れない。人事訴訟や行政訴訟の一部の事実、さらに軽微な犯罪事実の証明度がこれに属しよう。

（6） 拙稿「スウェーデン証拠法序説」神奈川法学二五巻三号（一九九〇）五九一頁以下〔本書九一頁以下〕、P・O・ボールディング、拙訳「証明責任および証明度」『竜嵜喜助先生還暦記念　紛争処理と正義』（一九八八、有斐閣出版サービス）一七六頁〔本書四一一頁〕参照。なおエーケレーヴの死後、一九九二年にボーマンの協力により刊行された訴訟手続法第四巻の最新版も証明度の段階について従前と同様である。Per Olof Ekelöf & Robert Boman, Rättegång IV (6 uppl. 1992), s. 56, 140.

この中間点を旧稿では「真偽不明」と表示していた。しかしこれは誤記であるから後に削除した。拙稿「民事証明論覚え書」民事訴訟雑誌四四号（一九八八）一〇頁注（8）〔本書三四七頁〕参照。

（7） 村上博己「民事裁判における証明度」同『民事裁判における証明責任』（一九八〇、有斐閣。初出は一九六二）七頁、など。

（8） 拙稿・前掲「スウェーデン証拠法序説」五九二頁〔本書九一—九二頁〕参照。なお丹野達「民事訴訟における弁論の機能」法曹時報四五巻一号（一九九三）一九頁参照。

（9） 刑事訴訟規則では反証は証明責任の存否と関係なく、相手方の証拠の証明力を争うために提出する証拠を意味している（二〇四条）（松尾浩也『刑事訴訟法　下　I』（一九八二、弘文堂）二七頁）。このようなことに証明責任の所在は必ずしも明確でないことを併せ考えると、証明主題を支持するために援用される証拠が本証であり、そうでない証拠が反証であるという定義がより正確であろう。Hans Tapani Klami, Mordet på Palme (1990) s. 14 参照。

（10） 石田・前掲七六頁、春日・前掲二八〇頁参照。

（11） この点およびひろく法律要件分類説に対する批判に関連して注目すべき論稿として、児玉寛「実体法学からみた民訴法「改正」問題」法と民主主義二六六号（一九九二）一四頁以下参照。その要点は、拙稿・前掲「行政訴訟における主張・証明責任論」二〇九—二一〇頁注（11）〔本書二一二—二一三頁〕に述べてある。なお柏木・前掲一二五頁参照。

## 三　法律上の推定

法律上の推定は証明責任規範の一種である。それは法規の明文をもって規定されている場合が多いが、必ずしもそれに限られるわけではない。法律上の推定は明文規定がある場合に限るとし、しかもこれは「学界公認の用語の約束」だとまで主張する説も存在するが(1)、正当とは思われない。住吉教授が指摘されるように、合理的論拠が論証されるときは、明文規定のない法律上の推定が承認されてよく、「法律上の」という形容はその推定が自由心証の領域に属せず、裁判官が法律問題として判断すべきものという意味に解すべきである(2)。法律上の推定は明文規定がある場合に限るとする多くの学説も、明文規定のない登記に関する法律上の推定（権利推定）を認めているのであって、その態度は一貫性を欠くと評せざるを得ない。解釈による法律上の推定を認める説を正当というべきである(3)。ちなみにドイツにおいて法律上の推定が法規の根拠を要するとされるのは、（修正）規範説を採る以上、証明責任規範の一種である法律上の推定も法規の文言から導かれなければならないということになるからではないかと思われる。しかし法律上の推定の規定の背後にも実質的考慮が存在しているのであって(4)、証明責任の分配について実質的考慮を採用する以上、法律上の推定を法規の根拠がある場合に限る理由はないといわざるを得ない(5)。

もっとも解釈による法律上の推定は法的安定性の見地から、これを認めるべきとくに強い理由が存在するときに限られなければならないであろう。このように解釈による法律上の推定を認めるとき、法律上の推定には証明責任を転換するもの（通例は明文規定のある場合）と、転換はせずに、証明度を軽減するもの（解釈による場合の多く）があることが理解される(6)。

実は我が国で事実上の推定としているものの中には、証明度を軽減する法律上の推定と自由心証としての推理ないし推認の両者が混在しているのである(7)。我が国の判例で「一応の推定」とよばれているものはまさにこの証明度を軽減する法律上の推定と解することができる。藤原判事は、過失の一応の推定は法律上の推定と同様に証明責任を転換させる機能を果たすと指摘しているが(8)、転換というよりも証明度の軽減とみたほうが実態に即するであろう（氏が転換というのは、裁判実務家としては通説的な確信概念を維持せざるを得ず、多元的証明度を肯定できないこともその一因なのではあるまいか）。

ドイツの判例が認める表見証明も解釈による法律上の推定にほかならないと解される(9)。ドイツ判例は、医師の診療上の著しい不手際などを理由として「証明責任の転換に至りうるまでの証明度の軽減」を認めているが、これも解釈による法律上の推定を認める立場からは、この場合の法律上の推定に証明度の軽減にとどまるものと、その転換にまで至るものとがありうるという当然のことを述べたものと理解される。したがって、これを「証拠評価の問題が、一体どのようにして証明責任の転換に一変してしまうのか(10)」と疑問視する必要はないのである(11)。

## ＊「事実上の推定」という概念の問題点

事実上の推定の本体は推定でなく推理であって、事物の蓋然性に基づく純然たる事実判断にほかならず、別言すれば経験則の与える証拠価値のことである(12)。しかし学説や判例が事実上の推定と称しているものの中には、実は経験則の与える証拠価値以上のものを推定する「証明度を軽減する法律上の推定」（ないしそれに類似するもの）が混在しているとみられるのである。[13] 柏木氏も我が国で繁用されている「事実上の推定」という概念が極めて多義的であり、道具概念として幅が広過ぎることが反省されるべきだと正当な指摘をしている。[14]

＊ 無断録音によるテープの証拠能力と法律上の推定

無断録音によるテープの証拠能力について、秘密録音を前提事実として人格権の侵害の違法性が推定され、挙証者（秘密録音者）にその阻却事由の証明責任が負わされるという見解がある。[15] しかしこの推定には明文の根拠がないから、訴訟法上の問題についてであるが、解釈により法律上の推定を認めるわけである（もしこれを事実上の推定だというのなら、まさにそのような事実上の推定概念が問われなければならない）。

＊ 民法学説と推定

民法学者は、しばしば解釈論として推定という言葉を用いる。例えば、弁済を受領した債権者は、代位を承諾したものと推定すべきだといわれる。[16] これは解釈による法律上の推定と解するのが自然である。なぜなら単なる事実上の推定では、裁判官の自由心証を拘束できないわけで、実体法の解釈論としては無意味だからである。[17] もっとも、法律上の推定としても一般的に証明責任を転換するとまで考える必要はあるまい（平井教授は代位の効果を争う側に承諾についての証明責任があると解するが[18]）。むしろ原則的には、証明度を軽減するにとどまると解すべきである。上述したところからも、明文の根拠なしに法律上の推定を認めるべきこと、および証明度の軽減にとどまる法律上の推定を認めるべきことの必要性が支持される。そうしないと、民法学説の解釈による推定の意味を的確に説明することができず、また法律上の推定を認めれば、証明責任の転換というドラスチックな解決のみになってしまい、妥当を欠くことになるのである。

以上のとおり、法律要件分類説をとっても公平の見地からかなりの例外を認めざるを得ないのと同様に、証明責任規定の一種である法律上の推定についても解釈による推定を認めて、法律上の推定に関する法の不備を補うほかないのである。上記の例はこのことを示す好例といえる。前者を法文からの積極的乖離とすれば、後者は消極的乖離とでも表現できよう。

(1) 倉田卓次『民事実務と証明論』(一九八七、日本評論社)三四〇—三四一頁。

(2) 住吉博「証明責任への新しい視角」判例タイムズ三五一号(一九七七)一九頁。したがって法律上の推定という用語は不適切と思われるが(後注(3))、すでに固定した慣用であるから本稿でもこれにしたがう。

(3) 拙稿・前掲「スウェーデン法における証明責任論」六〇頁注(6)〔本書一五四—一五五頁〕参照。高橋教授も「あるいは解釈による『法律上の推定』も可能かもしれない。」という(高橋宏志『重点講義民事訴訟法【新版】』(二〇〇〇、有斐閣)四八六頁注(77))。

(4) 春日・前掲三八五頁、兼子一「推定の本質及び効果について」同『民事法研究第一巻』(一九七四、弘文堂。初出は一九三七)三〇五頁参照)。

(5) 英米法では法律上の推定の法源は多種多様であり、普通法、成文法、衡平法さらに他の裁判権から生まれるものもある(田村豊『裁判上の証明』(一九六〇、法律文化社)一四六頁)。

(6) 以上について、拙稿・前掲「スウェーデン法における証明責任論」五七—五八頁〔本書一四九—一五三頁〕参照。

(7) このことは英米法においては明確に認識されており、とくにデニング判事により説得的に論述されている。彼によれば、推定は決定推定(conclusive presumption)、強要推定(compelling presumption)、仮の推定(provisional presumption)の三つに分類され、第一は反証を許さない法律上の推定、第三は事実上の推定とこれに類する一部の反証を許す法律上の推定、第二は残余の反証を許す法律上の推定である。そして第二と第三の法律的効果の違いは、後者は相手方に証拠提出の責任を促すにすぎず、前者は証明責任を転換するところにある

(A・T・Denning, Presumptions and burdens, 61 L.O.R (1945), 379 et seq., 田村・前掲一四二―一四三頁)。デニングの分類による仮の推定の中の法律上の推定が、筆者のいう証明度の軽減としての法律上の推定にあたる。我が国でも依田敬一郎弁護士は、法律上の推定と事実上の推定についてほぼ同趣旨の見解を説く(同『刑事訴訟における立証の必要』(一九七七、高千穂書房)五四頁)。

表見証明は一種の事実上の推定だといわれているが(木川統一郎『民事訴訟法改正問題』(一九九二、成文堂)二〇一頁、など)、そうだとしてもそれはデニングの第三の分類に属するものである。

(8) 藤原弘道「一応の推定と証明責任の転換」講座民事訴訟⑤(一九八七、弘文堂)一三六―一三七頁。

(9) エーケレーヴは、表見証明においては「隠された形」で法律上の推定が行われているのだという(拙稿・前掲スウェーデン法における証明責任論」五八―五九頁〔本書一五一頁〕)。

(10) ディーター・ライポルト、春日偉知郎訳「民事訴訟における証明度と証明責任」判例タイムズ五六二号(一九八五)五〇頁。

(11) 刑事訴訟における許容的推定はこの証明度の軽減としての推定とされる。刑事訴訟ではこれが法律上の推定の原則的形態だとする学説が多い。この点の詳細については、拙稿・前掲「刑事訴訟における証明責任」一三九頁〔本書二三七―二三八頁〕参照。

(12) 斎藤朔郎『刑事訴訟論集』(一九六五、有斐閣、初出は一九五二)七一頁参照。

(13) 山崎清『証拠法序説』(一九六一、有精堂出版)一四〇―一四一頁、中島・前掲一五二―一五三頁参照。なお前注(7)参照。ちなみに、斎藤博士は中島博士の所説を挙証責任と心証を混同するものと批判する(斎藤・前掲七七頁注(9))。文字通りにすればこの批判は正しいようにみえるが、中島氏の見解は事実上の推定のなかに実は証明度の軽減としての法律上の推定があることの洞察に基づいているのではないかと思われる。

(14) 柏木・前掲一一二頁。

(15) 春日・前掲一六五頁。なお、住吉博「昭和五二年度重要判例解説」ジュリスト六六六号(一九七八)一四〇頁参照。

(16) 倉田卓次編『要件事実の証明責任　債権総論』(一九八六、西神田編集室)二四九頁(春日偉知郎)およびそこに引用の文献参照。
(17) もっとも、英米法でいう強い事実上の推定として証明度の軽減としての法律上の推定と同一の効果を認める趣旨であれば、私見と同趣旨に帰する(田村・前掲一五七頁参照)。
(18) 平井宜雄『債権総論』(一九八五、弘文堂)一五一頁。

## 四　超過原則

ここで超過原則というのは、一般に〝優越的蓋然性〟の原則といわれているものである(1)。超過原則は現在北欧においておそらく最も有力な学説であり、スウェーデンの判例は部分的にこの原則を採用しているとみられている。しかし実務上この原則が一般的に支配しているとはいえないようである(2)。この北欧の理論はドイツの学説にも大きな影響を与え、現在ではドイツでも超過原則を主張する論者が少なくない。とりわけ裁判実務における指導的論客の一人であるベンダー判事がこの陣営に属することは極めて注目に価するといわなければならない(3)。

スウェーデンにおいてもエーケレーヴは基本原則としての超過原則に反対し、より高い証明度を民事訴訟における原則的証明度として要求する(4)。筆者自身は、たしかにいわば真空の中における証明度の問題としては、超過原則は実体的により正当な判決(判断)を結果することに同意する(5)。しかし、一国の所与の法制度における証明責任および証明度の議論としては超過原則は必ずしも妥当しないと考える(6)。我が国のようにこれまで証明について確信概念が支配し、すでに判例により高度の蓋然性というその内容が確立されているところでは、[7]基本原則として超過原則を採用する余地はほとんどないといわざるを得ない。
しかしそれにも拘らず、筆者は限定されたケースにおいては超過原則を採用することが証明責任における
ゴルディオスの結び目を解決するために有益であると考え、その限りにおける超過原則の採用を提案したい
と思う。

まず、そのようなケースとして、証明責任の分配に関する学説が激しく対立し、にわかにどちらが妥当で
あるかを決しがたいような場合が属する（たとい学説の批判があるにせよ、明確な最高裁判例が存在する場合は別論である）。このような場合に強いて証明責任の分配を決定し、しかも証明度について高度の蓋然性を要求
すると、極めて不合理な結果を招くのみならず、このような証明責任の分配は、法的安定性や予見可能性を
著しく傷つけることになる。ある事実について原告は被告に証明責任があると主張し、逆に被告は原告にあ
ると主張した場合、学説は原告、被告を支持するものがほぼ相半ばするとしよう。この場合、裁判所がどち
らに軍配をあげても、かりに証明度を八〇％と仮定すれば、七〇％立証した当事者が三〇％しか立証しない
相手方に敗訴する結果を生じうる。学説が相半ばするということを双方とも証明責任の分配についてほぼ等
しい正当化根拠を持つ（あるいは両者とも等しく正当化根拠を有しない）と考えれば、いわば真空のなかで証明責
任を考えるのと同じ状況であり、超過原則に基づく判断がより実体的に正当な結果をもたらしうるのである。[8]

このような事例の一つに、債権譲渡における債務者の異議を留めない承諾に関する譲受人の善意の証明責
任が挙げられる。この点について、学説は全く一致しないので、[9]超過原則以外に妥当な解決策はないと思わ
れる。いい換えれば、このことはいずれの当事者も証明責任を負わないこと、——あるいは負うこと——を
意味するわけである。

さらに超過原則の採用が妥当と思われる若干の例を示そう。

明渡請求訴訟において、返還合意は認められるものの、賃貸借か使用貸借かについてはよく分からない場合を解決するために返還約束説が提唱されたが、このような場合には賃貸借か、使用貸借かの認定について超過原則を採用すれば問題はかなり容易に解決できる。この事例においては、現在では返還約束説は正当にも否定されているが、といって、原告の請求を棄却してしまうのも不合理である。それでは賃貸借または使用貸借がたしかに存在するはずであるのに、原告はそれに基づく明渡請求権を失う結果になる。

物の給付の合意は立証されたが、売買か贈与か不明の場合や、被告による物の占有権原が問題になっている場合に、使用収益権は認められるが、それが賃貸借、使用貸借のいずれに基づくかが不明なときも同様に超過原則により選択肢を決定するのが妥当であろう。(10)(11)

もちろん、証明責任は法律問題であるから、裁判官は学説の有無にかかわらず証明責任を決定することを妨げられない。しかしそうせずに、超過原則によることも許されるというべきである。そしてこの場合は超過原則による旨を判示することが望ましい。なお超過原則によらず証明責任の分配をした原判決が分配について特段の理由を判示していない場合、していてもそれが説得的でない場合は、上訴審において原判決の取消(破棄)をし、超過原則による判決をすることができると解すべきである。とりわけ、否認説と抗弁説とが対立し、学説が相半ばするようなケースについては超過原則の適用が問題となるであろう。

上記以外にも、証明責任の分配について容易に決しがたい場合については、超過原則の適用が考えられうる。もっとも超過原則の適用には慎重であるべきで、むしろ証明度の軽減で対処したほうが妥当な場合が多いと思われる。

ちなみに、超過原則は一つの証明責任規則に他ならないから、その採用を考える以上実体法規と異別・独立の証明責任規則の必要性を肯定せざるを得ないことは自明である。

（1）なぜ超過原則という表現にこだわるかという理由については、ボールディング、拙訳・前掲「証明責任および証明度」一九八頁訳注〔13〕〔本書四三五—四三六頁〕参照。

（2）拙稿・前掲「スウェーデン法における証明責任論」七七頁以下〔本書一七二頁以下〕、ボールディング、拙訳・前掲一九六頁原注（10）〔本書四三三頁〕参照。

（3）ロルフ・ベンダー、森勇＝豊田博昭訳「証明度」、ペーター・アーレンス編・小島武司編訳『西独民事訴訟法の現在』（一九八八、中央大学出版部）二七七頁以下、ライポルト、春日訳・前掲四〇頁。

（4）拙稿・前掲「スウェーデン法における証明責任論」七八—七九頁〔本書一七三—一七四頁〕参照。

（5）拙稿・前掲「スウェーデン法における証明責任論」七七—七八頁〔一七四—一七五頁〕参照。

（6）ボールディングも他の特別の理由が超過原則を排除することを認め、その典型例が刑事訴訟における検察官のための厳格な証明度の証明責任の分配だとする（Bolding, Går det att bevisas? s. 127.）。

（7）最判昭和二三・八・五刑集二巻九号一一二三頁、最判昭和五〇・一〇・二四民集二九巻九号一四一七頁。

（8）スウェーデンでは、それ自体証明責任の分配について考慮に価する多くの論拠が対立し、ほぼ匹敵するとみられる場合には、超過原則を適用すべきだと考えられている（Bolding, Går det att bevisas? s. 126.）。

（9）倉田編・前掲三七八頁（山田卓生）。

（10）以上の事例については、田尾桃二「要件事実論について」法曹時報四四巻六号（一九九二）一〇三三頁参照。

（11）売買が一定数量のにしんの缶詰に関することは争いがないが、売主はオイル、買主は、トマトソースのものと主張し、双方ともその合意に関する十分な立証がない場合について、エーケレーヴはかつて超過原則の適用を肯定していたが、その後改説し、原告に証明責任を負わせている（拙稿・前掲「スウェーデン法における証明責任論」七二—七三頁〔本書一六六頁〕）。これは民事訴訟の目的は実体法規が社会生活に対する浸透力を得ることにあり、個別事件における紛争の適正な解決にあるのではないという基本的立場に基づくものといえよう。

Ekelöf, Kommentarer till diskussionen kring bevisvärdemodellen och temamodellen, i Rätt och sanning (1990) s. 63 ff.

しかし、実体法規の社会生活に対する浸透力も適正な紛争解決を通じて確保されると考えれば両者は矛盾せず、かつ紛争解決の目的に寄与しえない証明責任論は不毛な理論といわざるを得ない。旧説のほうが妥当と考える。「紛争はマクロにみれば—すなわち社会にとっては—たしかに一種の生理現象であるが、ミクロのレベルすなわち当事者にとっては緊急な解決を必要とする病理現象であることはいうまでもない。エーケレーヴはこの点を看過ないし軽視しているように思われる。」

## 五　主観的証明責任（証拠提出責任）(1)

主観的証明責任（証拠提出責任）は不要だと考える。これを肯定する論者が主張するような、当事者双方が全く証拠を提出しないという事態の発生は現実にはほとんど考えられない。それは机上の思弁にすぎない。とくに我が国では訴訟の提起に対するさまざまな厳しい経済的、社会的、心理的障壁が存在し、原告はそれを克服して提訴に踏み切るのが通例であるのに、立証を全然しないなどということは想像するのも困難である。

仮にそのような場合があるとして、そしてその場合裁判所は直ちに判決すべきでなく、どちらかの当事者に立証を促す義務があるとしても、当事者双方にその主張事実に関する立証を促せば足りる（釈明処分として立証を促すことは裁判所が訴訟状況を判断して決めればよく、必ずしも証明責任の所在と関係はない。そうでないとすれば、証明責任の分配が不明確な事案では釈明ができないことになってしまう）。

その他主観的証明責任の論者が挙げるそのメリットは、立証の必要性により十分カヴァーすることができ、しかもこのほうが訴訟状況に即応した弾力的な審理を可能ならしめると考える。

したがって、〃立証の必要〃以外に、主観的証明責任という概念を樹てる必要、実益はないというべきである。それを認めたところで、せいぜい事態を事後的に説明する概念にとどまり、当事者に対してサンクションないしインパクトを与えうるような有効なものにはなりえないと思われる。(2)

訴訟理論は、裁判所も当事者もできるかぎりその訴訟における本案の争いの適正・迅速な処理(その中心は審理・判決であるが、和解等を含む意味で処理という)に専念・集中できるようなものであることが望まれる。いたずらに派生的紛争を生じさせるような理論は好ましくない。その意味で、主観的証明責任にかぎらず、証明妨害や、事案解明義務などの理論の導入には疑問があるというべきである(後述するところを参照)。

ちなみに、以上の議論はもとより訴訟過程の重要性を軽視することを意味しない。近時の民訴理論はますます訴訟過程の重要性を強調し、それに着目した理論構築に向かう傾向が顕著である。それは手続保障ないし手続の正統性の独自的価値の認識と連動する正当な方向だと考える。しかしそのことと、主観的証明責任論などでダイナミックな立証過程を硬直的に規整することとは別論である。当事者の主体的判断に基づく立証の必要性が立証過程を規整するだけで十分だと思われる。証明度がその導きの星となり、裁判所の心証開示がこれに関する判断者側の情報を提供するのである。(3)

「裁判に熟する」時点も当事者が立証の必要が尽きたと判断した時であるべきである。もちろんその時点について当事者間および当事者、裁判所間に争いがあるときはその調整が図られなければならず、最終的には裁判所の決するところによることになるが、民訴法一八二、三条の裁判に熟する時の意味は、決して裁判所の専権的判断に属すると理解されてはならない。そして一般的には判決に向けての訴訟活動の収斂は、同時に和解等による任意的紛争解決を促進すると考えられる（そうでない場合には、判決を選ぶか、しばらく判決を留保して任意的解決をさらに探るかは当事者と裁判所の協議で決すればよい。公害訴訟などにおいて審理の終局段階に至って、なお和解交渉が重ねられることがあるのは珍しくない）。要するに、紛争処理の交渉過程としての立証面において決定的な役割を果たすのは、証明度とそれに関する心証の開示なのである。

## ＊　証明妨害について

証明妨害に関するドイツの判例は、結局、証明妨害があった場合に、証明度の段階的軽減そしてその極限形態とし証明責任の転換を認めるものといえる。しかし、その必要性が大きいのは確信概念を探るため、証明度が極めて高度で、かつ硬直化しているからである。

証明妨害の場合、これを肯定する論者は、「実体法上の危険分配から導かれる主張・証明責任の分配も個別的に後退せざるを得ない場合が例外的に存在」することを認める。(4)

しかしながら証明妨害の要件の証明は容易でなく、そこでも真偽不明の事態が生じよう。我が国の実務がドイツの証明妨害の理論の導入を説く学説の強い主張にも拘らず、これに耳をかすことなく同様の事態を事実認定の問題として処理しているのは、そのような点への懸念が大きいのではないかと筆者は憶測する。(5)問題の根源は、高度にして硬直的な証明度＝確信概念にあるのであって、多段階的証明度を認め、かつ前述した解釈による法律上の推定により調整を行うならば、証明妨害の場合のほとんどは適切に処理できるのではないかと思われる。(6)他方、証明妨害の要件について証明を要求したのでは、(7)立証が困難で、争いが本案から証明妨害の問題にそれてしまう危険がある。

＊　事案解明義務について

事案解明義務についても基本的に証明妨害と同様の問題がある。すなわちその要件の証明が困難で、その立証問題が本案の争いに代ってしまう危険が存在する(それ以前に、そもそもその要件の点で問題が生ずることを別にしても)。

同時に、事案解明義務についてとくに問題なのは、小林教授が本質的な疑問とする点、すなわち当事者が裁判所に対して単なる情報提供者に堕してしまい、主体的地位を失う恐れがあるということである。(8) 筆者はこの点はいくら強調してもし過ぎることはないと考えている。当事者は裁判所に対して当該紛争の解決に必要な限りで事実を提供すべきであるが、紛争の解決、裁定を裁判所に委ねたからといって、その私的自由の領域に裁判所が介入することへの白紙委任状を与えたわけでは決してない。民事司法はたしかに一種の国家サーヴィスであり、その観点を堅持することは大切であるけれども、それは同時に国家権力の行使であることが忘れられてはならない。(9) 古典的弁論主義は当時の自由主義的国家観と結合して、民事司法における一種の人権保障的機能という政治的意義を有していたと思う。そしてそれは、いまなお維持されるべき貴重な遺産だと信ずる。

とくに我が国のパターナリスチィックな訴訟の現実(10)——それは裁判所だけでなく、多くの弁護士、当事者によっても歓迎されているようにみえる——にかんがみると、このことを強調すべき必要性を痛感するのである。(11)

問題の正しい解決は、主張責任および証明責任の理論を訴訟の現代的状況に適合できるように再構成してゆく方向で探究されるべきだと考える。(12)

(1) ここでは従来の主観的証明責任（抽象的証拠提出責任）と近時提唱されている独立性ある主観的証明責任（具体的証拠提出責任）の双方を含めて考えている（小林・前掲『証拠法』一四六頁参照）。

(2) 上原敏夫＝池田辰夫＝山本和彦『民事訴訟法』（一九九二、有斐閣）一四四頁（上原）は、主観的証明責任について「この概念は説明のためのものにすぎず、当事者の証拠提出活動にさほど役立つものではない。」と的確に指摘している。

(3) 心証開示の重要性について例えば、廣田尚久『紛争解決学』（一九九三、信山社）一四四頁参照。

(4) 春日・前掲二〇五頁。

(5) 藤原・前掲一五三頁以下参照。スウェーデンでも証明妨害はあまり議論されていないことについて、拙稿・前掲「スウェーデン法における証明責任論」五九頁〔本書一五二頁〕参照。

柏木・前掲一四一―一四二頁は、証明妨害理論の重要性を強調し、かつ証明責任説に与しつつも、有責の限定と認定がかなり難しいことを認めて、事案の類型により有責の内容が異なり、したがってその存否の判定も異なるので慎重な判断が要求されることに注意を喚起している。傾聴すべき所論と思う。

(6) 証明妨害の効果について、春日氏が証明度の引下げを認めることは説得力に乏しいというのは（春日・前掲二一三頁注（4））、筆者には十分に理解しがたい。

(7) 春日・前掲二〇八頁。

(8) 小林・前掲『証拠法』一二二頁。

(9) 民事訴訟（法）における権力的要素について、井上治典＝高橋宏志編『エキサイティング民事訴訟法』（一九九三、有斐閣）二四―二五頁（民事訴訟の目的・役割）における山本弘・山本克己両教授の発言参照（なお、高橋宏志『重点講義　民事訴訟法』（一九九七、有斐閣）二六二頁参照）。

(10) 我が国の民事訴訟のパターナリスティックな特質は、裁判官不足の状況の中で訴訟の迅速処理の要請に応えねばならぬ裁判現場で産まれた弁論兼和解というインフォーマルな手続現象においてとくに顕著にみられる（拙稿「いわゆる「弁論兼和解」に関する一管見」判例タイムズ七三四号（一九九〇）八頁以下参照）。

(11)　吉村徳重「民事紛争処理の多様性と訴訟機能の展望」法政研究五一巻一号（一九八四）一五四頁参照。
(12)　広尾勝彰「訴訟資料収集に関する当事者の役割（一）」九大法学五二号（一九八六）一五一頁以下は、この問題にも関連する注目すべき野心作であるが、残念ながら未完のままである。同論文はシュツルナー（Stürner）の事案解明義務の理論に共感的理解を示しつつも、本文と同様の疑問を投じている（一九〇頁など）。なお氏の所説については、同「民事訴訟の当事者の主義的審理構造」民事訴訟雑誌三八号（一九九二）一九九頁以下、井上＝高橋編・前掲『エキサイティング民事訴訟法』八七頁以下（訴訟資料等の収集）参照。

## 六　主張責任と準主張責任

我が国の民訴理論では一般的に証明責任の分配と主張責任のそれとは一致すると考えられてきた。(1) 最近では若干の例外を認める見解も現れているが、(2) それでも両者の原則的一致を肯定するのが支配的見解である。しかし行政法学者の塩野教授が適切にも指摘しているように、「自己に有利な事実が審理に現れない限り不利益を負うことと、真偽不明のときに負う不利益とは論理的にはつねに同一の分配基準によることにはならない」はずである。(3) ところが、民訴学者の間からはこのような見解が現れず、せいぜい微温的な修正意見の提示にとどまっているのは、学問における伝統の呪縛の強さを雄弁に物語る例証というべきであろう。このことはドイツでは両者の一致を認めるのが支配的見解であるのに反し、北欧では両者を別個のものとみるのが通説であることに徴しても裏付けられるといってよい。

一般的には主張は証明主題の提示であり、主張した者がそれを証明することは我々の日常経験に基づく常識にも合する。（突然、お前は俺に多額の借金があるといわれて、無いことが証明できない以上、あることにされてしまうのではたまったものではない。もっとも同様の事態が捜査段階において被疑者に対するアリバイの証明の要求として生ずるようにみえるが、しかしこれはアリバイ立証の必要の問題にとどまる。)

それゆえに主張責任と証明責任とを同一の分配基準でもって規律することは、論理的にも正義公平の見地からも当然なことのように思われる。しかし事態は必ずしもそれほど単純ではない。我々の日常経験の世界でも、主張を否認する側がすべての証拠を握っているのをよいことに、それを隠してしまい、どこに証拠がある、あるなら出せと開き直るのを見聞するが、それを不当視するのが我々の素朴な正義感情であろう。このような正義感情を訴訟理論的に構築すると証明妨害の理論などになるわけである。

しかも証明責任の問題は少なくともすべての訴訟(民事訴訟に限らない)で生ずるが、主張責任の問題は民事訴訟のうち弁論主義の適用される事件においてのみ生ずるに過ぎない。前者は我々の認識能力の限界、利用しうる事実資料の制約から不可避的に生ずる意思決定における真偽不明ないし事実的基礎の薄弱さを解決するための方策であるのに対して、後者は裁判所は当事者の主張しない事実を判決の基礎として採用できないという弁論主義のコロラリーによるもので、両者はその根拠を全く異にする。(4)

このように全く根拠の異なる両者を同一の分配基準で規律することを固執すると、後に例示するように主張責任の分配と証明責任の分配が非常に複雑で常識から離れたものになってしまう。両者の一致は一見すると、分配問題を簡明化するように思われるのだが、逆の結果になってしまうのは、やはり両者が異なる根拠に基づくものだからであろう。(5)

さらに主張責任は情報供給機能、コミュニケーション機能の観点からその範囲を画するべきで、真偽不明の場合における危険の分担を処理する証明責任とは自ずからその範囲を異にするといわなければならない。この意味で主張責任の範囲は証明責任よりも広いというべきである。(6)

ところで、主張自体は必ずしもそれほど難しいことではないし、主張共通の原則が働くから、判決時において客観的主張責任すなわち、主張がないことによる当事者の被る不利益ないし危険が問題になるという事態は、裁判所による適切な釈明がなされていればほとんど考えられないと思われる。(7) とくに私見のように主張責任と証明責任を分離すればそうである。したがって、主張責任は訴訟審理を整序するための海図としての機能が第一次的なものとして現れ、かつ重視されるべきことになり、その道具概念として主観的主張責任が必要とされる。

証明責任においては客観的証明責任のみで足り、それの当事者の立証活動への反映は、いわば一種の反射効にすぎず、立証の必要に加えて主観的証明責任という概念を定立するまでもないと考えられる。しかし主張責任においては事情が異なるのである。また主観的主張責任という概念を導入することにより、主要事実を超えて—証明主題の提示という範囲を超えて—情報供給機能、コミュニケーション機能としての主張責任論を再構成することができると思われる。さきに主張責任の範囲は証明責任よりも広いといったのはこのような意味である。これに関連して、主要事実と間接事実の区別も大きな問題であるが、本稿では詳論することができない。(8) 一言だけしておけば、証明責任の対象となるのは主要事実に限られるから、主張責任の対象をより広く解するにしても、主要事実と間接事実との区別は必要であり、それは実体法学の任務に属すると考えられる。

しかしながら、主要事実と間接事実との区別は必ずしも容易でないし、上述のような主張責任の機能にかんがみると、従来の主張責任の周辺に〝準主張責任〟という道具概念を用意し、両者を包含する広義の主張責任を観念するのが相当だと思われる。両者の限界は明確でないこともありうるが、必ずしも常に明確であることを要しないであろう。両者の基本的差異は、前者が弁論主義訴訟における訴訟資料の供給、自己の証明主題の提示であるのに対して、後者は職権探知主義訴訟においても問題となり、原則としては相手方の証明主題の提示であるという点にある。(9)この概念を認めることは、訴訟前の紛争処理に関する交渉過程など紛争の背景事情や積極否認の理由など審理上有用な情報の供給を容易ならしめるであろう。準主張責任による主張がないことによる不利益はその主張が裁判所により顧慮されない（ことがありうる―職権主義訴訟においては）ということである。なお、準主張責任の根拠については様々な見解が考えられるが、究極するところ訴訟における信義則にこれを求めることができよう。(10)そしてそれは動態的な訴訟過程の中で具体的に発現するものであるから、相手方の主張との相関関係において異なる相貌を示すことになるのは当然である。(11)

要するに、主張責任の内実を豊かにする方策は、従来の主張責任として主張すべき事実の拡大化と準主張責任による情報供給の補完の両面において検討されるべきだと考える。筆者はかつて、主張責任論が真に現実の訴訟運営に対する指導力を発揮しうるような主張責任論構築の必要性を主張し、そのために検討すべき点として試論的に、主要事実を必要なかぎり具体化すること（間接事実の主要事実への転化）、訴訟前の交渉過程に関する事実を主張責任の中に取り込むこと、重要な間接事実を主張責任の対象にすることの三つを挙げたが、(12)とくに第二、三の点については両面からの考察が必要であろう。

このようにして、主張責任（以下、準主張責任も含む広義で用いる）の分配は一方において訴訟の合理的処理、審理の効率性の観点、すなわち必要かつ充分な範囲の訴訟資料の調達ないし供給と無用な訴訟資料の氾濫の防止、他方において当事者間における公正な対論の確保という観点からなされるべき訴訟法的考量の問題だと考える。[13] したがって、主張責任の分配について法律要件分類説を主張するのは基本的に誤っていると考えざるを得ない。（もっとも法律要件分類説によっても合理的に説明しうる証明責任の分配が主張責任と一致する場合がある――しかもかなり多くある――ことを否定するわけではない。）

このような見地から主張責任の分配を行う場合、要件事実論やドイツのリラチオーンス・テクニック、さらにはスウェーデンで継続的関連性の原則とよばれている事実主張の手法を参考にすべきである。これらの手法は裁判実務の要請に基づき法律家が開発し、発展させてきたものである（オリーヴェクルーナによれば、継続的関連性の原則は、継続的証明の原則と共に、神託裁判のような原始司法でない限り、すべての裁判運営において必要であり、あらゆる時代の良き法律家は実質的にこの原則を適用してきたのである）。[14]

以上のように主張責任を理解した場合、それは当然に訴訟の合理的、効率的運営にとって適切な時期に事実が主張されることを内在的に要請しているというべきであり、攻撃防御方法に関する随時提出主義（民訴法一三九条）はこの要請の妨げとなるものではないと解される。要件事実論の論者は、「紛争の適正妥当な解決のために、どのような時期にどのような事実が主張されるべきかという問題」は重要ではあるが、主張責任とは別個の問題だとして、両者の混同を厳に戒める。しかしこのような見解は、主張責任の意義を倭小化するもので、疑問を感じざるを得ない。[15]

ところで、以上の主張責任の分配における補充的修正原則として、〝社会的事実関連性の原則〟とでも称すべきものを主張したい。もっともその内容は、一義的に明確化できるようなものではなく、フレキシブルな一種の調整的概念装置（安全弁）にとどまる。すなわち、それは法律要件分類説や要件事実論の場合、その法的論理を推し進めてゆくと簡単な事案でも多重抗弁が頻発するので、主張事実をその社会的事実としての一体性ないし関連性にかんがみ、その限度においてなるべく一つにまとめることを意味する。[16] この修正原則はとりわけ我が国の民事訴訟においては強調される必要がある。なぜならば、あまりにソフィストケートされた主張責任の分配は、弁護士強制を採用せず、また法律扶助制度の不備な我が国では裁判に対するアクセスの重大な障害要因となるからである。[17]（スウェーデンの場合は主張責任の分配論のなかに、すでに社会的事実関連性と同様の実質的考量が含まれているので、このような修正原則を別個に必要としない。ドイツについては筆者は十分な発言の資格を欠くが、実体法の差異や弁護士強制制度の存在からみて、我が国と同一には論じられず、かなりリジッドなリラチオーンス・テクニックの適用が可能だと思われる。）

一つの例を挙げてみよう。債権譲渡禁止の特約に関する譲受人の善意の有無については、債務者が譲受人の悪意を主張すべきだとの立場を採れば再抗弁までしか生じないが、譲受人が自己の善意を主張すべきだとの立場を採ると再々抗弁まで出てきて複雑化する。[18] このような場合、当事者が主張を失念するだけでなく、裁判所が釈明を怠ることすらありうる。ここで前説の見解を採用することは社会的事実関連性の原則の見地から是認されるといえよう。

このように、社会的事実関連性の原則は、審理の適切かつ効率的運営という見地から、単に無用な主張を防止するだけでなく、必要な主張がスムーズにでてくることを可能ならしめるのである。[19]

## ＊　条件および期限等と社会的事実関連性

条件・期限等をめぐる抗弁説と否認説との対立は実に多くの面で主張・証明責任の分配の争いを生じさせ、それを過度に複雑化している。若干の例を挙げれば、仮登記担保契約を停止条件付き売買と解した場合（通説）の証明責任の分配、相殺における自動債権の発生原因事実、相殺禁止の効果を主張する場合、保証人の求償権による請求原因などがある。[20]

最後の例の保証人の求償権による請求原因についてみると、ここでは抗弁説と否認説がとりわけ鋭く対立している。すなわち後者は、委託を受けたことを請求原因事実とし、前者はそれを受けなかったことを抗弁事実とするのでえる。[21]両説ともそれぞれ一応説得力ある論拠を提示しているが、この問題も主張責任と証明責任を分離し、かつ社会的事実関連性の原則により調整を行うことにより、新たな合理的解決が得られると思われる（このような場合には証明責任について超過原則の採用が正当化されることについては、前述の四を参照）。

我が国の保証契約の圧倒的大部分は、委託を受けてなされるのが通例であるから、請求原因に委託の点の主張を要求するのは、無用に訴訟資料を煩雑化するだけであろう。[22]したがって、その主張責任を相手方に課するとともに（抗弁説と同じ）、その主張があるときの証明責任は保証人にある（否認説と同じ）とするのが相当だと考えられる。つまり、ここでは審理の効率化と社会的事実関連性の両者が主張責任の決定要因になる。抗弁説に対しては訴訟審理を複雑化し、迅速を欠くものにするという批判が向けられているが、[23]それは主張・証明責任を一体化して考えるからである。私見のように考えるならば、訴訟審理を複雑化するような抗弁の提出が予想される事案においては、保証人が進んでその点について先行的に主張しておけばよい。その必要の有無は訴訟前の紛争解決の交渉過程から自ずと明らかになるはずである（この限りで私見は、第三の波と合流することになるであろう）。

このようにして、一般論としての条件・期限等に関する抗弁説、否認説の争いは、主張責任（および証明責任）の問題を考える上であまり意味があると思えない。条件・期限等が抗弁になるか、否認になるかは一概にいえず、取引上類型化された契約ごとに異りうるのである。[24] 当事者は当該契約を具体的な取引の類型に属するものとして意識しているのであって、契約一般ないし典型契約一般は抽象的に過ぎて、明確にイメージできない。パンデクテン・システムが法律家以外の人々に理解しにくいのと同談である。それゆえ、証明責任分配の法的安定性的機能についても、このような取引類型レベルにおける証明責任を問題にするのでなければあまり意味がないであろう。

## ＊　並木判事の所説について

以上に関連する問題として、要件事実の構成要素として権利または法律関係が含まれている場合、第一次的にそれを主張すれば足りるという並木判事の所説についてふれておきたい。[25]

たしかに、このような権利または法律関係は判決三段論法における小前提である点では他の主要事実と変らない。しかしそれを他の主要事実と同視することを認めると当事者が法を誤解して不測の不利益を被ることがありうる。このことはとくに欠席判決の場合を考えれば深刻な問題である。（我が国の民事訴訟は弁護士強制でなく、しかも極端な負担過重に悩む裁判所（の少なくとも一部）は欠席判決を好む事実を否定できない。）ドイツにおいてさえ事実の主張を伴わない先決的法律関係の主張を認めず、ほとんど唯一の例外として所有権のみを認めているのは、同様の考慮によるものであろう。[26] したがって、並木説には疑問があるというべきである。

しかしながら、氏が「民事裁判実務においては、狭義の法律上の主張があるときは、相手方の争い方に応じて対処しているように思われる。」と指摘している点は、示唆的であり考慮に価する。[27] 社会的事実関連性による主張の調整を認める私見の立場からは、このような裁判実務の在り方は、事実主張を社会的事実関係の一体性ないし関連性にかんがみ、一括的な表現による主張として許容しているものと考えることができる

(それはまた、社会的事実関連性が固定的なものではなく、相手方の争い方との関係で判断されるべきものであることを示唆している)。端的に法律的主張を認めるのではなく、このように扱ったほうが法的概念と事実主張の限界は流動的かつ多様であるうるから、より適切な弾力的対応ができると思われるのである。また本人訴訟への対処としてより妥当であることはいうまでもない。

(1)　その典型は司法研修所（民事裁判教官室）の要件事実論であり、証明責任と主張責任とのほとんど絶対的一致を固執する。

(2)　春日偉知郎「請求異議訴訟における主張・証明責任」『三ケ月章先生古稀記念　民事訴訟法学の革新　下』（一九九一、有斐閣）五八頁以下、並木茂「自分の頭で考えよう」判例タイムズ七〇九号（一九八九）二六頁参照。

(3)　塩野宏『行政法Ⅱ』（一九九一、有斐閣）一二四―一二五頁。

(4)　浜上則雄「製造物責任における証明責任問題（一二・完）」判例タイムズ（一九七六）一四頁は、主張責任は弁論主義から生ずるもので、証明責任とは関係がないことを強調する。

(5)　拙稿「スウェーデン法における主張責任論（二・完）」民商法雑誌一〇〇巻六号（一九八九）一〇四五頁〔本書四三―四四頁〕参照。

(6)　拙稿・前掲「スウェーデン法における主張責任論（二・完）」一〇三四―一〇三五頁〔本書三一―三二頁〕、高橋「要件事実と訴訟法学」ジュリスト八八一号（一九八七）一〇〇―一〇一頁参照。この意味で主張責任のなかに第三の波が主張するような訴訟前の交渉過程に関する事実を盛りこむことは可能であろう。

(7)　小林秀之『民事裁判の審理』（一九八七、有斐閣）一六七頁参照。

(8)　この問題に関する包括的研究として、小林・前掲『民事裁判の審理』とくに第二部がある。

(9)　刑事訴訟における準主張責任については、拙稿・前掲「刑事訴訟における証明責任」五〔本書二五二頁以下〕参照。

(10)　中野貞一郎「変りゆく民事裁判」奈良法学会雑誌四巻二号（一九九一）二五頁参照。

(11) 拙稿・前掲「スウェーデン法における主張責任論（二・完）」一〇五五頁注(29)〔本書五六―五七頁〕参照。なお、この問題については、広尾・前掲「訴訟資料の収集に関する当事者の役割（一）」一五一頁以下、同「民事訴訟の当事者主義的審理構造」民事訴訟雑誌三八号（一九九二）一九九頁以下、および井上＝高橋編・前掲『エキサイティング民事訴訟法』八七頁以下（訴訟資料等の収集）における同発言が参考になろう。
(12) 拙稿・前掲「スウェーデン法における主張責任論（二・完）」一〇四九頁〔本書四九頁〕参照。
(13) 拙稿・前掲「スウェーデン法における主張責任論（二・完）」一〇四五―一〇四六頁〔本書四四―四五頁〕の見解をやや修正している。Bolding, Går det att bevisas? s. 105–106 参照。
(14) 拙稿「スウェーデン法における主張責任論（一）」民商法雑誌一〇〇巻五号（一九八九）八九五頁〔本書一七頁〕。
(15) 拙稿・前掲「スウェーデン法における主張責任論（二・完）」一〇四九頁〔本書四八頁〕参照。
(16) 実体法の立場からの同様の試みとして、児玉寛「規範構造論からみた要件事実論」法政研究五七巻一号（一九九〇）一三七頁以下がある。なお、田尾教授（元裁判官）が要件事実の整理は再抗弁ぐらいまでで収めたい、再々抗弁以下はできるだけ避けたいと主張し（田尾・前掲「要件事実論について」一〇五〇頁）、並木刑事が裁判実務では法律要件が細分化されることはほとんどなく、せいぜい再々抗弁でとどまると指摘している（並木・前掲「自分の頭で考えよう」二一頁以下）ことが注目されるべきである。
(17) 鈴木録弥「なんてったって証明責任」判例タイムズ六三一号（一九八七）六五頁参照。
(18) 倉田編・前掲三七三頁以下（山田）参照。
(19) 田尾・前掲「要件事実論について」一〇四四―一〇四五、一〇四七、一〇五〇頁参照。主張責任に関連して、筆者は練達の民事裁判官であった田尾氏の本論文および後掲論文「条件・期限等の立証責任について」から、とくに多大の教示と示唆を得た。
また並木「要件事実離れ？」判例タイムズ七五六号（一九九一）二二頁は、「司法研修所で指導する主張・証明責任の分配があまりにも形式的、技術的に細分化されていて、裁判実務に好ましからざる影響がある」という。

社会的事実関連性の原則の提唱は同様の問題意識に基づくものである。
(20) 倉田編・前掲二七二頁（春日）、二九三頁以下（並木茂）、三〇四頁以下（春日）、三四〇頁以下（春日）参照。
(21) 倉田編・前掲三四〇頁以下（春日）参照。
(22) 拙稿・前掲「スウェーデン法における主張責任論（二・完）」一〇四八頁〔本書四六―四七頁〕参照。
(23) 倉田編・前掲三四二頁（春日）参照。
(24) 田尾桃二「条件・期限の立証責任について」民事訴訟雑誌一八号（一九七二）四二頁以下参照。私見は同氏の所説に示唆されたところが大きい。
(25) 並木「民事訴訟における主張と証明の法理（下）」判例タイムズ六四六号（一九八七）一〇頁以下、など。
(26) 木川統一郎『民事訴訟法重要問題講義　中』（一九九二、成文堂）四一七、四五八頁。
(27) 並木・前掲「民事訴訟における主張と証明の法理（下）」一一頁。並木・前掲「自分の頭で考えよう」二一頁も参照。この問題については、広尾・前掲「訴訟資料の収集に関する当事者の役割（二）」一九八頁以下参照。なお、権利自白を原則として肯定しながら、自白主体および内容による効力の制限を説く柏木氏の見解が参照に値する（柏木・前掲二八六頁）。

## 七　争点整理

主張責任に関する私見の立場から争点整理について若干述べておきたい。従来実務においては適正かつ迅速な訴訟運営のために争点整理は不可欠と考えられてきた。最近争点整理と和解勧試の一石二鳥を狙う弁論兼和解（実体はむしろ和解兼弁論が多いようであるが）が急速に普及し、その在り方をめぐって議論は錯綜しているが、[1] 争点整理自体の裁判実務における必要性、重要性はほとんど疑われていない。しかし学説の側では、第三の波の論者からこのような見解に対する疑問が提起されるに至っている。[2]

争点整理を論ずるにあたってはまず、争点とは何か、そして整理とは何かについて最大公約数的な共通の理解が必要である。この二点に関する従来の理解と批判者のそれとは全く異なっているところに両者の対立の根拠がある。しかしこの問題は突き詰めてゆくと、民事訴訟の役割に関する基本的な見解、いわば訴訟観、訴訟哲学の対立、相違に帰することになり、とうていここで詳しく論及することはできない。筆者としてはさしあたり、適正かつ迅速な訴訟運営のためには争点整理が不可欠であるとの立場に与するけれども、従来何が争点であり、整理であるかについて必ずしも煮詰めた議論がなされていないので、批判者の見解を参照しつつ争点整理の在り方について若干考えてみよう(3)。

紛争の実体は必ずしも法律的なものではない。民事訴訟は紛争解決制度であるとか、民事訴訟の目的は紛争解決であるとかよくいわれるが(4)、それは事実としての紛争を法的紛争として構成したうえで、民事訴訟という手続に乗せて解決を与えることによって、法的紛争の解決=事実としての紛争の解決とみるという約束ごとにすぎない(5)。それを最上の紛争解決とみるかどうかは、時代、社会、個人により異なりうる。この点においで我が国の社会、そして人々は今日でもなお欧米の社会、人々と同じでないことは周知の事実に属する。いずれにせよ、事実としての紛争の重要な部分は法的紛争として処理するほか他に適切な解決策がなく、また、そうすることが多くの人々の正義の感覚に合致することを否定できない。

しかし事実としての紛争と法的紛争とは本来異別のものであるから、後者の解決により前者が解決されるとは限らないのはむしろ当然である。両者の乖離がそれほど顕著でないときはこの矛盾は顕在化しない(例えば当事者は、多少の不満が残っても、まあまあの裁判だと思って我慢する)。だが、現代のように新しい紛争が次々に発生し、しかも立法がそれに即応できず(このことはとくに我が国で著しい)、他方人々の価値観が多様化している状況のなかでは、法的紛争の解決を事実としての紛争の解決と等置するという約束ごとは人々にアピールする力をあまりもたない。このことはひいてその約束ごとを実現するシステムである民事訴訟に対する信頼を希薄化し、さらには喪失させる危険を孕んでいる。

今日、世界的規模でみられるＡＤＲの盛行は、事件数の増大に悩む裁判所の負担過重の解消という表面的理由だけでなく、このような背景の中で民事訴訟に対する信頼の確保、回復の一方策という観点から考察されるべきである。(6) 争点整理に関する第三の波の主張もこういう文脈で理解できるものがあるように思われる。

このように考えてくると、争点はもちろん法律的な争点であるが、なるべく事実としての争点の核心を捉えたものであることが望まれる。つまり両者が重要部分において合致しているべきである。逆に両者の重なり合う部分が小さいような争点整理は好ましくない。

ところで、しばしば誤解されているように、整理とはたんに争点を明確にすることや、争点の数を減少させることを意味しない。争点を明確にし、その数を減少させることは、紛争の骨格を浮彫りにし、それにしたがって細部の肉付けを行うためである。(6) そのためにはある程度まで当事者間の訴訟提起前における交渉過程も争点整理の場に登場することになろう。この意味で第三の波の強調する「ふくらみのある事実主張」はある程度まで現在の争点整理によっても可能だといえよう（準主張責任はこれを理論的に支持するものである）。

もっとも純然たる和解に関係する事実まで弁論内容に含めるべきだというような議論は無理だし、また危険でもある。例えば資金請求の場合にその金の出所や弁済できない事情を詳しく追及したりすることは、私生活に対する裁判権力の不当な介入を惹起しかねない危険があることに留意すべきである（その点が権利濫用、信義則違反の主張として提出されている場合はもちろん別論である）。貸金請求訴訟を提起したら、いちいちその金の出所を明らかにすることを強いられるのではたまったものでない。論者はおそらくそこまで意図していないのであろうが、我が国のような社会では裁判所も当事者もそういう方向に傾斜してゆく懸念がないとはいえないのである。(8)

民事訴訟は法的紛争の解決を事実としての紛争の解決と等置するという約束ごとだと述べたが、国民は国家に対してこの約束の範囲内でのみ私生活に介入するよう要求する権利も有するといわなければならない。事実としての紛争を法的紛争として解決することで満足するという約束ごとは他に適切な紛争解決策がないからという消極的な理由だけでなく、より積極的に自由主義原理にその基礎を置いていると思われるのである。

最後に、争点整理はもっと将来志向型であるべきではないかという点について一言したい。

たしかに裁判は過去志向型手続、判断の最たるものであるが（例外はあるにせよ）、それのもつメリットもまた再認識されるべきである。

人間とは〝過去にこだわる動物〟である。歴史学、考古学の存在、自己や家族のルーツを探ることへの飽くなき関心などはそれを物語る。紛争やその他の問題の解決において過去を探究することは重要な前提をなすのが通例である。(9)

我が国が戦後今日に至るまで戦争責任問題を曖昧にしてきたことが、現在でもアジアの近隣諸国から大きな不信を招いている根源であり、それが今後におけるこれらの国々との真の友好関係の確立のために大きな障害になっていることは明白な事実といえよう。民事訴訟においてもことは同様であって、過去の事実の究明、確定と将来志向型の紛争処理とは決して矛盾するわけではない。もっとも一般論として、判決においては過去に重点をおいた紛争解決が、和解、調停などにおいては将来に重点をおいた紛争解決がなされるが、どちらがよりベターであるかは、当事者の選好により決定されることになる。制度のあり方としては、前者を求める者が後者、後者を求める者が前者の選択を強いられることのないような制度を確立すべきであろう。総論的な言及にとどまったが、結論的にいえば、争点整理は「骸骨の裸踊り」と酷評されるような要件事実の整理要約に過ぎないものであってはならず、真に紛争の法的・事実的相貌を具体的に明らかにし、審理における証明主題の提示と対論の確保として過不足のないものであるべきである。(10)(もっとも、それをすべて調書に記載するかどうかは別論である。調書には要点のみ記載し、当事者の提出する要約準備書面にこの役割を果たさせることも、裁判所の負担軽減と当事者の満足を満たすために望ましい方策といえよう。)

（1）　さしあたり、前掲拙稿「いわゆる「弁論兼和解」に関する一管見」八頁以下、「再論「弁論兼和解」」判例タイムズ七六九号（一九九二）九頁以下参照。

（2）　井上治典「法律要件求心型手続の問題点」法政研究五七巻一号（一九九〇）一四五頁以下、同「弁論の条件」『三ケ月章先生古稀記念　民事訴訟法学の革新　中』（一九九一、有斐閣）二六三頁以下、井上＝高橋編・前掲『エキサイティング民事訴訟法』四八頁以下（要件事実論）、六九頁以下（争点整理）における各井上発言参照。

（3）　争点整理の技法については、現場の裁判官から貴重な論稿が発表されているので、その参照を望みたい。例えば、伊藤博「民事弁論の基礎技術」司法研修所論集八六号（一九九二）一頁以下、小関裕二「争点整理の技法と審理方式(一)、(二)」司法研修所論集八五号（一九九一）一七一頁以下、八六号（一九九二）一二一頁以下、など。

（4）　紛争解決説に対する鋭い批判として、柏木・前掲一七頁以下参照。

（5）　棚瀬教授も同様の表現を使っている（棚瀬孝雄「約束ごととしての裁判」井上＝高橋編・前掲『エキサイティング民事訴訟法』二七頁以下）。しかし、裁判が約束ごとであるということを決してネガティヴな意味で用いているのではないことに留意されたい（棚瀬氏の用法は筆者よりもネガティヴなようである）。

（6） 拙稿・前掲「再論・弁論兼和解」二四頁参照。

（7） 井上＝高橋編・前掲『エキサイティング民事訴訟法』一〇八頁（争点整理）における西野喜一教授の発言参照。リラチオーンス・テクニック的争点整理を主張する木川博士が争点整理における間接事実の重要性を強調していることが顧みられるべきである（木川「交互尋問に関する法改正の必要性」同・前掲『民事訴訟法改正問題』八三頁、など）。

（8） 現在の弁論兼和解にその危険を予感している。なお最近における和解兼弁論の実情については、名古屋弁護士会「座談会「民事裁判の現状を検証する」」日弁連第一四回司法シンポジウム資料（一九九二）六頁以下、が有益である。

（9） 家事調停における事実認定の重要性を強調するものとして高野耕一『財産分与・家事調停の道』（一九八九、日本評論社）二五九頁以下参照。

ところで、人間は過去にこだわると共に、自分にとって不快な過去を忘れたいという願望も持っているから、紛争についても多くの場合なるべく早く解決して忘れてしまいたいという気持があることを否定できない。そしてこれは和解による解決を促進するだけでなく、判決を終局的な解決として受容する――たといその内容が自分に不満足なものでも――要因として働くことを看過してはならない。ここに法律的紛争解決を社会的紛争解決としても終局的なものとする約束ごとの合理性も認められるといえよう。その意味で、しばしば聞かれる判決は社会的紛争過程の一環にすぎず、紛争を終局的に解決するものではないという主張は正しい面を有しているけれども、反面の真理を洞察したにとどまると思う。なお法的思考が過去思考的特質を有することについて、田中成明『法的空間』（一九九三、東京大学出版会。引用部分の初出は一九八二）一九八―一九九頁参照。

（10） 不十分な争点整理の具体的事例に関する指摘として、藤原弘道「弁論主義は黄昏か」司法研修所論集八九号（一九九三）一頁以下参照。

## 八　判決書の書き方

本節では、上記の私見の立場からみた判決書の書き方について若干の考察をしておきたい。

我が国では証明責任判決は極めて少ないといわれている[1]。しかし、司法研修所が指導し、いまや実務慣行になっているとみられる「原告主張の事実を認めるに足りる証拠はない。」という判示は、原告に証明責任があり、立証が証明度が達していないことを意味するから、そのなかには事実不存在が明白な場合と真偽不明の場合が混在しており、後者は一種の証明責任判決というべきである[2]。そうだとすると、我が国でも証明責任判決は極めて多い可能性がある。このような判示は、証明値（心証度）を明らかにしない点で疑問だといわなければならない[3]。

実は証明度すなわち証明責任点さえ定まれば、それがどちらの当事者に向けられているか、すなわち証明責任の分配は必ずしも決める必要はない。証明度が決まり、それを超える立証がある以上、証明責任の出番はないのである[4]。そして証明度の決定は証明責任の分配の決定よりも概してはるかに容易である。上述のように実務では証明責任判決はまれといわれるのに（しかしドイツでは、ノン・リケットの場合は非常に頻繁に存在するという[5]）、証明責任の分配に配慮して判決を書くのは、それが困難な場合には無用な努力であろう[6]。主張責任、証明責任の分配に過大なエネルギーを注ぐことを止め実質的な証拠評価に重点を置いて審理を行い、その結果としての証明度と証明値（心証度）を判決書に率直に判示すべきである[7]。それによって当事者は上訴をすべきかどうかを決定するための情報も与えられるから、このような判示は無用な上訴を制限することにも寄与すると考えられるのである[8]。

ところで、現在裁判現場で賛否両論が渦巻くなかで、新様式判決は次第に普及しつつある。その是非の議論はここではしないが(9)、新様式判決が要件事実論をより簡易なものにすることを要求することは避けがたいと思われる。新様式判決にとってはあまり多重抗弁の現れない要件事実論が望ましい。判決書は審理結果の表現であるから、要件事実論的に精密に整序された主張・証明責任に基づく訴訟審理が、従来方式の判決書により親和性を有することは疑いえないであろう。

いずれにせよ、今後における判決書の書き方としては、主張・証明責任の分配の問題に過大な神経、精力を費やすよりも、実質的な証拠評価、事実認定の判示に精力を注ぐべきであることを改めて強調したい。このことはとりわけ敗訴当事者に必要かつ十分な情報を提供し、できるだけ裁判に対する納得を得させるために極めて重要だといわなければならないのである。（これは言うは易く、行うは難しであって、事件の負担量と相関する努力目標といわざるを得ないが——。）

（1）　拙稿・前掲「行政訴訟における主張・証明責任論」二一二頁注（15）（本書二一五頁）参照。
（2）　松本・前掲三二一—三三三頁参照。
（3）　松本・前掲三三三頁はこのような判示を証明責任の通常の理解から逸脱すると批判する。
（4）　拙稿「スウェーデン法における証明責任論」六三頁（本書一五六頁）のエーケレーヴの見解参照。
（5）　アーレンス＝プリュッティング、吉野＝松村＝安達訳・前掲『ドイツ民事訴訟法』五〇頁（アーレンス）。柏木・前掲一六頁。なお柏木氏が、我が国で証明責任判決が少ないことは、正しくない判決が我が国で少ないことを意味するものでは決してない、と述べていることが注目されるべきである（同書一七頁）。
（6）　小林・前掲『証拠法』一四五—一四六頁、同『民事裁判の審理』一一七—一一八頁参照。
（7）　練達の民事裁判官であった後藤勇教授はいう。「実務の実際では厳密に究極の立証責任が、原告・被告のどちらにあるかを決めなくても、…法律要件事実を的確に把握して、当事者が、これに該当する具体的事実（主要事実）を正確に誤りなく主張しているか否かについて、絶えず注意していれば、足りるのであって、ある事実が究極的に何方の側に立証責任があるか…についての判断をしていなくても、通常は、事件の審理に差し支えないのではなかろうか。」（同「新様式の判決」『木川統一郎博士古稀祝賀　民事裁判の充実と促進　上巻』（一九九四、判例タイムズ社）七三〇頁）。

また、良心的刑事裁判官として知られた佐々木哲蔵氏は、心証形成過程をできる限り説示するように努めることが、自由心証主義は実際上は裁判官に事実認定について無責任な態度をとらしめる危機を含んでいるという批判に応え、裁判により客観性を付与することになると述べている（同『一裁判官の回想　佐々木哲蔵論文集』（一九九三、（株）技術と人間）一一八頁）。「ミニ・シンポジウム　民事訴訟法の改正に向けて」民事訴訟法雑誌三九号（一九九三）一二〇頁における山下孝之弁護士の発言も参照。

（8）拙稿・前掲「スウェーデン法における証明責任論」六三頁（本書一五八頁）参照。シュナイダー（Schneider）はこのような証明責任判決を認める論拠の一つとして、裁判所が相手方の主張に信をおいたことを不満とする敗訴当事者の控訴を誘発しないですむことを挙げているが（松本・前掲三二頁）、この点はむしろ逆というべきである。かりに彼のいうとおりとしても、それは当事者に裁判所の証拠評価に関する正しい情報を与えないことの結果であるから、とうてい支持しうる論拠とはいいがたい。

（9）新様式判決に対する批判については、木川・前掲『民事訴訟法改正問題』二二一頁以下および同書二二二頁注（2）、（3）掲記の文献、ならびに裁判官による批判として藤原・前掲「弁護主義は黄昏か」一九―二〇頁を参照。なお、現場の民事裁判官たちのあいだでもその評価は大きく分かれていることが窺われる（裁判官懇話会合同報告「民事裁判の課題」の討論部分、判例時報一四二八号（一九九二）一五頁以下参照）。

## 九　証明責任の予防法的ないしＡＤＲ的機能（1）

法律要件分類説は客観的、一義的に証明責任（の分配）が定まっていることによる法的安定性や当事者に対する予測可能性の重要性を強調するのが常である。しかし法的安定性や予測可能性という言葉が充分にその内容を吟味しないまま、一種のマジック・ワードとして使われている嫌いがあると思われる。すでに明らかにされているように、我が国の民法典は証明責任の分配を十分に考慮して立法されてはいないのであって、そのような民法典の措辞・構造自体から証明責任の分配を引き出そうとするのは、その前提において疑問があるし、百歩を譲ってそれがある程度可能だとしても容易な作業でないことは司法研修所民事裁判教官室の長年にわたる要件事実の研究作業がいまだに一応の集大成すらみせていない事実がなによりも有力なその例証である。そして修習生はもちろん、平均的な法律家にとってすら要件事実論がかなり難解であることは周知の事実に属する。

民法は第一次的には市民の行為規範なのであるから、法的安定性や予測可能性をいうならば、市民の法律生活一般にとってのそれを念頭に置いて考えるべきであろう。間接反証論、条件・期限に関する否認説と抗弁説の深刻な対立などを抱えこんだ、この複雑な証明責任分配論が我が国の訴訟前・外の市民の法律生活において果たしてどれほど法的安定性や予測可能性に奉仕してきたといえるであろうか。(法律問題、法的紛争のうち訴訟にまで発展するものは、ほんの一部に過ぎないことを改めて考えるべきである。)

一般的な分配原理を否定する証明責任論が法的安定性や予測可能性において法律要件分類説に劣るというのは根拠のない誤解である。別稿においてスウェーデンの証明責任論についてみたように、それは一般的な分配原理を否定するとともに、紛争類型ごとに多元的な考量により証明責任および証明度を決定することを通じて、取引生活の円滑化、訴訟前・外における紛争の解決に最大限に奉仕することを意図しているのである。(2)

これに反して、法律要件分類説は例えば民法七〇九条についていえば、紛争解決のために証明度に関する情報を求める当事者にほとんど何も提供しないに等しいではないか。また法律要件分類説にかぎらず、伝統的証明責任論が証明度に関する情報を提供しえないことが証明責任の訴訟前・外における機能・効果を考えるとき、決定的なマイナス面である。(3)最終的に訴訟の場でどの程度の証明度が要求されるかを知ることによって、取引当事者は取引生活を場合により慎重にし（契約の書面化など証拠の保全）、場合により簡便に済ますことができる。また紛争が発生した場合に、予測される訴訟の結果を考慮しながら和解など任意的紛争解決を行うことが可能になるのである。このようにして、証明責任は紛争の予防、さらに発生した紛争の訴訟前・外の任意的解決に寄与しうるのである。(4)後者の面では、証明責任は各種のＡＤＲの利用と効果を増進するとともに、証明責任自体がＡＤＲとしての機能を営みうることが注目されるべきである。(5)

紛争解決システムにおけるＡＤＲの重要性が一種の世界的現象として認識される現在、(6)証明責任の有するＡＤＲ機能に着目し、それを十全ならしめるような証明責任の基礎理論を構築することは訴訟法学者にとってすぐれて今日的な課題というべきである。

（1）本節については、拙稿・前掲「行政訴訟における主張・証明責任論」二〇二―二〇三頁注（23）、二一八頁以下〔本書二〇四―二〇五、二二二頁以下〕参照。
（2）拙稿・前掲「スウェーデン法における証明責任論」六三頁以下〔本書一五七頁以下〕参照。
（3）ヴェストベリィは、証明度の軽減が当事者双方に証拠保全の共同責任を課することを通じて証明責任規範の紛争解決機能の増大を意図してなされることを指摘する（Peter Westberg, Juridiskt Tidskrift 1992/93 nr. 1 s. 165.）。

（4） ボーマンは、市民は通常、証明責任の分配や証明度について知らないということを理由とする異論に対して、市民は訴訟手続では証拠が要求され、単に主張するだけでは駄目だということを知っており、証明責任が予防法的機能や証拠保全的機能を果たすためにはそれで足りる、と答えている。Robert Boman, Bevisbördan, i Rätt och sanning, s. 115.

（5） スウェーデンの環境損害賠償法（miljöskadelagen（1986：225）三条三項は、同法による被害者からの損害賠償請求訴訟における因果関係の証明度について蓋然性の優越で足りる旨規定し、最高裁の判決は以前から同旨の見解を判示している。そして学説は、このような証明度の軽減は環境破壊行為を減少させるための効果的な圧力手段として重要な意義を有することを指摘している（Ulla Jacobsson, Tvistemål（1990）s. 90–91.）。

なお竜嵜・前掲二四一頁（初出は一九八二）は、健康保険による診療保険請求権に関する証明責任の社会的機能に言及しており、この問題を考える上で示唆的である。

（6） 前掲の国際シンポジウムにおける四つのテーマのうちの一つはＡＤＲの問題であったことを想起すべきである。なお、拙稿・前掲「再論『弁論兼和解』」二三頁以下も参照。

## エピローグ——要約と結語

### Ｉ 要 約

ここにおいて主張したいことを要約すると、以下のとおりである。

我が国の民事訴訟の理論と実務を支配してきた伝統的証明責任論は、最大公約数的にいってつぎの三点において基本的に誤っている。すなわち、

(1) 証明責任の問題をもっぱら権利の確定・証明という観点から考えており、そのため行政、刑事の訴訟における証明責任や、訴訟前・外における証明責任と同様の問題との共通性を看過し（問題解決の正しい方向を

見失っ）てしまっている。

(2)　証明責任の問題はその分配につきるのではなく、それと同時に、その証明度が大きな問題であるのに、それを忘れて分配の問題に終始している。

(3)　主張責任と証明責任との原則的一致を固執し――主張責任は証明責任にしたがう――、両者が原理的に全く別個の問題であることを認識していない。（若干の学説は例外である。）

私見によれば、法定証拠主義における完全証明（拠）と自由心証主義における裁判官の確信とを無批判的に等値してしまったところに、これらの誤りの根源の一つがある。

このような批判の上に立って、主張・証明責任論において以下のような見解を提唱する。

(1)　証明責任の問題について一般的な分配基準などを定立することはできない。証明責任は実体法の問題であるから、当該実体法（規）の趣旨・目的、実体法（規）に基づく価値判断に利益考量的要素を加味して、証明責任の分配および証明度を決定すべきである。法文の措辞・構造は程度の差こそあれ、決定の一要素にとどまる。

(2)　法律上の推定は、明文規定が存在しない場合にも認められ、しかもこれは証明責任を転換せず、証明度を軽減するにすぎないものが多い。これによって証明責任規則の硬直的適用が調整されうる。またこのような法律上の推定を認めることにより表見証明や一応の推定の理論は不要に帰する。

(3)　証明責任の分配に関する学説が激しく対立するなど分配問題の決定が困難な場合には、超過原則の適用が認められる。これは実体的真実の要請にも叶うものである（その採用が実体的真実に反するという反論は根拠のない謬論にすぎない）。

(4)　主張責任は弁論主義に基づくものであるから、証明責任とは別個の原理に服する。その分配は一方において訴訟の合理的処理、審理の効率性の観点、すなわち必要かつ十分な範囲の訴訟資料の調達ないし供給と無用な訴訟資料の氾濫の防止、他方において当事者間における公正な対論の確保という観点からなされるべき訴訟法的考量の問題である。

そこでは要件事実論的整序が必要になることはいうまでもないが、多重抗弁の頻出を避けるため〝社会的事実関連性〟による調整が求められる。このことは利用者とくに一般市民のための民事訴訟という見地からみて重要である。

なお主張すべき事実の範囲は、その情報供給機能、コミュニケーション機能にかんがみ、証明責任のそれよりも広くなる。訴訟前の紛争解決のための交渉過程に関する事実なども含まれるべきである。そのために、従来の主張責任に加えて準主張責任という新たな道具概念を包含する広義の主張責任を観念することを提唱する。

## Ⅱ　結　語

前述の要約からも分かるように、ここで主張したことはある意味では平凡かつ簡単なことである。正直のところ、どうしてこの程度のこと、とくに従来の主張・証明責任論の基本的誤りがこれまで訴訟法学のすぐれた理論家たちによって看過されてきたのか不思議に思えてならない。当たり前すぎることなので、誰も最初に〝王様は裸だ〟と叫ぶのを躊躇したようなことかもしれぬ。とにかく一人前の法律家として遇されている自分が簡単に使いこなせそうにもない法律学の理論は、まして一般の利用者にとっては難解なはずで、どこかおかしいのではないかと思ってきた。そうして、たまたまめぐり合ったスウェーデン法における主張・証明責任論に理論的支柱を見出し、それに導かれて自分の考えをまとめてみたわけである。

スウェーデン法理論に導かれたとはいうものの、私見の形成にあたってはできるかぎり自分の頭で、日本の（民事）訴訟に妥当する主張・証明責任論を構築することに努めたつもりである。「帽子でさえ、他人から借りるには自分の頭の格好を考えねばうまくない(1)」のだから、これは当然のことである。不幸にして、私見が読者に拒絶反応を生じさせ、スウェーデン法理論の短絡的輸入としてしか受け取られないとしたら――率直に言って筆者自身、同種の感想をしばしば我が国の法理論について抱くけれども――、それはもちろん筆者の無力ゆえであるが、少なくとも意図するところではないことを強調しておきたい。

最後に、とりわけ（平均的な）司法修習生や若い法律家の人々に読んでもらえればと願う。これは、平均的な法律家である（そして、そのことをひそかに誇りとしている）一人の先輩が、法と正義への愛と情熱に燃えて法律家の道を歩もうとする、あるいは歩み始めた若い後輩たちへのささやかな贈物のつもりで書いたものでもあるのである。

（1）　この諺を内田義彦『作品としての社会科学』（一九九二、岩波書店）三三二頁で知った。これを訴訟法学的に表現すれば、中野教授のいう「実務の継受」（中野貞一郎「手続法の継受と実務の継受」同『民事手続の現在問題』（一九八九、判例タイムズ社、初出は一九八三）五七頁以下）の問題である。なお、法学は本質的にローカルな学問だという棚瀬孝雄氏の指摘（法生態学研究会編『裁判活性論』（一九九三、信山社）一〇八頁））を参照。

# 第七　事実認定における専門性と素人性
## ――刑事参審制度について――



## はじめに
### ――司法に対する国民参加の基本的視点

我が国が司法に対する国民の参加という面で少なくとも先進諸国の中で著しく不十分であることは周知の事実に属する。そしてまた、刑事司法におけるキャリア裁判官による冤罪の継続的発生にかんがみその是正策として陪審、参審の導入の問題が真剣に議論されてさた（このことはとくに陪審について著しい）。しかし、この二つの問題は本来異別のものであることに留意すべきである。すなわち、前者は司法における民主主義、後者は裁判機関の機能強化に関わる。極限的状況を考えると両者は矛盾、対立することもありうる。

かつて、民事司法における国民参加について論じた拙稿[1]において、このことを指摘するとともに、司法に対する国民参加が歴史的に生成・発展してきた多様性を有する制度であることにかんがみ、その概念規定と分類基準としての四つの要素について述べた。四つの要素とは、構成の民主性（の程度）、能力・資格の専門性（または非専門性）、職務の継続性（または単発性）および意思決定の拘束性（の有無・程度）のことである。さらに参審の機能としては、参加的機能、教育的機能（これには国民に対するものと、裁判官に対するものとがある）、監視的機能（公正担保機能）、責任分散機能の四つがあることを指摘した。

基本的立場は、民事（行政事を含む）、刑事事件を問わず国民参加が第一次的に司法における民主主義の確立のために必要であるが、それは同時におおむね裁判機関の機能強化にも資することができるということにある。前稿はこのような見地から民事参審の制度設計について論じたものである。

基本的に前稿の立場を前提として我が国の刑事司法における参審制の導入の問題について考察したいと思う。まず、参審に関するこれまでの議論を瞥見し、そこで看過されてきたように思われる諸点について指摘し、つぎに裁判機関の機能強化とくに事実認定のそれについては、法律家と素人の事実認定能力について比較検討する必要があるのでこれを試み、その上で我が国における刑事参審の制度設計について若干の私見を述べることにしよう。

（1） 拙稿「民事司法における国民参知―民事参審の構想に関する一つの試論」『木川統一朗博士古稀祝賀　民事裁判の充実と促進　上巻』（一九九四、判例タイムズ社）所収（以下、この拙稿を「前稿」として引用する）。なお、以下における文献の引用は、最小限にとどめる。

## 一　刑事参審論議の問題点

これまでの刑事参審に関する論議を顧みると、ほぼ三つの論点についてあまり深い検討がなされないまま、以下のようなステレオ・タイプの見解が支配してきたように思われる。

その第一は、国民参加として陪審制のほうが参審制よりも優れており、参審制は陪審制が採用できない場合の次善の策に過ぎないとするものである（このような理解には、すぐ後述する歴史的経緯が大きく与っているであろう）。

その第二は、フランス、ドイツ両国における参審制が、フランス革命の結果フランスが英国から導入した陪審制が失敗に帰し、参審制に移行したという歴史的経緯にかんがみ、大陸法系の国では参審判が適合的である（逆に陪審制は適合的でない）とするものである。(2)

そして第三は、両国の刑事訴訟手続が職権主義を基調としているところから、参審制は職権主義に適合的であるが、当事者主義には適合的でないとするものである。(3)

もっとも、このような立場に立つ論者のすべてが三つの論点について必ずしも明確にそう意識しているわけではないようである。しかしだからこそ、このことを指摘しておく必要性が大きいともいえるわけである。だがしかし、北欧とくにスウェーデンの参審判を視野に入れるならば、以上のような見解には基本的な欠陥があるといわざるを得ない。

第一に、陪審制も参審制も一国の法文化のなかに深くビルト・インされているのであって、いわば国民的信仰ともいうべき面があり、(4)どちらかがより優れているということは容易に判断できることではないし、またすべきことでもないのである。(もちろん、我が国においてどちらが導入しやすいか、運用しやすいかに関する比較検討は可能であるし、必要である。しかし実際にはしばしば、この議論が優劣比較論と混然一体のまま行われてきたところに問題があるのである。)

第二に、参審制は古代ゲルマン社会の民会に起源を有し、陪審制と同様に―いやそれ以上に―長い歴史を有するのであって、決して近代にいたって陪審制の失敗の結果、大陸刑事司法において制度化された、というようなものではないことを認識しなければならない。従来のフランス・ドイツ型参審に囚われた見解は、比較司法制度論的にみて偏りないし歪みがあると評すべきである。

第三に、参審制は起源的にはむしろ当事者主義訴訟において用いられていたのであり、現に最も古い参審判を有するスウェーデンの刑事訴訟手続はほとんど英米のそれに近い当事者主義を採用しているのである。参審判が職権主義に親和性を有するというのは第二の歴史的経緯と関連する理解であろうが、これは職権主義を採るフランス、ドイツの訴訟手続において参審制が行われてきたという事実を、参審制の特性(の一つ)と誤解混同するものといわなければならない。

幸いなことに、最近我が国における参審制に関する議論状況には大転換が生じつつあるように窺われる。その転機となったのは、東京三弁護士会陪審制度委員会の調査団によるスウェーデンの参審制の実態調査であったといえよう。実はこの調査については筆者もその前後に多少の協力をしているが、この調査研究の成果である東京三弁護士会陪審制度委員会編『スウェーデンの参審制度―国民参加の刑事裁判』(一九九五)中の「スウェーデン視察報告座談会」には、調査団参加者がスウェーデンの参審制からいわば洗脳に近い強烈な印象を受けたことが随所に語られている。[5] このようにして、我が国の参審制に関する論議は漸く正しい軌道に乗るに至ったと評することができよう。

（2）　用語は現在でも陪審（jury）であり、その資格要件（広く国民一般から選出される）、職務の単発性、人数（九人）が陪審に似るところから陪審と解する説もある。ここでは多数説と思われる参審説に従う。東京三弁護士会陪審制度委員会編『フランスの陪審制とドイツの参審制』（一九九六）によれば、フランスの学者自身、フランスの制度はドイツ、イタリアのように参審だと述べており（二八頁）、同委員会も参審説を採る（東京三弁護士会陪審制度委員会編『参審制度要綱試案』（一九九六）一頁）。もっとも、我が国におけるフランス参審制の権威である白鳥裕司教授は陪審説である（同「フランスの陪審制度」前掲『フランスの陪審制とドイツの参審制』五九頁以下）。

なお、司法に対する国民参加の制度は歴史的に発展してきたものなので、このようにステレオ・タイプの陪審、参審の二つに必ずしも類型化できないことにかんがみ、筆者は多様な国民参加の制度を調整分類するために上記四つの基準を前稿で提唱したのである（前稿一〇九頁以下）。

（3）　もっとも、このような見解はフランスの制度を陪審とみれば成り立たないはずであるが、このことはフランスの制度が我が国で一般に参審と理解されてきたことを窺わせる。ドイツの参審制度の歴史については、小野慶二「ドイツの参審制度」法曹時報一三巻四号（一九六一）、平良木登規男「参審制度について―その成立と発展の経緯―」法学研究六七巻七号（一九九四）、フランスのそれについては、白鳥・前掲、上野芳久「フランスにおける政体の変遷と刑事陪審制度（一、二）」国学院法政論叢一五輯（一九九六）、一六揖（一九九七）などを参照。

（4）　このように陪審にせよ、参審にせよ、一種の国民的信仰に属する面があるので、それにひきずられてか我が国の刑事司法改革のために国民参加の導入を主張する論者は、いわば陪審教（徒）と参審教（徒）に分かれて争っている観がなくもない。たしかに改革の大きな推進力となるのは単なる理性でなく情熱であり、それは熱烈な信仰に支えられてこそ強力なものになりうるであろうが、このことによって冷静な認識の眼が曇らされてはなるまい。

（5） 同書中のスウェーデンの（司）法制度に関する記述には、基本的知識の欠如に基づく誤りも散見するが、それはそれとして法廷審理の全状況について逐次通訳の記録を収めるなどしており、極めて貴重なものである。僅か一週間ほどの調査期間でこれほどの成果を挙げた調査団諸氏に心から敬意を表する。

## 二 事実認定における専門性と素人性

陪審、参審を問わずその導入が主張される最大の理由は、少なくとも我が国に関する限り職業裁判官―とくに刑事における―の事実認定に対する不信ないし絶望と、それに反比例するかのような素人の事実認定能力に対する信頼である。しかし―、

そもそも事実認定において法律家は素人に全く勝るところがないのであろうか。とりわけ我が国の（事実審）裁判官はその最大のエネルギーを事実認定に注ぐといわれるのに、どうしてその事実認定が素人のそれよりも劣ることになるのであろうか。また、英米では何故に事実認定が素人の集団である陪審に委ねられているのであろうか。

このような疑問は当然に生ずる基本的な疑問だと思われるが、管見のかぎりでは我が国の国民参加の議論において、この問題が事実認定論との関わりで突っ込んで議論されたことはないように思われる。（これまで問題とされてきたのは、裁判官の法意識（検察官・捜査官的なそれ）とか、圧倒的多数の事件が有罪であることからくる悪い意味での事件への馴れというような一般論的問題である。もちろん、それはたしかに大切な問題であるけれども、

事実認定の問題はこのような一般論のみに解消できるほど単純なものではあるまい[6]

法律家が裁判における事実認定の専門家であることは法定証拠主義のもとでは当然自明のこととされていたのであろう。そこでは例えば二人の成人男子の一致した証言が完全証明(拠)を成すと定められており、このような事実認定に関する法規を熟知している者すなわち法律家が事実認定の専門家ということになるからである。もっとも、すでにローマ法の時代以降、法律学者は事実認定の問題を常識の世界に属するものとし、法律学の分野から排除してきたことを指摘する法史学者もいる[7][8]。

それはそれとして、法定証拠主義から自由心証主義への転換が行われた際に、この問題は改めて検討されるべきであったと思われる。なぜならば、自由心証主義のもとでは、法律家、裁判官が事実認定に必要かつ十分な具体的経験則を素人以上に知っているわけではないから(また、それはことの性質上法学教育における学習が至難である)、事実認定の専門家なるものは存在しないか、またはすべての人がある意味では専門家(自分の職業分野、生活経験の範囲における)だということもできるからである。

ところで近時、この問題について優れた洞察に富む文献が現れた。蓑田速夫『裁判と事実認定　事実とは何か』(一九九六、近代文芸社)がそれであり、とくにその中の一章「裁判における素人性と専門性」はこの問題を正面から取り扱ったものである。同氏は裁判官として定年まで在職し、主として民事裁判に従事されたようであるが、かなり豊富な刑事裁判の経験も有していることはその論述から読み取れる。それゆえ氏の事実認定論は民事、刑事の双方を視野に入れたものであり、両者を通して司法に対する国民参加の問題を考える上で極めて有益な示唆に富む[9]。陪審、参審を問わず、国民参加の問題に関心を有する者にとって必読に値する文献というべきである。

氏は、訴訟の進行の指揮すなわち手続形成的な面（主張整理、証拠の取捨選択・取調べなど）と、その過程で次第に心証を固め事件の最終結論を得るという事件の「判断」すなわち実体形成的な面とを区別し（両者は場合に応じて互いに原因となり、結果となるという密接な相互関係にあるけれども、区別することが可能である）、前者は法律家—裁判官の専管事項であるが、後者については職業裁判官と素人との間に優劣の差はない、とする。[10]

法律の「専門家が専門家である所以は、法律の制度・仕組みについて広い組織的な知識を持ち、紛争処理に関する技術に通じていること、にある。そこが素人と決定的に違うところであるとともに、それ以外には、技術を生かすためにはバランスのとれた深い世間知が必要である点において、素人との間にいささかの差異もなければ誇るべき専門的優越性もない。」という。[11]

また、人のする判断には動的・同時的・関係者的・主観的な判断と静的・事後的・第三者的・客観的な判断とがあり、前者では専門性が支配するが、後者では素人に委ねることができるとして、つぎのように論ずる。

例えば、医師が患者の診断の過程で想定病名を決定するという実践的判断は前者に属するが、医療過誤訴訟における医師の処置が過失[12]に当たるか否かの判断は後者であり、これはもっぱら健全な常識の問題である。すなわち、カルテその他の記録類が提出されて問題点が指摘され、鑑定によって実際の処置と通説的な処置との違いや許容範囲が示されているから、裁判官は医学的専門知識なしに過失の有無を判断できるのである。そうであれば、この判断は素人に委ねられても差し支えないはずである、と。[13]

なお、主観的判断はその理論的整合性において客観的判断に劣るにせよ、その実践的価値ないし困難さははるかに勝っており、全身全霊を尽くした裁判官の手続形成・主観的判断の最終結果としての客観的判断を、判決理由の記載を材料にして批判することは誰にもできる理論操作にすぎず、逆にいえば裁判官が委曲を尽くした事件の背景事実と証拠関係の説示を行えば、素人にも適切な事件の結論を出すことが可能になる、と述べていることも興味深い(14)(15)。

他方、氏は、素人が判断のしにくい事件としてカネミ油症損害賠償請求訴訟を取り上げ、その所以を説明しながらも、「そのような事件があるからといって、裁判がそれを職業とする裁判官だけの手によって行われるのがいいかどうかは別問題である。裁判を民衆に近づけるためには…その判断の内容にも民衆の知恵を反映させる必要があろう。」「裁判における真実又は事実は、…客観的合理的な判断であり」、それは「誰が何を基準として決めるのかといえば、民主主義社会においては、最終的には民衆の健全な常識によると言わざるをえないのではなかろうか。」という(16)。

氏が、陪審員の判断に適した形に単純化できない事件が多い我が国における国民参加の形態として参審制の検討を提言していることも附記しておくに値しよう(17)。

以上に紹介した蓑田説は、事実認定における専門性と素人性について実に正鵠を射た立論だと筆者は考える。現在のところ筆者にはこの問題について蓑田説に付け加えるべきものがない。ただ、北欧における事実認定に関する経験的研究は、法律家も素人も正しく同様の過誤を犯す可能性があることを明らかにしている、というささやかな情報をここに紹介するにとどめる(18)(しかしこのことは、素人の事実認定能力に対する過度の楽観論、非観論双方への傾斜を戒めるのに資するであろう)。

(6) もっとも陪審について、陪審員個人の能力というよりも、陪審の構造に由来するその事実認定能力に論及するものとして、棚瀬孝雄「刑事陪審と事実認定」判例タイムズ六〇三号(一九八六)、大久保哲「刑事手続の構造からみた陪審の事実認定」刑法雑誌三二巻四号(一九九三)、高内寿夫「事実認定の溝造論からみる陪審制と職業裁判官制」白鴎法学六号(一九九六)があり、参考に値する。

(7) ハンヌ・ターパニ・クラーミ、拙訳「フィンランド証拠法の発展と現況―スウェーデンと対比しつつ―」神奈川法学三〇巻二号(一九九五)三四六頁(本書四七〇頁)。ローマ法学者として出発し、現在北欧における最も活動的な証明論の研究者というべきこのフィンランドの法学者は、別の論文(その門下生との共同執筆)の中で、つぎのような重要かつ興味深い指摘をしている。「証拠の問題はローマの法律家以降多かれ少なかれ脇に置かれたままである。偉大な法律家セルウィウス(Servius)は事実問題に関して彼の意見を求めた依頼人に対して、「それは法律学に関係がない。キケロに訊くがよい」(Nihil iuris, ad Ciceronem.)と述べたと伝えられる。事実問題は伝統的な法律学の職務に属さないのである。」(クラーミら、拙訳「北欧における証明論・証明責任論の新しい動向」神奈川大学法学研究所研究年報一二号(一九九一)三六頁(本書四四三頁))。キケロは高名な政治家・哲学者であったが、法学者とはみられていなかったのである。

(8) フランスの民事訴訟においては事実認定がほとんど鑑定に委ねられているという現象も、その原因はたんに裁判官数の少なさということだけでなく、より根本的な裁判官の事実認定能力に対する考え方の差異に由来するのではあるまいか(山本和彦教授は、鑑定の活用の最大の原因は裁判官不足にあるとしながら、同時にフランスでは事実認定に対する裁判官の関与の薄さは必ずしも否定的にみられていないという興味ある指摘をしている(「(座談会) フランス民事訴訟からの示唆」における発言―判例タイムズ九二二号(一九九七)三五、三九頁)。

(9) 民事についてもこれまで裁判官の事実認定の苦心談やノウハウを提供する論稿は決して少なくない。最近の体系的業績としては、伊藤滋夫『事実認定の基礎裁判官による事実判断の構造』(一九九六、有斐閣)がある。しかし、素人の事実認定にまで触れたものは皆無であったと思う。もっとも、素人が民事裁判に関与することのない我が国ではこのようなことを議論する実益がないから、当然のことというべきかも知れないが（ただし、新民事訴訟法二七九条一項参照）。

(10) 蓑田・前掲八三―八四、八六頁。

(11) 蓑田・前掲八六頁。この引用文は直接には弁護士に関するものであるが、裁判官についても全く同断であろう。

(12) 過失が純粋の事実認定の問題でないということは、この文脈では別論としてよいであろう。

(13) 蓋田・前掲九四―九五頁。

(14) 蓑田・前掲九八頁。このことは裁判批判の在り方、受取り方に対してもすこぶる示唆的と思われる。裁判官は素人による裁判批判を軽々しく雑音の類いとして一蹴してはならないし、他方、批判者の側はたとい裁判官の事実認定の誤りを発見したとしても安易に裁判官を怠惰、無能呼ばわりすべきでないということになろう。

(15) 氏はこの章のなかで、ある家庭裁判所においてベテランの主任書記官が病的嘘言癖をもつ女性の戸籍訂正許可申立てに騙されたというケースを紹介し、この話を何度か若い判事補や司法慣習生にしたところ、その多くが結末を話すまで女性の申立てを真実と思っていたことを記している（一〇一頁以下）。法律家がその事実認定能力について自信過剰になるのを戒める良い教訓である。

(16) 蓑田・前掲一〇九頁。

(17) スウェーデンは出版訴訟についてのみ陪審制を採用しているが、陪審の基本的任務は起訴事実の対象である出版物またはその公表が、検察官の主張する法条によれば犯罪性を有するか否かに限定されており、英米の陪審のそれよりもはるかに容易なものである（拙著『スウェーデンの司法』（一九八六、弘文堂）二六六頁）。このことは事件を陪審員の判断に適した形に単純化した比較法的事例として興味深い。

(18) クラーミら、拙訳・前掲「フィンランド証拠法の発展と現況」一二一頁〔本書四九〇頁〕。

## 三　我が国における刑事参審の制度設計
### ――東京三弁護士会陪審制度委員会『参審制度要綱試案』に対する若干のコメント

最近、東京三弁護士会陪審制度委員会は『参審制度要綱試案』（一九九六）を発表した。参審制に関する立法要綱案としては、すでに大阪弁護士会のものもとがあるが、上記試案は同委員会のドイツ、フランス、スウェーデンの各参審制度の実態調査に基づく研究の成果を踏まえたもので、極めて注目に値する。[19] そこで、以下ではこの試案における重要と思われる論点についてコメントするという形で、我が国における刑事参審の制度設計についていささか考えてみたい。[20]

（以下の数字および見出しは、この試案のものである。）

1　〔総則〕

1―3（参審員の職務）

参審員は、裁判官と対等の立場で評議・評決するものとされている。

コメント　憲法上の問題は全くないと考えているようである。これは重大な論点の一つであるが、後記10―五のコメントの箇所で併せて述べる。

2　〔参審事件〕

2―2（適用事件の範囲）

自白・否認を問わないとするA案と、否認事件のみとするB案とが併記されている。

コメント　解説によれば、B案は参審員が多数の自白事件に接して新鮮な感覚を失うことを懸したためと説明されている（一〇頁）。もっともであるが、少なくとも、選挙に関する犯罪、贈収賄罪、公務員の職権濫用に関する犯罪、性（表現）に関する犯罪のように国民一般の健全な規範意識が量刑に反映することが望ましいと考えられる事件については、自白事件であっても参審事件の範囲に含めるべきではあるまいか。また、このような点に陪審制では得がたい参審制特有のメリットがあるといえる（なお、2—8のコメントも参照）。

2—4（被告人による辞退）

被告人に参審による審理・判決の辞退を認めないものとされている。

コメント　参審員の権限を職業裁判官と全く対等としながら、参審裁判の辞退を認めないのは憲法三二条の関係で問題があろう。解説にも同条との関係で職業裁判官による裁判を受ける権利を残すことが必要ではないかとの意見があったことが述べられている（一一頁）。

2—6（参審事件での裁判体の構成）

簡易裁判所では裁判官一名、参審員二名、地方裁判所では通常事件は裁判官一名、参審員二名、重大事件は裁判官二名、参審員五名、高等裁判所では裁判官三名、参審員二名という構成とされている。

コメント　この構成は、おおむねスウェーデンの場合と同様であり、妥当なものと考えられる。

2—8（参審事件とするかどうかのふるい分けの手続）

第一回公判期日で被告人が否認した事件のみに限るか（B案）、限らないか（A案）で両案が併記されている。

コメント　2―2のコメントとして述べたところに、第二回公判期日以後に自白を翻して否認する者もいることも併せ考えると、B案は狭きに失すると評すべきである。

3　〔参審員〕

3―2（参審員の一般的欠格事由）

コメント　3―8のコメント参照。

3―8（参事員の選出方法・手続）

ほぼ一般選挙に等しい複雑な選任方式が提案されている。

コメント　しかし、このような陪審員選出に近い方式の採用については、残念ながら筆者は賛成しがたい。裁判官と対等の（あるいはそれに近い）権限を有する参審員の選任にあっては、かなり高い資格要件を求めるのがおそらく一般の国民感情であり、それには十分な合理性があるのではあるまいか。その意味で、筆者は地方裁判所の参審員については、地裁ごとに地裁所長を委員長とし、裁判官、検察官、弁護士、学識経験者、都道府県の職員、議員計八名で構成する推薦委員会の指名に基づき、最高裁判所が任命する制度を提案している。(21) こういう選択肢も考慮に入れてこの点に関する今後の議論が展開されることを望みたい。

4　〔証拠開示〕

5　〔公判準備・公判手続〕

## 6 〔証拠調べ〕

コメント　4ないし6の事項については、参審制特有の問題ではないので、本稿では割愛する。もっとも、参審制の導入が証拠開示の必要性を増大させ、我が国の刑事訴訟の悪弊として指弾されている調書裁判から口頭主義・直接主義の活性化への転換を不可避的に要求することから、刑事司法改革に大きなインパクトを与えるであろうことは、参審制導入の大きなメリットとして注目されるべきである（試案の解説も随所でこの点に触れている）。

## 7 〔評議・評決〕

### 7―5（評議・評決の方式）

犯罪事実について複雑な評決方式が提案されている。

コメント　これは参審員の表決権を裁判官と対等にすることから生ずるものである。私見は参審員の表決権を拘束的なものとしない立場に立ちながら、参審員に少数意見表示の権利を認めるとともに、裁判官が参審員全員の意見に反する判決をする場合にはその理由を明示する義務を課することにして、参審員の意見の事実的効力を担保しようとするものである。これでは微温的に過ぎるとの反論もあろうが、現実的な参審制の立法化という観点からは十分に検討に値すると考える。(22)

8 〔判決〕

8—2（判決主文・理由の作成と判決言渡しの方法）

コメント　解説によると、裁判官、参審員の両者について少数意見の表示を要求する意見があったことが述べられている（三九頁）。

しかし、裁判官の少数意見の表示は、大陸法の伝統からはかなり異質なものであり（スウェーデン法は第一審判決を含む少数意見の表示を認めているが）、我が国の裁判官のエトスからの抵抗が大きいであろう。これに反し、私見のように参審員の意見に拘束力を与えない代わりに参審員についてのみ少数意見の表示を認めるのは、伝統的思考と矛盾せず、採用が比較的容易と思われる。[23] もっとも、提案自体には賛成であり、裁判官についても少数意見の表示が認められるならば、それはすばらしいことである。だが、残念ながら筆者が個人的に知る限りでは、裁判官はもちろん実定法学者の間でも反対説が多いことを考慮して、上記代案を提示する次第である。

9 〔上訴〕

上訴審については現行法のとおりとされている。

コメント　前掲『スウェーデンの参審制度』には紹介されていないが、スウェーデンでは、控訴事件について判事補（候補生）が養成教育の一環として記録に基づき、必要にして十分な〝プリント〟とよばれる要約資料を作成し、それが参審員を含む裁判機関の構成員全員に配付されるので、参審員も予めそれを読んで審理に関与する。[24] このことが参審員の事件の理解を容易にし、高裁における参審制の運用の円滑化に寄与していると思われる。我が国でこのような資料を作成するとすれば、結局主任裁判官がその役割を担当することになろうが、これは大変な負担過重になると思われる。また、完全な覆審制は現行刑事訴訟法の基本的構造の改革であり、かつ裁判官数の点からも非現実的であるし、現行法どおり事後審制とする案（B案）に拠らざるをえまい[25]。第一審が参審裁判である以上は、控訴審も同一であることが望ましいに違いないが、控訴審における参審制の導入には検討すべき多くの難問が存在することに配慮すべきであろう。

10〔附随的問題〕

10—6（その他の問題点）

コメント　憲法との整合性については、三二条、七六条に違反しないとされている。その当否は別としても、憲法の裁判官に関する規定―とくに八〇条―との関係はどうなのであろうか。憲法でいう裁判官とは実質的に裁判権を行使する者を意味し、必ずしも裁判所法が裁判官として定める者に限定されないと解される（憲法の裁判官に関する諸規定を総合すると、より正確には裁判官とは裁判権を行使する権限を有する原則としてフルタイムの公務員ということになろう[26]）。そうでなければ、憲法の下位にある裁判所法により憲法の裁判官に関する規定を改変することができるという不当な結果を生ずるからである。それゆえ、もし参審員が裁判権の行使について裁判官と対等の権限を有するとするならば、参審員はすなわち憲法上の裁判官というべきであって、憲法の裁判官に関する規定はすべて参審員にも適用されることになると解すべきである。―少なくとも、そういう立場からの違憲論が相当な説得力をもって主張されることは認めざるを得まい。違憲論に関する争いの決着は最終的に最高裁に委ねられ、長年月を要することになるから、参審制の早期実現をはかるためには違憲論を避ける道を採るのが賢明である。

このようにして、我が国においては現行憲法上、参審員は裁判官とは異なるものとして導入を考えるほかあるまい。(蓑田・前掲書は、事件における実体形成の判断については裁判官と素人との間に優劣はないとする立場から、合議体の構成員に裁判官と並んで参審員がなることも違憲とはいえないであろうとする。[27] しかし、参審員が実質的に裁判官と同等の判断能力、事実認定能力を有するということで、上述の疑問を解消できるであろうか。)

以上、試案のうちさしあたり、とくに私見を明らかにしておきたい事項について若干のコメントを述べてみた。全体として、その内容はよく考えられているものの、やや理想論にすぎ、これをこのまま立法化の基礎とするのは困難ではあるまいか。しかしそれはともかく、試案が今後の参審制導入の議論に対する貴重な寄与であることはいうまでもない。

(19) 我が国における刑事参審の制度設計については、すでに川崎剛弁護士(同「参審」東京弁護士会編『司法改革の展望』(一九八二、有斐閣)所収)、大阪弁護士会(下村幸雄『刑事司法を考える』(一九九二、勁草書房所収)による各提案があり、また、筆者も刑事参審プロパーのものではないが試案を提示している(前稿参照)。

(20) 同試案の《序―参審制度論の概況》には、参審制に関する一般的問題が述べられているが、前稿の論述と重複する面があるし、またとくに異見を挟むべき点もないので、紹介を割愛する。そこで参審の六つのメリットとされるものを前稿の言葉で言い換えれば、①は参加的機能、②、⑤は、教育的確能、③、⑥は監視的機能(公正担保確能)④は責任分散機能にほぼ対応するといえよう(前稿一一四―一一五頁)。

(21) 前稿一二二―一二三頁。

(22) 前稿一二四―一二五頁。

(23)　前稿一二四―一二五頁。

(24)　前掲『スウェーデンの司法』とくに一三八頁以下、二三三頁参照。

(25)　スウェーデン法においては最良証拠の原則が法定されており、原判決の援用する証言等に異なる証拠力を認めるためには、原則として新たな証人尋問等が必要とされることに留意すべきである（訴訟手続法五一章二三条）。

(26)　憲法の裁判官に関する規定は、裁判官が原則としてフルタイムの職であることを当然の前提としているものと理解される。筆者はかつてパートタイム裁判官に関する拙稿において、「憲法および裁判所法の制定時にはパートタイム裁判官の問題はおそらく立法者の念頭になかったと思われる。したがって、憲法がパートタイム裁判官を認めているかどうかについては積極、消極の両論が成り立つかも知れない。」として、より以上の議論の展開を憲法学者に委ねた（拙著『裁判法の考え方』（一九九四、信山社）一一九―一三〇頁）。しかし管見のかぎりでは未だにこの問題について明確な意見を明らかにした憲法学者を知らない。現在の私見としては、憲法の裁判官に関する規定は裁判官が原則としてフルタイムの職であることを当然の前提としているものと解釈するほかない、と考えている。参審制について消極的な憲法学説として、伊藤正己『憲法　第三版』（一九九五、弘文堂）五七〇頁参照。

ちなみに、スウェーデンの参審員は、訴訟手続法において職業裁判官とともに裁判官とされており、その職務の行使に先立って同法四章一一条による裁判官宣誓を行わなければならない。ドイツの参審員が名誉裁判官とよばれていることは周知のところであろう（平良木・前掲「参事制度について」六頁、など参照）。

(27)　蓑田・前掲八九頁。もっとも蓑田氏は、現行憲法上司法権を行使すべき「裁判所」は「裁判官」しかこれを構成することができないと解すべき理由はないというが、その理由をそれ以上に説明していない（同頁）。

## 結　語

以上、刑事参審について筆者なりに重要と考える若干の論点について検討してきた。最後に現在の国民参加に関する議論に対して筆者が感ずる一種のもどかしさについて率直な感想を述べて結語に代えることにしたい[28]。

それは司法改革に関するその他の一連の議論にも共通する特色であるが、自己の描く理想像の完全な実現を固執するあまりに、現状の一歩でもベターな改善に地道な努力を傾けるという姿勢が乏しいこと、ささやかな改善の積重ねがやがて大きな改革に連なるという発想がみられないことである。われわれはかつて法曹一元論に、最近ではパートタイム裁判官論にその例証をみてきた。あえて極論的な言い方をすれば、これらの議論は法曹界内部のコップの中の嵐ともいうべき面があった。しかし、この国民参加の問題は異なる。それは広く市民一般に関わる問題なのである。現段階で実現可能性の最も高い選択肢の立法化に努力することこそ、いま切実に求められていると筆者は考える。

例えば、検察審査員のOBから任命された参審員によるゆるやかな参審裁判（参審員の意思は拘束力を有しないもの）を一定の事件（死刑を法定刑に含む否認事件など）についてまず試験的に実施してみて、定期的にその追跡調査を行い、その結果に基づき制度の改善や拡充を漸次的に図るような施策を発足させるための立法措置の検討に早急に着手すべきではあるまいか。この問題についてこそ、「小さく産んで大きく育てる」ことがなによりも期待されているといえよう。

（28） 毎日新聞の日曜論争欄（一九九二年一二月二〇日）における陪審制論者・渡部保夫教授との論争のなかで、「いずれにせよ、陪審制、参審制のどちらがベターかの議論よりも、一日も早く司法への国民参加を実現することのほうが大切なのだから、比較的抵抗が少ないと思われる参審制から始めたらどうなのだろうか。」と提案してからすでに四年余が経過している。このままでは国民参加の問題は司法改革論者の見果てぬ夢に終わりかねないのではなかろうか。

［補　記］

その一　本稿は、公表される順序は逆になってしまったが、拙稿「スウェーデン型参審を考える―わが国における刑事参審の制度設計に関連して」自由と正義四八巻四号（一九九七）に先行して書かれたものである。もちろん、このことは本稿の理解を妨げるものではないが、なるべく上記拙稿も併せてお読み願いたいと思う。

その二　脱稿後に法曹五五九号（一九九七）で、角谷三千夫判事の「刑事裁判官としての偶感」という優れたエッセイに接した。この文章は、裁判官生活満四〇年に近く、現在高裁において刑事事件を担当する同氏が、刑事裁判の問題点について率直に語ったものである。二頁の短文にすぎないが、裁判官の胸奥から発する良心の声の表現というべき感銘深い文章である。氏はそこで問題点の一つとして、自白の任意性について「事実上被告人が『不任意性の立証責任』を負担しているかのような誤解を十分に清算し切れていない方が、裁判官なり法曹の中におられるのではないか、との不安を感じることが必ずしもまれでない。」（一二―一三頁）という疑念を表明している。

このような事態の改革を、裁判官、法曹の自発的な意識改革に期待するのが極めて困難であることは、半世紀にわたる刑事訴訟法の実践がそれを果たしえなかったという事実に徴して明らかである。参審制の採用は、裁判官、法曹に素人に対して法におけるこのタテマエとホンネの乖離を説得的に説明する責任を負わせるから、自ずとこのような誤った意識の改革を促すことになるであろう、と筆者は考える。とりわけこの国では、ほとんどの改革はなんらかの外圧なしには不可能に近いことはわれわれの周囲に多くの例証が存在する。この意味でも、参審制の導入は、我が国の司法の改革のために多大の可能性を秘めているのである。

〔追　記〕

平成一三年六月一二日、司法制度改革審議会が内閣に提出した『司法制度改革審議会意見書―21世紀の日本を支える司法制度』は、司法制度改革の一つの柱として、刑事訴訟における裁判員制度の導入を提言した（一〇二頁以下）。比較法的先例のない制度であるだけにその運用上の成否は容易に予測し難いが、この制度の定着を図るためにも、本稿の事実認定に関する論述は多少の寄与をなしうるものと考える。また、司法に対する国民参加は刑事のみならず、民事・行政の訴訟においても等しく重要であって、事実認定の問題は程度の差こそあれここでも基本的に刑事の場合と異なるところはないことを指摘しておきたいちなみに三ヶ月章博士は、司法に対する国民参加は参審制がベターであるが、刑事よりもまず民事・行政の訴訟などで実験して欲しかったと述べている（「『司法制度改革審議会意見書』をめぐって三ケ月章先生にきく　聞き手　田尾桃二」法の支配一二三号（二〇〇一）八三頁）。傾聴すべき発言である。

# 第八　民事証明論覚え書

「事実に関して優れた裁判官であることは容易なように思われるかもしれない—だが、それは実際には極めて困難なことなのである。多くの優れた法曹が事実に関する裁判官としては完全に失敗しているのだ。」

記録長官グリーン卿（Lord Greene, the Master of the Rolls）、Per Olof Ekelöf & Robert Boman, Rättegång IV (sjätte, omarbetade upplagan, 1992) s. 124. から再引用。

「事実の証明の重要性は、裁判実務に関係した者であれば誰もが知るところである。大部分の訴訟において真の争点となるのは唯一、事実の立証である。これに比較すれば、きわめて微妙な法律問題といえども二次的な重要性を有するにすぎ」ない。

ジャン・フィリップ・レヴィ、上口裕訳「中世学識法における証明の序列（一）」南山法学一二巻一号（一九八八）八七頁。

## はじめに――意図

刑事訴訟はもちろん(刑事訴訟法一条参照)、民事訴訟においても事実の認定が適正であることは極めて重要である。(1) 司法部の最高に近い顕職にあったある元裁判官は、「司法の本質は……『有権的に事実を確定すること』」だとまでいう。(2) この言明に無条件に賛同するかどうかはともかく、事実認定の重要さを疑う者はいないであろう。(3) そしてこの国の司法の世界では、裁判官は事実認定に精根を傾けるべきだというエトスが強調されてきたのである。

しかしそれにもかかわらず、当事者ないしその代理人である弁護士の立場からは、かねて裁判官の事実認定に対する大きな不信の念が表明されている。例えば、高名な民事訴訟法学者であり、かつ豊富な弁護士経験を有する木川統一郎博士は、「日本の民事判決の事実認定の適正度は、平均的に見て、ドイツやアメリカのそれより低いのではないかと思う。」という衝撃的な意見を述べている。(4) 周囲にも裁判官の事実認定に対して不信感をあらわにする弁護士の数はすこぶる多い(しかも、その中には定年ないし定年近くまで裁判官であった人がかなり含まれている)。このような意見を単純に、立場の相違によるものと片付けてしまうわけにはいかない。適正な事実認定は、当事者ひいては社会一般に対して判決の正当性を承認させるための不可欠の要件を成すものである。どんなに裁判官が主観的には正しい事実認定をしていると思っていても、客観的(間主観的)にそうでないか、または当事者や国民の側がそう信じないとしたら、そのような事実認定は裁判官の主観的自己満足に終わるおそれがある。

司法・裁判の権威や正統性の源泉は究極的には国民の信頼に存するのであるから、裁判における事実認定の適正度は実に一国の司法・裁判制度の根幹に関わる重大な問題であることが改めて認識されなければならない。

このような問題関心に促されて、多年裁判における事実認定ないし証明の問題について貧しい思索を続けてきた（以下、事実認定を同意で用いることにする）。具体的には、ここ一〇年来まさに牛歩に等しいペースではあるが、この分野におけるスウェーデン法（理論）の紹介と検討を行うとともに、自らの若干の実務経験を反省しつつ、我が国の裁判実務に適合的な証明論の構築を考えてきたのである。が、何分にも非才不敏のため未だに十分な研究成果を挙げるにいたっていない。

これまでに発表した主題に関係する論稿（翻訳を含む）を列挙すると、以下のとおりである。

①「スウェーデン法における主張責任論（一）、（二・完）」民商法雑誌一〇〇巻五、六号（一九八九）
②「スウェーデン証拠法序説」神奈川法学二五巻三号（一九九〇）
③「スウェーデン法における証明責任論」神奈川大学法学研究所研究年報一二号（一九九一）
④「行政訴訟における主張・証明責任論」『国際化時代の行政と法　成田頼明先生横浜国立大学退官記念』（一九九三、良書普及会）
⑤「刑事訴訟における証明責任」神奈川法学二八巻二・三合併号（一九九三）
⑥「主張・証明責任論の基本問題」神奈川法学二九巻二号（一九九四）
⑦「刑事参審制度について」法の支配一〇六号（一九九七）
⑧拙訳、P・O・ボールディング「証明責任および証明度」『竜嵜喜助先生還暦記念　紛争処理と正義』（一九八八、有斐閣出版サービス）
⑨拙訳、ハンヌ・ターパニ・クラーミ＝マリア・ラヒカイネン＝ヨハンナ＝ソルヴェットラ「北欧における証明論・証明責任論の新しい動向——証拠に関する理由づけの合理性について・一つのモデル」神奈川大学法学研究所研

究年報一二号（一九九一）

⑩ 拙訳、クラーミ「フィンランド証拠法の発展と現況――スウェーデンと対比しつつ」神奈川法学三〇巻二号（一九九五）

（以下、上記論稿は①等の番号のみで引用する。したがって、他の多くの引用文献はそこに表示されている。〔なお、①ないし⑦は本書第一ないし第七論文、⑧ないし⑩は本書翻訳第一ないし第三〕

ところで、田尾桃二教授（元裁判官）は、近時の事実認定論は第一が総論ないし基礎論（認識論、証明度、推定論、経験則、証明責任等を含む）、第二が組織論すなわち事実認定の仕組と認定の司法過程（陪審による認定か、職業裁判官による認定か、審理方式、尋問方式等）、第三が各論すなわち個別法則、個々の事例の研究という三部構成になっているという。[5] 一見して広範な事項が網羅されており、とうていその全てにわたって論ずることは不可能である。その第一、二のうちの若干の論点について試論的な私見を述べるに過ぎない。すなわち、――

まず第一に、我が国の主張・証明責任論についてパラダイム転換ともいうべき基本的アプローチの転回が必要であることを指摘する。やや極論的な言い方をすれば、従来の主張・証明責任論は事実認定の適正のために有用性の乏しいドグマティークだと思われるからである。

第二に、証拠法上の若干の概念についてその再検討を行う。それらは正しい事実認定を妨げるか、少なくとも証明論の理解にとって無用なものと思われるからである。

第三に、自由心証主義との関連において民事裁判についてこれまでほとんど全く論じられることのなかった事実認定の専門性と素人性という問題を考える。

第四に、新民事訴訟法のもとにおける審理・判決の在り方と事実認定の適正度との関連について若干の考察を行う。

そして最後に第五として、以上の論述を踏まえて事実認定の適正さの確保、向上のために、民事参審の導入を含む若干の提言と展望を述べることにしたい。

（1）事実認定ないし証明の問題については、民事訴訟（行政訴訟を含む）と刑事訴訟とで基本的に異なるところはない。主要な相違点は証明度（および解明度）のみである。

（2）川嵜義徳「訴訟指揮について」法曹五六二号（一九九七）二八頁。この文章は同氏が東京高等裁判所長官として管内の新任判事補に対して行った講話の内容である。

（3）事実認定の重要性を強調する（元）裁判官の発言を二、三引く。「裁判官としての修業は、事実認定の修業といえるかも知れません。」「裁判の信用というものは、事実認定に繋っていると信じます。」（松田二郎『私における裁判と理論』（一九八一、商事法務研究会）五五―五六頁）、「事実認定というのは、法律問題以上に重要なことであります。事実問題を間違うほど裁判所の信用を落とすものはありません。」（今中道信「事実認定について」司法研修所論集七六号（一九八五）三三頁）。とくに松田二郎博士は、高名な商法学者でもあった人であるだけに、この発言は注目に値しよう。なお、後藤勇「民事裁判における事実認定」司法研修所論集八三号（一九九〇）も上記の松田発言を引用する（三頁）。

（4）木川統一郎『民事訴訟法改正問題』（一九九二、成文堂）一頁。なお、我が国の民事裁判の適正度については四においてやや詳しく取り上げる。

（5）田尾桃二「事実認定の諸問題について」司法研修所論集九二号（一九九四）二六頁。

照)。

## 一　主張・証明責任論におけるパラダイム転換(1)

「主張・証明責任論」と主張責任論をも含める表現を用いているのは、我が国の証明責任論のほとんどが主張責任の分配は原則として証明責任のそれにしたがうと解して、主張責任論の証明責任論に対する独立性を認めないので、その限りにおいて主張責任論にも論及するだけである。したがって、ここで主張責任論自体について詳論することは避ける(詳しくは、④二〇七頁〔本書二〇九頁〕、⑥一一七頁以下〔本書二八九頁以下〕参照)。

私見によれば、(客観的)証明責任とは、意思決定における事実的基礎が不明確な場合における解決策、危険の引受けの問題である。すなわち我々がある意思決定をする場合、その決定を行うための事実的基礎が十分でないときに、どのような(どの程度の)危険を冒すか、また決定を受ける両当事者が存在するときには、その危険をどのように当事者間に分配するか、そしてその基準は何か、ということが証明責任の問題として論じられることの基本なのである(2)。民事訴訟における従来の証明責任論が一般に権利の確定・証明という観点からアプローチするという権利中心的思考に彩られているのは、民事訴訟における審理・判断の対象が権利であるために特殊な変容を受けているからであって、決して民事訴訟の証明責任の本質的属性に由来するものではないというべきである。このような証明責任の理解こそ自由心証主義のもとにおける証明責任の最も正しい理解だと考える(3)。

このような基本的視点からすると、民事訴訟における証明責任(論)を行政訴訟および刑事訴訟におけるそれと統一的に把握することができ、教育的見地および実務の立場からみて証明責任(論)の理解がすこぶる容易になる。そう考えて、行政訴訟および刑事訴訟における証明責任（論）についても論稿を発表してきた。[4]

以上のような証明責任の理解は、スウェーデンにおいてほとんど異論をみない通説であって、ここではドイツの規範説はローゼンベルクの『証明責任論』が出現した当初から厳しい批判にさらされ、否定されているのである。[5]スウェーデン訴訟法学が規範説に激しい拒絶反応を示した最大の理由は、スウェーデン法は広い意味では大陸法制に属するけれども、パンデクテン・システムを採用しておらず、包括的な民法典を有しないこと（契約法、売買法その他の個別的私法典のみが存在する）、法文は理解しやすさとか、審美的理由を考慮して書かれていることによるのであろう。つまり規範説の根拠となるべき法典が欠けているのである。[6]

このことは我が国における主張・証明責任論を考える上でもすこぶる示唆的である。我が国の民法典が証明責任の分配を十分に考慮して立法されていないことはすでに学界における共通の理解といってよい。[7]その意味では、我が国の民法典はドイツとスウェーデンとの中間に位置するとみることができるからである。

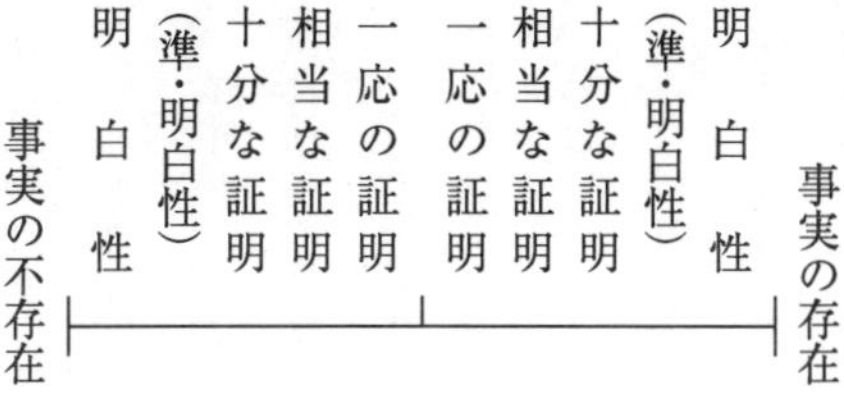


ところで、自由心証主義のもとにおける証明責任の問題はその分配だけに尽きるものではない。実は証明度の決定こそが重要なのである。証明度は別図のように図示することができる。[8]

この証明度を示す位置が線上のどの位置にあるかによって分配問題は自動的に決まるから、スウェーデン法理論では証明度のことを「証明責任点」とも表現している（すなわち証明度は証明責任の具体化である）。たんに分配問題のみを決すれば足りるというドイツ流の発想の根底には法定証拠主義とりわけ裁判官誓制度との関連があるように思われる。すなわち、法定証拠主義における完全な証明（拠）と自由心証主義における確信とが意識的ないし無意識的に等値されてしまい、その結果として真偽不明の場合の証明責任の分配問題を決すれば足り、証明度を問題にする必要はないということにされたものと考えられるのである[(9)]。

実体法規の立法には二つの異なるアプローチ、すなわち理念主義と現実主義がある。前者によれば実体法規の出発点は事実に関する疑いが存しないような理念的証拠状況である。後者は例えば犯罪の記述をするときそれに随伴する証拠上の問題を考慮することである。理念主義による立法はいわば万能の神の目で書かれているといってよい[(10)]。この場合には証明責任および証明度が（原則として）実体法規の解釈の問題として解決されなければならない[(11)]。そうしなければ、実体法規は権利の実現のための有効性をもたない空文と化するおそれがある。我が国の実体法規は原則として理念主義により立法されている。それなのに証明責任を抽象的な分配基準を定めるだけのものと理解し、個別実体法規の解釈問題として証明責任および証明度を取り扱わない学説・判例の態度には基本的に疑問があると考えざるを得ない[(12)]。

以上のように、証明責任問題を証明責任と証明度を包含するものと捉えることは、必然的に証明責任と主張責任との原則的乖離に連動する。そもそも証明責任は弁論主義、職権探知主義にかかわらずすべての訴訟において生ずる問題であるが、主張責任は弁論主義のもとでのみ問題となるにすぎない。両者はその妥当根拠・範囲が全く異なるのである。それなのに、主張した者はそれを立証すべきだというような素朴な理解から両者の原則的一致を固執するのは誤りである（この点はすでに若干の学説によって指摘されてきたところである[(13)]）。

筆者は主張責任に加えて「準主張責任」という概念を提示し、両者を含むその分配は、一方において訴訟の合理的処理、審理の効率性の観点、すなわち必要かつ十分な範囲の訴訟資料の調達ないし供給と無用な訴訟資料の氾濫の防止、他方において当事者間における公正な対論の確保という観点からなされるべき訴訟法的考量の問題であることを主張している（もっとも、いわゆる法律要件分類説（修正説や要件事実論を含む、以下同じ）によっても合理的に説明しうる証明責任の分配が、主張責任の分配と一致する場合がある—しかもかなり多くある—ことを否定するわけではない[14]）。

主張・証明責任論に関する私見は、結果的にみれば、とくに契約法的事件類型においてはいわゆる法律要件分類説による処理とそれほど異ならないかも知れない。しかし、問題は基本的アプローチの差異である。いわゆる法律要件分類説的手法にいくら習熟しても、それは不法行為事件や新しい権利の形成が問題になっている事件、さらには行政訴訟や刑事訴訟においてほとんど効用を発揮できない。ところが私見によるアプローチは、すべての訴訟事件に対応でき、しかも思考経済上いわゆる法律要件分類説的手法を利用することができるのである。それに民事訴訟に対する国民参加の問題[15]などを視野に入れると、非法律家にとっても理解しやすいという大きなメリットを有するといえよう。筆者が本稿において主張・証明責任論の問題を第一に取り上げたのは、それが単に理論的に重要な問題であるからだけではなく、いわゆる法律要件分類説がその習熟と利用に裁判官ないし法律家のエネルギーを過度に消費してしまい、実質的な事実認定に悪影響を与えていると考えるからである。いわゆる法律要件分類説とくに要件事実論は一種の論理的審美性を有する。若い実務法曹にとってそれは、一見捉えどころのない事実認定能力の修練よりもはるかに魅力的かもしれない[16]。要件事実論の一定限度の効用を認めつつ[17]、それに伴う危険性ないし毒についても警告を発しておきたいと思う[18]。

民事訴訟における主張・証明責任論はいまパラダイム転換が必要な時期にあることを痛感する。思えば、あまりにも長い間いわゆる法律要件分類説的思考が民事訴訟を支配ないし呪縛してきたのである。パラダイム転換は突如として生ずるのが普通である。しかし、証明責任論において利益考量説など柔軟な分配基準を主張する説が次第に勢力を増しつつある状況にあり(19)、パラダイム転換を予知させる地殻変動はすでに始まっているのではあるまいか。あえて従来の見解の流れに抗して拙い私見を公表するゆえんである。

(1) 法律学におけるパラダイム転換については、石塚伸一「刑事学におけるパラダイム転換：刑事法学と価値判断について」犯罪と非行一〇一号（一九九四）五二頁以下参照。読者の多くは、パラダイム転換という表現に誇張を感じ、抵抗感を覚えられるかも知れない。が、そうだとすれば、あえてこのような大げさな言葉を使い、問題の重要性を読者に印象付けようとした筆者の目的は達せられたともいえるのである。

(2) ⑥九五―九六頁〔本書二六六頁〕、⑤一三三頁〔本書二三〇―二三一頁〕。この私見に対しては、最近刑事訴訟法学者の後藤昭教授が賛成意見を表明された（後藤「『疑わしきは被告人の利益に』ということ」一橋論叢一一七号（一九九七）四五頁）。法哲学者の長尾龍一教授も「立証責任という考え方は、たいていのことが中途半端に推移する人生百般にも妥当する。それは、何れが正しいか判断し難いときに我々がどういう行動をとるかの原則である。」と指摘している（長尾『法学に遊ぶ』（一九九二、日本評論社）一九八頁）。

(3) ⑥九六頁〔本書二六六頁〕。

(4) ④、⑤。

(5) ⑧一八七頁〔本書四二三頁〕、一九九頁訳注（21）〔本書四三六―四三七頁〕、①（二・完）一〇六四―一〇六五頁〔本書六七―七〇頁〕。

(6) ⑥九三頁〔本書二六三頁〕。

(7) ④二一三頁〔本書二一六頁〕、二一六頁注（1）〔本書二一九―二二〇頁〕。

(8) ⑥一〇〇頁〔本書二七一頁〕。ただし、初出時における同頁の図の中間点の「真偽不明」は誤記であるから削除する。スウェーデンないし広く北欧の訴訟法学者をほぼ二分する論争に、テーマ説と証拠価値説との対立という問題がある。本文の証明度の図の中間点はテーマ説によれば〇・五（五〇％）、証拠価値説にしたがえば〇になる。両説の内容については、②九頁以下〔本書七九頁以下〕、⑨三七―三八頁〔本書四四四―四四五頁〕。筆者自身はさしあたり、フィンランドの法学者H・T・クラーミ（Hannu Tapani Klami）らとともに、全面的にではないが、出発点として証拠価値説を認める立場を採ることにする（⑨三八頁〔本書四四五頁〕）。訴訟手続法の大注釈書も証拠価値説を採用する。Peter Fitger Rättegångsbalken II 3 s. 35:6-7. なお、スウェーデンの新進ディーセン（C. Diesen）は、テーマ説は民事訴訟に、証拠価値説は刑事訴訟に適合的だという。Christian Diesen, Bevisprövning i brottmål(1994) s. 18, 23. 同書は、北欧証明論の現状に関する要領のよい批判的要約も与える（A. a. s. 10-19.）。

（9）⑥九六―九八頁〔本書二六七―二六九頁〕。

（10）⑩二頁〔本書四六八頁〕。

（11）証明責任の分配および証明度の決定の問題については、⑥九九―一〇〇頁〔本書二七〇―二七一頁〕。

（12）吉田朝彦『株と裁判　弁護士40年の法廷体験から』（一九九七、新風社）は、法の定める救済手段が立証の困難さにより空文化している事例をリアルに描いている（二一七頁、二三〇頁以下など）。

なお、ここで証明度に関する二つの問題について注記しておこう。

第一は、我が国で一般的にみられる証明度を高くすることが真実発見につながるという誤解である（幻想といってもよい）。これが間違っていることは太田勝造教授がその画期的な処女作（修士論文）『裁判における証明論の基礎』（一九八二、弘文堂）において指摘したところであり、筆者も同様の主張をしている（③七八頁〔本書一七二頁〕、八三頁注（6）〔本書一七九頁〕）。しかしこの誤解は現在でも解消されていない。判例タイムズ九四七号（一九九七）の「〈座談会〉事実認定の客観化と合理化」における田尾教授および加藤新太郎判事の発言はこのことを示している（四一―四二頁）。そこで太田、三木浩一両教授が述べているように、証明度を上げることはどちらのタイプの誤判を選択するか（刑事裁判では、無実の者を有罪にする誤判と真犯人を無罪にする誤判の選択）の問題なのである――証明度を極度に高くすれば、無実の者を有罪にする誤判は絶無に近くなるかわりに、真犯人を無罪にしてしまう誤判は激増する）。それゆえ、民事訴訟では逆説的な言い方だが、証明度を上げれば上げるほど実は真実から遠ざかるといえるのである――いわば真空状態で証明問題を考える限りでは。田尾教授、加藤判事のように博識な方がこの種の誤解をしていたことにかんがみ、この問題に関する正しい理解を普及させることは、極めて重要かつ緊急の課題というべきである。

第二は、悉無律による事実認定すなわち「オール・オア・ナッシング」の認定についてである。法律家の間にも悉無律の採用が不当、不合理であることを主張する人が少なくなく、それが「割合的認定による判決」の是非の議論に連動している面がある。このような判決の是非はともかく、社会、人生は悉無律的な判断、決定に満ちているのであって、それを避けることは不可能である。日本人にとって人生の三大問題といわれる進学、就職、そして結婚を考えてもすべて悉無律で決定されている。いずれの場合にも僅差で一方は天国の喜びを味わい、他方は地獄の苦しみを嘗めることがあるのである。問題は悉無律自体でなくてそれを必要とする制度枠組のほうにある。例えば、一夫多妻や一妻多夫の社会では結婚をめぐる悉無律的悲劇はほとんど解消するし（誤解のないよう蛇足を加えるが、なにもそのような制度を推奨しているわけではない）、司法試験の合格者数を大幅に増やせば、悉無律が生むこの試験の弊害はある程度まで緩和される。こういう社会、人生の冷厳、非情な一面を直視すれば、超過原則（微少な蓋然性の優越を証明度とすること）がおかしいと考えるような誤解はなくなるはずである。

(13) ⑥一一七頁〔本書二八九頁〕。塩野宏教授は、行政訴訟における主張・証明責任論に関連して「自己に有利な事実が審理に現れない限り不利益を負うことと、真偽不明のときに負う不利益とは論理的にはつねに同一の分配基準によることにはならないと思われる」と的確に指摘している（④一九七頁〔本書一九八頁〕）。

(14) ⑥一一七頁以下〔本書二八九頁以下〕。

(15) 拙稿「民事司法における国民参加」『木川統一郎先生古稀祝賀　民事裁判の充実と促進　上巻』（一九九四、判例タイムズ社）一〇五頁以下参照。

(16)　田尾教授はつぎのような注目すべき重要な発言をしている。「事実認定に関する限り、学問や経験によって、その能力に差異が生ずるかどうか疑問に思えます。……法律知識は修習生と長老法曹とで随分違うでしょう。しかし、事実認定の力については差異があるか否か疑問です。……しかし、更に考えますと、おそらく、法曹の入り口の人と出口の人との間でかなり事実認定の力の差はあるのでしょう。ただそれを感じないのは、それほど事実は宏大無辺、変幻極まりない大きな対象で、その認定の仕事もまた困難な仕事で、……人間の多少の能力の差や経験の多寡、勉強の深浅等は、ほとんど意味がないということだろうと思います。」（田尾・前掲論文五〇頁）実務法曹にとって気が滅入るような言葉ではあるが、筆者も全く同感である。だが、絶望的に困難な課題であるにせよ、事実認定に関わる者は不断に事実認定能力向上のための努力を続けることを義務付けられているといえよう。

(17)　拙著『裁判法の考え方』（第二刷、一九九六、信山社）二二〇—二二一頁。

(18)　京都大学文学部で哲学を専攻した異色の法律家である柳川博昭弁護士は、その司法修習体験を語った著書のなかで、要件事実論について触れ、「私自身が未だによく分かっていない」し、「客観的にも難解」だと書いている（同『司法修習ウォッチング』（一九九七、法学書院）二二〇頁）。哲学の素養のある氏が「未だよく分かっていない」というのはあるいは謙遜かも知れないが、客観的に難解というのは平均的修習生にとってはそのとおりだと思う。しかし、難関とされる司法試験に合格した修習生たちにとってさえそれほど理解が困難な理論はどこかおかしいのではないか、という疑問が生じてよいはずである。それほど難しいのでは、要件事実論は限られた法的エリートのみが理解し、独占する秘技になってしまう。

　要件事実論を理解しないまま、法学部出身者の圧倒的大多数が公務員、企業の法務担当者などとして膨大な法律事務を処理しており、訴訟についても当事者の双方または一方に弁護士代理人が付いていない事件は、地裁レベルで実に六〇％に近いのである（いうまでもなく、我が国では弁護士強制主義を採用していない）。訴訟という狭い場のみを射程に入れ、特定範囲の法律家にしか使いこなせないような法理は、どんなに精緻な理論構築を誇っていても、アクセス・ツー・ジャスティスの見地からみて大きな問題を孕んでいるといわざるを得ないと思う。

また同氏は、「要件事実とは?」と題する項の最後を「とにかくこのような論理的訓練によって修習生のリーガルマインドが鍛えられていくわけである。」と結んでいるが(二一六頁)、このリーガルマインドのなかに事実認定能力が含まれていないことは明らかであろう。

(19) 高橋宏志『民事訴訟法講義ノート』(一九九三、有斐閣)八七―八八頁。

## 二 若干の証拠法上の概念の再検討

我が国の証拠法上の概念の中には正しい事実認定にとって妨げとなるものや、証明論の理解上無用なものが含まれていると思われる。ここではその若干について指摘し、検討したい。なお、法律上の(事実)推定は証明責任規範に属するが、事実上の推定と併せてここで取り上げることにする。

### 1 直接証拠と間接証拠

直接証拠と間接証拠という分類は、有害無益である。そもそもこの分類自体、学説によってかなり異なる説明がなされている。第一説は、「主要事実を証明するための証拠を直接証拠、間接事実・補助事実を証明するための証拠を間接証拠という」、または「主要事実についての証拠を直接証拠といい、徴表事実や補助的事実を証明するための証拠を間接証拠という」と定義している。(1) 第二説は「直接証拠とは、直接に争いのある主要事実を証明するための証拠であるのに対し、間接証拠は間接にこれに役立つ証拠であ」るとする。(2) 第三説は「直接証拠は直接に要証明事実の存否の証明に、間接証拠は要証事実の存否を推認させる間接事実ないし証拠の証明力（証拠力）を減殺・増加させる効果のある補助事実の証明に向けられるものを指す。」という。この要証事実が主要事実を意味するならば第二説と同趣旨であるが、要証事実に限らず、間接事実または補助事実であってもよいとするから、第二説とは異なる新説である。(3)

第一説と第二説は一見似ているが、違うようでもあるので、区別してみた。というのは、間接証拠も結局は主要事実を証明するための証拠であるから、第一説を文字通りに理解すれば、間接証拠とは補助事実を証明するためだけの証拠ということになってしまうからである。しかし、間接事実（徴表）を証明するための間接証拠という概念を認めているところからみて、そうではなく第二説と同趣旨を省略的に表現したに過ぎないと理解すべきなのであろう。(4) そうして、多くの学説は第二説の定義を採用している。(5)

しかし一見直接証拠と思われるものも、厳密に検討すれば間接証拠と同様に証拠連環（鎖）(6)を通じて事実認定者＝裁判官の認識に到達するのであって、間接証拠と直接証拠とを区別する実益はないというべきである。スウェーデン法では直接証拠・間接証拠という表現を用いない。(7)

ドイツ流の証拠法理論によっても直接証拠はほとんど存在しないようである。木川氏は、直接証拠が観念されるのは、検証により裁判官が主要事実の一部を直接に認識する場合だけであり、我が国で一般に直接証拠の例とされている目撃証人も契約証書も間接証拠であるとし、しかもこのことはドイツでは概ね争いがないという。(8)

木川氏のいうようにドイツで概ね争いがないかどうかはともかく、目撃証人も契約書も間接証拠であるとする理解は正当だと思う。そして、同氏が直接証拠とする検証については、我が国では実質的には書記官の認識が検証調書に記載され、裁判官は更迭があった場合はもちろん検証を行った裁判官自身が判決する場合でも、現在の継続審理方式のもとでは検証調書の記載に頼って判決をする（判決書を書く）のであるから、このようなものをあえて直接証拠とよぶ必要があるとは考えられない[9]。

直接証拠とされるものは間接証拠よりも証拠価値が高いような印象を事実認定者に与えてしまう（元裁判官の伊藤滋夫教授は、直接証拠による認定の場合のほうが間接事実によるそれよりも証明の程度がやや高いだろうという[10]）。そこにこの概念を用いることの危険がある。証拠の証拠価値を決定するものはそれに内在する経験則であることを認識すべきである。

谷口安平教授は、直接証拠・間接証拠という概念を用いても、それは要証事実との距離によって決まるだけでそれ自体どちらが証拠として強力ということはないことを指摘しているが、まさにそのとおりである[11]。しかしそうだとすれば、このような概念は無用なはずであり、しかも場合によっては有害でさえあるのだから、これを維持する合理性は存しないと考える[12]。

## 2 処分証書と報告証書

処分証書は、法律行為がその書面によってなされている文書であるから、文書の成立の真正（形式的証拠力）が認められれば要証事実である法律行為が直ちに立証されることになる。その意味では処分証書は直接証拠の最たるものといえる。したがって、処分証書概念とくにその外延の規定の仕方によっては、事実認定の適正さに悪影響を与える危険性は直接証拠という概念よりもむしろ大きくなるのである[13]。

例えば、一般に契約書は処分証書と理解されているようである[14]。しかし、諾成契約を原則とする我が契約法のもとでは契約書は原則として契約が成立したことを証する報告証書に過ぎないというべきである。最近、谷口教授は「契約書は契約そのものではないから、そのような契約書があるからにはそのような内容の契約の合意が行われたのだろうとの推測を許す経験則の助けを借りて契約の成立を推認できるわけである。」と正当な指摘をしているが、(15)従来我が国の学説も判例もこの点にほとんど留意してこなかったように思われる。

処分証書は必ずしも要式行為に限られないといわれる。(16)確かに内容証明郵便による催告とか解除権の行使などについてはこの見解が妥当するようにみれるが（ただし到達の事実は別）、このような書面は処分証書、報告証書のいずれとみても決定的な証拠力を有するから、どちらに分類するかあまり議論の実益はない。むしろ、処分証書と解することは一種の自由心証の制限を意味するから、限定的な解釈をするのが正当である。

処分証書性の拡大とくに契約書を処分証書とみることは、我が国の民事訴訟における書証の（ときに過度の）重視、(17)それと裏腹な社会・取引生活における一般人の書面の軽視という状況のもとで事実認定と現実との大きな乖離を生む出す危険があることを認識すべきである。

これに関連して、形式的証拠力に関する民事訴訟法三二六条（新法二二八条四項）の規定についても問題があることを指摘しておきたい。判例・実務は私文書の真正について、印影が作成名義人の印章によって顕出されたものであるときは、特段の事情のない限り、その印影が当該名義人の意思に基づくものと事実上推定することができ、そのように事実上推定された捺（押）印の真正に同条を適用して当該文書全体の真正を推定するいわゆる二段の推定を認めている。(18)

このいわゆる二段の推定を許容する現行制度のもとでは三重にグレイ・ゾーンを一〇〇％に擬制する結果になり、補助事実たる文書の真正について悉無律的な確定を必要とせず、すべて証明主題の真偽に関する自由心証のための資料としてそのまま素直に心証形成する場合に比べて、形成される心証に大きな誤差が生ずる危険が大きい旨の太田教授の指摘がある。[19] より適正な事実認定のためにこの指摘は有益だと筆者は考える。立法例としてスウェーデンの証拠法は、書証の形式的証拠力に関する規定を設けず、その判断をすべて自由心証に委ねている。[20]

## 3　本証と反証

この問題は事実認定の適正度に関係するものというよりは、審理の促進に関わる問題である。証明責任の分配に争いがあり、いずれの当事者もそれが相手方にあると主張して、自ら進んで立証活動をしようとしない場合がありうる。それは立証が嫌だというよりも、むしろ自己の側が初めに立証を行うことが証明主題について証明責任を負うことを意味するのを恐れた結果であることが多いと思われる。このような場合には、ここで提案する本証・反証の概念が有効性を発揮できると考える（もちろん、裁判所が証明責任の有無に関わりなく釈明処分として立証を促すことは許されると考えるべきであるが[21]）。

我が国の学説はいずれも、ある事実について証明責任を負う者が提出する証拠を本証とする。しかし、証明責任の分配は必ずしも明確でなく、少なくとも立証の初期段階には判明していない場合もあるから、立証段階における本証・反証と証拠評価（判決起案段階）における本証・反証とを区別する必要があろう。このように考えるとき、証拠評価段階における本証・反証の区別については従来どおり証明責任の所在で決してよいが、立証段階における区別の基準としては、証拠を初めに訴訟に導入する者の立証を本証とし、その証明力を減殺する立証を反証とすべきである。

なお、証拠評価段階に至っても証明責任の所在が不明確な（またはこれに関する学説がほぼ相半ばしている）場合には、超過原則（微少な蓋然性の優越を証明度とし、一％でも証明が勝っている側の事実を存在するものと認める）による解決を認めるべきである。[22] この場合には、証拠評価段階における本証・反証の区別は結局決まらないままに終わるが、それで格別の不都合は生じないはずである。

ちなみに、刑事訴訟における反証は証明責任と関わりなく、相手方の証拠の証明力を争うために提出する証拠を意味している（刑事訴訟規則二〇四条参照）[23]。刑事訴訟では検察官が起訴事実についてほとんど全面的な証明責任を負担するので、証拠評価段階における本証・反証の区別を改めて考える必要は原則として存しない。立証段階におけるそれを考えれば足りるわけである。上述のような刑事訴訟における反証の考え方は、筆者の立証段階における本証・反証の区別と照応するもので、民事・刑事両訴訟において本証・反証概念が統一的に理解できるというメリットも有するといえるのである。

## 4　（事実）推定――法律上の推定と事実上の推定

我が国の民事訴訟理論における推定に関する理解はある意味で極めてシンプルである。概して、法律に根拠のある推定が法律上の推定であり、それ以外に解釈による法律上の推定は一切認めない。それ以外の推定の一切合財は事実上の推定（認）という名でよばれる（「一応の推定」とよばれるものも一般に事実上の推定だとされる）。そして法律上の推定は証明責任を転換する証明責任規定であり、他方、事実上の推定は経験則に基づく自由心証の作用だと説明する。[24]

ところが、刑事訴訟理論では法律上の推定には「義務的推定」と「許容的推定」とがあり、許容的推定は反証がないこと自体を証拠として、推定事実を認定することができるという推定であり、刑事訴訟における推定はこの許容的推定だとする説が有力である[25]。義務的推定は民事訴訟法における推定と同様なものと考えられるが、許容的推定は民事訴訟法ではどうなるのであろうか？　法律上の推定なのか、事実上の推定なのか？　それともそもそもそのような推定は民事訴訟では存在しえないのか？　このような疑問に答える文献は管見の限り存在しない。

推定という語は法律学の中でも最も意味内容が不明確なものの一つであって、推定に関する学説の重要な部分は古く注釈学派に源を発し、このことが推定に関する問題をさらに複雑化しているといわれる[26]。我が国の証明責任論に決定的な影響を与えたローゼンベルクも同趣旨のことを述べている[27]。ところが我が国の民事訴訟法学は、精緻極まる理論体系を構築しているのに、推定に関しては甚だラフな取扱いしかしていないように思われる[28]。

筆者は、かねて解釈による法律上の推定を認める余地があり、それはおおむね証明責任を転換せず証明度を軽減するにとどまること、我が国の「一応の推定」やドイツの表見証明はこれに属することを主張している[29]。この推定は刑事訴訟における許容的推定にほぼ相当するものと解することができよう。刑事訴訟において解釈によるこの推定が許されないのはその特質に由来するもので、両者が推定として異別のものであることを意味しない。もっとも、被告人に有利な事実については解釈による推定を認める余地があろう[30]。

事実上の推定という概念はより大きな問題をはらんでいる。すべての心証形成ないし証拠評価は経験則による一連の推認の過程であるから、これを含めて事実上の推定という言葉を用いることはほとんど無意味であって[31]、ここに推定概念を用いる必要性はないというべきである。ボールディングはここで事実上の推定という語を用いることを不可とし、その理由として言葉が思考を支配し、証拠事実に過大な証拠価値を認めてしまう危険があることを指摘するが(32)、まさに適切な警告といえよう。しかも、我が国でいう事実上の推定の中には（「一応の推定」以外にも）経験則以上のものを推定する「推認＋アルファの場合」が少なくないのであって、両者が同じカテゴリーの中に混在していることが適正な事実認定の妨げになっているのである。推認と「一応の推定」との中間にこのような「推認＋アルファ」の推定が存在していることを認識すべきである。

山崎清弁護士は、刑事訴訟についてであるが、「人間の行為には、自然にあるような法則は存しない。経験『法則』という命名は自由であるが、この区別は常に忘れられてはならない。」「事実上の推定をいう判例が、具体的事件における事実認定の特殊性を軽視し、ある類型的推理に一般的評価を与えることによって、立証の簡易化を企図しているように思われる……。そこに、政策的意図を看取できることを指摘しておきたい」と主張する(33)。民事訴訟についても妥当する正当な指摘といえよう。

ところで、このような推定については英法の推定理論がつとに論及している。例えば有名なデニング判事によれば、推定は決定推定（conclusive presumption）、強要推定（compelling presumption）、仮の推定（provisional presumption）の三つに分類され、第一は反証を許さない法律上の推定、第三は事実上の推定とこれに類する一部の反証を許す推定、第二は残余の反証を許す法律上の推定である。そして第二と第三との法律的効果の違いは、後者は相手方に証拠提出の責任を促すに過ぎず、前者は証明責任を転換するところにある。我が国で事実上の推定とよばれるものはこの第三の推定とほぼ同じだと思われる(34)。

すでに我が国の学説、判例・実務では事実上の推定を証拠評価ないし心証形成における推認と等値するような極めて広い意味で使う用例が確立している。それにあえて異を唱えてもなかなか受け入れられないかも知れない。しかし、事実上の推定といわれるものの中には、(通説的な意味での)法律上の推定に近接するものから通常の推認にすぎないものまで混在していることを認識し、前者についてはその合理的理由を探求することは適正な事実認定のために極めて重要というべきである。(35) 安易に事実上の推定という言葉を用いることに対しては、十分な警戒が必要だといわなければならない。(36)

(1) 前者は新堂幸司『民事訴訟法(第二補正版)』(一九九〇、弘文堂)三三六頁、後者は兼子一=竹下守夫『民事訴訟法(新版)』(一九九三、弘文堂)一一五頁。三ヶ月章『民事訴訟法(補正版)』(一九八一、弘文堂)四二二頁も同旨。

(2) 引用は、兼子ほか『条解民事訴訟法』(一九八六、弘文堂)九二六頁(松浦馨)によったが、注(5)の文献はすべて同旨である。

(3) 『注釈民事訴訟法⑹』(一九九五、有斐閣)一五頁(谷口安平)。

(4) 菊井維大=村松俊夫ほか『全訂民事訴訟法Ⅱ』(一九八九、日本評論社)における直接証拠の定義は、前後の文脈からみてこのような省略的表現であることが明らかである(三六三頁)。

(5) 兼子一『新修民事訴訟法体系(増訂版)』(一九六五、酒井書店)二四〇頁、斎藤秀夫ほか編著『[第二版]注解民事訴訟法(7)』(一九九三、第一法規)一五五頁(斎藤秀夫=吉野孝義)、中野貞一郎ほか編『民事訴訟法講義(第三版)』(一九九五、有斐閣)二四四頁(本間義信)、上田徹一郎『民事訴訟法(第二版)』(一九九七、法学書院)三三六頁、上原敏夫ほか『民事訴訟法(第二版)』(一九九七、有斐閣)一四三頁(上原)、など。

(6) 証拠連環については②一三頁以下〔本書八四頁以下〕。我が国では証拠連鎖という論者が多いようである。

(7) ②六頁〔本書七六頁〕。松尾浩也教授は、「現在では、直接証拠と間接証拠の差異を強調する必要はないが、証拠から事実への推論過程を整理するためには、依然として有用な分類だといってよい。」とする(松尾『刑事訴訟法 下(新版補正版)』(一九九七、弘文堂)二六頁)。しかし、刑事訴訟においてこの区別は民事訴訟以上に有害なのではないか。とくに目撃証人の不正確な証言による誤判が多いことを思えば、直接証拠という概念は目撃証人の証言に無批判的に過大な証拠価値を認める危険を伴うのではないか。それに推論過程の整理にこの分類がそれほど役立つともいえないと思う。

(8) 木川・前掲『民事訴訟法改正問題』一九六頁。

(9) 西野喜一「事実認定と裁判所書記官」判例タイムズ八八一号（一九九五）六頁以下、同「事実認定過程における裁判所書記官の役割」民事訴訟雑誌四二号（一九九六）二四三頁以下参照。

(10) 伊藤滋夫『事実認定の基礎』（一九九六、有斐閣）一三七頁。伊藤氏はすこぶる慎重な表現をしているが、易きにつく人間の習性を考えると、実際には直接証拠に過大な証拠価値を認めてしまう危険は決して軽視できないと思う。

(11) 前注（3）同頁。

(12) 小林秀之『証拠法（第二版）』（一九九五、弘文堂）には直接証拠・間接証拠に関する記述がない。否定する趣旨であろうか。

(13) 伊藤・前掲書は、形式的証拠力のある「売買契約書があれば、その契約書によって直接に……同契約書記載の売買契約が成立したことが当然に認められる。」という(三四頁)。本文の危険性がここに裏書きされている。なお、これに関連して吉田・前掲書三六―三八頁参照。

(14) 斎藤秀夫ほか編著『[第二版] 注解民事訴訟法⑻』（一九九三、第一法規）九九頁（小室直人＝宮本聖司）、兼子＝竹下・前掲書一三九頁、兼子ほか・前掲書一〇四一頁（松浦）、上原ほか・前掲書一六五頁（上原）、伊藤・前掲書三四頁注（2）、など。菊井＝村松ほか・前掲『全訂民事訴訟法Ⅱ』五九五頁、『注釈民事訴訟法⑺』（一九九五、有斐閣）一三頁（吉村徳重）は、契約条項の部分のみが処分証書で、作成の日時、場所、立合人などの記載部分は報告文書とする。他方、三ヶ月・前掲書四七七頁、新堂・前掲書三七六頁、上田・前掲書三八九頁は処分証書の例示に契約書を挙げていない。契約書の処分証書性を否定する趣旨なのであろうか（いずれも報告証書の例に契約書を挙げることもしていない）。

(15) 『注釈民事訴訟法⑹』一〇頁、なお一五頁。木川・前注（8）も参照。

(16) 岩松三郎＝兼子一編『法律実務講座　民事訴訟編　第四巻』(一九五一、有斐閣)二五四頁、兼子・前掲『新修民事訴訟法体系』二七三頁、前掲・斎藤秀夫ほか編著『注解民事訴訟法(8)』九九頁。

(17) 例えば、後藤勇・前掲論文一一頁以下、伊藤・前掲書三二頁、など参照。しかし、我が国では欧米諸国と比較して契約方式の自由が極めて徹底しているのであって、この面からも書証の過度の重視は問題を抱えているといえよう(村上淳一『〈法〉の歴史』(一九九七、東京大学出版会)五四—五五頁およびそこに引用の来栖三郎教授の所説を参照)。

(18) 判例・文献の詳細については『注釈民事訴訟法(7)』一八二—一八三頁(太田勝造)参照。ちなみに、第一段の事実上の推定は経験則以上のものを推定する場合が多く、厳密な意味での事実上の推定＝推認ではなく、筆者のいう解釈による法律上の推定に近いといえよう。本文「4　(事実)推定」の項参照。

(19) 前注(18)一八四—一八五頁。かりにこの三段階の証拠価値をいずれも八〇%とすれば、証拠連環に関する乗法定理により自由心証の結果としての証拠価値は五一・二%になる(②二四—二五頁〔本書九九—一〇〇頁〕)。この場合に、裁判官も弁護士も証拠価値を八〇%(報告証書)ないし一〇〇%(処分証書)と考えるだろうから、三二六条の推定との誤差は極めて大きいことになる。

(20) ②三九頁以下〔本書一一三頁以下〕。もっとも、解釈論として一種の推定を認める見解について四一—四二頁〔本書一一六頁〕参照。なお、条文については拙稿「訳注スウェーデン訴訟手続法(1)」神奈川法学三一巻二号(一九九七)一四三頁以下(第三八章　文書証拠について)参照。

(21) ⑥一〇一頁〔本書二七二頁〕。

(22) ⑥一〇八頁以下〔本書二八〇頁以下〕。なお、二注(12)参照。

(23) ⑥一〇三頁注(9)〔本書二七四頁〕。ただし、そこにおける本証・反証の定義は正確には立証段階におけるそれである。

(24) ⑥一〇四頁以下〔本書二七五頁以下〕。もっとも一応の推定については、これを証明責任の転換ないし証明度の軽減として筆者のいう解釈による法律上の推定を認める学説が増加している(太田・前掲書一九二頁以下、⑥

一〇五頁〔本書二七六頁〕）。なお、事実上の推定と推認を混用する例が少なくないが、以下では区別して用いる。伊藤・前掲書一三九頁注（5）は、事実上の推定に関する兼子説の説明に対して、「推定という制度そのものを認めることは、衡平の要求や合目的的考慮等と無縁のものではないことは留意しておくべきであろう」などとして疑問を提起する。しかし、証拠評価における推認過程としての事実上の推定は、衡平の要求や合目的的考慮と無関係であり、また一応の推定についてはまさにその指摘のとおりであるが、その実質は筆者のいう解釈による法律上の推定となんら異ならない。同書一三三、一三六―一三八、一五一―一五三、一八五頁などの記述からみると、伊藤氏は用語はともかく証明度の軽減としての解釈による法律上の推定を認めているものと理解される。（氏がその所説の論拠として援用する最判平四・一〇・二九民集四六巻七号一一七四頁〔原子炉設置許可処分取消訴訟〕の理解については、様々な見解があるけれども、筆者は私見の立場を裏付ける典型的なケースと考えている。）

(25)　⑤一三九頁〔本書二三七―二三八頁〕。

(26)　③五四―五五頁〔本書一四六―一四七頁〕。

(27)　ローゼンベルク、倉田卓次訳『証明責任論（全訂版）』（一九八七、判例タイムズ社）二三六頁。

(28)　③六〇頁注（6）〔本書一五二―一五三頁〕。

(29)　⑥一〇四―一〇五頁〔本書二七五―二七六頁〕。

(30)　⑤一三九頁〔本書二三八頁〕。

(31)　小林教授は、事実上の推定は「あらゆる事実認定の局面で実際には行われている。」というが（同・前掲書五五―五六頁）、このことは事実上の推定が推認という証拠評価と同意義であることを示していよう。

(32)　③五五頁〔本書一四七頁〕。この「言葉が思考を支配し、証拠事実に過大な証拠価値を認めてしまう危険」に関する指摘は、上述の直接証拠および処分証書という概念についても、全く同様に妥当するといえよう。

(33)　山崎清『証拠法序説』（一九五一、有精堂出版）一三〇―一三一頁。

(34)　⑤一四三頁注（24）〔本書二四二頁〕。田村豊博士は法律上の推定と事実上の推定との性質の近似性を指摘し、英法における推定に関する学説の詳細な検討を行っている（田村『裁判上の証明』（一九六〇、法律文化社）一四二頁以下）。

(35) 伊藤・前掲書一五二―一五三頁の本文最終パラグラフは、基本的に私見と同旨と理解できるように思われる。

(36) 柏木邦良『民事訴訟法への視点――ドイツ民訴法管見――』（一九九二、リンパック）一一二頁注一〇は、基本的に私見と同旨と理解される。同博士は、ドイツでは事実上の推定という概念は現在ほとんど使用されていないという（同注）。

## 三　自由心証主義における事実認定の専門性と素人性

刑事裁判については英米法系の国では陪審制度、大陸法系の国では参審制度がひろく存在するので、事実認定が裁判官ないし法律家の独占物だという見解はおそらく存在しないであろう。我が国でも刑事裁判については、かつて一種の陪審制度が施行されていたこと、裁判所法が刑事について陪審制度を設けることを妨げないとしていること（三条三項）などから、現在陪審制度や参審制度の導入が真剣に議論されており、事実認定が裁判官の独占物だとは考えられていないように思われる(1)。

ところが、民事裁判についてはどうであろうか。少なくとも我が国では、おそらく民事裁判の事実認定は高度に法技術的な面を有し（刑事と異なり、事実問題が法律問題と複雑に交錯している）、素人の関与を許さないものという見解が（暗黙裡に）当然視されてきたのではあるまいか。しかし、民事陪審は英国ではほとんど消滅したといわれるが、米国では盛行している(2)。（広義の）民事参審もスウェーデンでは家事事件、行政訴訟について行われており、ドイツでは民商事、行政の裁判所において素人（名誉）裁判官が存在する(3)。このような事実を考えると、民事の事実認定について法専門家と素人との事実認定能力の優劣・異同という問題を考察してみる必要が痛感されるのである。

この問題について正面から論じた我が国における文献は、管見の限りでは蓑田速夫『裁判と事実認定―事実とは何か―』(一九九七、近代文芸社)のみである。[4] 以下のこの問題に関する論述は、主として同書の見解に依拠することになる。しかし、その前に法定証拠主義と自由心証主義における事実認定者としての法律家の役割について若干考察しておきたい。

法定証拠主義はゲルマン法に由来し、後期ローマ法に採り入れられ、中世のイタリア・カノン法およびドイツ普通法においてスコラ学派の学問的方法によって甚だしく形式的に推し進められた、と(我が国では)理解されている。[5] それ以前の古典期ローマ法では自由心証主義が採られていたのである。[6] しかし、その当時のローマ法学においては事実認定ないし証明の問題は法律学の範疇に属さず、むしろ常識の分野に属すると考えられていたことが注目される。ローマの偉大な法律学者セルウィウス(Servius)は事実問題について彼の意見を求めた依頼人に対して、「それは法律学に関係がない。キケロに訊くがよい。(Nihil iuris, ad Ciceronem.)」と述べたと伝えられる。[7]

法定証拠主義のもとでは裁判官ないし法律家が事実認定の専門家であることは全く疑われていなかったと思われる。なぜならば、そこでの事実認定とは証拠法則の解釈適用すなわち一種の法の解釈適用にほかならないから、複雑な証拠法則に関する知識を有し、その解釈適用に習熟している法律家のみが事実認定の専門家たりうることはみやすい道理だからである(冒頭に引用したジャン・フィリップ・レヴィのヨーロッパ中世証拠法に関する研究書の表題が、「中世学識法における……」となっていること自体がこのことを窺わせる)。[8] しかし実は、法定証拠主義から自由心証主義への転換に伴って法律家は事実認定の専門家の地位を喪失し、素人と同等の立場に立つことになったのではあるまいか。そしてこの事実に法律家、裁判官自身まだ十分に気付いていないのではないだろうか。(9)

例えば、自由心証主義の制度的基盤の一つとして、近代的裁判官制度の確立によりもたらされた裁判官に対する信頼が挙げられている。(10) しかし、裁判官に対する信頼は、近代の人間理性に対する信頼が裁判官にもおよんだもので、裁判官プロパーに対する特別な信頼ではないと考えるのが正しいであろう。このことは大陸で自由心証主義をドイツに先駆けて採用したフランスでは裁判官に対する信頼が乏しかったことを想起すれば容易に理解されるはずである。(11)

人間理性に対する信頼についていえば、自由心証主義が導入された初期には、事案の真偽不明はほとんど生じないような幻想がドイツでもスウェーデンでも支配していたのである。(12) しかし現在、人間理性に対する過度の信頼はゆらぎ、自由心証主義の運用の実態に対する反省も生まれている。(13)

ここで、冒頭に引いた木川氏のショッキングな発言、すなわち日本の民事裁判の適正度はドイツや米国よりも低いのではないかという言葉を手掛かりに、証明度、心証度との関連で我が国の自由心証主義の実相をやや具体的に考えてみよう。証明度が極めて高いといわれるドイツ（筆者は本当にそうか必ずしも信じないが）との比較はともかく、証明（拠）の優越を証明度とする米国よりも事実認定の適正度が低いとするならば、我が国の証明度は五〇％すれすれなのかという疑問が湧いてくる。そして実際にそういう趣旨の主張をする実務家もいるのである。

廣田尚久弁護士は、そのユニークな労作『紛争解決学』（一九九三、信山社）のなかで「法律実務家の間では、次のようなことがよくいわれている。民事訴訟では立証が「五一パーセントの重さのほうが一〇〇パーセント勝ちになり、四九パーセントの重さがあっても一〇〇パーセントの負けになる、と。」という。この法律実務家とは弁護士を意味しているのであろう。そしてこの種の事件は、「私の実感では『少なくはない』」とする。もっとも、氏は「五〇パーセントを超えて六〇パーセントのゾーンに属する場合五一パーセントにしよう」ともいっているので、五一％を六〇％と読み替えることもできよう。だが、六〇％にしてもかなり低いことになる。(14)

民事裁判官は一般に証明度を七〇％ないし八〇％程度とみているようであるから、(15)証明度について裁判官と弁護士との間にはほぼ最大三〇％から最小一〇％の乖離が存在するということになる。この問題をどう考えるべきか。

その一は、裁判官が表明している証明度はいわばタテマエとしてのもので、ホンネとしての証明度はもっと低く、弁護士のそれと大差ないという解釈である。これはタテマエとホンネという日本人好みの議論に適合的であるし、なにより法律家集団における証明度の理解に立場による乖離がないことを説明できるところが魅力的である。しかし、事実認定は証明度が高ければ高いほど真実に近付くと誤解している裁判官からは強い抵抗を受けるであろう。(16)

その二は、中立的な判断者と当事者の利益の擁護者という立場の相違が証拠評価に反映し、裁判官は当事者双方の立証を客観的に評価するのに対して、弁護士は自己の側の立証を過大に評価する傾向があり、それが両者の心証度の乖離をもたらすという解釈である。これも一応説得的な解釈である。裁判官はこちらの解釈を好むであろう。

どちらがより正しいのか実証することはおそらく不可能であるが、実は二つの解釈は両立しうるのではないか。元裁判官の西野教授は「証拠外の事実認定」という興味深いテーマに取り組み、「当該判決のインパクト」(個人的および社会的)に対する配慮が事実認定の場で作用することを指摘し、例えば警察官の暴行を理由とする国家賠償事件では、「裁判官が内心では暴行の存在を信じた場合でも、その他の考慮で判決上は被告を勝訴させたければそれは容易なことである。」という。[17] 通常の民事事件でも、事件処理の統計数字への配慮などから判決を書きやすい事実認定を選ぶことが考えられ、これなども広い意味では氏のいうインパクトのなかに含めてよいであろう。[18] このようなインパクトが強力に作用した事実認定における証明度は限りなく低く設定されているといわざるを得ないであろう。当事者、弁護士の側が五一%の立証の重みで勝った、負けたと考えても当然といえよう。

しかし、立場の相違が証拠評価の乖離をもたらす場合がかなりあり得ることも否定できないと思われる。人間の思考は所詮立場の制約を免れないのが通例であるから、裁判官から弁護士になった場合、逆に弁護士から裁判官になった場合に事実認定、証拠評価について従前の見解にある程度の変化が生ずることはしばしば見聞する事実である。[19]

したがって、裁判官と弁護士との間の一見甚だしい証明度、心証度に関する乖離は上記二つの要因が複雑微妙に作用し合ったことの結果と考えるのがおそらく正鵠を得ているのであろう。

以上、自由心証主義のもとでの事実認定の実相(と思われるもの)の一端をかいま見てきた。これを念頭において事実認定の専門性と素人性という問題の考察に戻ることにしよう。

自由心証主義のもとでは法律家ないし裁判官は事実認定について独占権を主張できない。法律家は再びローマの法学者と同様の立場に置かれたのである。異なるのは、彼は近代の人間理性の体現者として事実認定に取り組むことになったという点である。

ところで、法律家は素人に対して独占権は主張できなくとも優先権は主張できるのだろうか？　すべての分野に専門家（プロ）と素人（アマ）が存在するし、両者の能力にはかなり厳然たる格差がある。裁判でもそうではないのか？　しかし他方、裁判官は例えば医学、医療の分野について全く素人であるのに、専門家である医師の医療行為について事実認定を行う（それは法の解釈適用の前提としてであっても、直接には法と関わりのない問題についてである）。このことは裁判官の事実認定そのものが素人のものであることを意味する。裁判官はこういう裁判を当然自明のことと思っているし、誰もそれを怪しまない。[20] だが、それと法律の素人の裁判における事実認定との間にはどんな異同があるのだろうか？　このような疑問に対して前述の蓑田氏（定年まで主として民事裁判に従事した元裁判官）の著作（とくに「裁判における素人性と専門性」と題する章）は優れた回答を提示するのである。[21]

氏は、訴訟の進行の指揮すなわち手続形成的な面（主張整理、証拠の取捨選択・取調べなど）と、その過程で次第に心証を固め事件の最終結論を得るという事件の判断すなわち実体形成的な面を区別し（両者は場合に応じて互いに原因となり、結果となるという密接な相互関係にあるけれども、区別することが可能である）、前者は法律家裁判官の専管事項であるが、後者については職業裁判官と素人との間に優劣の差はないとする。[22]

また、人のする判断には動的・同時的・関係者的・主観的な判断と静的・事後的・第三者的・客観的判断とがあり、前者では専門性が支配するが、後者は素人に委ねることができるとして、つぎのように論ずる。例えば、医師が患者の診断の過程で想定病名を決定するという実践的判断は前者に属するが、医療過誤訴訟における医師の処置が過失にあたるか否かの判断は後者であり、これはもっぱら健全な常識の問題である。

すなわち、カルテその他の記録類が提出されて問題点が指摘され、鑑定によって実際の処置と通説的な処置との違いや許容範囲が示されているから、裁判官は医学的専門知識なしに過失の有無を判断することができるのである。そうであれば、この判断は素人に委ねられても差し支えないはずである、と。[23]

なお、主観的判断はその論理的整合性において客観的判断に劣るにせよ、その実践的価値ないし困難さははるかに勝っており、全身全霊を尽くした裁判官の手続形成・主観的判断の最終結果としての客観的判断を、判決理由の記載を材料にして批判することは誰にもできる論理操作にすぎず、逆にいえば裁判官が委曲を尽くした事件の背景事実と証拠関係の説示を行えば、素人にも適切な事件の結論を出すことが可能になる、と述べている。[24]

もう一つ氏の示唆に富む言葉を引用しておきたい。「裁判における真実又は事実は、……客観的合理的な判断であるといえる。しかし、その客観性合理性の判断は誰が何を基準として決めるのかといえば、民主主義社会においては、最終的には民衆の健全な常識によると言わざるをえないのではなかろうか。[25]」

以上に不手際な引用をした蓑田氏の所説は、事実認定における専門性と素人性に関する実に正鵠を得た見解だと筆者は考える。読者がこの思考刺戟的な著作を直接読んでくださることを切望したい。[26]

米国の民事陪審は「法律家その他の専門家の『訓練された無能（trained incapasity)』の弊害を受けておらず、日常的、常識判断においては優れており、適切な事実認定を行いうると考えられている」といわれる。[27]また、北欧における事実認定に関する経験科学的研究は、法律家裁判官も素人参審員もまさしく同様の過誤を犯す可能性があることを明らかにしている。[28]職業裁判官が「訓練された無能」を示す場合がありうることは否定できまい。事実認定能力について裁判官ないし法律家は、つねに謙抑的でなければならないであろう。[29]

（1）最近のものとして、例えば自由と正義四八巻四月号（一九九七）の「特集2　市民の司法参加」参照。
（2）丸田隆『アメリカ民事陪審制度』（一九九七、弘文堂）参照。
（3）木佐茂男『人間の尊厳と司法権』（一九九〇、日本評論社）第六章、斎藤哲「市民法における国民の司法参加――ドイツ民事参審制度」『民事訴訟法学の新たな展開　中村英郎教授古稀祝賀　上巻』（一九九六、成文堂）七八九頁以下、など参照。
（4）もっとも、陪審については陪審員個人の能力というよりも、陪審の構造に由来するその事実認定能力に論及する棚瀬孝雄教授らの注目すべき研究がある（⑦四八頁注（6）〔本書三三四頁〕）。
（5）斎藤秀夫ほか編著『〔第二版〕注解民事訴訟法⑷』（一九九一、第一法規）三四六頁（小室直人＝渡部吉隆＝斎藤秀夫）、同・前掲『〔第二版〕注解民事訴訟法⑺』一六三頁（斎藤＝吉野孝義）、『注釈民事訴訟法⑷』（一九九七、有斐閣）四三頁（加藤新太郎）。もっとも、ゲルマン法（サリカ法）がローマ法に影響を与えたことは事実であるにせよ、法定証拠主義がゲルマン法に由来するというのは、法定証拠主義の定義にもよるが、その沿革の記述の妥当性にやや問題があるように思う（レヴィ、上口訳・前掲書八八、九二―九三頁等、Heikki Pihlajamäki, Evidence, Crime, and the Legal Profession. The Emergence of Free Evaluation of Evidence in the Finnish Nineteenth Century Criminal Procedure (1997), pp. 14－17. 参照）。後者はフィンランドの法史学者の最近の学位論文である。
（6）レヴィ、上口訳・前掲書九〇頁、Pihlajamäki, op. cit., p. 16, フランツ・クライン「訴訟における時代思潮」中野貞一郎訳『訴訟における時代思潮　民事訴訟におけるローマ的要素とゲルマン的要素』（一九八九、信山社）一六頁。
（7）⑨三六頁〔本書四四三頁〕、四九―五〇頁訳注〔a〕〔本書四五八―四五九頁〕。ローマ法学者・柴田光蔵教授の著書『ことわざの法律学』（一九九七、自由国民社）には、「これはなんらわれわれに関係せず、キケローに関係する Nihil hoc ad nos, sed ad Ciceronenm.」が、前一世紀のローマのある高名な法学者が語った言葉として載せられている（一四二頁）。本文のものと若干字句が異なるが、おそらく同一人の言葉に間違いあるまい（どちらが（あるいはどちらも）正確かはもとより分からないが）。

（8） エーケレーヴは、法定証拠主義における証拠評価は法適用の性質を有したという。Ekelöf & Boman, a. a. s. 20. 法定証拠主義が確立されるに伴い、その複雑な証拠法則をマスターするためにはローマ法と同様に大学における法律家の教育が要求されたのである（Pihlajamäki, op. cit., p. 253.）。

（9） とくにフランスにおける自由心証主義の採用が陪審の採用と共に行われたという事実は象徴的である（後注（11）参照）。

また、フランスの民事訴訟においては事実認定がほとんど鑑定に委ねられているといわれるが、山本和彦教授は、フランスでは事実認定に対する裁判官の関与の薄さは必ずしも否定的にみられていないという興味ある指摘をしている（⑦四九頁注（8））〔本書三二四頁〕。フランスでは意識的、無意識的に裁判官が事実認定の専門家でないことが承認されているからではあるまいか。

（10） 前掲『注釈民事訴訟法⑷』四五頁（加藤）。

（11） フランスにおける自由心証主義の導入当時のフランスの中産階級、そしてその中核を成していた弁護士たちは、アンシャン・レジームの法服貴族の裁判権力の濫用にかんがみ、証拠の自由評価は素人の陪審に委ねられるべきだと考えたのである（Pihlajamäki, op. cit., pp. 109–113.）。田宮裕教授も「フランス革命後、陪審裁判がとられ、人間の理性に信頼をおく人間主義（合理主義）が背景にあって、ここに自由心証主義を登場させたのであった。」という（田宮『刑事訴訟法』（一九九二、有斐閣）二九〇頁）。もっとも、ドイツでは自由心証主義の導入にあたって、それを陪審に委ねるか、職業裁判官に委ねるか（サヴィニーがその主唱者）について論争があったこと、また当時の裁判官層はかなりリベラルであったことは法史学者の指摘するところである（Pihlajamäki, op. cit., pp. 123–128.）。

ちなみに、加藤判事は自由心証主義の制度的基盤として、裁判官に対する信頼に加えて公開主義・口頭主義・直接主義などの審理方式の原則を挙げるが（前注（10）同頁）、公開主義はともかく、口頭主義・直接主義は審理期間の長期化と裁判官の頻繁な転任によって事実上かなり空洞化している。とすれば、我が国においては自由心証主義について語るべき制度的基盤が現実に存在するかどうかが疑わしいということになろう。

(12) ⑥九六頁〔本書二六七頁〕。

(13) 例えば、西野喜一『裁判の過程』(一九九五、判例タイムズ社)九二頁、一〇三―一〇四頁、など参照。

(14) 引用は一二八頁、一三一頁、一三二頁の順。もっとも、この%は権利自体を意味するようにもとれるが(伊藤・前掲書二〇〇頁参照)、事実認定との関係は権利に関する要件事実の立証を意味するものと理解してよいであろう。廣田氏は同様の主張を氏の他の著書でも行っている(同『弁護士の外科的紛争解決法』(一九八八、自由国民社)一〇六頁以下、『和解と正義』(一九九〇、自由国民社)二〇四頁以下)。なお、廣田説に対する伊藤教授の批判として、同・前掲書一九九―二〇三頁参照。そこで「裁判官は誰も、判決における証明度を五一パーセントと考えてはいないであろう。」という裁判官の側から当然に予期される反論もなされている(二〇三頁注(15))。

(15) 村上博巳『民事裁判における証明責任』(一九七九、判例タイムズ社)七頁。なお、④二一一―二一二頁注(15)〔本書二一四頁以下〕参照。

(16) 二注(12)。

(17) 西野・前掲書一一一頁。

(18) 西野・前掲書一〇九頁参照。

(19) 事実認定のほか広く審理・判決全般にわたって、元裁判官の弁護士、元弁護士の裁判官が両者の立場の相違による従前の見解の変化について語ったところを総合的にまとめたものとして、奈良次郎「裁判所の立場と訴訟代理人・弁護士の立場との相違について(上)」判例時報一五九二号(一九九七)一二頁以下参照。

(20) 当然のことながら、つとに事実認定における経験則の重要性が強調されており、とくに(元)裁判官による注目すべき労作も現れている(後藤勇『民事裁判における経験則――その実証的研究』(一九九〇、判例タイムズ社)、伊藤・前掲書八八頁以下、など)。しかし「経験則の具体的内容は、一つ一つのケースごとにそれに対応する数だけ無限に有ると考えるべきであろう」(蓑田・前掲書一七頁)から、あまり硬直的に考えたり、経験則に関する判例的知識の増加すなわち事実認定能力の向上などと短絡的な誤解をしたりしないことが大切である（田尾・前掲論文の引用するウィグモアの言葉（三九頁）を参照）。斎藤朔郎博士も「それは、結局において、われわれの思考作用そのもの以外の何物でもない」という（斎藤『刑事訴訟論集』（一九六五、有斐閣）九五頁）。なお、経験（法）則という用語の問題点について、山崎・前掲『証拠法序説』一三〇頁参照。

(21) 以下の論述については⑦四六頁以下〔本書三二二頁以下〕参照。

(22) 蓑田・前掲書八三―八四頁。

(23) 蓑田・前掲書九四―九五頁。ちなみに山口宏＝副島隆彦『裁判の秘密』（一九九七、洋泉社）は、医療裁判についてユニークな本質論的考察を行っている（一六九頁以下）。同書は現行裁判制度に対する厳しい告発と断罪に満ちた問題提起の書であるが、事実認定についても随所に注目すべき指摘がみられる。

(24) 蓑田・前掲書九八頁。

(25) 蓑田・前掲書一〇九頁。これは真実（事実）に関する合意説の主張を意味しよう（⑨三六頁〔本書四四二頁〕参照）。

(26) このように筆者は蓑田氏の労作を最大限に高く評価するものであるが、無用の誤解を避けるため、つぎの二点については氏の見解に全面的には同調できないことを明らかにしておきたい。それは六八頁以下の南京虐殺と従軍慰安婦に関する点である（問題の性質上ここで簡単に論ずることは困難なので、この旨一言するにとどめる）。

(27) 渡辺千原「事実認定における『科学』（一）」民商法雑誌一一五巻三号（一九九七）三七七頁）。

(28) ⑩二二頁〔本書四九二頁〕。Hannu Tapani Klami & Ari - Pekka Koivisto, Old Crook Criminal Record as Evidence：Theory v. Attitudes, Oikeustiede Jurisprudentia XXV（1992）p. 100. など。

(29) 田尾・前掲論文五〇頁、蓑田・前掲書一〇一頁以下参照。関連して、新井章ほか『「事実」をつかむ　歴史・報道・裁判の場から考える』（一九九七、こうち書房）は、弁護士、ジャーナリスト、歴史学者が表題のテーマについて検討した共同作業の著作で、裁判における事実認定について有益な示唆に富むが、（元）裁判官の事実認定論に一定の評価を与えながらも、それが裁判官村、法曹村の議論にとどまり他の分野の事実認定に学ぶ姿勢が欠けていることを批判している（一八五頁以下）。また、法務省の某幹部（裁判官出身者という）自身、「事実認定には素人も玄人（くろうと）もないと考えている。裁判官は手続きや法律を知っているだけですから」と発言した、といわれる（米沢進『論説日記』（一九九六、中央学院大学アクティブセンター）六三頁。六二頁も参照）。なお、松本清張の遺作『両像・森鷗外』（一九九七、文春文庫）は、事実認定の困難さを知るうえでも興味深い。

# 第九　続・民事証明論覚え書
## ――事実認定と審理・判決についてなど――



## はじめに

これは、民事訴訟雑誌四四号（一九九八）に発表した「民事証明論覚え書」（以下「前稿」という）の続稿である。

便宜上、まず前稿の内容の概要を紹介した上で、本論に入ることにする（学会誌の掲載論文は一般の実務家の読者層の目に触れる機会が乏しいと思われる(1)）。

(1)　前稿三三―三四頁参照。もっとも、後述のとおり本稿ではこれまでに発表した諸論稿を頻繁に引用しており、しかもその大半は学会誌よりも実務家にアクセスが一層困難と思われる所属大学の紀要に掲載されたものである。

しかし、私見を一応ご理解いただくためには注に掲記した拙稿を参照する必要もないであろうし、かつは前稿の実質的な一部を構成する関係上、その記述との形式的統一を保つためにこのような体裁を維持することにした。

## 一　前稿の概要

前稿は四つの項目すなわち、「一　はじめに――本稿の意図」、「二　主張・証明責任論におけるパラダイム転換」、「三　若干の証拠法上の概念の再検討」、「四　自由心証主義における事実認定の専門性と素人性」から成る。以下、それぞれについて簡単に説明を加える。

### 一　について

この国の司法の世界においては事実認定の重要性が強調されているにもかかわらず、「日本の民事判決の事実認定の適正度は、平均的に見て、ドイツやアメリカのそれよりも低いのではないか」という衝撃的な意見（木川統一郎博士）がみられ、多くの弁護士（裁判官出身者を含む）が裁判官の事実認定に不信感をあらわにしている。

司法・裁判の権威や正統性の源泉は究極的には国民の信頼に存するのであるから、裁判における事実認定の適正度は、一国の司法・裁判制度の根幹に係わる重大な問題である。筆者はこのような問題関心に促されて合計一〇篇の論文と翻訳（三篇が翻訳）を発表してきたので、それに基づく現段階での研究結果の大要を述べたい。なお文献の引用は、これらの拙稿の番号と頁で行う――例えば、②九頁は「スウェーデン証拠法序説」神奈川法学二五巻三号（一九九〇）九頁を意味する。そこで次に一〇篇を掲記しておく（①ないし⑦は本書第一ないし第七論文、⑧ないし⑩は本書翻訳第一ないし第三）。

① 「スウェーデン法における主張責任論（一）、（二・完）」民商法雑誌一〇〇巻五、六号（一九八九）
② 「スウェーデン証拠法序説」神奈川法学二五巻三号（一九九〇）
③ 「スウェーデン法における証明責任論」神奈川大学法学研究所研究年報一二号（一九九一）
④ 「行政訴訟における主張・証明責任論」『国際化時代の行政と法　成田頼明先生横浜国立大学退官記念』（一九九三、良書普及会）
⑤ 「刑事訴訟における証明責任」神奈川法学二八巻二・三合併号（一九九三）
⑥ 「主張・証明責任論の基本問題」神奈川法学二九巻二号（一九九四）
⑦ 「刑事参審制度について」法の支配一〇六号（一九九七）
⑧ 拙訳、P・O・ボールディング「証明責任および証明度」『竜嵜喜助先生還暦記念　紛争処理と正義』（一九八八、有斐閣出版サービス）
⑨ 拙訳、ハンヌ・ターパニ・クラーミほか「北欧における証明論・証明責任論の新しい動向」神奈川大学法学研究所研究年報一二号（一九九一）
⑩ 拙訳、クラーミ「フィンランド証拠法の発展と現況」神奈川法学三〇巻二号（一九九五）

## 二　について

まず、私見による証明責任の理解を述べる。（客観的）証明責任とは、意思決定における事実的基礎が不明確な場合における解決策、危険の引受けの問題である。すなわち我々がある意思決定をする場合、その決定を行うための事実的基礎が十分でないときに、どのような（どの程度の）危険を冒すか、また決定を受ける両当事者が存在するときには、その危険をどのように当事者間に分配するか、そしてその規準は何か、ということが証明責任の問題として論じられることの基本なのである。民事訴訟における証明責任論が一般に権利の確定・証明という観点からアプローチするという権利中心的思考に彩られているのは、民事訴訟における審理・判決の対象が権利であるために特殊な変容を受けているからであって、決して民事訴訟の本質的属性に由来するものではないというべきである。

このような基本的視点からすると、民事訴訟の証明責任(論)を行政訴訟および刑事訴訟のそれと統一的に理解することができる。スウェーデンではこのような証明責任論が通説であるが、その一つの主要な論拠は、スウェーデン法がパンデクテン・システムを採用せず、包括的な民法典を有しないことにあるといえよう。このことは我が国の主張・証明責任論を考える上でもすこぶる示唆的である。我が国の民法が証明責任の分配を十分に考慮して立法されていないことはすでに学界の共通の理解といってよく、この意味で日本法はドイツ法とスウェーデン法との中間に位置するとみることができるからである。

ところでスウェーデン法では、証明度を証明責任の具体化として「証明責任点」とよぶ。自由心証主義のもとでは、単に証明責任の分配を決めるだけでなく、多段階的な証明度まで決定しなければ無意味である。(自由心証主義のもとで分配問題のみを決めれば足りるとするのは無意識に「確信」概念を法定証拠主義における完全証明(拠)と同一視する発想にとらわれた結果と思われる。)この証明度を図示すればつぎのようになる。

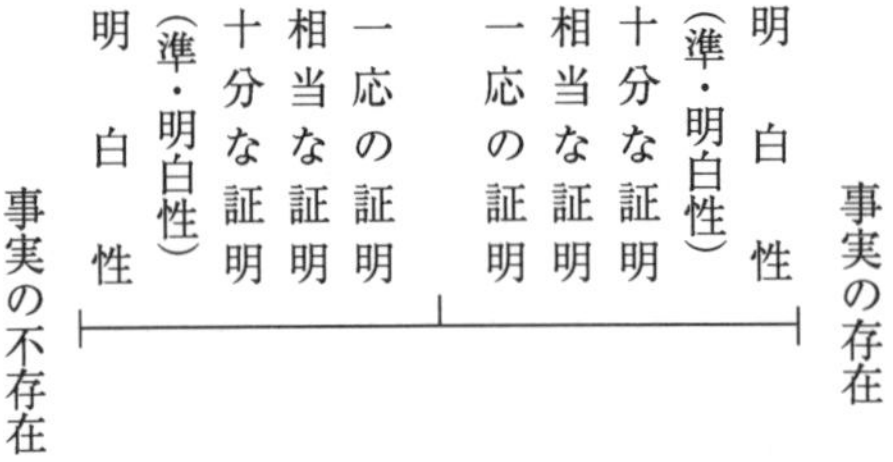


実体法規の立法には二つの異なるアプローチ、すなわち理念主義と現実主

義がある。前者によれば実体法規の出発点は事実に関する疑いが全く存しないような理念的証拠状況である。後者は例えば犯罪の記述をするときそれに随伴する証拠上の問題を考慮することである。前者の場合には、法規はいわば万能の神の目で書かれているのであって（原則として）証明度の問題まで実体法規の解釈の問題として解決しなければ、実体法規は権利の実現のための有効性をもたない空文と化するおそれがある。

以上のように、証明責任問題を証明責任と証明度を包含するものとして捉えることは、必然的に証明責任と主張責任との原則的乖離に連動する。

証明責任と異なり主張責任（の分配）は、一方において訴訟の合理的処理、審理の効率性の観点、すなわち必要かつ十分な範囲の訴訟資料の調達ないし供給と無用な訴訟資料の氾濫の防止、他方において当事者間における公正な対論の確保という観点からなされるべき訴訟法的考量の問題である。（もっとも、いわゆる法律要件分類説（修正説や要件事実論を含む）によっても合理的に説明しうる証明責任の分配が、主張責任の分配と一致する場合がある――しかもかなり多くある――ことを否定するわけではない。）

私見は結果的にみれば、とくに契約法的事件類型においてはいわゆる法律要件分類説による処理とそれほど異ならないかも知れない。しかし、問題は基本的アプローチの差異である。私見によるアプローチは不法行為事件や新しい権利の形成が問題となっている事件、さらに行政訴訟や刑事訴訟においても効用を発揮できるのである（証明責任に関する筆者の基本的見解はすでに刑事訴訟法学者の後藤昭教授から賛同を得ている――同「『疑わしきは被告人の利益に』ということ」一橋論叢一一七号（一九九七）四五頁）。

三　について

我が国の証拠法上の概念の中には、正しい事実認定の妨げになるものや、証明論の理解上無用なものが含まれていると思われる。ここで取り上げるのは「1　直接証拠と間接証拠」、「2　処分証書と報告証書」、「3　本証と反証」、「4　（事実）推定――法律上の推定と事実上の推定」の四つである。

1について

一見直接証拠と思われるものも、厳密に検討すれば間接証拠と同様に証拠連環（鎖）を通じて事実認定者の認識に到達するのであって、間接証拠と直接証拠とを区別する実益はないというべきである。

直接証拠とされるものは、間接証拠よりも証拠価値が高いような印象を事実認定者に与えてしまう。そこにこの概念を用いることの危険がある。

2について

処分証拠概念の外延を拡大することは、直接証拠という概念以上に事実認定の適正さに悪影響を与える危険性をはらんでいる。この意味でとくに問題となるのは契約書であって、諾成契約を原則とする我が契約法のもとでは契約書は原則として契約が成立したことを証する報告証書に過ぎないというべきである。契約書を処分証書とみることは、我が国の民事訴訟における証書の（ときに過度の）重視、それと裏腹な社会、取引生活における一般人の書面の軽視という状況のなかで事実認定と現実との大きな乖離を生み出す危険があることを認識しなければならない。

3について

この問題は事実認定の適正度に関係するものというよりもむしろ審理の促進に係わる問題である。審理過程において証明責任の分配について争いがあり、それが必ずしも明らかでない場合は少なくないのであって、証明責任の分配を基準にした本証と反証の区別を固執することは審理の効率的運営を阻害する結果をもたらす。審理促進の見地からはもう一つの基準を設けるべきである。すなわち、立証段階における基準としては、証拠を初めに訴訟に導入する側の立証を本証とし、その証明力を減殺する立証を反証とすべきである。証明責任の分配を基準とする本証・反証の区別は最終的な証拠評価段階において明らかになれば足りる。（のみならず、証明責任による判決をしないならば、必ずしもそれが明らかになる必要はない。従来の本証・反証の区別は判決起案における無益な労力を要求する点でも疑問がある――⑥一三一頁以下〔本書三〇五頁以下〕参照。）

なお、ここで提唱する本証・反証の区別の基準は刑事訴訟におけるそれとの統一的理解を容易にする（刑事訴訟規則二〇四条参照）。

4について

法律上の推定は法律に根拠のある推定で、その他の推定はすべて事実上の推定だとする通説的理解には大きな疑問がある。事実上の推定という概念は広きに失し、その中には心証形成ないし証拠評価すなわち経験則による推認の過程と、それ＋アルファを含む場合が混在している。一応の推定、表見証明とよばれるものはまさに後者の適例である。これらは純粋な証拠評価ではなく、一種の法律上の推定にほかならない（刑事訴訟理論で「許容的推定」とよぶ法律上の推定に相当すると考えられる）。率直に証明度の軽減としての解釈による法律上の推定を認めるべきである。たとい事実上の推定という用語を従来どおり用いるにしても、後者の場合については、その合理的理由を探究することが適正な事実認定のために極めて重要である。

四　について

法定証拠主義のもとでは裁判官ないし法律家が事実認定の専門家であることは全く疑われていなかったと思われる。なぜならば、そこでの事実認定とは証拠法則の解釈適用すなわち一種の法の解釈適用にほかならないから、難解な証拠法則に関する知識を有し、その解釈適用に習熟している法律家のみが事実認定の専門家たりうることはみやすい道理だからである。しかし法定証拠主義から自由心証主義への転換に伴って法律家は事実認定の専門家の地位を喪失し、素人と同等の立場に立つことになったのではあるまいか。古典期ローマ法では自由心証主義が採られていたが、その当時のローマ法学では事実認定ないし証明の問題は法律学の範疇に属さず、むしろ常識の分野に属すると考えられていたのである。

では裁判官、法律家の事実認定と素人のそれとの間にはどのような差異があるのだろうか。管見の限りこの問題について初めて、そして説得力のある解明を試みたのは、元判事の蓑田速夫氏であり、私見はこれを全面的に支持する。その骨子はつぎのとおりである。

人のする判断には、動的・同時的・関係者的・主観的な判断と、静的・事後的・第三者的・客観的判断とがあり、前者では専門性が支配するが、後者は素人に委ねることができる。例えば、医師が患者の診断の過程で想定病名を決定するという実践的判断は前者に属するが、医療過誤訴訟における医師の処置が過失にあたるか否かの判断は後者であり、これはもっぱら健全な常識の問題である（過失が単なる事実ではないということは、この文脈では別論としてよいであろう――萩原）。したがって、裁判官はもちろん一般の素人に委ねられても差し支えないはずである、と（医療過誤訴訟においてはいうまでもなく裁判官も医療に関する素人である）。

米国の民事陪審は法律家その他の専門家の「訓練された無能」の弊害を受けておらず、適切な事実認定を行いうると考えられているという。事実認定能力について裁判官ないし法律家は、つねに謙抑的でなければならないであろう。

以上が、前稿の概要である。

## 二　事実認定と審理・判決

いわゆる新様式判決が出現するまでの伝統的な民事判決は、詳細な事実摘示と理由説明を伴うものであった。このような民事判決の起案は容易ではなく、判決書はしばしば芸術作品にたとえられ、裁判官はその起案に心血を注ぐとされた。半面、その労苦を嫌って裁判官志望を断念する者もあるといわれた。筆者の限られた経験、見聞に徴してもこのことは決して誇張ではないと思う(1)。

裁判官の時間とエネルギーが有限なものである以上、このような判決書の過度の重視が審理の遅延ないし軽視という病理現象を生み出すことは当然である。おそらく世界で最も裁判官数が少ない(人口比で)我が国の民事訴訟において新様式判決が登場するに至ったのは事理の必然ともいえるのである(2)。そうして、審理の効率化を最大の狙いとする——是非は別論として——とされる新民事訴訟法は、新様式判決を前提にしなければその運用は不可能であろう。このことは旧民事訴訟法一九一条と新法二五三条を対照しただけでも明らかである(3)。

このように考えるとき、新様式判決に対してはいたずらにそれを批判するだけでなく、そのメリットを認めると共に、デメリットを克服する方策を探るべきである。そして筆者の問題関心からは、新様式判決が事実認定の適正度の低下をもたらさないかどうかの検討が必要とされることになる。

伝統的判決起案は法廷の審理においてポーカーフェイスの沈黙する裁判官像を前提としていた。そのような言動で裁判官は中立公平を装い、結審後はひたすら記録と格闘して判決起案に専念したのである。実はこの段階にいたって裁判官は、初めて当事者(弁護士)との一種の対話を行ったのである。という意味はこうである。裁判官は事実摘示をしながら、主張の不明な点については自分の頭の中の当事者と自問自答のかたちで対話し、不明な箇所を釈明してゆく(「判決書での釈明」とよばれるものはまさにそれである)[4]。理由を書きながら、仮想した当事者に心証を開示し、その当事者からのありうべき反論に再反論し、このようにして得た最終的な心証とその形成過程をかなり詳しく判示する(しない人もいるが)。すなわち伝統的判決の起案は当事者との対話の代替物にほかならなかったといえるのである。この代替物はもちろん当事者の側からみれば独り善がりのものであるにせよ、それなりの正当性を有していたことを認めなければならない。

では、新様式判決のもとではどうなるのだろうか。ここでは審理の活性化が前提であり、裁判官はかつて判決起案段階にいたって密室で行っていた当事者との見えざる対話を、法廷で現実に行うことが要請されることになる。もし、それが行われないまま、新様式判決が盛行するならば裁判官は証拠評価を(仮装・間主観的に)精密に行う機会を失い、事実認定の適正度は不可避的に低下せざるを得ないであろう。そしてこれが決して杞憂でないことは、刑事訴訟における有罪判決書の簡易化(三三五条)と審理の実態をみれば容易に理解されるはずである[5]。

新様式判決が伝統式判決のドラスチックな変革である以上、それを前提とする法廷の審理もまたドラスチックに変革されなければならないことは当然の事理である。だが、裁判官も弁護士もこのことを本当に分かっているのだろうか——ほんの一部の人は別として。もし法廷の審理は旧態依然のまま、判決だけは新様式という事態が一般化するとすれば、日本の民事訴訟における事実認定の適正度は冒頭で引用した木川氏の嘆きをさらに深める絶望的なものになるであろう[6]。

民事訴訟改革の実践運動の旗手の一人である小山稔弁護士は、最近ドイツを訪れその民事法廷を見学した感想を記した『『口頭弁論』をやっていた』という文章の最後を、「議論をすると事案がよく理解出来ることだけは動かしようのない事実だ。これだけは実践しようではないか。日本の裁判官はポーカーフェイスを持ってよしとしてきた。中立公正を旨とする故だが、内容が解っていないからでもあった。意識的に努力して、文字通りの口頭弁論をやろうよ。」と結んでいる。(7)

事実と証拠に関する活発な口頭弁論（できる限りの心証開示を含む）こそ新様式判決、新民事訴訟法のもとでの審理の在り方であるべきである。この意味で、当事者の側からの証拠評価に関する見解の提示を伴う最終弁論の重要性が認識されなければならない。

しかしその実現には大きな障害が伴うことも否定できない。容易には解決し難い基本的な問題が二つあると思う。一つは裁判官数の少なさ、したがって絶対的審理時間の少なさから生ずる不可避的な省力化の圧力であり、もう一つは筆者の言葉でいえば我が国の裁判――民事・刑事を問わず――の「耳の裁判」を嫌忌する伝統的体質である。(8)前者については新法の立法作業の当初から手続改革と並行した司法改革（訴訟環境の整備）――具体的には裁判官の増員を含む法曹人口の大幅な増加など――の必要性が叫ばれてきたが、(9)現在このような司法改革への現実的な動きはほとんどみられない――少なくとも裁判所、法務省サイドからは。後者は前者と密接に関連しているが、さらにこの国の文化や言語構造ともからみ一朝一夕には改革の実を挙げるのが難しい問題かもしれない。しかしこの問題をある程度まで解決できなければ、新法による民訴実務に明るい展望は開けないといわざるを得ないであろう。

坂元和夫弁護士（当時日弁連民事訴訟法改正問題委員会副委員長）は、新法下の口頭弁論への提言として「証拠調べ終了後は、当事者は最終弁論を必ず行うことを慣行化すべきであろう。」(10)という。これはスウェーデンでは法が明定し（訴訟手続法四三章九条）、実際に励行されている実務であり[11]、筆者が新法の立法作業の過程で主張したところでもある[12]。

この最終弁論の活性化の実現は、事実認定に関する裁判所と当事者双方の主張と証拠に関する情報を共有化させ、審理の終局段階における和解の促進や判決の説得力の増加したがって上訴率の低下などに寄与するであろう。少なくとも裁判所の証拠評価、事実認定をより精密、的確にさせる利点があることは明らかといえよう。管見のかぎりでは立法過程において裁判所、法務省の側はもちろん、学者の側からもこの問題に関する真剣な議論は全く出なかったようであるが、これは我が国の裁判官や学者の事実認定に対する楽観論と連動しているように思われてならないのである。

（1） 拙著『裁判法の考え方（第二刷）』（一九九六、信山社）二四五頁以下参照。なお、西野喜一『裁判の過程』（一九九五、判例タイムズ社）四五二頁参照。

（2） 裁判官数の国際比較については、例えば久保利英明『法化社会へ日本が変わる』（一九九七、東洋経済新報社）二〇頁参照。

（3） 高橋教授は、新法の基本構造は弁護士層を取り込んで審理の集中化・効率化を図ることにあるとし、また判決書は新様式を原則とすることになったと理解できるとする（高橋宏志『新民事訴訟法論考』（一九九八、信山社）二〇〇、二〇九頁）。『新民事訴訟法大系　理論と実務　第三巻』（一九九七、青林書院）二五一頁（江見弘武）も参照。

西野教授は新様式判決について「新様式は要するに裁判官が判決書作成にあたって手抜きをしようと思えばできる方式」であるという（西野・前掲四六七頁）。裁判官とて多くは普通の人間であり、人間の性は易きにつくものであるから、手抜きかどうかは別にして、判決書が大幅に簡易化される傾向にあることを前提にして、筆者は以下の議論を展開しているのである。

(4)　判決書での釈明については、拙稿「法的観点指摘義務」民事訴訟法判例百選Ⅰ〈別冊ジュリスト一一四号（一九九二）二〇七頁。

(5)　キャリア裁判官制を採り、参審制など国民参加のない刑事裁判で、我が国の刑事の大部分の有罪判決書（全く争いのない事件のそれは別として）ほど簡単なものを筆者は寡聞にして知らない。そしてこのことは無罪判決の極端な少なさと決して無縁ではないと考える。例えば、スウェーデンの参審裁判の判決は極めて詳細である（東京三弁護士会陪審制度委員会編『スウェーデンの参審制度』（一九九六）における判決書参照）。この点について、五十嵐二葉「日本実務刑訴へのレメディとしての陪審」『宇宙超出をめざす人たちの17話――沢登佳人先生古稀記念論集』（一九九八、白順社）一三三頁、など参照。なお、現職裁判官による刑事有罪判決書の現状とその問題点の有益な指摘として、遠藤和正「証拠の目標の挙示」判例タイムズ九八〇号（一九九八）四頁以下がある。

(6)　木川統一郎『民事訴訟法改正問題』（一九九二、成文堂）一頁。

(7)　第二東京弁護士会紫水会報『紫水』一三号（一九九七）七頁。この引用文は同時に、新様式判決のもとでも依然として旧来の審理が行われていることを物語っている。

(8)　拙稿「耳の裁判か、目の裁判か――民事訴訟法改正問題雑考」判例タイムズ八五八号（一九九四）四頁以下参照。

(9)　西村宏一「民事訴訟運用の危機状況について」判例タイムズ九一六号（一九九六）四五―四六頁は、この点に関する元長老裁判官の指摘として重要である。なお、拙稿「民事訴訟法改正と争点等の整理手続――弁論兼和解の立法論的検討に関連して」判例タイムズ八一二号（一九九三）一八頁、など参照。

(10)　谷口安平＝坂元和夫編著『裁判とフェアネス』（一九九八、法律文化社）二一二頁〈坂元〉。なお、証拠弁論の重要性について柏木邦良博士の所説（『注釈民事訴訟⑹』（一九九五、有斐閣）二一四頁）参照。

(11)　このような最終弁論の事例的記述について、P・O・ボールディング、拙訳『民事・刑事訴訟実務と弁護士』（一九八九、ぎょうせい）五二一―五四頁参照。

(12) 拙稿・前掲「民事訴訟法改正と争点等の整理手続」二五頁。
なお、稲葉教授(元裁判官)は、新法の趣旨を生かし、心証形成に正確を期するためには、事件によっては積極的に証拠評価についての準備書面を求めるべきだとする(稲葉一人「裁判実務からみた新民事訴訟法の下での理念と実践」判例タイムズ九四五号(一九九八)四五頁注(29))。賛成であるが、書面の提出は実際にはなかなか困難であり、口頭での証拠弁論を原則とすべきであろう(刑事の最終弁論と同様に考えればよい)。またこのほうが、法廷を活性化させることはいうまでもない。

## 三　提言と展望

ここでは、事実認定の適正度の向上のために有用と思われる若干の制度的提言と、近づきつつある二一世紀の事実認定の在り方に対する展望のようなものを述べて、前稿と本稿二つの結びとしたい。

### 1　提　言

裁判官の事実認定能力を向上させるための方策として、さしあたりどのようなことが考えられるだろうか。現状では判事補が合議体においてオン・ザ・ジョブ・トレーニング(on-the-job training. 以下OJTという)として事実認定の修練を積むことができる機会は非常に乏しいと思われる(1)。まず、三年未満の判事補は地裁の合議事件にしか関与できないが、民事の合議事件はその数が僅少であるのみならず、法律問題が複雑困難なため合議事件とされた事案には必ずしも事実認定の修練にふさわしいとはいえないものがかなり含まれている。また、この種の事件では法律問題の複雑さに眩惑されてその解決にエネルギーを奪われてしまい、事実問題の検討がおろそかになってしまう危険も考えられる。

任官後三年が経過した判事補は簡易裁判所判事の任命要件を充足するから（裁判所法四四条）、簡裁判事として執務し、単独で事実認定を行うことが多い。しかし事実認定についてＯＪＴが不十分なまま単独の事実認定者となることには大きな問題がある。簡裁事件を扱っている間に事実認定能力が成長するどころか、我流の欠点が増殖してゆく危険すら存在するのである。

さらに判事補は、任官後五年でいわゆる特例判事補となり、判事と同様の権限が与えられる（判事補の職権の特例等に関する法律）。高裁の陪席裁判官になる場合などは別として、大部分の特例判事補は主に単独事件を担当することになろう。この段階以降では、事実認定について先輩から学ぶ機会は極めて限定されるし、またすでに身につけてしまった偏見、悪癖を矯正することは容易でない。（なお、高裁での陪席経験は有用であるが、第一審と異なり直接的事実審理の機会が少ない点が問題である。）(2)

こうみてくると、我が国の司法部は事実認定能力の修練のためにＯＪＴに関するシステム上の配慮をほとんどしておらず、裁判官はその修練の機会を十分に与えられていないことが理解されよう。このような現状を積極的に肯定、是認する人はおそらくあるまい。司法部内の人といえども、せいぜい現状を裁判官数の極少さがもたらした必要悪として黙認するだけであろう。

そこでつぎに、現状の是正策について考えてみたい。ほとんどの方策についてある程度の法改正が必要になるが、それほど立法上の困難を伴うとは思えないものである。

第一に、単独体における参与判事補の活用または判事と判事補による二人制合議の導入が検討に値する。（事実上の）合議制の原則化により事実認定のより間主観化をもたらし、かつ未特例判事補の事実認定能力の修練の場を多くすることを図るわけである。しかし、前者については裁判所、弁護士会双方に拒絶反応が強く、現在ではほとんど全く利用されていないし、後者の導入についても同様の拒絶反応が十分に予測される。筆者自身は、参与される裁判官と参与判事補の意見が異なる場合、または二人制合議の場合に裁判官の意見が相反するときは、判事補に反対意見を表示する権利を認めることを前提として、参与判事補制度の活用ないし二人制合議の導入を提案したい。現在の裁判官数を基本的に前提とするならば、これ以上の三人制合議の拡大は事実上不可能といわざるを得ないからである。もっとも、参与判事補に関する議論に徴しても、ことは論者の基本的裁判(官)観に係わるから、この提案の実現のためにコンセンサスを調達するのはかなり困難かも知れない。(3)

第二に、簡裁における司法委員制度を事実上の参審員制度として運用することである。これは新法二七九条により可能なはずである。司法委員の数は少なくとも二人、なるべく三人以上が望ましい(同条二項は司法委員の数を限定していない)。地裁についても同様の規定を設けるべきである。この法改正はそれほど困難なことではあるまい。司法委員制度の参審員制度的運用によって裁判官の事実認定能力の補完、事実認定の適正さの向上が期待されるのである。

しかし、第三により根本的な対策としてはなるべく速やかに民事参審制度を導入することを提案したい。(4) 前稿(四)において詳述したように、事実認定能力において法律家と非法律家との間に基本的差異がないことにかんがみると、民事事件においても事実認定に素人が関与することは大きな意味があり、裁判官にとっても自己の事実認定の間主観性をテストするこよなき機会を与えられるわけで、参審員との事件処理がすなわち格好の事実認定の修練の場となりうるのである。(5) 前稿(二七頁)〔本書三六六頁〕で触れた西野教授が指摘する裁判官の「事実認定に対する当該判決のインパクトの影響」という問題の発生も防止できるはずである——

参審員が裁判官の意見に盲従しなければ。

なお、地裁・高裁事件で高度の専門的知識が要求されるケースでは、各種の領域の専門家（特殊な法分野の専門家である法学教授や弁護士なども含む）を司法委員ないし専門家参審員として活用することも考えるべきである。(6) これは鑑定の必要性を減少させ、当事者の訴訟に関するコストの低減に寄与するという好ましい効果も有しうるであろう。

以上を要するに、私見は裁判機関の事実認定能力の確保、向上を、職業裁判官のみの裁判を前提とするならば（実質的）合議制の拡大によって、根本的には司法部外の一般市民、さらには各種の専門家（法律家を含む）の関与によって実現しようとするものである。裁判官の大幅な増員が今後とも困難であるとすれば、後者の方策は司法部にとって裁判機能の強化として好ましく、また国家財政の見地からも職業裁判官の増員よりはるかに負担が少ないはずである。その意味で筆者の上記提案は、従来の職業裁判官のみによる裁判を自明のこととする立場からは一見ドラスティックに過ぎると思われるかもしれないが、実は極めて現実的なものといえるのである。

## 2　展　望

最後に、二一世紀の証明論を展望して少し夢を語りたい。夢といっても間もなく正夢となる可能性の高い夢であり、また少なくとも一部の人には悪夢と映ずるかもしれないような夢である。

昔の判決は全文毛筆で書かれていた。悪筆の筆者など判決書きのタイプ化が行われていなかったら、いくら裁判官に憧れていたとしても、絶対に裁判官を志望しなかっただろう。ところが、昭和三〇年代の初期、駆出しの判事補として仙台に在任していた筆者は、東北の僻地の裁判所にはまだタイプライタが備え付けられておらず、裁判官が毛筆で判決原文を書いているという話を聞いて驚いた記憶がある（真偽のほどは確かめていないが）。それから半世紀近く経った現在、全国の裁判官全員にパソコンが支給されているという（かつてはワープロ専用機であったが、その後パソコンに変えられたとのことである）。このような裁判事務における「知的生産の技術」(7)の進歩を思うと、裁判官の一人一人が執務上パソコンを多面的に活用するようになる時代の到来はもう間近いのではあるまいか(8)。そうなると事実認定におけるパソコンの利用の現実化もそれほど遠くないことが予想されるのである。現在のところどこの国でもまだ実用化に至っていないようであるが、学問的研究は進んでいる。筆者はフィンランドの法学者H・T・クラーミ（Hannu Tapani Klami）の提唱する「階層化意思決定法（Analistic Hierarchy Process, AHP）による証明モデルにかねて関心を抱いてきた。正確には⑨のクラーミ論文の訳稿を読んでいただきたいが、以下、その内容を要約・紹介する十分な能力がないことを承知しつつ、あえてそれを試みてみよう(9)。

不確実性の状況における決定のために要求される最低限の蓋然性（確率）は、誤った決定に関する以下の関数から引き出されうる。刑事訴訟事件では――

$D_g$ = 真犯人の被告人を無罪にすることの損失効用（disutility）

$D_i$ = 無実の被告人を有罪にすることの損失効用(10)

$$P > \frac{1}{1+\frac{Dg}{Di}}$$

民事訴訟事件において、$D_g$、$D_i$とも同じと評価するならば、この式は最低限の価値$p > 50\%$すなわち証拠の優越を与える。

他方、この損失効用関数はあまりにも単純化されており、異なる決定選択肢（正しいものと誤ったもの）について一つの効用（ないし損失効用）があるという仮定から出発する。しかし、クラーミは証拠に関する理由づけのための一般的効用があるとは考えず、効用は複合的―目的的理由づけの積だと考える。

証拠の十分性に関する主要な論拠としては、⑴治原的蓋然性（originalprobability, OP）、⑵立証の蓋然性（evidentiary probabilities, EP）、⑶適用実体法規範の目的(goals of material norms, NG)、⑷誤った決定の危険の側面（the risk aspect, RA）がある。(11)

これらの論拠を、一つの一般的効用の仮定に基づく単純な損失効用関数が認めるよりも、やや一層分析的方法で誤った決定の損失効用の評価をするための測定器として用いることが可能だと彼は考える。確かに、これらの論拠はいささか漠然としており、かつ相互に関連しているが、相当な有用性を有することを彼は論証する。

これら四つの論拠の衡量については、比較的単純な方法すなわち論拠を一対ごとに査定し、かつ衡量する階層化意思決定法の利用を提案する。(12)この意思決定法によって、損失効用関数の衡量された全体的価値が得られる。(13)（これが事実認定者の主観的評価を示すことは自明であるが、証拠価値の蓋然性の数値についてもまた同様のことがいわれうる。）

このようにして、立証の最低限の要求を表す数値が得られたわけであるが、この最低限の蓋然性を$P_{min}$とよぶことができる。これを提出された証拠の評価された証拠価値$P_{ev}$と比較して――

$P_{ev} \geqq P_{min}$ならば、証拠は十分であり、

$P_{ev} < P_{min}$ ならば、証拠は不十分である。

しかし、不十分な証明のゆえに証拠価値が極度に低く、損失効用関数が決定選択肢の両者についてより高い蓋然性を前提にしている場合がありうる。そこでの不確実性はなんらかの合理的決定をなすにはあまりにも大きすぎる。これが証明責任に関する規則により規整される状況なのである。他の場合には証明責任規則は必要とされない。（つまり、証明度を超える立証がなされている限り、証明責任の出番はないということである。）

以上が、クラーミの提唱する新しい証明モデルの粗雑な要約である。

参考までに、クラーミの論文のなかから我々法律家に強くアピールする（と筆者が考える）言葉を若干引いておこう。「良き直観は証拠に関する理由づけにおいてこよなく大切なものである。しかしそれをコントロールする何らかの方法がなければ具体的場合において直観が正しく働いたかどうかを知ることができない。」「我々はこの文脈において危険の引受けの様々な戦略（ミニマックスまたはその他）を議論することが得策だとは考えない。証拠に関する理由づけはゲームでもビジネスでもない。」「損失効用関数は一方、数学的意思決定理論に馴染みのない人々の間における蓋然性および危険に関する合理的議論を増進するのに十分なほど単純である。(14)」

つまり彼は、証拠評価における事実認定者の直観の重要性を承認しつつその合理的コントロールの方策を探究するのであって、極めて実務的バランス感覚に富んだアプローチといえるのである（彼はスウェーデン、フィンランドの法学者の常として若干の裁判実務の経験を有する）。

近未来の民事訴訟の合議では、職業裁判官のみの合議体はもちろん職業裁判官と参審員との合議体も、各自がパソコンを操作しつつ上記の階層化意思決定法によって証拠評価、事実認定について意見を交換し、討議することが可能になろう。そしてこのような事態の出現は、事実認定の間主観化、適正化のために明らかに望ましいのではあるまいか。

我が国のいわゆる法律要件分類説や証拠法理論が、以上のような新たな証明モデルに適合的に発展してゆくことが果して可能であろうか。新しい酒は新しい革袋に入れられなければならない。前稿と本稿を通じて行ってきたことは、図らずも新しい革袋を作るためのまことにささやかな営みでもあったようである。そう考えるとそれは、近未来の裁判における事実認定のためにいわば露払いの意義を有しうるのではあるまいか、と現時点でどれほど読者の理解を得ることができるかはともかくとして、ひそかにいささかの自己満足をおぼえつつ稿を終える次第である。(15)

(1)　松田二郎『私における裁判と理論』(一九八一、商事法務研究会) 五七頁は合議の必要性を強調し、地裁の第一審もできる限り合議制によるべきだとする(これが「最高裁判所より見た民事裁判」と題する論稿(最高裁判事としての同博士が民事担当裁判官に対して行った講演に基づく)の中の文章であることはとくに留意に値しよう)。

なお、同氏は「とかく頭が良いと自負しているいわゆる秀才型のうちには、事実認定の困難性を十分に理解しないで、主として法律論にのみ関心をもつものがあること」を憂慮している(五六頁)。自身大秀才であった人の言であるだけに興味深い。(若き日の松田判事は「人的会社の組合性」と題する論文を発表しているが、杉本泰治『法律の翻訳——アメリカ法と日本法との危険な関係』(一九九七、勁草書房)は、「この松田説が、当時、外国に向けて発表されていれば、国際的に高い評価を受けたと思われる。」と記している(五三頁注(41))。)

ちなみに以下の論述は、もちろん現行キャリア裁判官制を前提とするものであるが、第二、三については法曹一元制のもとでも妥当とすると考える。最近法曹一元の動きが新たに強まっているので、念のため附言しておく(拙稿「幻想としての法曹一元(論)」(判例タイムズ九八七号(一九九九)四頁以下参照)。

(2) 和田英夫＝山下馨「裁判法講義」駿河台法学九巻一号（一九九六）の山下教授（元裁判官）の執筆部分は本稿のテーマに関連する有益な論述を含んでおり、合議体での執務とくに高裁での陪席経験の有用性を強調する（二二五頁）。このことはスウェーデンにおいて若手裁判官の教育訓練がまず高裁で行われることと対比して興味を惹く（拙著『スウェーデンの司法』（一九八六、弘文堂）二一九頁以下参照）。もっとも、事実認定プロパーに関わる面ではかなりの留保が必要だと考える（前稿一二頁注（16）〔本書三四九頁〕引用の田尾桃二教授（元裁判官）の発言参照）。

(3) 参与判事補問題については、拙著・前掲『裁判法の考え方』一〇九頁以下、西野喜一・前掲『裁判の過程』四二五頁注（43）――反対説参照。

二人制合議に関する立法例としてスウェーデン訴訟手続法は、三人の裁判官による地裁民事合議事件において本口頭弁論の開始後に一人の裁判官について支障が生じたときは、二人の裁判官で裁判することができることとし（一章三条a四項）、票決における意見が不一致のときは裁判長の優先権を認めるが（一六章三条）、他方の裁判官に反対意見を表示する権利を与えている（六章三条八号）――拙訳「スウェーデン訴訟手続法(1)」神奈川法学三一巻二号（一九九七）四〇頁注＊参照。

なお、我が国の合議体の実態について、ある長老裁判官はその経験上「自己の信念に反して、裁判長の意見に迎合すると思われる陪席裁判官を知り、又非を知ってもこれを改めようとしない頑迷にして固執的な、裁判長にも遭遇している。」と語っている（岩松三郎『民事裁判の研究』（一九六一、弘文堂）二三頁（註一六））。このような悪弊を防ぐには、裁判官に精神訓話を説くよりも反対意見の表示や後述する参審制を認めるほうがはるかに有効であろう。スウェーデンでは第一審を含むすべての裁判所のみならず、合議制の行政機関の構成員にも少数意見表示の権利が与えられている（行政手続法典一九条――ハンス・ラーグネマルム、拙訳『スウェーデン行政手続・訴訟法概説』（一九九五、信山社）一八二頁訳注(1)、(2)参照）。

ちなみに、ジャーナリストの立場から裁判における情報公開、市民による裁判監視のために、陪審制ないし参審制の導入を考えるべきだとする見解として、米沢進『論説日誌』（一九九六、中央学院大学アクティブセンター）

七七頁参照。

(4)　筆者は、民事参審の採用を提言するとともに、一般市民による参審員に加えて、専門家参審員の必要性についても指摘した（拙稿「民事司法における国民参加——民事参審の構想に関する一つの試論」『木川統一郎博士古稀祝賀　民事裁判の充実と促進上巻』（一九九四、判例タイムズ社）所収。近時、若い世代の研究者の間に、民事参審の導入に賛成する意見が増加しつつあるのは、歓迎すべき現象である。代表的なものとして、中島弘雅「市民の司法参加」『岩波講座　現代の法　5　現代社会と司法システム』（一九九七、岩波書店）九五頁以下、斉藤哲『市民裁判官の研究』（二〇〇一、信山社）参照。

(5)　スウェーデンでは最低一年修習した司法実務修習生が罰金以下の法定刑にあたる刑事事件（例外がある）を取り扱うことができるが、その場合には必ず参審員が関与しなければならない。参審員の関与による事実認定の適正さの確保と修習生に対する事実認定上の教育的効果を狙っているのであろう（拙著『スウェーデンの司法』（一九八六、弘文堂）一二六頁）。

(6)　スウェーデンの地裁および高裁では、ビジネス紛争について弁護士を陪席裁判官として合議体に関与させることができる（地裁規則二二条、高裁規則六二条）。

(7)　これは梅棹忠夫『知的生産の技術』（一九六九、岩波新書）の表題の借用である。先見の明あるこの著者ですら、同書のなかで日本語ワープロの出現の可能性に触れていない。そこでは日本語の筆記用具として「理想のタイプライターとは、じつは、ひらかなとカタカナのコンビネーションということになる」と述べているに過ぎないのである（一四三頁）。思えば、まさに隔世の感がある。なお、同書の京大型ノートをパソコンのデータベース・システムに発展させたものとして、中野不二男『メモの技術——パソコンで「知的生産」を』（一九九七、新潮社）参照。

(8)　裁判事務とコンピュータをめぐる様々な問題点については、夏井高人『裁判実務とコンピュータ』（一九九三、日本評論社）参照。同書はこの分野における最高水準の文献であり、証拠法一般についても有益な示唆に富む。ちなみに夏井氏は同書刊行後、裁判官から明治大学法学部教授に転じられた。

（9） ⑨ではprobabilityの訳を「蓋然性」で統一した。訳語の一貫性と数学用語の頻出を避けるためであるが、多くの場合は「確率」と訳したほうが適切だったかもしれない。

（10） この公式については、John Kaplan, Decision Theory and the Factfinding Process, Stanford Law Review, 1968, p. 1072 et seq. を参照。

（11） この点について、クラーミの他の論文により敷衍しておこう。彼はこういう。フィンランドの裁判所はときに保険会社や製造企業を被告とする訴訟において、因果関係が必ずしも明確でない場合に損害賠償請求を認容していると批判されている。「しかしこれは社会―経済的諸要素……にかんがみ誤った決定のための危険を考えるならば正当化される。保険会社はありうる誤った証拠上の決定に伴う損失を大勢の顧客に分配できるのに対して、被害者は何ら損害賠償を得ることができないときは、彼自身でその結果の危険を受認しなければならないのである。この理由により社会的弱者である当事者の立場からみた損失効用のほうが大きいのである。」（⑨五一頁訳注〔h〕〔本書四六〇頁〕）。

筆者は、我が国の裁判所ではここに述べたような観点に関する考慮が著しく欠落しているように思う（実際には隠れた考慮がなされている場合もあるのだろうが）。

（12） ＡＨＰの創始者サーティ（T. L. Saatey）の日本における普及協力者という刀根馨教授の著書『ゲーム感覚意思決定法　ＡＨＰ入門』（一九八六、日科技連）の「あとがき」には、以下のような興味深いことが述べられている（二一四―二一五頁）。世の中ではよく「いろいろ総合的にみて」という表現が使われるが、その「いろいろ総合的にみて」というプロセスを合理的に展開したものが、ＡＨＰと思ってよい。その適用例としては、個人の意思決定（就職、結婚等）や各種のコンフリクトの解消その他広範囲にわたる。とくにそれが役に立つのは複雑であいまいな状況下での意思決定である。ある調査によれば世の中の意思決定の八〇％程度はこのタイプに属するといわれる。

なお、同書掲載の広告によると、ゲーム感覚による意思決定支援システム「ねまわしくん」というパソコン用ソフトが開発・販売されているとのことである。木下営蔵『孫子の兵法の数字モデル』（一九九八、講談社ブルーバックス）にも同書で解説したＡＨＰの意思決定支援プログラムを収録したフロッピーディスクが販売されていることが記されている（一八一頁）。

(13) 実際の用法については、前注の『ゲーム感覚意思決定法』や『孫子の兵法の数字モデル』に易しい解説がなされている。

(14) ⑨「訳者あとがき」（五二頁以下）〔本書四六四頁以下〕

(15) 数学嫌いの法律家（筆者もその仲間の一員だが）に誤解のないよう、蛇足的に二つのことを附記しておきたい。一つは、すでに別の拙稿の中で述べたことで、伝統的な宿屋の番頭さんは客の判断について数学以前でありながら、同時に統計なるものの本質を身につけているといわれるが、同様のことは事実認定について経験に富む裁判官、実務法曹についても妥当するであろうということである（②四四―四五頁〔本書一一九頁〕）。

もう一つは、数学者自身の意見によれば、数学ができることと論理的思考能力とは必ずしも関係がないということである。数学者藤原正彦教授の興味深い文章を引用しよう（同『数学者の休憩時間』（一九九三、新潮文庫）九二頁以下）。論理的思考（正当な推論を行うこと）が数学を勉強することで培われるとはどうも思えない。「不安定な前提条件と不特定なパーセントから出発し、それらのバランスをうまく取りながら進むのが、世の中での正当な推論、『論理的思考』なのである。数学的論理とはもともとなじまないのである。数学の問題では、本質はたいがい一つしかない。だから数学者は実生活においても、自分なりの本質を見出すと同時に、他の要因を幻惑的不要物として捨ててしまいがちである。……この罠にいったん落ち入ると、そこからの論理がいかにしっかりしていようとも、推論の正当性は大きな危険にさらされることになる。」（一〇〇頁）（つまり、第一ボタンのかけ違えと同じで、論理整然と間違ってしまうということであろう。）そうして氏は、論理的思考は、「国語科において小論文を書かせたり、実際に論争させたりすることにより、効果的に培われるのではないだろうか。我々の意味の『論理的思考』は、数式よりも言語を通して指導する方がよい。」（一一〇頁）と結論するのである。

以上の言葉は数学嫌いの法律家に大きな慰謝を与えてくれるはずである。（だからといって、べつに数学嫌いが自慢できることでないことは改めて強調しておく必要があるけれども。）

なお、例えばジョン・アレン・パウロス、野本陽代訳『数字オンチの諸君!』(一九九〇、草思社)などは、われわれ数学嫌いの法律家にとって一読に値する好著である(とくに同書一五一頁(タイプ1、2のエラー)、一七一—一七二頁(被害者の供述の信用性の確率)。ちなみに、この訳者が法学部出身でサイエンス・ライターというのも興味を惹く)。最後に、養老孟司=長谷川真理子『男の見方 女の見方』(一九九八、PHP文庫)一一四—一一五頁(長谷川)の文系と理系の思考の違いに関する記述は、短文ながら上述したこととの関連でも示唆的だと思うので挙げておく。

(一九九七年一一月三日一応脱稿、一九九八年夏休みに補筆)

〔附 記〕

その一　これは、「続・民事証明論覚え書——事実認定と審理・判決についてなど」と題して判例タイムズ誌上に掲載されたもので、副題を主題に変えただけである。その冒頭に記したように、本来民事訴訟雑誌四五号に掲載された拙稿「民事証明論覚え書」の一部として書かれたものを紙幅の関係で分割して発表した次第であるが、実務家の読者一般にもお読みいただきたいので、本書に収録することにした。

なおAHPについてはその後、木下栄蔵『孫子の兵法の数学モデル 実践篇』(一九九八、講談社ブルーバックス)が刊行され、同書には意思決定支援ソフトがすぐ使えるCD-ROMが付いている。

その二　最近、田尾桃二=加藤新太郎編『民事事実認定』(一九九九、判例タイムズ社)が刊行された。周知のとおり編者両氏は高名な実務家兼学者であり、両氏の対談、両氏参加の三つの座談会に加えて、実務経験豊かな(元)裁判官による六つの論考から成る同書は、民事事実認定について現時点で望みうる最高水準の、最も信頼しうる貴重な文献というべきである。ところで、両氏の対談の中で私見に言及して頂いたのは光栄であり(同書一七頁)、ご高配に感謝したいが、そこでの私見に対する批判には疑問が感じられるので、若干釈明しておこう。

拙稿「民事証明論覚え書」民事訴訟雑誌四四号(一九九八)一一頁注(12)〔本書三四七―三四八頁〕において、我が国では証明度を高くすることが真実発見につながるという誤解が一般的にみられること、両氏のように博識な方までこの種の誤解をしていることを指摘した。上記対談の拙稿に触れた部分はこれに対する両氏の批判的言及である。その内容は、両氏とも証明責任および証明度の決定については原則的証明度をかなり高度のものとすべき様々な要請があることを主張しているに過ぎず、真実発見のために証明度が高ければ高いほどいいと述べているのではないから、筆者の指摘は的外れだ、ということのように理解される。

しかし、筆者とて証明責任および証明度の決定に様々な政策的要素などが働くことを否定しているわけではない。このことは筆者が「逆説的な言い方だが、証明度を上げれば上げるほど実は真実から遠ざかるといえるのである――いわば真空状態で証明問題を考える限りでは。」(同頁〔本書三四八頁〕)と述べていることから明らかなはずである。両氏の座談会発言(同書ではとくに二七五頁から二七九頁まで)を読んだ限りでは、両氏とも上記指摘のような誤解をしていると考えざるを得ないように思うのだが、読みが浅いのであろうか。両氏ともその学殖および見識をかねて最も高く評価している(元)裁判官であって、それゆえにこそこのまま看過しては裁判実務に悪影響を及ぼすおそれがありうることを憂慮し、あえて敬愛する両氏への批判的言辞を公にした次第であるが、これが杞憂に過ぎなかったのであればまことに幸いである。

〔追　記〕

本稿は初出論文に〔附記〕を加えて、拙著『民事司法・訴訟の基本問題』(二〇〇〇、判例タイムズ社)に収めたものであるが、本書第八論文「民事証明論覚え書」の続編を成す論稿なので、ここに再録することにした(題名は初出当時に戻した)。

再録にあたり追記として、とりわけ事実認定に重要な関係を有すると思われる二つの興味深い所説を紹介しておきたい。

その一つはフィールズ賞、文化勲章を受けた数学者小平邦彦博士のものである。氏は大要つぎのようにいう(小平『怠け数学者の記』(二〇〇一、岩波現代文庫)五八—七一頁)。

個々の生物としての人間はおよそ一万年前からあまり進歩していないのではないかと考えられる。人間は理性的動物であるといわれるが、理性的動物であるのは自己の利害に直接関係のない状況にある場合、例えば科学・技術の研究というような場合に限るのであって、直接の利害関係が増すに従って本能的動物に変貌していくのではないかという心配が出てくる。有名な数学者のZ教授は「人間は決断をするときには胃袋を用い、その決断を正当化するための理屈を考え出すために頭を使うのだろう」といわれたが、確かにそういうところが見える。

さらに人間には本能が理性の仮面をかぶって現れるという現象があるように思われる。ある一つの観念にとりつかれて事実を見ることができなくなることがあるが、このときの観念は理性の仮面をかぶった本能ではないか(数学者もその例外ではない)。

いろいろな現象をみると、人間の理性というものは甚だ頼りないもので、本能を押さえることができない。

それどころか理性のほうが本能に奉仕する召使いである、と。

この小平説は訴訟法における除斥・忌避・回避制度という「書かれた理性」の重要性を再認識させる。しかし、法的にこれに該当しない「隠された除斥・忌避原因」ともいうべきものに対してこの制度は無力である—とくに自由心証主義のもとでは。事実認定を可能な限り間主観的にすることが唯一の防衛策であろう。

その二は、ロバート・L・パーク、栗木さつき訳『わたしたちはなぜ科学にだまされるのか』(二〇〇一、主婦の友社)における以下のような記述である(七八頁以下。引用は七九、二三〇頁の順)。

米国物理学会のスポークスマン的存在である著者パーク教授(メリーランド大学)は、人間の脳は「信じたがる脳」だという。「脳は五感から入ってくる情報をつねに処理しつつ、その情報に基づき、身のまわりで信じられるものを増やしていく。新しい情報が、すでに信じているものと一致すればうけいれ、矛盾すれば信じない。そして、この『信じたがる脳』は、それが真実であるかどうかは考慮しない。『真実である』から『信じる』わけではないのである。」「人間が自分をだます能力はおそろしい。みくびると手痛いしっぺ返しをくらう。」

このことも自由心証主義のもとでの事実認定に大きな暗影を投ずる。ここでも防衛策は間主観性の強化以外にはありえないであろう。

上記の二つの所説は、裁判官(事実認定者)の確信なるものは、必ずしも事実認定の正しさを保障しないことを示している。裁判官が確信しつつ重大な誤判を行った例が少なからず存在することは、裁判例に徴して明らかである。間主観性に加えて事実認定における謙抑性の大切さを再思三考しなければならない。

# 翻訳

# 翻訳第一　証明責任および証明度

P・O・ボールディング著

## 序

本小冊子は、私の訴訟法教授職からの引退に関連して一九八二年五月二五日ルンド大学の法学部講堂において催された、原題を「困難な重量挙——証明責任というバーベル」という講演の内容を再現したものである。本文は、若干の結びの言葉を削除したほかはそのままであるが、見出しと注を付け加えた。

P・O・ボールディング

## 一 出発点

アウグスト・ストリンベリィの戯曲『夢幻劇』のなかで、神学部、哲学部、医学部および法学部の各学部長のあいだに激しい議論が行われる。医学部長がこう問題を提起する。

「真実とは何かね?」

法学部長が答える。

「二人の証人でもって証明できることがそうだよ。」

本講演において私は、この法学部長の発言の正当性を問題にしたいと考える。私は、この発言はあまりにも甚だしい簡略化を意味し、そして証明評価の見地からみても、証明責任および証明度(bevisk〔1〕)の観点からしても支持しえないと思う。この後者の二つの問題——証明責任と証明度——が、私がこれから詳しく取り上げようとするテーマである。証明評価の問題に関しては、私は法学部長に対して文芸書からのもう一つの引用を述べることで満足してよい。ヒョードル・ドストエフスキーはその小説『罪と罰』のなかで、微表の意義に関する問題を取り扱っている。主人公ラスコーリニコフ＝殺人者は自分の犯した罪について坐って熟考する。

「微表？　ほんの一〇万分の一ミリのものでも見過ごすとしたら――突然エジプトのピラミッドのよう

な巨大な証拠が存在することになる！　蝿が一匹飛び去った――あの蝿が見ていたのだ！」〔2〕

それでは、証明責任と証明度の問題に戻ろう。

たぶん私は、なぜこのテーマを選んだのか、ということについて若干ふれるところから始めるべきであろう。――それは私自身はそう意識していないにせよ、一つは当然にノスタルジアの問題でありうる。証明責任は、私が大学卒業後の研究生活において最初に没頭したテーマであり〔3〕、そして私はこれまでずっとこのテーマに関心をいだき続けてきた。しかもこの関心は、教えることの与える大きな利点として学生から得られた刺激によりつねに増強させられてきた。卒業論文、試験答案、セミナーでの示唆的な学生の寄与、そして教室における休憩時間中の厄介な質問を思い出す〔4〕。深く思考し、かつそれを再検討することを続けるための不断の動機づけがそこにあった。――このテーマを選択したもう一つの理由は、証明責任の問題は今日たしかに従前よりも現実的なものになっているということである。誰かがこの領域において「最後の言葉」を語ることができるどころか、「現行法」――私はこの誇称を最大の疑念をもって用いるのだが――の名に値する信頼すべき像を与えうることすら、とうてい考えられないのである。

具体的状況を示すイメージを描写することを試みれば読者の理解の一助になるであろう。私は事態を次のように考えている。スウェーデンのある国道を厳粛な面持ちの男女の大行列が進んで行く。かれらの歩調は乱れているが、列は整然としている。一部は裁判官、一部は検察官、そして一部は弁護士、かれらのすべてが法律家だ。道路の端にエーケレーヴ、[5]エルヴィング、[6]ヤコブソン、[7]リネー[8]――かれは行列の仲間でもある――、ヘイマン、[9]それに私自身がいる。われわれは通り過ぎる人びとに向かって何事かを大声で呼びかける、叫ぶ、あるいはわめく。一部の者は興味をもって耳を傾ける。他の一部の者は首を振る。だが、大部分の者は聞こうともしない。

そのとき、私自身が大声で呼びかけ、叫び、そしてわめいたことは何だったのか？　私はそれをこれから、通常の会話のトーンで、そして路傍では携えることができなかった若干の図を用いて再現してみたいと思うのである。

## 二　証明責任に対する二つの見方

これら三つの図[10]は、最高度に本質的な面で一部異なり、かつ互いの対立点を際立たせている異なる見方を説明するものである。

図Aを私は自分の博士学位論文『証明責任と法技術[11]』（一九五一年）において用いた。その意味はおおむね次のようなものである。証明主題は互いに対立する二つの仮説を顕在化させる。事実Xは生起したか、それともしなかったかである。これは経験的事実関係の問題だから、われわれは完全な知識に達することができない。証拠資料の基礎の上に立って、証拠評価の問題、すなわち、当該事案においてどれほど強力な立証がなされたかという問題について、見解を決定することになる。われわれにはこの見解の決定を、尺度の上のある箇所に証明値点[12]の印しをつけることによって示すことができる。それがどのようにしてなされるべきかについては、以下では全く立ち入らない。しかし注目しておくべき重要事は、たんに証明値点を確定する

A

| 事実Xの不存在 | 明白性 (uppenbart) | 相当な蓋然性 (sannolikt) | 一応の蓋然性 (antagligt) | 一応の蓋然性 (antagligt) | 相当な蓋然性 (sannolikt) | 明白性 (uppenbart) | 事実Xの存在 |
|---|---|---|---|---|---|---|---|

Bolding, Bevisbördan och den juridiska tekniken (1951)

B

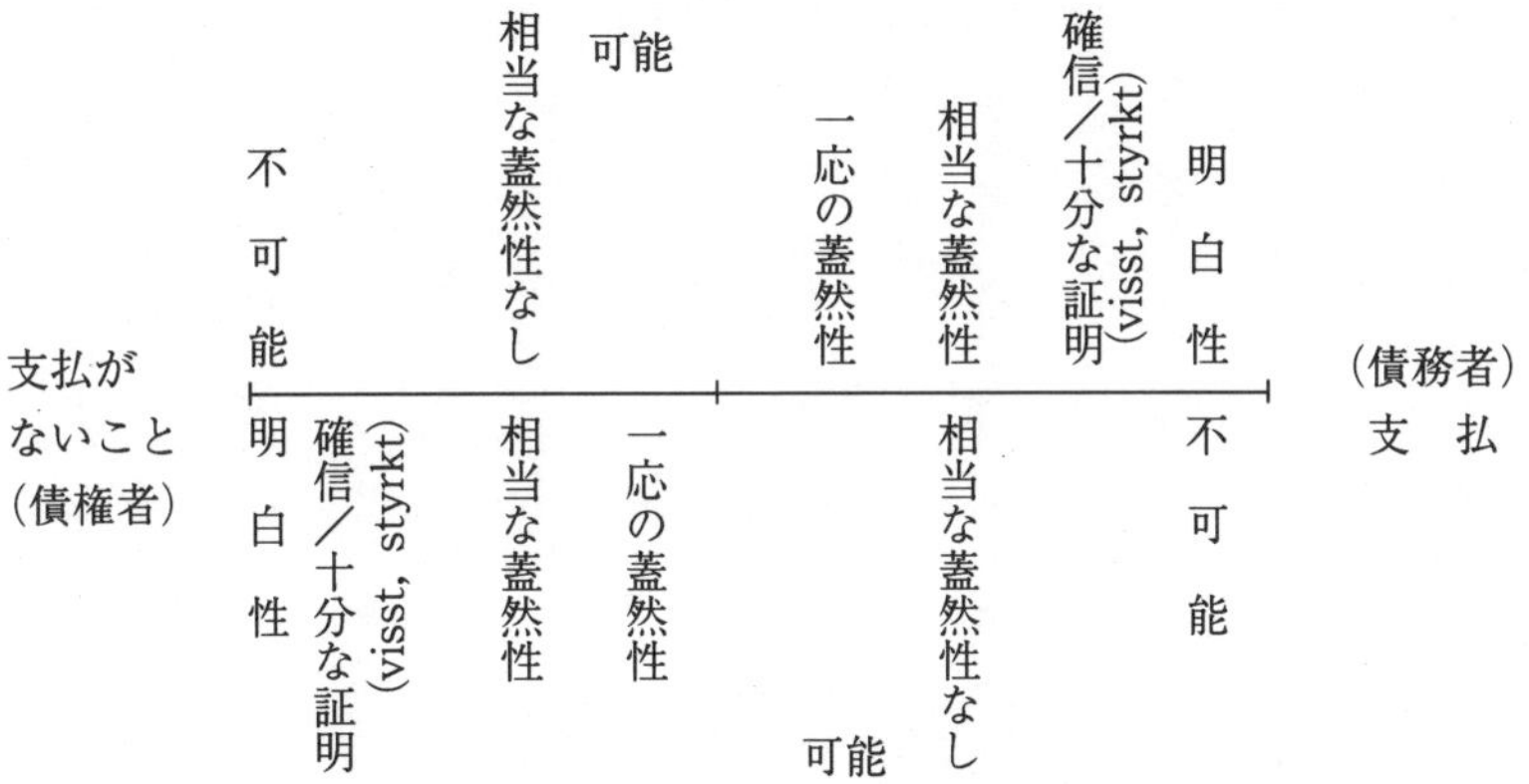


C

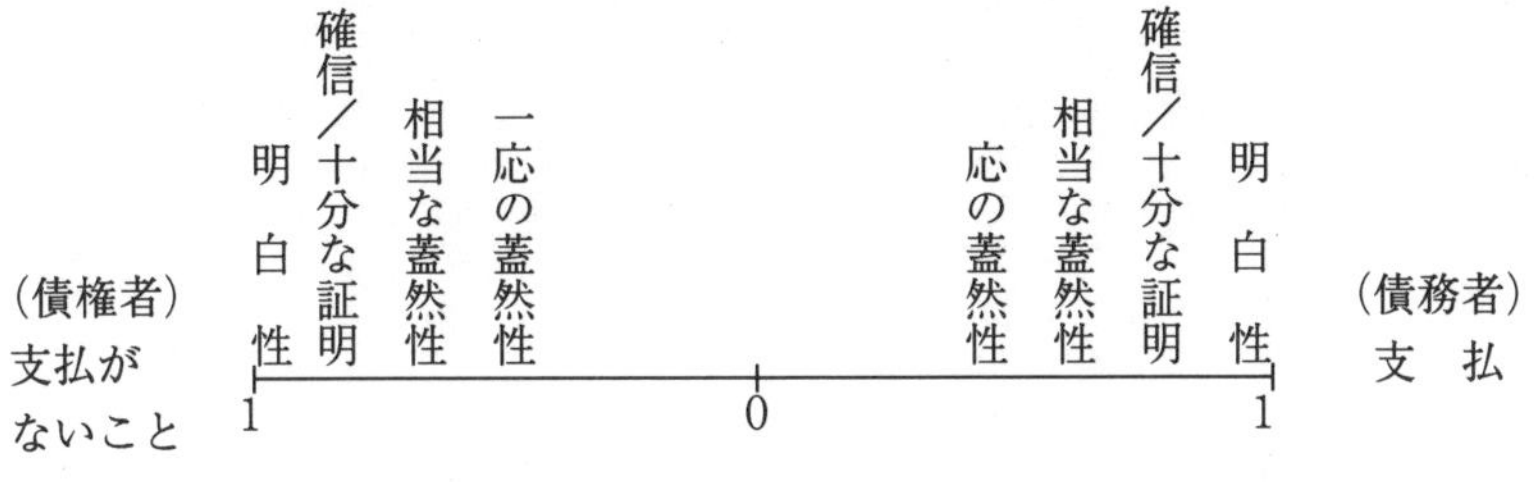


Ekelöf, Rättegång, Färde häftet, 3 uppl.(1973)

だけでは裁判することができないということである。つまり次のような質問がなされなければならない。この立証は判決がこれこれになりうるために十分なものであるか？　新しい点すなわち判決が特定の内容を得るためには到達すべき証明力の水準を示すところの証明責任点がつけられねばならない。証明責任点は、誰が証明責任を負担するか——それは点が尺度の左右どちらの側に位置するかで決まる——と合わせて、より詳しく証明度がどれほどの強度のものか（したがって証明度という語は証明責任の具体化を意味する）を示すのである。ところで、一つの可能性は、証明責任が尺度の真中に置かれることである。この場合は超過原則[13]が適用されると一般にいわれる。誤信の危険は当事者双方にひとしく配分されるのである。

つぎに図Bに移ろう。これはエーケレーヴの教科書『訴訟手続法』第四巻の従前の版から採ったものである。エーケレーヴも、証明値点および証明責任点という図式用語を用いるのが重要だということを前提にしている。しかし、エーケレーヴはこのモデルで証明力についてより多くのニュアンスを用いている点において重要な違いがある。尺度の両側にかれは、「相当な蓋然性」と「明白性」との間に、「確信／十分な証明」を置いている。これでもってかれは、私が右の学位論文で主張した見解とはきわめて本質的な点において異なる立場を明らかにしている。エーケレーヴは私と異なり、実務においては証明力に対する通常の要求があり、それは「相当な蓋然性」より高度であるが、「明白性」ほど高度ではないと考えた。エーケレーヴはさらに、このような通常の要求を維持することは適切であり、「相当な蓋然性」または「一応の蓋然性」という証明度は、例外的な場合にのみ存すべく——エーケレーヴはここで「証明軽減」について語る——、そして超過原則はかなりまれな場合にのみ妥当すると主張したし、いまなお主張しているのである。

最後に図Cは、エーケレーヴの教科書の最近の版におけるやや異なったヴァリエーションである。この図でとくに興味深いのは、エーケレーヴが尺度の真中にゼロの点を置いていることである。尺度にはゼロから一までの間に蓋然性を程度づけることができる、ということがその前提になっている。もちろんこの前提は、上記A・B・C三つのモデルすべてに妥当しなければならない。しかし、AとBのモデルはゼロと一の点は尺度の外端部に位置している。われわれが「支払」と「支払がないこと」を互いに対立する選択肢として用いるならば、選択肢「支払」はそのゼロ点を尺度の最左端にもち、「支払がないこと」はそのゼロ点を最右端にもつ。したがって図Cはラジカルな変更であって、これは叙述の技術というような些末事ではなくて、エーケレーヴの改説と関連しているのである。

私がこれまで行ってきた図式的な描写のなかに、学説上甚だしく争われており、かつ疑いもなく大きな実務的重要性を有する若干の問題が顔をのぞかせている。裁判所は一方または他方の当事者に対して比較的強い証明責任を課する。すなわち、強い証明度を尺度の右側または左側に向け、そのように証明責任問題を形成する傾向があるか？　そうだとしたら、それは一般的にか、それとも特定の類型の事件に限ってか？　そして実務がどうであるかは別にして――異なるアプローチのうち最も適切なものは何と考えられるか？

いま私はこれらの問題について若干の示唆をするにあたり、エーケレーヴの最新のモデル、図Cを出発点にとる。私はエーケレーヴについて多くを語るであろう。訴訟法上の問題についてかれがいうことは、つねに極度に興味深い。法学生の大多数はその訴訟法の知識をエーケレーヴの教科書から得ている。そして何よりもエーケレーヴが重要な点において改説したというまさにその事実が、かれの論証を詳細に考察することの十分な動機となるのである。

## 三　エーケレーヴの改説

私見によればエーケレーヴの改説は理解困難であり、エーケレーヴが同書で述べているところが説得力のある説明だとは私には思われない。まず、図Cのモデルに対する若干の明白と思われる異議から始めることにしよう。

支払請求訴訟において、証拠資料が全く相反しており、支払がなされたか、それともなされなかったか、どちらにも強力な立証があるとはいえない事案について考えよう。ある裁判官は、支払がなされたことに一応の蓋然性が認められると主張する。他の裁判官は逆に、支払がなされなかったことに一応の蓋然性が認められると主張する。こうわれわれは想定する。エーケレーヴの新しいモデルによればこの場合、両者は各自の側のゼロ点に近づいていることになろう。このことは、裁判官たちが互いに同僚の選択肢を全く承認できないと考えたことを意味しよう。なぜなら、その選択肢はゼロ点よりも低い蓋然性になるはずだからである。しかし合理的に思考するならば、かれらのどちらもそんなつもりだったとは思えない。選択肢を一応の蓋然性——蓋然性の低い程度——と表示することによって、かれらのどちらも、支払がなされた、またはなされなかったという事実が可能性の枠内に存在するということを意味していたに違いない。かれらの見解の相違はニュアンスの問題である。さらに進んで、裁判官はとくに強力な立証があると考える条件の下でも、誤った選択肢を追求していた可能性の存在を承認しなければならない、と私は考える。かれがある選択肢を排除しようとすることが、その蓋然性をゼロより低いものとする正当な理由になりうる、と考えることは不可能であろう。

この事例はごく単純化していえば、一見してエーケレーヴは前述した図Bのモデルを維持すべきだったと考える十分に説得力な理由を示していると私は思う。その意味は、設例に関して図式的に以下のようにいうことができる。支払のためのゼロ点は尺度の最左端に、支払がないことのためのゼロ点は最右端に置かれるべきである。尺度の真中に両選択肢の〇・五の値が位置づけられる。二人の裁判官の間の見解の相違は、最初の裁判官は支払の選択肢をいわば〇・六に置こうとするのに対して、他の裁判官は同一の選択肢を〇・四に置こうとする（このことは逆にいえば、支払がないことの選択肢が〇・六に置かれることを意味する）、と説明することができる。

では、エーケレーヴはこの一見してすこぶる当然と思われる見方から離れるために、どんな理由をもっているのだろうか？　私はエーケレーヴを完全に正しく理解しているかどうか自信はないけれども、そのための若干の可能性について指摘してみたい。

## 四　つねに二つの競合する選択肢

一つの理由は、一方の選択肢のためのより高い蓋然性が、自動的にそれに対応する程度に、他の選択肢のためのより低い蓋然性を伴う、という併存する選択肢間の対応関係がつねに存在する可能性について疑問がありうるということであろう。

ここで興味を惹く訴訟類型は父性確定訴訟[14]である。親子法三章六条によれば、父性確定の訴は「複数の男」に対して提起することができる。この場合裁判所は、同法一章五条によると、「かれが受胎可能期間中に子の母と肉体関係を有したことが証明され（utrett）、かつ、すべての事情を考慮して子がかれの子であることの相当な蓋然性がある（sannolikt）ときは」被告の一人を父と宣言することができる。

三人の男、アーネ（Arne）、バーティル（Bertil）およびセラドン（Celadon）が子の父の可能性があると指摘されている場合を考えよ。この場合は、一方の極に選択肢「アーネは父である」、そして他方の極に「アーネは父ではない」をもつ蓋然性の尺度では十分ではない。そしてこのことは、いずれにせよモデルBは一般的に利用できないという議論を支持するように思われるかも知れない。

しかし、そのような異議を提出するのは早計にすぎると私は思う。つまり、このような場合においては三つの蓋然性の尺度――アーネ、バーティルおよびセラドン各人についてのそれ――でもって検討しなければならない、と考える。そして、三つの場合において当該被告の父性の不存在が示される尺度の側で、一つは他の被告二人のいずれかが父である可能性、一つは女の受胎が訴訟当事者でない他の男による可能性が考慮されなければならない。すなわち、三つの異なる蓋然性が三人の訴えられた男のそれぞれについて測定されなければならない。その結果はもちろん三つの場合において、どの被告も父と宣言されることができないほど蓋然性の程度が低いということに帰することもありうる。

したがって、父性確定訴訟におけるこの事例は、私見によればモデルBが誤っていることを支持するものではない。他の事例を見つけることができるだろうか？　私はそう努めたが成功しなかった。それはたぶん私の浅学のためか、それとも想像力の欠如のゆえかも知れない。しかし議論の便宜上、以下において私は、すべての証明主題に関して――もちろん同一の訴訟事件においてしばしば複数の証明主題が存在する、例えば、金銭消費貸借が成立したか否か、債務者の支払がなされたか否か――AまたはBのタイプの蓋然性の尺度すなわち一方の側に否定の選択肢＝特定できず、しばしば多くの異なる可能性をもつそれ（被告人が窃盗を犯したことの否定[15]は、例えば、窃盗の事実はなんら存在しなかったという可能性、およびそれが誰であろうと誰か他の窃盗を犯したという可能性の双方を含む）を樹立することはつねに可能だという前提から出発しよう。

## 五　不存在は存在の不確実性から区別されるべきか？

そこで私は、エーケレーヴがモデルBを放棄し、代わりにモデルCを導入したことについての、もう一つの可能な説明に移りたい。私は、エーケレーヴの論述にとってすぐれて基本的なもの、すなわち、一方において法律事実の不存在のための立証が存在することと、他方において法律事実が存在するか否かに関する不確実性が存在することとの間にかれが区別をしている[1]、ということを念頭においている。証拠評価のさい選択肢「支払」が相当な蓋然性をもって認められたと考えよ。エーケレーヴは、このことは選択肢「支払がないこと」が相当な蓋然性を有しないと認めうることを伴わない、と主張する。法律事実「支払」が存在したか否かに関してある不確実性が残ることを言明しうるのみであると。

エーケレーヴはこの考え方を説明するためにより具体的な例を示す[2]。ある人が裁判所の公判勾留尋問手続に同席した。かれは、裁判所は被疑者をあまりにも薄弱な理由で勾留したと考える。かれはいう、「私は実のところ証明力をせいぜい〇・四と評価したい」。そしてこう付け加える、「したがって被疑者は、かれは無実であると考えるべき優勢的な理由が存在するにもかかわらず勾留された」と。しかし、「この場合かれは誤っている」とエーケレーヴはいう。そしてエーケレーヴは次のような説明をするのであって、それを私は以上との関連においてきわめて興味深く思う。

「この被疑者は一〇〇の同種の証拠状況においてたしかに四〇のケースで有罪であろう。しかし残余の六〇のケースに関しては何事も知られていない。おそらく被疑者はこれらの一部においても有罪であろう。〔16〕」

この言明から、裁判官は四〇のケースに関して何事か知るが、しかし六〇のケースについては何事も知らないはずだという見解が知られる。これは私には全く不合理な理由づけのように思われる。裁判官はどのケースについても何事も知らない。もし知っていたら、証拠問題はなんら生じないであろう。その場合は事態はもう明白なのだから。証拠法における議論のすべての出発点は、根本的に不確実性が存在するということ、そして不確実性が蓋然性の尺度のある部分にのみ存在すると言うのは正当ではありえないということ、でなければならない。私の学位論文『証明責任と法技術』において私は、超過原則への特段の示唆をもって、このことを次のように述べた。

「個別的訴訟事件において蓋然性の超過の基礎の上に立って判決するときは、次のように形成されうる理由づけ——推論的なもの——に基づかなければならない。すなわち、『立証により判明した状況において事実Xの存在の蓋然性は事実Xの不存在の蓋然性よりも大きいと算定される。いずれかの選択を強いられるがゆえに、そしてXの選択を通じてよりしばしば正しい結果が得られるがゆえに、——注意せよ——十分な証明に関する法規が反対しないならば、Xを選択すべきである。（3）」

私の理解しうるかぎりこのことは、Xの立証とXの不存在の立証との間には、一方が強ければ強いほど他方が弱い（その逆も同じ）という関係がつねに支配するに違いないことを意味する。私はこれをきわめて重要と考えるので、さらにもう一つの例でもって解明したい。

重大な刑事訴訟事件、例えば強盗事件において、被告人は犯行を否定するけれども、かれに不利な立証が著しく強いとしよう。立証が強いということは何を意味するか？　それは、かれに有罪判決を宣言するならば正しい結果を得る見込みがきわめて大きいことを意味する。しかしこのことは同時に、かれが無実である見込みは著しく小さいと判断されなければならないことを意味するに違いない。選択的な諸仮説——強盗事件は全く存在しなかった、または強盗は他の何者かによって犯されたなど——は、総合的に考量した結果、考慮に値しないほど薄弱だと判断できなければならない。英国人はこのことを、被告人は「合理的な疑いを超えて」有罪と証明されるべきだという言い方で表現する。選択的な諸説明が追求され、そして自らの確信と疑念について批判的な分析がなされなければならないのである。

## 六　実務上の結果

私はいま、モデルCが承認されるために考えうる二つの可能な理由について述べ、どちらに対しても疑問を呈した。しかしこれは、実務的意義を有しないとみられるのを常とするいわばアカデミックな論議ではないのか？

いや、全く違うと私は考える。なぜならば、モデルBとCとの間の選択いかんは、証明度に関する厳格な規則の作出への傾向、証拠問題を方向づけて当事者の一方にすこぶる重い証明責任を課す傾向に影響を与えるに違いないことは明らかだからである。ある訴訟事件において選択肢Xのために考えうる最小の蓋然性の超過があると考えよ。モデルBによれば、このことはXが〇・五一の蓋然性を有し、Xの不存在が〇・四九の蓋然性を有することを意味する。これに対してモデルCによると、Cはたんに〇・〇一の蓋然性を有し、そしてXの不存在については何事も知られていないのである。したがってモデルCから出発するならば、選択肢Xによって判決することに対しては極度に懐疑的にならざるをえないのは自明である。

問題に対する私の見方によれば、右とは全く異なり、上述の状況においては選択肢Xの蓋然性の程度を〇・五一と測定すべきである。しかし次のような異論が出るかも知れない。この条件の下でも厳しい証明度が問題とされなければならないのではないか？ なぜならば、そんなに微小な蓋然性の超過を判決のために決定的なものとするのは危険でないか？ ——これに対して私はこう答えたい。ある訴訟事件における立証が、証拠評価のさいあれこれの選択肢が高度の蓋然性にまで達しているほど強力なものであることはつねに望ましい。それゆえ訴訟上、立証活動に関してあり得べき当事者の受動性に対する各種の対応措置が講じられている。とりわけ受動性がまさに証明の面でその当事者に不利益を伴うことを意味する推定を用いることができる。しかししばしば——たぶんあまりにもしばしば——裁判所の側からみて、当事者双方はそれぞれの主張に関する立証活動として最大限度可能なことをしていると認めうるように思われる。そしてこの状況において、それにもかかわらず蓋然性の低い程度にしか達しえないとき、低い蓋然性例えば〇・五一では結果を決定するのにあまりにも危険だというような単純なやり方で問題を片づけてしまうことはもとよりできない。なぜならば、そうすると選択肢として一層低い程度の蓋然性つまり〇・四九をもつ仮説を承認することになるからである。

## 七　一般化された視点か、それとも個別化された視点か？

これまでの論議は私をして、モデルCは放棄されるべきこと、そして証明責任点が蓋然性算定の尺度の中間に近く、またはおそらく正確に真中に置かれることの可能性を原則的に否定するなんらの理由も存在しない、という見解に導いている。以下の論述において私はこの見解——それが正当であるにせよ、ないにせよ——を正当なものとして論議を進める。この見解は、証明責任論における理論的および実務的に最も重要な問題の若干について特有の視点を提供する。私はこのような問題の一つ、すなわち以下の点について多少の示唆を行いたいと思う——示唆以上のことを行う余裕は私にはない。——それはこういうことである。どの程度まで、証明責任および証明度に関する問題の判断にあたって一般化をなすべきなのか？　一般的規範を用いる方向に向かうべきなのか？　より個別化された見方をとり、各種の類型的状況に適応した問題解決をすべきなのか？　それともさらに適応問題の歩を進め、ケース・バイ・ケースの解決を求めるべきなのか？

ここでも私はまず、選択的に形成された蓋然性の尺度をもつ先の三つの図を引照したいと思う。しかしいまや私は注意をモデルAとBとの差違に向ける。モデルAは、すでに述べたように私の学位論文のなかのものである。エーケレーヴは私の学位論文作成作業の指導教授であり、しかも実にすばらしい指導教授だった。エーケレーヴはすでに論文作成作業の過程で、モデルAを用いることに難色を示し、蓋然性の尺度の各側に第四の選択肢すなわち「相当な蓋然性」と「明白性」との中間に「確信／十分な証明」という選択肢を置くべきだという見解であった。しかし私はかれの見解にくみする気になれず、われわれ両者の間にはかなり大きな見解の相違が生ずることになった。

では、この見解の相違として重要なことは、より詳しくいうと何なのか？

一つの問題は、証明度におけるニュアンスを区別し、かつこれに言語的表現を与えることの実際的可能性にかかわる。私は六つより多くの選択肢すなわち蓋然性の尺度の各側に三つより多くを区別することはほとんど現実的でないと主張した。他方、エーケレーヴは八つの選択肢が十分に用いられうると主張した。

この点については、私は当時そして現在もなお、問題はとくに重要ではないと考えている。私の教科書『二つの訴訟手続』(4)において、私はエーケレーヴの見解に従ったけれども、それは少なくとも学生の間に必要な混乱を招く危険を減少させる利点がありうる、と考えたからである。

## 八 「確信／十分な証明」は通常の証明度か？

もっとも重要なのは他の面の問題である。換言すれば、エーケレーヴが選択肢「確信／十分な証明」を置こうとするのは、本質的に証明度のニュアンスがより正確に区別されるべきだということによるのではなく、まさにこの証明の程度――「相当な蓋然性」より高く、「明白性」より低い――がエーケレーヴの見解では通常の証明度であるべきなのであり、そしてかれは、実務上もそのような通常の証明度が機能していると事態をみていることによるのである。〔17〕かれはその後、かれの教科書『訴訟手続法』〔18〕のすべての版ならびに論文、書評を通じてこの通常の証明度に関する見解の路線を押し進めてきている。

このエーケレーヴの基本的思考は、エーケレーヴ自身が強調するように、一九三〇年代初頭に刊行されたカール・オリーヴェクルーナの画期的業績『証明義務および実体法』〔19〕に基礎を置いている。私見によれば、オリーヴェクルーナは従前の証明責任論の見方に対して壊滅的な打撃を与える批判を行ったのである。かれはその見解を以下のように要約して述べた。

「実際のところことは、証明責任規則が仕える社会的目的は、立法一般にとって決定的な目的と同一でなければならないということなのである。(5)」

エーケレーヴはこのことを次のように理解する（かれの文章を引用する）。

「……論議の出発点は、法律事実が完全な確実性をもって証明されたならば、訴訟において適用されるのは実体法規でなければならない(6)……」ということである。

私は、エーケレーヴの見解がオリーヴェクルーナと全く一致することについて確言はできない。オリーヴェクルーナは「立法一般」について語り、エーケレーヴは「訴訟において適用される実体法規」について語るのである。ここにはニュアンスの相違がある。けれども私はこの点に深入りしないで、エーケレーヴの見解のもとにとどまろう。

エーケレーヴはいまや「実体法規の目的」に注目し、かつ、重要なのはこれらの法規が「社会生活における浸透力を得る〔20a〕」ことだと考える。これと比較すれば、言い渡された判決が「最大限度可能なかぎり実体的に正当である〔20b〕」ことはより低い重要性しか有しない、というのである。

この見解の実務上の結果はもちろんとくに重要であり、そして、この見解に関する問題が批判的検討にさらされるのは必然的である。若干の批判すべき点の指摘をこころみよう。

まず現在、論議の参加者のすべてが合致しているように思われ、エーケレーヴも正確に強調している一事は、頭脳明晰な机上の思索にふけるドイツの法律学者たちが一九世紀に考案したいわゆる「文構造理論」(Satzbaulehre)によって影響されるべきではないという点である〔21〕。この説は、法律における文構造——そこで法律事実が記述されるその仕方——が証明責任の上に指示的に作用すべきだということから出発する。エーケレーヴが実体法規が出発点であるべきだというとき、したがってかれは、その言語的構成から指示を求めうることを意味しているのではない。決定的であるべきものは規則の客観的意味内容なのである。しかしいかにしてわれわれは、必ずしも法律のなかに表現されておらず、同じく判例のなかにも存しない規則を見出すのか？　エーケレーヴは明らかに、証明責任および証明度に関する規則を探求するとき、法規一般に関するときにできるような無条件的な調査をすべきだとは主張しない。実体法の規定例えば私法的および刑事法的規定に対する若干の適応がなされるべきだという。

この見解に対して懐疑的であろうとするならば、どんな考えうる異議が提出できるか？　――私はいくつかの細部の問題に論及することによって、若干の示唆をこころみよう。

われわれは重大な麻薬犯罪に関する刑事訴訟における証明責任についてどのような法規をもつべきか？実体的刑事法規定はただ、重大な麻薬犯罪を犯した者はある厳しい刑罰に処せられねばならない旨定めるのみである。もしこの法規がエーケレーヴのいう「社会生活における浸透力」を得るように鋭意努めるとすれば、もちろん検察官に対してかなり低い証明度が向けられるべきである。――あるいは法史がその例を示しているように――被告人に証明責任を課すべきである。われわれが現在そうしないのは、考慮を要求する他の面、当該実体法規とは関わりのない特別の証拠法上の問題、すなわち無実の者が処罰される危険という問題が存在することによるのである。

もう一つの例は、二つの法規が互いに矛盾する場合である。一つの法規はいう、「債務者は弁済期にその債務を支払うべきである」と。他の法規はこのように表現される、「何人も二回支払うべきではない」と。では、債務者が支払ったと主張し、債権者が支払を受けていないと主張する場合には、われわれは証明責任をどのようにすべきであろうか？まさにこの場合に関してエーケレーヴはその教科書において詳しくふれている(7)。かれは、証明責任は支払を主張する債務者に課せられ、そして債務者に向けられる証明度は「著しく強力なもの」であるべきだと考えるのである。この見解の理由としてエーケレーヴはとりわけ次のようにいう。

「消費貸借の法的意義は、信用生活、そしてそれによる新たな実物資本の創出を促進・助長することに関わる。余剰金銭をもつ者は、それを自己の資力が必要な生産手段の購入に十分でない他の者に貸与すべきである。この目的を達するには、債務者が弁済期にその債務を弁済するために最善をつくすことの保障が作出されなければならない。[22a]」

このサンクションの圧力が効果的になるためには、債務者に対して厳しい証明度が向けられ、かつ、債務者が二回支払うことを強いられる危険の増大という結果が承認されうる、とエーケレーヴは考える。社会的有用性は、領収書を求めることを怠った債務者が「信用生活の祭壇に犠牲として供される[20b]」ことを正当化する理由となるのである。

## 九　債務は支払われたのか？——一つの判例

この見解を、判例の一つ[(8)]——ルンドで起きた事件の判例——と対照させてみよう。

二人の若者、ペドロ（Pedro）とクリスティーナ（Krystyna）は同棲していたが、その後別れた。かれらは家事上の支出を平等に負担するという合意をしていた。この点は争いのない事実である。さてペドロは、クリスティーナがかれに千クローネ余りの未払債務があるとしてその支払を求めた。しかしクリスティーナはすでに支払っていると主張した。——主張は互いに対立している。クリスティーナは領収書を提出せず、かつ、他に支払に関するなんらの立証もしていない。

私はこのケースを数年前に訴訟法の筆記試験[23]に用い、受験者に対して、本件における証明責任問題に関してどう考えるか、簡単な理由を付して説明することを求めた。ほとんどすべての者が証明責任はクリスティーナに課せられるべきだとし、その理由として多くはこう述べた。「クリスティーナは信用生活の祭壇に犠牲として供されなければならない。」かれらは賞賛されるべきである。文献を精読したのだから。[24]

が、現実には本件はどう判断されたのか？　本件はまずルンド地裁で、ついでマルメの高裁で審理された。私は裁判所の判決理由の一部をここに再現する。[25]

地裁はこう判示する。

「……このようにしてクリスティーナは、用益の享受のため支払債務を負担するに至ったのであり、このことは彼女の供述するところでもある。そこで彼女は、この義務を履行したという主張を証明すべきである。この支払に関する彼女の主張に対して、彼女は全然支払っていないというペドロの供述が対立する。当裁判所は彼女の供述をかれのそれよりも措信すべき理由をもたない。それゆえ、彼女は支払を証明できていない。上述したところから彼女はペドロに対して、同棲期間中における問題の用益のためのかれの支出の二分の一を償還すべきである。」

次は、高裁判決の理由の一部である。

「……このようにしてクリスティーナは、彼女がその支払義務を履行した事実を証明すべきである。彼女は、領収書も、またその支払った支出に関するなんらのメモも提出せず、たんに支払ったという自己の供述を援用するのみである。彼女の支払った主張に対しては、地裁が判示しているように、彼女はなんら支払っていないというペドロの供述が対立している。彼女の供述をかれのそれよりも措置すべき理由は存しない。このようにして地裁が認めるように、クリスティーナは彼女が契約にしたがいペドロに支払ったことを証明していない。それゆえ、地裁の判決は確定されるべきである。」

私はこれらの判決理由の構成から、裁判所はクリスティーナに対してある証明度を要求していることが理解されうると考える。しかしそれはきわめて低い証明度にすぎない。彼女は支払に関するその主張を裏づけるためにほんの些小な蓋然性の超過を惹起しえたならば、おそらく支払義務を免れただろう。

裁判所の見解に関するこの解釈が正当であるならば、本件は以下のようにきわめて重要な問題を例示している、と私は考える。すなわち、証明責任を実体法規が社会生活における浸透力を得ることを意図的に視野に入れて構成するならば、あまりも硬直化した法制度、十分な多様化を認めない法制度に陥る危険がありはしないか？ 債務者が支払を主張し、債権者がそれを争う場合について、全く一般的に処理する証明責任規則を有することは望ましいのか？ そしてそうだとしたら、この規則は「著しく強力な」証明度の要求を含むべきなのか？——これらの紛争に巻き込まれる債権者と債務者はどのような人びとか？ それは商人同士かも知れない。それは請負業者に領収書なしに支払ったと主張する家屋所有者でありうる。それは、請求書を受け取ったのち現金で支払った、あるいは商品を受領した際に現金で清算したと主張する顧客かも知れない。ときには債権者は取引に習熟した人物だろうし、ときには逆に債務者がより専門家である。あるときは、ペドロとクリスティーナの事件のように全く個人的な関係の問題かも知れないのだ。

そうしてこの問題について、もう一つの点が注目されるべきである。証明責任が当事者の一方に課せられるならば——そしてとくにそのさい厳しい証明度が要求されるならば、——一面において誤信の危険はより増大し（しばしば、より蓋然性の小さい主張を採用することを強いられる）、他面において誤信の危険が、当事者の一方がとくに不利益を被るようにゆがんで分配されることになる。債務者に対してより低い程度の証明度を課す——まさにここでの論議におけるように——ことによって不適切な結果を生ずることが現実的に憂慮されうるとき以外には、右のようにすべきでないのは自明の理のように私には思われる。われわれが超過原則を用いると考えよ。われわれは債務者にこう言うことができよう。「債権者があり得べき将来の訴訟手続において支払を受けていないと主張するならば、あなたは支払ったという事実の蓋然性が超過するように立証することを覚悟しなければならない。そうしなければ、あなたは二重支払の危険にさらされる」と。――私は、すでにこのことはかなり威嚇的にひびくと考えるし、そしてまた、誤った裁判の増大という代償と引換えに、債務者に対してより一層苛酷な圧力を伴う一般的規則を用いる必要性の有無が深刻に問題とされうると思うのである。

## 一〇 裁判所は通常厳しい証明度を用いているか？

すべては見解を決定するのがきわめて困難な問題だと考えられるので、私は、上記の示唆のみを基礎にして、エーケレーヴの提案が誤っていると主張するつもりはない。しかし、ことは他の側面も有している。実務はどう行われているのか、という問題である。いままで私はただ一つの判例、それもルンドの地方色を帯びた一つのケースのみについてふれた。これはたぶん一般的でないケースではないのか。おそらく大多数の裁判所は、エーケレーヴが正当だと主張する線に沿っている。すなわち厳しい証明度をもつ証明責任規則を用いているのかも知れない。

残念なことに、裁判所の判決理由を読むだけでこの問題に関する正確な理解を得ることは不可能である。つまり、そこには確定した言葉の用法が存在する、ということから出発できないのである。決定的な問題は、証拠評価の結果について語られるとき――これこれの事実は「証明されて」いる（är "styrkt"）――または証明度を示すとき――これこれの事実は「証明され」るべきである（skall "styrkas"）――しばしば用いられる"styrka"，"styrkt"という言葉でもって裁判所は何を意味しようと考えているのだろうか、ということである。私は互いに際立って対照的な二つの可能性を指摘したい。一つはエーケレーヴが以下の引用文のようにいうときに意味する可能性である。

「多くの法律家は"styrkt"を完全な確実性と同一視している……、と私は思う。(9)」

もう一つの可能性は、"styrkt"という語でもってたんに立証の基礎の上に立ってある事実関係を承認するか、または――言明が証明責任との関連でなされるときは――少なくとも蓋然性の超過（クリスティーナとペドロの事件においてはその意味であったと私は考える）を要求することを言おうとするのみであることである。この後者の可能性に立脚するならば、"styrkt"は、デンマーク人が慣用する「……を基礎に置くことができる」という表現と同一の意味であろう。したがってこの語はかなり不特定な意味をもつことになろうし、しかも裁判所がそういう語も用いうる必要を有することは明らかである。

しかしここでも、この講演における多くの記述の諸点と同様に、私は問題を指摘することでもって満足しなければならない。問題の確かな解決は、これらの推測が関わるすべての人びと、すなわちわが国の職業裁判官に対するインタヴュー調査をすることなしには得ることができない、と私は考える。

## 一一　個別化は望ましいか？

若干の結びの言葉を許されるならば、それは、スウェーデン学士院編纂の用語辞典〔26〕が「日常語」と表示する「疑いながら考えること《ウンドリンガル》」（undringar）になる。

私が疑問に思うのは、判例は証明度に関するかぎり、われわれがこれまで考えてきたよりも一層広範囲にわが国の裁判官が個別化を行うことによって刻印されていないか、ということである[10]。もしそうならば、それは自然なことであり、かつ推奨されてよいのではないか、と私は憶測する。もちろんそのような行動は、訴訟において現実化する実務的考慮の面に強く影響され、かつ著しく多様な強度をもつ。したがって、これらの面が、高度に一般化された規則の助力で実現が可能になるものよりも実務上一層大きな留意を要求するのは、推奨されてよいことである。そしてそこにはまた私が重要と考える心理的要素がある。証拠評価はたしかに自由であるが、それは当該事件についてすべてその特性が視野に入れられるべきことを意味する。しかし、証明度に関して高度の一般化をした後に、例えば「本件においてはたしかにクリスティーナが債務者であるけれども、証明度の観点からみれば本件は、債務者が例えば証券業界の商人だと想定される事案と同様と考えるべきだ」と言ってからそうするのは必ずしも容易ではない。

だが、ひとはこのようなシステムに対して強い疑念をいだくのではないだろうか？　証明責任および証明度に関する明確に認識しうる一般的法規、個々のケースを包摂しうる規則が存在しなければならないのではないか？——しかり、われわれが包摂の方法自体についてどう考えるかにかかわらず——私はそれに立ち入ることによって読者を憂鬱な気分に陥らせるべきではない——、もちろん若干の一般化がなされることは、法的保障の見地からみて重要なこれらの問題が恣意的にケース・バイ・ケースに判断されないために必要である。しかし一般化の範囲はどの程度の大きさであるべきか？　訴訟手続法が起草されたとき、立法者は証明責任に関する規定を設けることを意識的に差し控えた。そして他の立法においては、例外的にのみ若干の証明責任規定が存する。何をわれわれは基準とすべきか？　どのような方向にわれわれは論議を進めて行くべきなのか？

## 一二　提案　一般的規則に代えて――各種の考慮すべき面の総合的衡量

私のテーゼは、証明責任および証明度の問題における見解の決定にあたって、裁判官には、各種の多くの考慮面が総合的に衡量されねばならないことを意識することが望まれる、というものである。そして判例および学説は、これらの考慮面が十分に精細化され、かつ相互関係において評価されるよう寄与することが望ましい。刑事訴訟に関しては全く支配的な考慮面、すなわち誤った有罪判決は最低限度にとどめられねばならぬというものが存在する。刑事訴訟以外の訴訟においては、とくに強く支配的な考慮面が存在するとは一般的にみてほとんどいうことができず、まさにこのことが重大な困難を惹起するのである。例えば留意が必要とされうる考慮面――しばしば互いに衡量されねばならぬ競合的なもの――として私は次の諸点を挙げたい。予見の必要性。証拠入手の可能性に関する劣位。社会関係における優位または劣位。反対方向における誤判の危険よりも一層重大と思われる誤判の危険――多かれ少なかれ高度の――を伴いうるすべての可能なその他の考慮すべき点。

## 一三　モデル・ケースをめぐる討議の必要性

だがそうなると、私がこの法領域およびその他の多くの法領域において焦眉の課題と考えているもう一つの問題が現実化する。それはより良き法源の必要性ということである。いかにしてわれわれは、一方の側は険しい断崖絶壁――個別化されていない規則――と他方の側は軟かい湿地帯――そこでひとは全くあてどなく規則を求める——との間に航行しうる水路を見出すべきか？　——証明責任問題に関するかぎり法律はほとんど全くなんらの指示も与えないということができる。判例はアト・ランダムにしか存在せず、しかも理由の構成が不明確なために、明確な情報を与えてくれることはまれである。理論家は、実務において実行されえないか、またはされるべきでない空論的思弁に堕しやすい。——私は、例えば以下のような表現形態をとりうる、より良き建設的共同作業が必要だと考える。法律学はなるべく現実のものに近い詳細さをもつ理論的モデル・ケースを提案する。これらのモデル・ケースは実務家のシンポジウムにおいて模擬裁判の形式で問題とされる。その模擬裁判の結果はさらに分析され、かつ討議された上、現実の事件において見解を決定せねばならず、そして大ていは大きな時間的制約のなかで事件ごとに深い考察ができないまま事件を処理せねばならぬ者のために、指針として、または少なくとも示唆を与えるものとして、ハンドブックの形で提供されるのである。

**原注**

（1）　Ekelöf, Rättegång, Färde häftet, 5 uppl. (1982) s. 31 （スウェーデン語の表記、引用の仕方等については、拙著『スウェーデンの司法』〔一九八六、弘文堂〕viii頁参照。——訳者注）

（2）　Ekelöf, a. a. s. 28.

（3）　Bolding, Bevisbördan och den juridiska tekniken (1951) s. 66.

（4）　Bolding, Två rättegångar. Disskussionsmaterial för studerande, 2 uppl. (1977) s. 21. 〔ただし、エーケレーヴにおける visst ／ styrkt が、意味は同じであるが fullt bevis に変えられている（下掲拙訳二一頁参照）。同書の邦訳として拙訳『民事・刑事訴訟実務と弁護士』〔一九八〇、ぎょうせい〕がある。——訳者注〕

（5）　Olivecrona, Bevisskyldigheten och den materiella rätten (1930) s.130.

(6) Ekelöf, a. a. s. 99.

(7) Ekelöf, a. a. s. 76 och 102 ff.

(8) RH 1980, nr 22：80（RH は Domstolsverket, Rättsfall från hovrätterna（司法行政庁編・高等裁判所判例集）の略。ちなみに本件においては、ペドロはスウェーデン人、クリスティーナはポーランド人で、二人はポーランドで婚姻したのであるが（その後離婚）、ペドロは、この婚姻はクリスティーナがポーランドから出国するのを助けるための明白にビジネスライクな性質のものだと主張し、彼女はこれを争い、五ヵ月間二人は真の夫婦として共同生活を営んだと主張している、という事情がある。――訳者注〕

(9) Ekelöf, a. a. s. 117.

(10) 証明責任に関する興味深い論議が NJA 1977 s. 176 の判例に存在する（自動車の右側車輪が道路の側溝に落下したことにより死亡事故が惹起された場合、道路管理庁〔vägverket〕は損害賠償義務を負うか?）。ラーシュ・ヴェラムソン（Lars Welamsons）の Svensk Juristtidning 1982 s. 144 f. の注釈をみよ。〔ヴェラムソン（当時最高裁判事）は、この最高裁判決の多数意見の示す一般的見解は、ボールディングの超過原則にかなり近いとみうること、その判示の射程は不法行為による損害賠償の全領域におよぶように思われることを指摘し、すこぶる注目すべきもののように思われると評する。――訳者注〕

## 訳注

〔1〕 beviskrav は直訳すれば「証明の要求」であるが、本文の内容から明らかなように、証明責任の内容としての証明度を意味するので、原則として「証明度」と訳出することにした。なお、西独における証明度に関する議論については、さしあたりロルフ・ベンダー（森勇＝豊田博昭訳）「証明度」ペーター・アーレンス編（小島武司編訳）『西独民事訴訟法の現在』（一九八七、中央大学出版部）二五一頁以下参照。

〔2〕 参考までに『罪と罰』の邦訳の一つの該当箇所を示す。「証拠？　どんな小さなものでも見おとしたら、――証拠はたちまちピラミッドほどになってしまうのだ！　蝿が一匹とんでいたっけ、あの蝿が見ていた！」（工藤精

一郎訳、決定版ドストエフスキー全集7『罪と罰㈠』（一九七八、新潮社）二八九頁）。
〔3〕 後述されるように、ボールディングの法学博士号取得論文は証明責任論に関する。なお、拙著『スウェーデンの司法』（一九八六、弘文堂）七九・八六頁参照。
〔4〕 スウェーデンの大学法学部における訴訟法の教育については、前掲拙著六三頁以下参照。
〔5〕 Per Olof Ekelöf. 一九〇六年生れ。一九四三—七二年ウプサラ大学法学部の訴訟法担任教授。スウェーデン訴訟法学の最長老。スウェーデン訴訟法の代表的教科書である Rättegång I-V の著者。わが国においてもかれの名はその独文の論文によりよく知られている（浜上則雄「製造物責任における証明問題㈡」判例タイムズ三一〇号（一九七四）二頁以下、太田勝造『裁判における証明論の基礎』（一九八二年、弘文堂）九九頁以下、春日偉知郎「自由心証主義の現代的意義」『講座民事訴訟⑤証拠』（一九八三年、弘文堂）三一頁以下、など）。
〔6〕 Carl Elwing. 一九二一年生れ。一九七九—八七年ルンド大学法学部の訴訟法担任教授。前掲拙著六四頁以下、七九頁参照。
〔7〕 Ulla Jacobsson. 一九二六年生れ。一九八三年以降ルンド大学法学部の訴訟法担任教授。前掲拙著七九頁参照。
〔8〕 Nils Börje Lihne. 一九二三年生れ。地方裁判所長判事。前掲拙著六四頁以下、九一—九二頁注（13）参照。
〔9〕 Lars Heuman. 一九四一年生れ。一九八四年以降ストックホルム大学の訴訟法担任教授。前掲拙著六三頁以下参照。
〔10〕 これらの図については前掲拙著『民事・刑事訴訟実務と弁護士』二一頁参照。なお、春日・前掲論文三三頁は、図Cの証明度について疎明、推定、証明、明証という訳語を充てている。原語はすこぶる日本語に訳しにくいが、訳語自体から蓋然性の程度を知る上で、拙訳のほうが多少ベターではないかと思う（刑事訴訟法一九九条・二一〇条等参照）。
〔11〕 Per Olof Bolding, Bevisbördan och den juridiska tekniken (1951). 原注（3）の文献。
〔12〕 原文はイタリックで強調、以下すべて傍点部分の原文はイタリックである。なお、倉田卓次博士は証明値の

代りに「心証度」という用語を提唱している（同『民事実務と証明論』（一九八七、日本評論社）一二九頁など）。
〔13〕 原語の överviktsprincip は英語の preponderance of evidence 、独語の Überwiegensprinzip にほぼ相当する。これらの語は「優越性の原則」などと「優越」の語を用いて訳されるのが一般であり、訳者もかっては överviktsprincip を「優越証明の原則」と訳した（「討論・証明責任（挙証責任）の分配」民事訴訟雑誌二二号（一九七六年）二三四頁）。しかしその後「超過原則」という訳語に改め、その理由として、あるいは前者のほうが適訳かも知れないが、より直訳的な後者を採る旨述べた（前掲訳書一四三頁注（27））。だが現在では、「優越」証明などという訳語は、少なくともスウェーデン語の överviktsprincip に関するかぎりミスリーディングで不適切だと考えている。その理由は次のとおりである。

「優越」という語は「他よりすぐれまさること。ひいでまさること。」（広辞苑第三版（一九八三、岩波書店））、「他よりすぐれていること。抜きんでること。」（国語大辞典（一九八一、小学館））ことを意味する。蓋然性が〇・五と〇・四九の各選択肢が存在する場合にも överviktsprincip は〇・五一を採用すべきとするのであるが、前者が後者より「ひいでまさる」とか「抜きんでる」とは、われわれは普通考えないのではあるまいか（この場合はむしろ「どんぐりの背比べ」に近いであろう）。訳者は念のために数人の友人に質問してみたが、AがBに優越すると言うときは、両者間にかなり著しい格差の存在をイメージしている、というのがほとんど異口同音の答えであった。したがって、日本語の問題とくに語感としては、〇・五一は〇・四九を超過しているが、これに優越しているとはいえないと思うのである（もっとも、övervikt, preponderance, überwiegen のいずれも両者の意味を包含する）。

そしてここでとくに指摘しておきたいのは、ことはたんに訳語の適否にとどまらない点である。すなわち、「優越」証明というような用語は「優越」という言葉が一人歩きを始め、事実認定者の心理にこの原則が本来指示する以上の証明度を要求する傾向を生む危険がありうることを看過してはならないのである。ちなみに、米国において preponderance of evidence が非常に微妙かつ困難な問題であることについて、小林秀之『アメリカ民事訴訟法』（一九八〇、弘文堂）二三六頁以下参照（田辺公二『民事訴訟の動態と背景』（一九六四、弘文堂）八一—

八二頁には、それが私見とは逆の方向に誤解されるおそれのあることが指摘されている）。

〔14〕拙稿「スウェーデン身分事件訴訟手続法」岡垣学＝吉村徳重編『注解人事訴訟手続法』（一九八七、青林書院）四六六頁以下参照。

〔15〕スウェーデンの証明責任論や証拠法の論議においては刑事訴訟からも例がとられることが多い。これはスウェーデン訴訟手続法が民・刑事両訴訟手続に関する統一的訴訟法典であり、訴訟法の教育・研究上も両者を一つにして扱っていることによる（前掲拙著五一頁・六三頁以下参照）。なお、このようなスウェーデン訴訟法の訴訟法史における位置づけについて、中村英郎『民事訴訟法』（一九八七、成文堂）一二頁参照。

〔16〕Ekelöf, a. a. s. 28 からの引用。

〔17〕前掲拙訳一四四頁注（27）参照。

〔18〕ここでは証拠法を取り扱う第四巻を指示していると思われるが、同巻は一九六三年に初版が出、爾来版を重ねて一九八二年刊行の第五版・全面改訂版が最新のものである。なお、昨年（一九八七年）七月末訳者がエーケレーヴを訪問した際のかれの話では、第六版のための改訂作業がほぼ終了しているとのことで、その草稿も見せられた。改訂は主として証拠評価の部分に関するもののようである。〔第六版は一九九二年に刊行された―本書一二五頁〕。

〔19〕Karl Olivecrona, Bevisskyldighet och den materiella rätten (1931). 本書に関連して前掲拙著九四頁注(43)参照。

〔20 a〕〔20 b〕いずれも Ekelöf, a. a. s. 100 からの引用。

〔21〕文構造理論は、スウェーデンのみならず北欧諸国においては――おそらくフィンランドを別として――、オリーヴェクルーナによる徹底的な批判(Olivecrona, a. a. s. 97 ff.)以降一度も有力な支持を受けたことがない(ちなみに、同書において参照されているローゼンベルクの著作は Die Beweislast, 2. Aufl. 1923 と Lehrbuch……, 2. Aufl. 1929 である)。本文からも分かるように、近時のスウェーデン訴訟法学は文構造理論をほとんど無視しているといってよい(ボールディングによる右の Die Beweislast, 3. Aufl. の書評 SvJT 1953, s. 502-503, Ekelöf,

a. a. s. 112－113参照)。訳者の裁判官たちとの対話の結果によれば、実務においても同様と思われる。なお、文構造理論については、松本博之『証明責任の分配』(一九八七、有斐閣)三九頁以下参照。

〔22a〕〔22b〕　いずれもEkelöf, a. a. s. 102からの引用。

〔23〕　試験の仕方については前掲拙著六七頁以下参照。

〔24〕　正式の名称はスコーネおよびブレーキンゲ高等裁判所(Hovrätten över Skåne och Blekinge)。マルメに所在する。

〔25〕　両判決とも原注(8)の判例集に掲載。

〔26〕　Svenska Akademiens "Ordlista över svenska språket." 一八七四年に初版が刊行され、現在では第一〇版(一九七三)が出ている。

## 〔後　記〕

本訳稿は、Per Olof Bolding, Bevisbörda och beviskrav(1983). Skrifter utgivna av Juridiska Föeningen i Lund Nr 61の全文を訳出したものである(なお、その由来を考えると、訳文の語尾は「です」調のほうがよかったのかも知れないが、冗長を避ける意味で「である」調に統一した)。原著については、かつて本文でも言及されている同じ著者によるTvåråttegångar の拙訳『民事・刑事訴訟実務と弁護士』(一九八五、ぎょうせい)の「解説」のなかでふれ、「彼の長年の証拠法理論研究のエキスを示すものといえ」、「近い将来なるべく訳出したいと考えている」と述べた(同書一六四頁)。漸くここにその約束を果たすことができ、著者ならびに読者に対して一安堵の思いがしている。

私はスウェーデン訴訟法学のユニークな証明責任論に当初は戸惑いをおぼえながら、次第にその魅力に抵抗しがたく惹きつけられてきた。一九七五年に民事訴訟学会が「証明責任（挙証責任）の分配」に関するシンポジウムをもったとき、はからずもスウェーデンその他北欧の証明責任論を紹介する役割を与えられ、貧しい内容の報告をこころみたが（民事訴訟雑誌二二号（一九七六）二二三頁以下参照）、これは、改めてやや突っ込んでスウェーデン証明責任論を勉強するこよなき機会でもあった。その直後にある法律雑誌から、スウェーデン証明責任論に関する論文を書かないか、という誘いをうけた。しかし、多少心は動いたものの、一方で当時のわが国における学界および実務の状況を考え、他方で自分の勉強不足を省みるとちゅうちょせざるをえず、結局辞退してしまった。それからすでに一〇年以上の歳月が過ぎている。

その後の私は、スウェーデン法研究の主力をこの問題と違う領域に注いできたが、漸くそれも一段落したので（正確には、際限がないので「一段落したことにした」というべきか）、最近は証明責任論、主張責任論を含めてこの国の証拠法や訴訟審理の問題に研究の力点を移している。その背景には、わが国の訴訟法学および訴訟実務にとってスウェーデン法における証明責任論などの紹介・研究はいまや右のシンポジウムの当時よりもはるかに重要性を増しており、またそれが正当な理解を得る基盤も醸成されつつあるのではないか、という私なりの認識がある――そしてそれは根本的には、わが国の訴訟審理、事実認定の在りように対する私の切実な問題関心につらなっている――。このようなわけで、本訳稿はまことにささやかなものであるが、私のスウェーデン証明責任論――さらにそれを通じての証明責任論一般――研究の基礎作業の一つのつもりである。

外国法研究における翻訳の意義について私は、小島武司教授がその編訳書、ペーター・アーレンス編『西独民事訴訟法の現在』（一九八八、中央大学出版部）の「はしがき」で述べている意見に全く共感する。同教授はいう。「理論の導入や紹介には主観が混入されるおそれが多分にあるに対し、翻訳は当然のことながら客観性の度合いがはるかに高い」、「翻訳は、模倣のための作業ではなく、真の独創の準備なのである」と。本訳稿がスウェーデン証明責任論の状況を客観的に知る上で少しでも役立ちうれば幸いである。そして、これが私にとって「真の独創の準備」となるかどうかは、ひとえに私自身の今後の研鑽にゆだねられている。道は遠く、けわしいが、目標に向かって牛の歩みを進めるしかない。

本訳稿を、敬愛する竜嵜喜助教授に捧げる。私は当初、本論文集に「スウェーデンにおける少額裁判制度」について執筆することを予定していたが、あいにく昨年（一九八七年）在外研究に出たため執筆時間がなくなってしまった。加えて、スウェーデンではかねて訴訟手続法の改正作業が進められていたが、その一環として少額裁判法を廃止し訴訟手続法中に吸収する一連の法案が準備されていることが判明したので、こういう時期においてこのテーマを扱うのは見合わせたほうがよいのではないかと思われた（この法案は昨年春の国会で成立した。SFS 1987：747等）。そこで私は、いったん本論文集への寄稿を断念したのである。しかし熊本での民訴学会の折、新堂幸司教授からまだ多少の時間的余裕があることをお聞きしたので、急遽、書棚の片隅に眠っていた試訳の原稿を手直しした上、若干の訳注を加えてここにまとめ、献呈させて頂くことにした次第である。

本論文集の主題からそれる異物と映ずることをおそれるが、証明責任論の分野において輝かしいすぐれた業績を挙げてこられた竜嵜教授に捧げるものとしては、訳稿の粗雑さはともかく、テーマ自体はあながち場違いではあるまいと思う。

# 翻訳第二

ハンヌ・ターバニ・クラーミ＝マリア・ラヒカイネン＝
ヨハンナ・ソルヴェットラ「北欧における証明論・証明責任論の新しい動向
——証拠に関する理由づけの合理性について・一つのモデル——」

## 一　合理性と蓋然性

合理性は法的推論に関する自明の基準であるだけではない。それはまた決定を正当化するための根元的正当化（deep-justification）に関わる。(1) それは法的保障および具体的正義の要請に奉仕するのである。

合理性には様々な意味があるが、本論文の文脈において最も重要なのは——

論理的合理性（logical rationality）（LR）　　それはここでは公理および命題計算の推論ルールとして理解されるものである。

体系的合理性（systemic rationality）　我々はここで次の合理性を取り扱う。

LR→ 規範合理性（norm-rationality）（NR）
価値—および目的合理性（value-and goal rationality）（VR）
認知的合理性（cognitive rationality）（CR）

体系的合理性の特徴は、ある命題が少なくともアド・ホックに、そして知識を増進するためのある方法として当然と考えられているということである。それらは推論のパラ論理ルールとして理解されうる。(2)

我々は真実に関する合意説（consensus theory of truth）を承認するということが留意されるべきである。すなわちそれは、命題と観察との間のある一致または命題と他の命題との間にある無矛盾性を真実として承認する、ある人間聴衆が存在するということである。

法的推論のためのもう一つの出発点は、その終極的解決のための合目的性（*in ultima analysi finalistic nature*）である。規範はある目的を増進するための手段である。このことは我々が以下のスキームを採用することを意味する。

手段　　　　　　　　　目的

NR…………………→　GR

(CR & NR)…………→　GR

そこで我々が法的推論における認知的合理性に関連して真実について語るとき、我々は真実が個々の価値を有するとは考えず、むしろ規範を良く機能させるための、従って規範の目的を増進するための手段と考えるのである。[3]

法律家および法哲学者たちは、法的推論の規範合理性および目的合理性についてかなり多くのことを書かれてきた。しかし証拠の問題は、ローマの法律家以降多かれ少なかれ脇に置かれたままである。偉大な法律家セルウィウス（Servius）は事実問題に関して彼の意見を求めた依頼人に対して、「それは法律学に関係がない、キケロに訊くがよい。（Nihil iuris ad Ciceronem.）」と述べたと伝えられる。事実問題は伝統的な法律学の職務に属さないのである。[a]

事実問題と法律問題との間には本当のところ明確な区別はないという事実は別として、証拠に関する理由づけの合理性基準を論議するおびただしい試みがなされてきたということは認めるべきである。しかし証拠に関する理由づけはそのような試みに対してむしろ抵抗しているようにみえる。この理由のために多くの法理論家は、証拠問題は直観の問題、意思決定者の内的確信の問題だというのである。

直観により我々はその前提が無意識に留まっている熟考のプロセスを意味する。このことは合理性を排除しない。極度に急速に演じられるチェスのゲームは、プレーヤーの経験とその結果がもたらす変化する局面への習熟のゆえにむしろ誤りないものであろう。

しかし無意識の〝理由づけ〟はその合理性をコントロールする余地を認めないのである。

裁判上の証明に関する問題への蓋然性モデルの適用は、証拠に関する理由づけの領域における最も重要な業績に属する。

それには二つの主要なモデルがある〔b〕――

(a) テーマ説　それは混合的（mixed）蓋然性の概念および情報に関するベイジアン・コンセプトに基づいている――そこでは新たな情報の獲得にかんがみ始原的蓋然性が修正される。

(b) 証拠価値説　それは純粋（pure）蓋然性の考え方に基づく〔c〕。他方それは情報が証拠の理由づけに関連を有するためにはある性質をもつべきことを強調するから明らかにベイジアンではない。つまり証拠と証明主題またはその否定との間には因果的または論理的関係がなければならないのである(4)。

テーマ説によれば以下の推論が承認される（$P$＝蓋然性、$t$＝証明主題、すなわち規範によれば関係があり、かつ証明されるべき事項、$i$＝情報）。

$$P\ (t/i)\ \longrightarrow 1-p\ (\sim t/i)$$

証拠価値説は、出発点としてこの推論を認めない。主題のための弱い証明は、主題の否定のための証明があるかどうかについてはまだ語らないのである――ましてそれが強いものであるべきだとはいわない。

例えば被告人を有罪にするためのある証拠がありうる。その証拠価値が〇・三と評価されると想定しよう。しかしそれが彼の無実の証拠になるかどうかは別問題である。そこには弱いあるいは強いアリバイがあるかも知れない――弁護側は誰か他の者が有罪だということさえ証明するかも知れないのである。

$P_t = 0.3 \longrightarrow P_{\sim t} = 0.7$ という単純な結論は正当化されない。実務における状況はしばしば、$t$ および $\sim t$ 両者のための証拠ともかなり弱いというものである。この場合不確実性の〝グレイ・ゾーン〟が残るのである。

テーマ説と証拠価値説との相違――両者の哲学的背景を含めて――に関する詳細はこの文脈では重要ではない。我々は出発点として価値説を認めているけれども、それはすべての問題を解決しないということを強調しておきたいと思う。

(1)　利用しうる情報にかんがみ主題の蓋然性について語るか、あるいは証拠事実が主題を証する蓋然性について語るかにかかわりなく、様々な証拠事実（証拠の各一片）と証明主題との関係に数字的価値を与えるのは極度に困難であることが一般に認められている。ステーニング（Stening）は、証拠の結合（連環、共働、反対）[d]は分析的過程であるけれども、証拠の各一片の証拠価値は直観に基づくことを強調している。しかし直観的に評価された数値への分析的アプローチが実務上十分に妥当なものか、というおそらく正当な疑問が提起されよう。[5]

(2)　裁判上の意思決定における主要な問題は、証拠は十分であるか？ということである。間主観的な〝内的確信〟という基準はかなり不明確であるがゆえに、多くの理論家は十分な証拠（蓋然性、確実性、など）に関する問題は規範的問題であることを強調している。そしてまさに、十分な証拠に関する法規範が存在する。〝合理的な疑いを超えて〟、〝証拠のかなりの優越〟などのような漠然とした言語的表現を包含する証明責任に関する規則がそれである。エーケレーヴ（Ekelöf）は十分な証拠の基準は原則として証明責任に関する規則に属すると書いている。さらに彼は、主題の確実性とその否定の確実性――そこでは蓋然性は十分である――との間に、尺度の上に確定的な点があると考える。立法者はこの点を一応の蓋然性――相当な蓋然性――十分な証明――明白性のような様々な表現を用いることによって指示することができるのである。(6)

我々は証拠の十分性に関する問題が規範的な問題だという考えを原則として承認するけれども、証明責任規則によりカヴァーされるすべての事項に適用可能な、蓋然性の十分さに関する確定的な点があるべきだという考えには若干の疑問を表明するものである。経験的研究は、例えば刑罰の厳格性が意思決定者による〝合理的な疑い〟の適用に影響していることを示しているのである。(7) 我々は何故そうであってはならないのか理解できない。〔e〕

ところで、証拠の十分性が規範的問題であるというならば、もう一つの問題が出現してくる。すなわち、そのような文脈においてはどのような規範的論拠が認められるべきか？

我々はここに証拠上の論拠に関する十分な分析を提示しようとはしない。本論文において我々は、証拠に関する理由づけの合理性をテストするための方法を展開することを試みようとするものである。

そこには二つの出発点がある――

(1) 証拠評価は証明主題およびその否定のそれぞれに関する蓋然性をもたらしている。

(2) これらの蓋然性の十分性に関する問題は評価―および目的合理的論拠がある場合の一つの問題である。

## 二 蓋然性と損失効用 (disutility)

不確実性の状況における決定のために要求される最低限の蓋然性は誤った決定に関する以下の関数から引き出されうる。(8)

$D_g$＝真犯人の被告人を無罪にすることの損失効用

$D_i$＝無実の被告人を有罪にすることの損失効用

$$P > \frac{1}{1 + \dfrac{D_g}{D_i}}$$

もし民事訴訟事件を扱わなければならず、そして、$D_g$、$D_i$とも同じと評価するならば、この式は最低限の価値$P$＞50％すなわち証拠の優越を与える。しかし死刑が問題になる事件においては、真犯人の被告人を無罪にするのは二〇より悪くない損失効用を伴う反面、無実の者に死刑を宣告するのは最大の損失効用――一〇〇――に値するといえよう。この場合この式は数値1：(1＋20／100)＝83.3％を与える。

我々はこの文脈において危険の引受けの様々な戦略（ミニマックスまたはその他）を議論することが得策だとは考えない。証拠に関する理由づけはゲームでもビジネスでもない。言い方を換えれば、戦略は関連する規範的論拠の衡量から引き出されうるのである（後述）。

損失効用関数は一方、数学的意思決定理論に馴染みのない人々の間における蓋然性および危険に関する合理的議論を増進するのに十分なほど単純である。[f] 我々はそのような文脈においては単なる言葉よりも数値を用いるほうが――すべての随伴する困難にもかかわらず――容易だと考える（少なくとも結局のところは）。

他方損失効用関数は、余りにも単純化されすぎている。それは異なる決定選択肢（正しいものと誤ったもの）について一つの効用（ないし損失効用）があるという仮定から出発する。我々は証拠に関する理由づけのための一般的効用があるとは考えず、効用は複合的―目的的理由づけの積だと考えるのである。

いまや我々は複合的―目的的基礎の上に損失効用を評価するための方法を構築するために規範的な証拠に関する理由づけについての我々のモデルを提示しよう。

## 三　論　拠

証拠の十分性に関する議論は、証拠評価ならびに証明責任に関する規則の内容およびその正当化の両者と関連している。これは症候的なものであり、そして主要な論拠が、異なる文脈(民事、刑事)において異なって強調されているとはいえ、むしろ類似しているという事実もそうである。

主要な論拠は――ここでは繰り返さない我々の分析に従えば――こうである。(9)

(1) 従来の経験（統計的データ、常識的知識、など）にかんがみた関連ある証明主題（→その否定）の始原的蓋然性（original probability（OP））。

(2) あらかじめ証拠を保全し、かつそれを訴訟審理において提出することに関する理由。たといこの理由づけがある規範的側面を含むとしても、立証の蓋然性について語ることができる（evidentiary probabilities (EP)）。（ある者は証拠を蒐集すべきだった、あるいはある者は証拠を提出すべきだった、などということができよう。(10)）

(3) 適用すべき実体法規範の特定の目的（goals of material norms (NG)〔g〕）。

(4) 誤った決定の危険の発生に関する理由（危険の側面（the risk aspect：(RA)〔h〕）。

さて我々はこれらの論拠を、一つの一般的効用の仮定に基づく単純な損失効用関数が認めるよりも、やや一層分析的方法で誤った決定の損失効用の評価をするための測定器として用いることが可能だと考える。我々はこれらの論拠がいささか漠然としていることを自認する。しかもそれらは相互に関連している。若干の点についてのみ言及すると——

証拠保全に関する理由はしばしば始原的蓋然性と結びついている。ある者が事象の通常の経過と異なる法的主張を防御しようとするならば、彼は証拠を保全すべき十分な理由を有する。証拠の提出についても同様のことがいわれうる。

実体法規範の目的は、証拠問題——誤った決定の危険の発生を含めて——が考慮されるようなやり方で解釈されうる。

誤った決定の危険の発生について語るときには、しばしばまた当事者の行為も問題とされる——少なくとも民事訴訟においては。証拠を提出することを怠った当事者は、この理由によりありうる誤った決定の危険を負うべきだといわれるかも知れない。しかし我々は二つの面を分離しておくことが妥当だと考える。

〝我々の〟論拠は金銭のように明確な目的ないし類似の効用ではないという異論がおそらくありうるかも知れない。さらにこれらの論拠は部分的に複合的である——あるいは少なくともそうでありうる。例えばEPは訴訟前の行為と訴訟中のそれ（pretrial conduct and pleading）との両者を包含する。NGは多くの場合互いに対立さえする諸目的の複合である、と。これに対する我々の回答は次のとおりである。

(a) 様々な証明主題の始原的蓋然性は目的ではなく、むしろ証拠評価の際、および証明責任に関する規則を解釈するときに考慮されるべき論拠であることを認めながらも、しかし誤った決定の損失効用（どちらかの方向における）は始原的蓋然性の助力を得て評価できるというのが我々の見解である。いずれにせよ、それはまた紛争解決に関する様々な規範の一つの基本的前提である。

(b) これらの論拠はやや漠然としているからといってより多様化することを試みるならば、それは無用な複雑化を伴うことになる。どんな場合でも固有の漠然性は残るのである。したがって我々は複合的論拠――EPおよびNGのような――を一種のヴェクトルの和として理解する。ここで重要なことは立証の可能性および実体法の目的を考慮に入れるという考え方なのである。

問題を簡単に示すとこうである――

(1) OPの認識的観点からは何が誤った決定の損失効用か？

(2) EPの認知的―規範的観点からは何が誤った決定の損失効用か？

(3) NGの規範的観点からは何が誤った決定の損失効用か？

(4) RAの規範的観点からは何が誤った決定の損失効用か？

我々の考えでは、経験的効用について語るのとかなり同様なやり方で認知的損失効用について語るのはべつに奇矯なことではない。もちろん規範的要素はここでさえ存在している。決定が一般に承認される経験から乖離すればするほど、決定が誤っているならば意思決定者の威信に大きく影響することになろう。にもかかわらず、問題は〝客観的〟回答を前提とするということに注目することが重要である。当事者の特定の利益は評価の対象であって、評価の基準となるものではない。

## 四　論拠の階層化

モデルを構築するとき我々はさらに進んで二つの重要な点を考慮に入れなければならない。

(1) 論拠OP、EPおよびRAは共働し、あるいは対立することがありうる。

(2) 各論拠は異なる状況においては異なって衡量されうる。

我々はそれらの論拠の共働しまたは対立する効果は、それらの階層が査定され、かつその損失効用が一緒に考慮されうるという条件のもとで、損失効用を評価するときにそれらが用いられる方法から出現すると考える。諸論拠の間の対立はまれではない。大陸の訴訟法学説では、しばしば証明責任に関する正反対の規則が提案されている——すなわちOPまたはEPのどちらを強調するかにより——。大部分の契約は有効であるが（OP）、契約を有効と主張する当事者がそれにもかかわらず、EPに関する理由の故に証明責任を負うとする見解がある。他方もしある者が債務を支払ったと主張するならば、大部分の債務は弁済期に支払われているというのが事実であるのに、彼は支払についてかなり重い証明責任を課されている（EP >eOP）[11]。

しかし論拠の衡量についてはどうなのか？　我々は比較的単純な方法、論拠を一対毎に査定し、かつ衡量するいわゆる階層化意思決定方法（Analytic Hierarchy Process（AHP））を提案したい[12][i]。

質問が答えられたとき、一連の行列要素が定まることになる：このようなやり方で我々は論拠を階層化し、かつそれらの相対的なウェイトを得るのである[13]。

これらのウェイトにより様々な損失効用関数を乗じ、そのうえで我々は損失効用関数の衡量された全体的価値を得る。それはかくして関連す

| どちらか？ | | それはどの程度より重要か？（1＝等しい（equal）） | | | | | | | | |
|---|---|---|---|---|---|---|---|---|---|---|
| OP | EP | 1 | 2 | 3 | 4 | 5 | 6 | 7 | 8 | 9 |
| OP | NG | 1 | 2 | 3 | 4 | 5 | 6 | 7 | 8 | 9 |
| OP | RA | 1 | 2 | 3 | 4 | 5 | 6 | 7 | 8 | 9 |
| EP | NG | 1 | 2 | 3 | 4 | 5 | 6 | 7 | 8 | 9 |
| EP | RA | 1 | 2 | 3 | 4 | 5 | 6 | 7 | 8 | 9 |
| NG | RA | 1 | 2 | 3 | 4 | 5 | 6 | 7 | 8 | 9 |

る次の諸側面を表す——

(a)　各種の論拠の観点からみられた損失効用

(b)　証拠の不確実性のもとでの意思決定に関する論拠の複合的構造および多重目的的性質

(c)　関連する論拠の分析的階層およびウェイト

この損失効用およびウェイトが決定選択肢および論拠に数値を与える者の主観的評価を示すことは自明である。しかし証拠価値の蓋然性の数値についてもまた同様のことがいわれうるのである。

## 五　結　論

このようにして我々は、証拠の不確実性の条件下における意思決定に関する諸論拠を承認し、かつそれらを合理的なやり方で衡量するかぎり、立証の最低限の要求を表わす数値を得ることができるに至った。我々はこの最低限の蓋然性を $P_{min}$ と呼ぶことができる。この蓋然性は提出された証拠の評価された証拠価値 $P_{ev}$ と比較することができる。

もし $P_{ev} \geqq P_{min}$ ならば、証拠は十分である。

もし $P_{ev} < P_{min}$ ならば、証拠は不十分である。

ところで証拠価値説と損失効用関数との間にはどのような関係があるかと尋ねられるかも知れない。つまり、それらは異なる蓋然性概念〝純粋〟および〝混合的〟にそれぞれ基づいていることは明らかである。何故なら、損失効用関数は $P_{min}/g + P_{min}/i = 1$ という考えを表明する。証拠価値説はすでにみたように〝トワイライト・ゾーン〟の可能性を想定する。$P_{ev}/i + P_{ev}/\sim t \leqq 1$・しかし我々の考えるところでは、そこには基本的相違は存在しない。それは訴訟法規範はノン・リケットの決定を禁止する——あるいは言い換えればむしろ不確実性を理由とする決定を差し控える——からである。刑事訴訟事件において被告人は有罪または無罪の判決を受けるのであり、そして民事訴訟事件における請求は認容（全部または一部）されるか、棄却されるのである。第三の付与は存在しない（*Tertium non datur*）。たとい不確実性が蓋然性の主要部分を覆っている、すなわち $P_{ev}/i + P_{ev}/\sim t \wedge 50\%$ だとしても、グレイ・ゾーンに〝賭ける〟ことを選ぶような決定をすることはできないのである。

しかし不十分な証明の故に証拠価値が極度に低いということは全くありうることである。他方、損失効用関数は決定選択肢の両者についてより高い蓋然性を前提にしている。損失効用関数は $P_{min}/t > 80\%$ そして $P_{min}/\sim t > 20\%$ の要求を与えるけれども、$P_{ev}/t = 40\%$、$P_{ev}/t \sim t = 15\%$ だと想定しよう。そこでこの不確実性は何らかの合理的決定をなすにはあまりにも大きすぎる。我々の見解では、これが証明責任に関する規則により規整される状況なのである。他の場合には証明責任規則は必要とされない。何故なら、許容しうる損失効用の測定として、証明責任規則およびその適用の背後にある論拠を分析することによりこの規則に代えることができるからである。しかし分析が、両者の決定選択肢が不十分にしか証明されていないという結果を与え、かつそれにもかかわらず決定がなされねばならないならば、証明責任規則に頼ることができる——いや頼らなければならないのである。[j]

我々はこのモデルは証拠に関する不確実性の条件下での受忍しうる危険の引受けおよび証拠評価を検証するための比較的単純なテストを提供すると考える。一つの予想される異論は疑いもなく、この計算は実務上の意思決定において何らかの役に立つにはあまりにも難しいというものであろう。(14)

我々は必要とされる評価がいささか複雑であり、かつコンセプトに関する若干の習熟を要求することを認める。他方、我々は意思決定者が将来においてはほとんど常にパーソナル・コンピュータを利用できるということを前提にしている。裁判上の意思決定はまもなくコンピュータに登録された判決例の利用なしには考えることが困難になるであろう。しかしコンピュータはまた具体的な証拠問題に取り組むときにも役立ちうるのである。

のような関数、およびAHP評価から結果する行列を計算するためのプログラムを作成することは容易である。加えてAHPは全く状況（適応）的であることを要しない。類似の状況のためにはあらかじめプログラムされたスキームを構成することもでき、そしてそれぞれを個々の場合に必要が感じられる都度修正しうるのである。

$$P > \frac{1}{1+\frac{Dg}{Di}}$$

である。

さらに再び、損失効用関数から引き出されうる蓋然性の数値は、十分な確実性のための最低限の価値に過ぎないことが注意されるべきである。損失効用関数に関する我々の当初の実験は、刑事訴訟事件における無罪判決があまりない——一般的レベル（スウェーデンおよびフィンランドにおける）では<5%で、かつ若干の類型の事件（詐欺、横領、租税犯罪、など）でのみおそらく有罪問題に関する規範的理由づけが果たす役割の故にやや高いことと比較するとき、$P_{min}$ の価値はむしろ低くなることを示している。この事実は実務上の現実の有罪判決は最低限の要請をかなり超過していることを示しているのかも知れない。他方、証拠価値はとくに連環の状況においてはむしろ低いのかも知れない。[k]（$EV_1 \& EV_2 = EV_1 \times EV_2$ ——必要な証拠価値を有する証拠事実の数が増加するとき、連環の蓋然性は急速に減少する）。

良き直観は証拠に関する理由づけにおいてこよなく大切なものである。しかしそれをコントロールする何らかの方法がなければ、具体的場合において直観が正しく働いたかどうかを知ることができない。判決理由（rationes decidendi）は明示されるべきだという要請はその外在的コントロールの一部である。証拠の自由評価の原則が採用されているときは、証拠評価に関する厳格な法的ルールに代わるものとしての経験則の演じる役割の故に、そのようなコントロールはとりわけ重要である(15)。

他方、直観はまた内的にもコントロールされるべきである。意思決定者が彼の理由づけを明示的に行うことを強いられるとき、このことはまた内的なコントロールも増進する。けれども我々は、上述のモデルは証拠に関する意思決定の内的コントロールに対して多少の助力になりうると考えるものである。

## 原注〔英語の説明および北欧語の文献名の英訳の部分のみ訳する――出典の表記は原文のまま〕

＊ 本論文はフィンランド・アカデミーおよびトルク大学財団の財政援助を受けている〝法と真実〟という理論的・経験的研究プロジェクトの一部である。我々は本論文の草稿を読んで貴重なコメントを与えられたペール・オーロフ・エーケレーヴ教授（ストックホルム）に感謝したい。

（1）〝根源的正当化〟については、*Alexsander Peczenik*, Rätten och förnuftet（法と理性）, Lund 1986, p. 31 et seq. をみよ。

（2）*Jerzy Wroblewski*, Systemically Relativized Statement, Logique et analyse, 1978, p. 67 et seq. をみよ。

（3）我々のここでの出発点は法の〝目的的〟（finalistic）理論である。これについては *Hannu Tapani Klami*, Anti-Legalism, Turku 1980, Ch. I. をみよ。

（4）テーマ説と証拠価値説との相違については、例えば *Anders Stening*, Bevisvärde,（証拠価値）, Uppsala 1975, p. 43 et seq.；*Per Olof Ekelöf*, Rättegång,（訴訟手続法）, IV, Stockholm 1982 p. 17 et seq.；*Hannu Tapani Klami*, On truth and Evidence, Turku 1986, p. 48 et seq. をみよ（すべてに一層の参照文献が示されている）。

(5) *Stening*, 1975, s. p. 47 et seq.

(6) *Ekelöf* 1982, p. 78 et seq.

(7) *B. Grofman*, Mathematical Models of Juror and Decision-Marking, in：B. D. Sales(ed.), The Trial Process, New York-London 1980, p. 317 et seq.（1層の参照文献が示されている）をみよ。

(8) *J. Kaplan*, Decision Theory and the Fact-Finding Process, Stanford Law Review, 1968, p. 1072 et seq. をみよ。

(9) *Hannu Tapani Klami / Marja Rahikainen / Johanna Sorvettula*, Tdistusharkinta ja todistustaakka,（証拠評価および証明責任）, Helsinki 1987, p. 87 et seq. をみよ。

(10) 当事者の訴訟前およびその他の〝証拠に関する行為〟（デンマーク語で adfærd）の規範的評価に全面的に基づく証拠理論が少なくとも1つは存在する。すなわち *Henrike Zahle*, Om det juridiske bevis（裁判上の証拠）København 1976 の理論がそれである。その批判——しかも良く十分に根拠づけられた——としては、*Per Olof Bolding*, Bevisprövning utan sannolikhetsuppskatting,（蓋然性の要求なしの証拠評価）, Tidsskrift for Rettsvitenskap, 1978, p. 530 et seq. をみよ。

(11) *Klami* ／ *Rehikainen* ／ *Sorvettula*, 1987, p. 84 をみよ。

(12) 階層化意思決定については例えば *T. Sastty*, The Analytic Hierachy Process, New York 1980, passim. をみよ。

フィンランドでは *Dr. Liisa Uusitalo* が彼女の研究 Suomalaiset ja Impäristo,（フィンランド人と環境）, Helsinki 1984 において成功裡にこの方法を用いている。彼女の方法論的コメント p. 150 et seq. をみよ。

(13) この計算は以下の例で説明されよう。

OP ／ EP 等の対を以下のやり方で衡量したと想定しよう。

OP $\underset{e}{<}$ EP 5　OP $\underset{e}{<}$ NG 2　OP $\underset{e}{<}$ RA 8　EP $\underset{e}{<}$ NG 7　EP $\underset{e}{<}$ RA 3　NG $\underset{e}{<}$ RA 5

我々は以下の行列を得る。

| | OP | EP | NG | RA | $\sqrt[4]{積}$ | % |
|---|---|---|---|---|---|---|
| OP 始原的蓋然性 | 1 | 1／5 | 1／2 | 1／8 | 0.334 | 6 |
| EP 立証の蓋然性 | 5 | 1 | 7 | 3 | 3.201 | 54 |
| NG 規範的目的 | 2 | 1／7 | 1 | 1／5 | 0.489 | 8 |
| RA 危険の発生 | 8 | 1／3 | 5 | 1 | 1.919 | 32 |

例えば OP: $\sqrt[4]{1\times1/5\times1/2\times1/8}=0.334.$

各々の対の重要性の算定は推移的であることまたは完全に矛盾がないことさえ必要としないことが注目されるべきである。(我々はここで無矛盾性指数(consistency index)に関する問題は取り上げない。けれども意思決定が合理的であるべきだとしたら、ある最低限の無矛盾性は要求されるといえよう。しかし衡量が矛盾しているか、あるいは〝あまりにも〟矛盾し過ぎているならば、それを〝警告する〟コンピュータ・プログラムを作成することは容易である。)これは意思決定における現実の評価に対応している。それらはフラックスのなかにあり、かつ状況(適応)的である。

さて以下の$D_g$のための$P_{min}$蓋然性を損失効用関数から得たとしよう。

OP　$P_{min}$　80　×6
EP　$P_{min}$　60　×54
NG　$P_{min}$　40　×8
RA　$P_{min}$　80　×32

我々は%—ウェイトにより様々な価値を乗ずることで、行列から$P_{min}/Dg$の全体的価値を得る。この場合には——数値は〝現実的〟なものではないが——、それぞれ$P_{min}/Dg = 66\%$、そして〔1〕$P_{min}/Di = 34\%$を意味する。

(14)　正確な決定それ自体にありうる損害は、証拠の不確実性とは無関係な問題である(伝統的な証明責任規則の代わりに証拠価値($t$および$\sim t$のための)と最低限の蓋然性との比較を用いることができるということとは別箇の問題である。我々はこの問題に他の機会にたち戻るつもりである)。

(15) 証拠に関する理由づけの正当化については、我々の論文 *Johanna Sorvettula* / *Hannu Tapani klami* / *Marja Rahikainen*, Todistusharkinnan perustelemisesta (証拠評価の正当化について), Defensor Legis 1-2 / 1998. をみよ。

## 訳 注

〔a〕 本文に関連して、クラーミらの他の論文に興味ある記述があるので、やや長くなるけれども訳出しておきたい。「どんなに鋭敏に証拠調べ、証拠審査および証明責任規則の解釈をしたとしても、法規範は訴訟事件において真実が発見されることを保障できない。」「殺人罪で有罪判決を受けた無実のAは、たとい最高裁がすべての望まれる権力と権威をもって彼の有罪を宣告したとしても、依然として無実である――そうなったのは最高裁が証拠状況を誤って判断したからだ。このことは法律家にとって悲惨なことである。法律家の規範的参照枠組みの埒外に、現実の、そしてしばしば到達不可能な基準すなわち事実的、実体的真実が存在するのである。そしてこの基準は「客観的」〔原文はイタリック〕なものである。制度的システムの枠内で主観的確信が主張される解釈については、これに対応する基準は見られない。」「法律家の証明問題に関する臆病さは様々な面で表現されている。多くの法制度において真実に関する決定を行うのは素人である。陪審制――コモン・ローにおけるように――のもとでは職業裁判官は陪審に対して法律問題およびこれとの関係で関連する証拠規則のみを提示する。明示的な理由づけ無しに証明問題を決定するのは陪審である。そして陪審制を有しない法制度においても、しばしば事実問題と法律問題とを区別する規則がある。最上級審は困難な証明問題について決定することを要しない――それは法律問題が適切なやり方で解決されたかどうかを審査することで満足するのである。」Hannu Tapani Klami/Johanna Sorvettula/Marja Rahikainen, Synpunkter på forskning om bevisfrågor, Tidskrift utgiven av Juridiska Föreningen i Finland 1988 s. 22-23. クラーミらは、引用の記述に続けて、このような事実問題ないし証明問題に対する見方は西欧の法伝統に深く根ざしていることを指摘し、本文と同じくセルウィウスの挿話を挙げるのである。そしてさらにこういう。「そこには何ら法律問題がない。したがって依頼人は弁護人の許に行くべきだ。キケロのようなローマの弁護人は法学者ではなかったのである。」A. a. s. 23. なおセルウィウスについては、林智良「セルウィウス＝スルピキウス・ルーフス Servius Sulpicius Rufus と共和政末期ローマ（一）、（二・完）」法学論叢一二五巻一、二号（一九九〇）所収など参照。

〔b〕 テーマ説および証拠価値説については、拙稿「スウェーデン証拠法序説」神奈川法学二五巻三号（一九九〇）五八〇頁以下〔本書七九頁以下〕参照。

〔c〕 エーケレーヴは、すでに古くベルヌーイ（Jacques Bernoulli）がその著書 Are conjectandi のなかで、この二つの蓋然性の相違に注目していたと述べている。Per Olöf Ekelöf, Bevisvärde, Filosofisk tidskrift 1988 s. 16. なお Hannu Tapani Klami, Johanna Sorvettula, Minna Hatakka, Evidentiary Value, Tidskrift utgiven av Juridiska Föreningen i Finland 1989 p. 30 (not 9) など参照。

〔d〕 証拠評価における証拠連環、共同効果および反対効果については前掲拙稿五九六頁以下〔本書九六頁以下〕参照。

〔e〕 クラーミらのスウェーデンおよびフィンランドにおける裁判官に対するアンケート調査の結果によれば（回答はスウェーデンで回答者三五人、回答率二三％、フィンランドで回答者二五人、回答率はスウェーデンよりやや低い——正確には不明）、どの程度まで証明責任規則は民事訴訟における証拠評価に影響を及ぼすか、という質問に対する答えの分布は、全くなし　三人、ほんの少し　四人、ある程度　五人、やや顕著　一二人、顕著七人、というものであった。これを踏まえてクラーミらはこう結論する。「回答率が低く、かつ回答数が限られている留保のもとでも、やはり調査結果は我々がアンケート調査前に提起していた仮説を支持するように思われる。すなわちそれは、証拠評価、証明度および証明責任の間には関数的関連性が存在するというものである。これらを分離しようとする理論の努力にもかかわらず、裁判官は自らの直観的自由を保持しようと欲し、またその際彼らは原則として固定的な証明度や証明責任規則にさえも拘束されるとは考えないのである。」Hannu Tapani

Klami, Mikael Marklund, Marja Rahikainen, Johanna Sorventtula, Ett rationellt beviskrav, SvJT 1988 s. 593, 598. この実態調査を踏まえた仮説が、本論文におけるクラーミらのモデル構築の基礎をなしているわけである。

〔f〕本文との関連においてクラーミらの他の論文における以下の記述が参考になる。蓋然性理論は「数学的かつ哲学的問題に属する精妙なモデル構築のための道具を提供する。それはそれ自体価値があり、興味深いものであるけれども、それでもって立証の日常的課題に取り組むのは、あたかもマイクロトームという精妙を極める特別の機器で材木を切断するようなものであろう。」（Ett rationellt beviskrav. s. 599.）そして階層化意思決定法（AHP）の採用を弁護していう。「この方法の弁護としては、これが比較的処理が容易であると共に、現実的でもあることが説かれるべきである。決定状況に関する心理学的調査によれば、人は目的をまさに一対にして比較するのが常であり、そして決定状況の多様性にかんがみ、若干の些少な矛盾はたぶん容認されるべきである。」A. a. s. 602.

〔g〕この点についてクラーミらの他の論文により敷衍すると、例えば「不法行為法規範の予防的および矯正的目的は、行為の有責性（非難可能性）が大きいことがまた立証上の危険も負うべきだという見解を支持する」のである（Hannu Tapani Klami, Johanna Sorvetula and Minna Hattaka, Studies on the Theory of Evidence, Oikeustiede-Jurisprudentia X XII（1989）p. 96.）。

〔h〕この点についてもクラーミらの同論文により敷衍しておこう。裁判所はときに保険会社や製造企業――いわゆる環境訴訟の場合――を被告とする訴訟において因果関係が必ずしも明確でない場合に損害賠償請求を認容していると批判されている。「しかしこれは社会―経済的諸要素……にかんがみ誤った決定のための危険を考えるならば正当化される。保険会社はありうる誤った証拠上の決定に伴う損失を大勢の顧客に分配できるのに対して、被害者は何ら損害賠償を得ることができないときは、彼自身でその結果の危険を受忍しなければならないのである。この理由により社会的弱者である当事者の立場からみた損失効用のほうが大きいのである。」Ibid. ちなみに訳者は、わが国の裁判所では前注およびここに述べたような観点に対する考慮が著しく欠落していると思う（その是非はいま論じないが）。いわゆる鶴岡灯油訴訟上告審判決（平元・一二・八民集四三巻一一号一二五九頁）はそれを象徴する典型的ケースである。

〔i〕 Analystic Hierarchy Process の訳語としては「階層化意思決定法」が定着しつつあるといわれる（大村平『戦略ゲームの話』（一九九〇、日科技連出版）一二三頁）。この理論について詳しくは、刀根薫『ゲーム感覚意思決定法　ＡＨＰ入門』（一九八六、日科技連出版）参照。その他易しい説明として、例えば木下栄蔵『ギャンブルの数学』（一九八九、コロナ社）一〇五頁以下がある。

〔j〕 このような証明責任規則の理解は、当然に主張責任と証明責任との分離を要求することになるはずであるが、このことは北欧とくにスウェーデンの訴訟法理論では一般的に認められているので問題はない（拙稿「スウェーデン法における主張責任論（一）」民商法雑誌一〇〇巻八九九頁以下〔本書二一頁以下〕参照）。

〔k〕 このセンテンスはその直前のものと共に、訳者には趣旨がやや分かりにくいけれども、実務上証拠価値が高く評価されすぎているおそれがあり、それでは証明度の高低はあまり意味がないという批判を含意しているのであろうか。

〔l〕 この点についてクラーミらの他の論文は「もう一つありうる異論は……、この公式は、なんらの不利益も正当で誤りのない決定には結び付いていないという仮定から出発するというものである。それ自体正当な有罪判決も社会と被告人およびその家族にとっておそらく大きな損失効用を伴うと主張することができる。極端な場合においては正当な無罪判決すら損失効用をともないうる……。この異論に対しては、そのような理由は証拠問題の領域外に属するという論拠で対抗できる」と述べている（Ett rationellt beviskrav s. 601.）。

## 訳者あとがき

本訳稿は Hannu Tapani Klami, Marja Rahikainen and Johanna Sorvettula, ON THE RATIONALITY OF EVIDENTIARY REASONING. A Model Rechtstheorie. Zeitschrift für Logik, Methodenlehre, Kybernetik und Soziologie des Rechts. 19 Bd（1988）pp. 368-378. の全訳である（お分かりのように訳稿の表題は訳者が内容にかんがみ付けたもので、副題が原論文の題名である）。

訳出に当たっては、本論文の性質上正確さを旨とし、なるべく原文に忠実であるよう心掛けたつもりである。もっとも、原文にはかなり多くのイタリック体が用いられているが、それを一々明らかにするのは読者にとって却って煩雑と思われるので省略したし、その他読みやすさを考慮して多少意訳に傾いた箇所もある。また証拠（明）に関する訳語については、読者に無用な誤解・混乱を与えるのをおそれ、必ずしも原文（英語）にとらわれず、訳者が従前から用いている訳語（前掲拙稿「スウェーデン証拠法序説」〔本書第二論文〕など参照）に合わせて統一した。

〔なお、初出時（横組）には原文に忠実にコロン、セミコロンをそのまま用いたが、本書において印刷が縦組になったのに伴い、文脈に応じて句点やダッシュなどに変えた。**翻訳第三**においても同様である。〕

つぎに原著者らについて若干紹介しておこう。クラーミ（一九四五年生れ）は現在ウプサラ大学法学部教授（法理学）であるが、一九八七年まではフィンランドのオーボ（フィンランド名トルク）大学の教授（法理学・国際私法）であった。冒頭の原注から分かるように、彼の主宰する証明論・証明責任論に関する研究はオーボ大学当時に始められ、現在に至っているものである。ちなみに彼は、一九歳で法学士・法学修士になり、二五歳で法学博士号を取得し――北欧の博士論文は優にドイツの教授資格論文に匹敵するといわれている――、二七歳にしてオーボ大学のローマ法助教授に就任した早熟の偉材である。彼の著書・論文はフィンランド語のみならず、スウェーデン語、英語、ドイツ語でも書かれており、彼の驚異的な語学力を窺わせる。(SvJT 1988 s. 506. などによる。) 他の共同執筆者二人はオーボ大学においてクラーミの指導を受けた、冒頭の研究プロジェクト・チームに属する若い研究者と推察される。

訳者がクラーミの研究に初めて接したのは、スウェーデンおよびフィンランドの裁判官に対する証明責任および証明度に関する実態調査の結果を報告し、かつそれを基礎として階層化意思決定法(AHP)による証明論のモデル構築を提唱する訳注(e)掲記の論文を読んだときであった。その際はとくに実態調査の結果に興味を惹かれ、このモデルについてはまだ時期尚早の感を抱いていたのであるが、その後クラーミらの証明論・証明責任論関係の論文(すでに十数篇が発表されている)を読み進むうち次第に、数学嫌悪症の訳者もこのモデルの重要性に気づかざるをえなかった。そこでそれらの論文のうち、全般的にテーマを扱いながら、最も簡潔で、しかも数式がほとんど出てこないものとして(訳者の能力もあるが、法律家である読者の拒絶反応も考えて)、訳注(a)掲記の論文を翻訳してわが国に紹介したいと考え、クラーミ教授に手紙を書いてその承知を求めたところ、快諾と共に翻訳の対象としてはむしろ原論文のほうが適切ではないかと思うとの返信が寄せられた。改めて原論文を精読してみたところ訳者も同様の結論に達したので(こちらのほうがやや数式・数字が多いが)、当初の計画を変更し、ここにこれを訳出することにした次第である。なお、原文は簡潔なため、初めてこの論文に接する法律家の読者の便宜を考え、クラーミらの他の論文から理解に便宜と考えられるものを、随時訳注として補った。ご参考になれば幸いである。

正直のところ、訳者にはクラーミらの提唱するこのモデルが証明論・証明責任論の進むべき最も妥当な方向であるのかどうか良く分からない。しかしそれは少なくとも、今後における証明論・証明責任論のあるべき姿の一つを示しているといえるのではないか。訳者は前掲拙稿「スウェーデン証拠法序説」一一二頁（注(17)〔本書八五頁〕）のなかで、証拠価値説とテーマ説との対立について「全くの憶測をここに若干述べることを許されるならば、両説ともそれを貫徹するのはいささか無理で、今後なんらかの修正ないしは両説の止揚が必要なのではないかという気がする。」と述べた。クラーミらの見解は基本的に証拠価値説の立場に立ちながら、それが否定するベイズの定理の利用を部分的に承認するなどして、より現実的かつ柔軟な証明論の構築をはかっているのである（とくに Evidentiary Value, p. 54, Studies on the Theory of Evidence, p. 79 など参照）。それはある意味では両説の一種の止揚とみることもでき、きわめて注目に値する。

「良き直観は証拠に関する理由づけにおいてこよなく大切なものである。しかしそれをコントロールする何らかの方法がなければ具体的場合において直観が正しく働いたかどうかを知ることができない。」「我々はこの文脈において危険の引受けの様々な戦略（ミニマックスまたはその他）を議論することが得策だとは考えない。証拠に関する理由づけはゲームでもビジネスでもない。」「損失効用関数は一方、数学的意思決定理論に馴染みのない人々の間における蓋然性および危険に関する合理的議論を増進するのに十分なほど単純である。」本訳稿のなかから引いたこれらの言葉は訳者がとりわけ強い共感を覚えたものであるが、同様の感想を持たれる読者もおられるのではないかと思う。

クラーミらはまた他の論文において、「裁判上の因果関係は科学プラスそれ以外のサムシングの問題である」こと、および「裁判上の意思決定はもっぱら蓋然性の問題に尽きるのではない」ことを強調している。

Studies on Theory of Evidence, p. 97. このような裁判の現実を重視する態度も我々法律家の読者に対して強くアピールするものがあるといえよう。

クラーミらのこのモデルはパソコンの利用を前提にしている（ウエイト計算は関数電卓でも近似計算ができる）。その意味ではなんといっても現在のところ時期尚早の感を免れないかもしれない。しかし裁判所の執務をめぐる状況も時代と共に目まぐるしく変化している。訳者は昭和三〇年代の初期、駆けだしの判事補として仙台に在任していたが、当時、東北の僻地の裁判所にはまだタイプライタが備え付けられておらず、裁判官は毛筆で判決を書いているところがあると聞いて驚いた記憶がある（真偽のほどは確かめていないが）。それから数十年、いまでは全国の裁判官の全員にワープロが配布されているという。裁判官一人一人が執務上パソコンをつかうようになる時代の到来はそう遠くないのではあるまいか――もちろんそのような時代になっても、事実認定ないし証明の領域において裁判官の良き直観が大切なことはクラーミらの適切に指摘するとおりである――。このことを視野にいれて考えるとき、クラーミらのモデルはともかく真剣な検討に値するといえよう。あえて不得意な内容の本論文の訳出を試みたゆえんである。（最近、英米法やわが国の刑事訴訟法学においても、証明論研究の重要性が見直されていることが指摘されている（山田道郎「ウイグモア証明論序説」法律論叢六三巻一号（一九九〇）二九―三〇頁）。）

なお本論文の内容は（法）哲学や情報理論に深く関わっており、この方面に不案内な訳者は訳出上思わぬ誤りを冒している危険がある。そこで法哲学の大塚滋教授、情報理論に詳しい斎藤靖夫教授に、原論文と一応の訳稿とを読んでいただき、ご教示を賜った。その他一々お名前は挙げないが、本学の法学部内外の同僚諸氏からご助言を頂戴した。これらの方々に対して心からお礼申し上げる。もっとも訳者が折角の貴重なご教示、ご助言を十分に活かしえたかは疑問であり、ありうべき誤訳、不適訳について訳者がすべての責任を負うものであることはいうまでもない。

ちなみにクラーミらは、このモデルが法的推論においても基本的にはそのまま利用できる――若干の修正を加えたうえで――ことを主張している。Hannu Tapani Klami, Johanna Sorvetula and Minna Hatakka, Truth and Law. Is, Ought and Reasoning, Archiv für Rechts-und Sozialphilosophie (ARSP) 1989 p. 429 et seq. したがって訳者としては、このモデルに対して基礎法学の側からも検討をしていただければ、自分の浅薄な理解が深められて有り難いと期待している次第である。

# 翻訳第三　ハンヌ・タ－パニ・クラーミ

## 「フィンランド証拠法の発展と現況——スウェーデンと対比しつつ」

### 一　規範と証拠——問題点

法発展の一つの重要な側面は、法における事実へのアプローチである。この面での変化は法規範および法の研究にどのように影響を与えるか？　つまりそれは、関連性を有する事実は法規範に依存するからである。法規範は法的意思決定のためにどんな事実が関連性を有するか、そして事実はいかにして認識されるか——例えば裁量および／または評価を用いて——を定める。事実の確定に関する証明上の規範が法規範の内容および機能に関連があることは明らかである。法規範は事件における多かれ少なかれ確証された事実と対比されるとき具体化されるということができよう。

事実と規範との間には一種の弁証法的関係がある。法的決定の事実的前提は、一方において法規範に依存するけれども、また法的に証明されうる事実にも依存しているのである。

フィンランド刑法典は一八八九年に制定された。それは今なお適用されている—もちろん数回にわたり改正されたが。それが制定された当時は、いわゆる法定証拠主義がまだ支配的だった。現行の証拠法はそのころ一七三四年のスウェーデン‐フィンランド統一法典のなかに規定されていた。[a]一九四八年に同統一法典の証拠法規は自由心証主義によって代わられた。そこでわれわれは、a)刑法典はどのように証拠規範を反映しているか？　b)この変化は、どのように刑法およびその解釈に影響したか？　を問うことができよう。

事実への態度およびアプローチはすべての刑法の一つの基本的〈心性〉だということができる――アナール学派の用語法を引用するならば。単純化していえばある作為または不作為を犯罪化するとき、犯罪を記述し、制裁を選択するときに、捜査し、証明することの可能性がおそらく考慮されるということである。一八世紀の英国刑法における死刑の使用の増加は、往々都市化および産業化とともに犯罪が増加したときに、実際上警察力が存在せず、犯人を捕らえるチャンスが極めて少なかった状況の中で、どんな犯罪抑止手段も必要とされたという事実を援用することで説明されている――私には正当と思われるのだが。[1]同様の発展はスウェーデンにおいても観察されうるのである。

刑法規定をまたはそれについて書くとき、二つの可能なアプローチ、理念的と現実的とがある。理念的アプローチによれば、刑法の出発点は事実に関する疑いが存しないような理念的証拠状況である。現実的アプローチは例えば、犯罪の記述をするときそれが随伴する証拠上の問題を考慮にいれることを意味する。[b]この場合には個々の証拠が許容性を有するか、有しないかに関する可能な規則について想定することになり、そうして推論が犯罪の記述に影響するかもしれない。ここで十分な証拠（証明度）の基準を除外してはならない。全く単純にいえば、具体的な決定状況においてさまざまな規範はどのように機能するのだろうか？　その規範は利用しうる証拠にかんがみ十分に答えることができないような困難な問題を前提としているのか？

もしそうであれば、証明責任規則に頼らなければならない――一七三四年法典の訴訟法はまだ「さしあたりの」の無罪または有罪（以下を見よ）を含む若干の〈中間的な〉規則を有していたけれども。刑事訴訟において訴追側はその事件に関する証明責任を負う。もし十分な証明ができないならば、被告人は無罪とされる。本証の弱さもありうべき反証のいずれも〈無罪〉という決定選択肢を結果する。(2) フィンランド法はこのことを刑事事件における判決は有罪または無罪でなければならぬということによって表現している——裁判所は被告人が無罪であるが、しかしそれは訴追側において「証明しなかった」だけだとはいわない。極端なケースでは被告人の無実のための証拠がなんら存在しないということもあるのである。(3)

## 二　理念主義か、現実主義か？

一八八九年の刑法典は法律学の所産である。K・G・エールストレーム（Ehrström）およびヤーコ・フォーシュマン（Jakko Forsman）——刑法典の主要な建設者たち——は二人とも刑法の教授だった。ヤーコ・フォーシュマンはこの新法典に関する信頼すべき権威ある注釈書を書いた。(4) その当時フィンランドの刑法理論は圧倒的にドイツ刑法学に依存していた。このことはその後においてもそうであった。アーラン・セルラキウス（Allan Serlachius）およびブリィノルフ・ホンカサーロ（Brynolf Honkasalo）もまた、異なるドイツ〈学派〉の信奉者であった——ドイツにはかなり多様な哲学的および心理学的出発点（カント、ヘーゲルその他）を有するいくつかの刑法学派が存在したけれども。一見したところ、フィンランド刑法典の規定は「理念的」証拠状況を念頭に置いて書かれているように思われるだろう。同様のことがヤーコ・フォーシュマンによる同法典の注釈書についてもいいうる。これはそれ自体として理解しうることである。ドイツ刑法学のパラダイムは、法の学問的解釈に関連する証拠問題の研究を包含していなかった。さらにこのことは、ローマ法に起源を有するパンデクテン法伝統に遡る。ローマの法律家以降、法律学は事実問題に対してある種の嫌悪感を抱いてきたのである。[c]彼らはそれは法律学およびその規範的論証の分野に属しないと考えてきた。証拠問題は法律学に属せず、むしろ常識の管轄領域に――あるいはおそらく除斥・忌避、信頼性および推論に関する法規範に――属すると観察されてきたのである。この見解によれば法律学の方法（それが何であれ）は、事件における事実を確定するために助力を提供するものではないのである。しかしより詳しく検討すると、〈心性〉すなわち証拠法と規範およびその解釈との間には若干の関係があるように思われる。

## 三　心性に関する若干の言葉

刑法における啓蒙批判主義の主要な目標は、裁判上の専断的法適用でもあった。が、一つの面――極めて重要なそれ――は事実認定の不確実性で、それはしばしば全くの腐敗にまでいたるものだった。比較的後になってようやく啓蒙主義の理論家は、彼らの提言の中に自由心証主義を包含するようになった。証拠の許容性、不許容性および推論に関する規則は、公正な裁判のための保障とみられたのである。しかし、一七三四年法典においてスウェーデン―フィンランド法典に法定証拠主義が導入されたとき、方法は同じだったけれども問題は異なっていた。すなわち〈維持〉または腐敗に対してではなく、偏見または迷信に反対するものであった。この法典は中世の法典にとって代わるものだった。中世のスウェーデン―フィンランド法における手続は、宣誓および宣誓をする者たちの闘争であった。[d]刑事司法では当事者の一般的な評判が現代人には信じられないような役割を演じた。風評は証拠として受け入れられた。悪い評判は有罪の証拠として――良い評判は反証として――受け入れられたのである。因果関係に関する見解は漠然としていた―呪いは死の原因として可能だと考えられた。(5)

一七三四年法典は若干の面で進歩を示していた。主要原則は欠格事由のない二人の証人が完全証明を構成するというものであった。一人の証人は半分の証明に相当したが、この場合には状況証拠で補強することができ、両者が合して完全証明を構成した。しかし死刑事件では状況証拠は無視することができた—法典の軽罪の部は死刑を多用していたのである。刑事訴訟においては状況証拠のみでは不十分とされた。

しかしながら進歩は、中世法と比較して圧倒的ではなかった。法典は証人として当事者およびその最近親者だけでなく、犯罪の第一通報者まで不適格とした。犯罪に関する風評を拡めた者、および伝聞証人も不適格とされた。(6) けれども法は、以下の種類の証拠は許容されるとした—〈蓋然性のある理由または被告人に不利な状況に基ずく明白な風評が存在するとき。〉風評の源泉であることはその者を不適格にした——それにも拘らず、その結果は証拠として許容されたのである。(7) さらに状況証拠は、蓋然性のある理由に基づく風評と同等であるとみられた（どのようにして?）。

中世法におけるように、自白は〈証明の女王〉であった。被告人に対する十分な証明が存在しないとき、法典は「さしあたりの」無罪および有罪を用いた。彼に対する若干の証明のみがあるときは、彼は「さしあたり」無罪とすることができた（*absolutio ab instantia*）。新証拠が見つかったときは、再審理が可能であった。少なくとも彼に対して半分証明があるときは、「さしあたり」有罪判決をすることができた、すなわち、このような仕方で彼の自白を引き出すことを望んで投獄できたのである。(8) 被告人は監獄に送られ定期的に聖職者が自白するよう強く説得するために彼を訪れた——彼の首ではないにせよ、魂を救うために。しかしこの種の不定期の投獄は真の有罪判決と刑罰の代用物であった。重大な犯罪について不適格でない証人を見出すことはしばしば困難であった。なぜならば被害者、彼の最近親者および通報者は証言できなかったからである。

もっとも彼らは宣誓なしに尋問されることはできた[9]。しかしこの場合はなんらの証拠にもならなかった。〈法定証拠〉主義の制度は、その基礎にある若干の仮説にかんがみ考察されるべきである。第一に証拠の評価に関する規則は、刑事司法の正統性を支えることを目的とする。裁判所が証拠を評価する場合単に確立された規則を遵守し、自分自身の裁量を用いないとき、ひとはなんらの不公平性を想定することができない。(法典には真の意味での裁判上の証拠評価に関する規定も存在していたことも認められる—例えば記録証拠の評価に関するフィンランド訴訟手続法一七章一条をみよ。) 職業裁判官および参審員[e]が事件について決定するとき——一方の当事者に有利に、他方の当事者に不利に——、法規範を引照することができたということは重要であった。裁判所の構成員と当事者は、今日よりもお互いにもっと良く知り合っていたのだ。社会的相互作用のゆえに、証拠評価が裁量的であるならば、人的接触が証拠評価に不当に影響するかも知れないことが懸念されたのである。

もちろん基本的な理念の一つは、誤った有罪判決を防止することであった。この理念の逆の面は、証人の不適格および完全証明に関する規則ゆえに誤った無罪判決があまりにも多いということであった。これは深刻な社会的問題の域にまで達していたということができた——例えば西部フィンランドの若干の地域では、ナイフ強盗の組織が長い間掠奪行為を続けることができた。しばしば被害者は彼の家で殺され、そこに居合わせた人々はすべて親族で、したがって証人として不適格とされた。このことは不適格ではなくて証言しうる者までも恐怖のためあえて完全な真実を語ろうとしない結果に導いた[10]。

しかし完全証明に関する法規は、原則として被告人に不利な完全証明があるけれども、裁判官(たち)は彼が真に有罪であることを確信していないとき、裁判所に有罪判決を下すことを強いたのか？　アンデーシュ・ステーニング（Anders Stening）は法典の規則をそれは有罪のための必要条件を構成するのみで、十分条件ではないというように理解している。彼によれば、法は証拠が形式的に十分であるにしても裁判所がその真実に関する内的確信に反する判決を下すことを強制するものではなかったのである。[11] しかし法には彼のテーゼを支持するものはない。法（フィンランド訴訟手続法一七章三条）によれば、若干の場合には人的不信頼性を理由に証言の受入れを拒否することは可能であった。しかし法は、この問題は裁判所が証人が宣誓をし、証言を行うことを認める前に解決されることを前提としていた。私見では法源は、裁判所は明白な偽証の場合にのみ証言を拒否する権限が与えられていたという解釈を支持するように思われる。もし証人の明白な虚言が発覚したときは、フィンランドの古き慣習によればこう叫ぶことが認められた。〈炉の風戸を開けよ！〉——法廷にいる悪魔が外に出てゆけるように…

警察および法医学のような制度が発達するにつれて、証拠法の時代遅れは明らかになった。このような事態が生じたとき、スウェーデンとフィンランドはもはや一つの連合を形成していなかったフィンランドは一八〇九年にロシアによって征服されていた。スウェーデンについていえば、現在のところ法定証拠主義の衰退に関する刊行された研究は存在しない。しかしながら私の同僚イョーラン・インゲル（Göran Inger）はスウェーデンの裁判例における自由心証主義に関する研究を行っている。彼は私に対して、スウェーデンではすでに一八五〇年以前、完全証明が要求される場合に法から逸脱するような解釈がなされていたケースが存在する、と語っている。死刑事件においてさえ状況証拠が許容された。フィンランドについていえば、この主題に関する体系的な研究は存在しない。しかしフィンランドではこの発展ははるかに遅れているように思われる。裁判例の発展の研究が困難な理由は、全く単純に以下のようなものである。フィンランドにおいては硬直したリーガリズムのイデオロギーが支配した——フィンランドがロシアに征服されたとき、フィンランドは自己自身の立法(=古いスウェーデン‐フィンランド法)を含む自治権を与えられた。[f] 法のための戦いは同時に国民的アイデンティティのための戦いであった。しかし、法は時代遅れのものだったので、しばしばそれから乖離することが必要だと感じられた。証拠に関する法規についてもまたそうであった。けれども、ロシアの要求に対して硬直的なリーガリズムを維持し、同時に「法に反して」証拠をかなり自由に評価することは困難だった。そこでなされたのは、証拠問題に関して単純に全く理由付けを省略するということであった。したがって、自由心証主義の程度を研究するためには、われわれは単に判決だけではなく、裁判所の記録を「徹底的に」読むことを強いられるのである。

完全証明に関する古い法典の法規はゆっくりと、しかし確実に自由心証主義によりとって代わられた。それは一つには裁判所の判決の簡潔なスタイルの仮面のもとに、もう一つには本則に対する〈例外〉を創出する立法的手段によってなされた。これらの例外は裁判所に証拠を自由な仕方で評価することを認めた。例外はいったい何が本当の本則なのかを疑わせるほど夥しいものだった。(12) この理由から、われわれは自由心証主義がついに一九四八年に証拠法の一般原則として導入されたとき、この改革は単に形式的なものに過ぎなかったということができる。

フィンランドにおける改革のモデルは一九四五年のスウェーデン訴訟手続法(略称RB)だった。[g] しかし、スウェーデンの制定法規範はフィンランドのそれのモデルだったけれども、両者の実際的機能については若干の重要な相違があるのである(後述をみよ)。

しかし、一八八九年の刑法典が制定されたとき、半分証明および完全証明に関する証拠規則はまだ効力を有しており、そして一般的にいえば遵守されてもいた。

## 四　〈心素と体素（Animo et corpore）〉

刑法典は犯罪となる作為または不作為は「客観的および主観的」要件によって構成されるというドイツ法の区別を採用した(13)。いまや法定証拠主義理論による古くさい規則がこのような法律学説にうまく適合しないことは明らかである。証人は事実について証言することができる――しかし裁判官よりも有能なやり方で犯罪者の心を解釈することはできない。完全証明に関する法規は犯罪となる作為または不作為の外的な側面に焦点を当てているのである。

刑法典には犯罪者の犯罪の意図の程度に関する考慮を度外視する若干の傾向がみられた。原因に関する意図がそれに伴う結果に関する責任のために十分とされる、いくつかのいわゆる結果的責任の犯罪が存在した。犯罪者に対して現実の結果を意図していたかどうかを問うことは必要ではなかった。一つだけ例をとろう。法典にはいわゆる多数者の犯罪があった。多数者が死または重大な身体の傷害を結果し、誰がそれを現実に惹き起こしたかを認定することができないときは、すべての関与者が同じ仕方で処罰された。

大部分のフィンランドの理論家は、刑事責任に関するなんらかのドイツの学説を採用した――意図的故意、直接的故意、未必的故意の三分法によるフランクの公式は最も強い支持を得た。しかしどのようにして、以下のことを見出し、そして証明することができるのだろうか？　すなわち犯罪者は、（1）認識していた（2）ある蓋然性をもって（3）彼はこの蓋然性をどのように評価していたか、（3・1）それを是認していた（3・2）無関心だった（3・3）是認していなかった。さらにまた、蓋然性も心的態度もいずれも程度の問題であり、多かれ少なかれ証拠に照らして明らかになるということができよう。われわれはしばしばむしろ純粋の推測について語っているのである――出来事について何も記憶していない酒酔い運転者の場合のように。ここでは推測（3）は（2）を前提とする、そして推測（2）は（1）を前提とする、という一連の推測である。どのようにして、このような状況において〈完全証明〉について語ることができるか？ あるいは作為および不作為に関するこれらのホリスティックスは、むしろ現実にある有害な効果を惹き起こした犯罪者に刑事責任を科することを目的とする「規範的」モデルなのであろうか？[14]

故意に関する大部分の学説は、証拠の理念的状況から出発する一種の机上の智恵だということができよう。証拠問題に直面したとき、彼らの鋭利な分析の用具は鈍刀になってしまう――例えば酔っ払った犯罪者が、結果の蓋然性についてどう評価したか、そしてそれに対してどのような態度をとったかはもちろん、そもそも何をしたかさえ記憶していないとき。フィンランドの権威者たちのうちアーラン・セルラキウス（Allan Serlachius）――刑法教授で、フィンランド最高裁判所判事――は、故意と過失とのあいだの差異は、外的な、観察しうる事実から引き出されるべきことを強調した。そうしなければ、克服しがたい証拠問題に直面することになるであろうと。彼は結果の蓋然性が故意と過失との間を区別する基準であることを力説した。[15] 彼の見解は往々実証主義的認識論の引照によって説明されている。しかしながら私は、彼は一七三四年の古い法典の証拠規則を念頭においていたのだと考えるのである。

この法典は自白を証明の女王とみていた。もし被告人が自白しないならば――そのために拘禁されているにも拘らず――、誰かが被告人の行動を解釈しなければならなかった。しかしこの場合、互いに排除しない二つの選択肢があった。証人に対し被告人の意図についてどう考えたかを尋ねることができた。裁判所はまた、生活と人間に関する一般的経験に基づき自分自身の結論を引き出すこともできた。完全証明に関する法規は事実に関する確実性を強調した——同時にそれは裁判所に被告人の行動を自由な仕方で解釈する権限を与えたのである。これはもし経験則が明白なものであるならば危険なことではない。例えば〈ある者が他の者を猟銃で二メートルの至近距離から射つとき、前者は後者を殺す意図を有している〉というように。この場合は殺人の高度の蓋然性が誰によっても認識され、かつ是認されていると想定することが正当化される。しかし、もっと困難な解釈問題についてはどうなのか？　法によれば、有罪判決は〈恣意ではなく、理性［事実］と法に〉基づくものでなければならない。これは一九二〇—三〇年代のフィンランドにおける政治的正義を扱ったラーシュ・ビョーネ（Lars Björne）教授の著書の題名である。そこでは法の前の平等について語ることができない。[16]極左の活動は極めて厳しく取り扱われた——すなわち〈反逆罪の予備〉の罪の著しい拡張解釈の方法によって。同時に極右の非常に問題のある活動は裁判所によって広範に許容された。もちろんこれは裁判所の政治的態度の表現だった。白系と赤系との間の内戦（一九一七—一九一八年）[h]余波の時期の、そしてソ連の周辺における共産主義が恐れられたのである。証拠の評価または法の解釈のような問題については何も説明がない。しかし当時効力を有した証拠規則は、犯罪の客観的構成要件について裁判官に恣意性に至るまでの自由な方法で観察できる事実を解釈させることに焦点を当てていた。そしてそれがまさに、フィンランドの裁判所が一九二〇—三〇年代において、真のまたはそう考えられた共産主義者に関して行ったことなのである。共産主義への共感——それが証明されれば——、そして彼らの親族との接触は〈反逆罪の予備〉に分類された。明らかに共産主義者はその教説に忠実であれば反逆罪の予備行為を行うという経験則から出発したのである。具体的な事案において裁判所はこの解釈問題に正当な関心を払うことを怠った。

「行為」のための具体的証拠は必ずしも要求されなかった。共産主義者的態度のための証拠で有罪判決のために十分とされたのである。

証拠法のいかんに拘らず「故意」(mens rea)を合理的な疑いを超えて証明することは困難である。しかし、不適格な証人に関する古い法典の規則は、この困難を一層顕在化した。当事者の近親は不適格だった。偏見の問題は別として被告人の近親は彼について最もよく知っているということができる。彼の考えられうる意図に関する彼らの意見は、すべての人間は自分の心の領域についてある独占を有するとはいえ、原則として最上の外的知識に基づいている。証人として近親を排除することによって、法はまた証拠の重要な源泉を許容できなくしてしまったのである。刑法典がある諦念を表明しているのは理解しうることである。被告人の故意の範囲がどこまでであったかを見出すことはしばしばむしろ不可能なのである。結果的責任の犯罪もまたこの考えを表現している。この責任は道徳的理由付けのみでなく、故意の範囲の審理における証拠上の困難さにも基づいている。また因果関係に関する知識の相違は一九世紀の人々の間では比較的大きかったことも留意されるべきである。愚かさは弁明としてほとんど採用されなかった。

## 五　裁判例と法律学

古い法典の時代遅れの規則のもとで、証拠問題に関するフィンランド裁判所の理由付けは、英米の陪審の一般評決に似てきた。しかしこれが生じた理由は、単に法から全く明示的に乖離することを欲しなかったということだった。裁判所は起訴事実が証明されたと考えると判示することができた——それを反復することをせずに。そして法の解釈、包摂および証拠評価はしばしば交錯しているがゆえに、これらの問題にもまた簡潔なスタイルを拡張することは容易であった(17)。採用された法規範の解釈および／または包摂は証拠評価の空虚な文言の背後に隠すことができた。〈重大窃盗罪に達するような状況のもとで本件窃取が敢行されたことは証明されていない〉と。

自由心証主義は判決の正当化の改善を意味するものと期待されていた。原則として経験に関する科学的法則が証拠評価の法規にとって代わるだろうといわれた。裁判所は適用される経験則を明示的に示すようになることが期待された。しかしそういう事態は生じなかった。裁判所は簡潔なスタイルに馴れており、長い正当化の文章を書こうとはしなかった。状況はしかしながら、一九八〇年代以降やや改善されている。

フィンランド最高裁判所は最近まで、拘束的、抽象的な法規範と理解されるような裁判例を創造することを避けてきた。そしてより一般的にいえば、極めて簡潔なスタイルで正当化された事件［の裁判例］を利用することは困難である。一九六〇年代のブリィノルフ・ホンカサーロによる大著が、ごく僅かな事件の資料しか包含していないという事実が注目に値する。事態は私法の領域においても異ならず、そこではアカデミックな研究は主としてドイツ文献(後にはスカンジナヴィア文献も)に関する議論だった。しかしフィンランドの当時の裁判例は私法に関するものはむしろ少なかった。刑事事件のそれは豊富だったが、その簡潔で具体的な理由付けのためにほとんど有用性がなかった。このような裁判例が法律学の見地から権威あるものとして扱われず、またそうみられなかったのはもっともなことである。

もう一つの問題は、アカデミックな研究が各種の犯罪ではなく、総則の問題に主たる関心を集中していたことである。博士論文およびその他のアカデミックな価値のある著書は、総則問題における理論的論点が学者の関心の範囲内にあったことを明白に示している。古い世代の教授たちについていえば、フォーシュマンは緊急避難について、アーラン・セルラキウスは錯誤について、アーラネン（Allanen）は正当防衛についてそれぞれ博士論文を書いた。ブルーノ・A・サルマイアラ（Burno A. Salmiala）とホンカサーロは手続法について博士論文を書いたけれども、彼らが刑法教授職を得るために書いた著書は総則問題を扱っていた。〔i〕サルマイアラは共謀について、ホンカサーロは因果関係について書いた。その次の世代すらも同じパターンにしたがった。ボー・パルムグレーン（Bo Palmgren）は被害者の私訴権を研究し、ニィーロ・サロヴァーラ（Niilo Salovaara）は未遂罪について、インケリ・アンティラ（Inkeri Anttila）は被害者の同意について、レイノ・エリィラ（Reino Ellila）は逮捕〔?〕について書いた、など。各種の犯罪に関するモノグラフィーは稀であった。詐欺罪に関するエストランダー（Estlander）の著書――教授職を得るために書かれたもの――は、あまり好評でなかった。そしてホンカサーロとアンティラが性犯罪を研究したとき――異なる見地から――、アプローチは一部社会学的なものだった。このリストはケッコメーキ（Kekomäki）の常習的・職業的犯罪に関する研究、W・A・パルメ（Palme）の継続犯に関する著書、パーヴォ・ヒルツネン（Paavo Hiltunen）の累犯の責任概念に関する博士号請求論文（学位取得に成功しえなかったが）、ヨルマ・ウィット（Jorma Uitto）の仮釈放に関する博士論文に言及することで続けることができる。小国には多くの法律学的研究は存在しない。上述したところは、どんな研究がなされてきたかを示している。一九六〇年代にいたって漸くアカデミックな研究は、詐欺罪（カーロ・E・ストールベリィ（Kaarlo L. Stoåhlberg））または破産犯罪（オーラヴィ・E・ヘイノネン（Olavi E. Heinonen））のような各種の犯罪に関心を寄せるようになった。学界に入ろうと欲するならば、各種の犯罪に興味を抱くべきではない。当時の支配的なパラダイムによれば、理論的問題に関連する解釈問題はとくに価値が高かったのである。

しかし私は、その背景に証拠評価および決定の正当化に関する問題があると考える。もちろん各種の犯罪に関する著作が研究の出発点として絶対的に裁判例を前提とするということはできない。しかし精細な正当化理由を有する裁判例の欠乏は、疑いもなくそのような研究テーマを選択することに対する反論となる。裁判所が〈当該犯罪が重大窃盗罪であったことは証明されていない〉と判示するとき、読む者は当惑させられる。解釈、包摂、証拠評価――それともそのすべてなのかと。

それに加えて、厳格な証拠規則が裁判所をして関連する諸問題への回答を得ることを妨げているということを認識せざるを得ないとき、精錬された法の解釈を提示するのはいささか挫折感を覚える仕事だったに違いない。しかしながら、これだけが説明なのではない。ヤーコ・フォーシュマンは真に権威ある制定法規範の解釈に関する文献を書いている。彼の見解は超克することが、あるいは疑問を挟むことすら難しいものだった。

法の発展について語るとき、しばしば証拠問題が度外視されている。法的文脈における証拠問題の関連性が周辺的なものだと考えられていることは〈一目瞭然〉である。そうしてそれにも拘らず、すべての裁判制度の核心は証拠法に結実しているその証拠理論なのである。もちろん真実を明らかにする技法およびこれらの技法を使用する制度、すなわち警察、法医学、証言心理学等々が忘れられてはならない。事件における事実関係を明らかにできればできるほど、より精錬された解釈を提案することができるのである。しかし私は、本論文を現在のスウェーデンおよびフィンランドにおける自由心証主義に関する小話でもって続けることにしよう。

## 六　スウェーデンおよびフィンランドにおける自由心証主義[18]

証拠理論の基礎にある仮定は、通常は少なくとも部分的にイデオロギー的なものであり、そしてそれゆえに理論的または経験的批判に対してむしろ抵抗する。英米証拠法に親しんでいる読者にとってスカンジナヴィア法の自由心証主義を理解することは困難かも知れない。事実認定者が証拠および推論に関する精錬された法規——伝聞法則や性格証拠および弾劾に関する規則のような——に拘束されることなしに、どのようにして恣意や偏見を避けることができるのか？　本論文のこの部分は主として私自身のスウェーデンおよびフィンランドの裁判における証拠問題に関する研究に基づいている——現実は両者に共通の規範的基礎[19]とは異なるものだからである。自由心証主義が文字どおりの自由すなわちいかなる規則にも拘束されないということだと考えるならば、それは誤解であろう。

a　裁判においては必ずしも関連事実に関する十分な確実性に到達することができないがゆえに、すべての証拠法は証明（の程）度および証明責任に関する規則を包含しなければならない。スウェーデンおよびフィンランド法においては、それらは大部分慣習法に基づいている[20]。スウェーデンでは刑事事件については英米法の〈合理的な疑いを超える〉証明度が採用されている。民事事件では〈証明された〉事実について語られる[j]。フィンランドの証明度は〈完全証明〉とよばれる。〈証明された〉も、〈完全証明〉も単なる証拠の優越よりも明白に高い証明度を意味する[21]。

b　自由心証主義において関連事実は、証拠から証明されるべき事実への推論を正当化する多かれ少なかれ確立された経験則に基づく。自由心証主義が導入されたとき、経験則は証拠の許容性および評価に関する古い厳格な規則と同様の機能を営むだろうといわれた。

しかし自由心証主義は実際にどのように働くのか？　スウェーデンにおいて故エーケレーヴ（Ekelöf）教授は証拠評価に関する特別の方法を提案した。[22] それは事実の分析（ジョン・ウィグモアのチャート方式に似ている）および蓋然性モデルに基づいている。[k] それはスウェーデンの法学文献および裁判実務においてかなりの支持を得ている。フィンランドではこの方法はまだ多くの追随者を集めていない。そこでは事実認定のホリスティックかつ直観的な性質が強調されているのである。[23]

スウェーデンでもフィンランドでも地方裁判所には法律家と素人の裁判官がいる。しかし素人裁判官は、しばしば彼らが理解しないか、承認しないであろう職業的裁判官の説示の後に彼から引き離される陪審員とは異なる。スウェーデンでもフィンランドでも裁判所における秘密評議の間職業裁判官が同席し、かつそれを主宰する。さらに素人裁判官はかなりの経験を積んでいる。フィンランドでは彼らは四年間の任期中週に約一回法廷に座るのであって、かつしばしば再任されている。スウェーデンの参審員は月に約一回裁判に関与する。その任期は六年〔三年の誤記―スウェーデン訴訟手続法四章八条一項〕であり、再任が可能である。両国における素人裁判官は地方自治体の参事会によって選出され、そしてそれゆえに通常ある程度は政党との関連を有しているであろう。

当事者は証拠を提出する責任を負っている。刑事裁判はアドヴァーサリ・システムによっている。裁判所は職権で証拠調べができるけれども、実際には行われていない。

原則としてすべての関連ある証拠は許容される。関連性に関する考量は裁判所に委ねられている。不許容性に関するごく僅かな制定法上の規則がある。その最も重要なものは聖職者、弁護士、医師および歯科医師などを、彼らの依頼者に関する事項についてその承諾なしに証言することから妨げる規則である。当事者の近親者も証言を拒否することができる（当該当事者の意見いかんに拘らず）。

しかしながら裁判所は、例えば関連性の欠如を理由に、あるいは証言しない義務または権利に関する規則を空洞化させる企図を含むがゆえに（例えば弁護士の事務員を依頼者に関する事項について証言させるために申請する――このような事項について秘書のほうがむしろよく知っていることは決して珍しくない）、証拠が許容されない旨決定することができる。

ここで〈関連性〉とは、積極的な証明力とありうべき偏見との比較を意味しないということが留意されるべきである。

刑事または民事の事件の当事者は法技術的意味において（すなわち宣誓のもとに）証言する資格を有しない。このことは法人については理事会の構成員（またはこれに類する者）のみに当てはまる。しかしながら、民事訴訟の当事者および刑事訴訟における被害者は、真実性に関する特別の保証を行い、その後に証人と同様な仕方で尋問されうる。その場合彼らは偽証の制裁に服するけれども、このような保証を行うように強いられることはない。

刑事事件における被告人または真実性の保証を行うことを欲しない当事者は、無方式で尋問されうる。被告人は処罰されることなく嘘をいう権利を有する（他の人に対する誣告や名誉毀損などは別として）。もし当事者が尋問に答えることを拒絶するならば、スウェーデンおよびフィンランド法は裁判所がこの拒絶から結論を引き出すことを明示的に認める。しかしながら、このような推論の性質は具体的に明らかにされていない〔1〕。

潜在的な当事者もまた証言台に立つのが許されないことが留意されるべきである。例えば、もし検察側が被告人の共犯者に対する訴追をしないとしても、このことは彼を検察側の証人として利用することを可能ならしめない――宣誓なしに尋問することはできるけれども。

しかしながら、制裁に服しない当事者の〈供述〉さえも証拠事実として考慮される――刑事事件における有罪判決は通常被害者の供述のみに基づくことは許されず、それを裏付ける補強的な補助事実が必要とされるけれども。とりわけスウェーデンの裁判例はこの問題について慎重である。パルメ事件において被告人はスウェーデンの首相オーロフ・パルメ（Olof Palme）に対する殺人罪について無罪を言い渡された。[m] パルメ夫人――彼女もその銃撃の際に受傷した――は、面通しのときも、法廷でも彼女の言葉によれば〈十分な確実性をもって〉被告人と犯人との同一性を確認した。彼女はそれ以前に殺人者の外見、着衣および動作の奇妙さについて正確な描写を行っていた。さらにこの描写は現場に居合わせた数人の証人の証言と合致していた――もっとも彼らは被告人の容貌を確かめることはできなかった（暗さと遠距離のために）。[24] この事件においてはいくつかの補強証拠が存在した。それにも拘らず、被告人は控訴審において無罪とされたのである（地方裁判所において二人の職業裁判官の無罪意見が六人の素人裁判官の多数決により否定され、有罪判決がなされた後に）。

証拠の内容およびその源泉について制限する法の明文の規定は存しない。伝聞もそれ自体としては許容される（証言しないよう強いられる、または証言しない権利に関する規則が空洞化されることを意味するような場合でなければ――この規則すら制定法上のものではない）。しかしながら教科書および裁判例は、伝聞証人は彼の〈源泉〉を明らかにすることを前提とすることによって〈最良証拠〉の原則を遵守している。もし彼がそうすることを怠るならば、彼の証言は風評に分類され、廃棄されるであろう。〈最良証拠〉の原則のもう一つの表現は、警察の尋問記録は証人尋問後にありうべき矛盾を明らかにするためにのみ用いうるということである。

違法に調達された証拠さえも「それ自体としては」許容される（例えば窃取された文書や盗聴の手段によって得たテープ）。しかしながら若干の著者らは、裁判所は目に余るような行為の場合には、このような場合の証拠の不許容性に関する明示的な規則は法定されていないけれども、これによって得た証拠の許容を否定すべきだという説を主張している。

証人は国（刑事事件）または尋問を請求した当事者（民事事件）から補償を受ける。その金額は裁判所が決定する。

証言する義務は一般的な国民の義務である（国家元首はそれを免責されるが）。任意に応じない者は罰則付きで召喚されうる。しかしながら証人は、若干のタイプの尋問、例えば彼自身に刑事責任を招くとか、営業上、職業上の秘密の暴露を包含する事項に対しては、答えを拒絶することができる。

鑑定人は裁判所によっても、また当事者によっても選任されうる。ここで通常の証人でさえ意見を述べることも推論を引き出すこともできることが注意されるべきである。それは決して鑑定人の特権ではない。その場合裁判所は、そのような意見や推論がどんな価値をもつかを評価するであろう。証人、鑑定人の両者とも自由な語りや、もちろん裁判所、当事者の尋問に対する答えの形で彼らの供述を提出する。供述内容の構成および首尾一貫性が代理人の尋問の結果によるのではないほうが、裁判所にとって鑑定人および証人の信頼性に関する意見を形成することがより容易だと考えられている。

文書についても言及しておくべきかも知れない。若干の条件のもとで当事者は自己の保有する文書を提出する義務を負う。しかしながら一つの重要な制限がある。〈私的な性質の書かれた供述〉は、その書面の作成者を証人として尋問することが不可能な場合でなければ許容されない。[n] この禁止は、陳述書（affidavits）を含むが、公文書、医師の証明書などを包含しない。さらに鑑定意見については、陳述書の形で提出されうるけれども、裁判所または当事者は鑑定人の法廷での供述を求めることができる。〈供述〉（statement）という言葉は、その裁判に直接に関連していない手紙、ノートまたはメモを包含しない。

スウェーデンでは手続は録音される。録音テープは必要な場合には反訳される。フィンランドではテープ録音はかなり稀である。通例は裁判長が手続内容を要約し、その結果を法廷の書記官に口述する。その場合証人は口述された要約が彼の証言をその通りに再現しているかどうか尋ねられる。残念ながら裁判官はしばしば、証人が十分に理解できないような学問的表現および術語を用いるだろう――それについてなんら注意を払わないままに。

裁判所の判決は、その判断が基づいている事実上の前提の明示的な正当化を包含することが期待されている。スウェーデンでは証拠は綿密に分析される。フィンランドでは積極、消極の十分な証拠の分析は稀である―積極的な証拠のみを列挙することで満足している。さらに無罪判決については、裁判所は被告人を汚すかも知れない言明を避けることを欲するがゆえに、大部分の場合なんら明示的な理由付けを伴っていない。[o] 無罪判決はスウェーデンでもフィンランドでも、〈無罪である〉ではなく、〈証明されていない〉という言葉で表現される。

地方裁判所から控訴裁判所へはほとんど全部の事件が控訴できる。[p] スウェーデンではこのことは――少数の例外を除いて――新たな本口頭弁論を意味する。フィンランドでは新しい本口頭弁論は控訴事件の約一％についてしか行われない。フィンランドの控訴裁判所はその証拠評価を地方裁判所の記録に基づいて行う。

その調達の仕方にかんがみ記録中の証拠は改めて証拠評価を行うためにはかなり信頼性の薄弱な資料である。それにも拘らず、大部分のフィンランドの控訴裁判所の裁判部はこの点について躊躇を感ぜず、しばしば地方裁判所の判決を根本的に変更する――スウェーデンの控訴裁判所では当事者および証人の信用性を「直接の人的な」観察の方法によって判断できるけれども、そのスウェーデンよりも実際には多くしばしば。(25) この伝統的な控訴審の書面手続に対してはフィンランドにおいてひろく批判が提起されている。

控訴裁判所から最高裁判所に上告がなされるが、しかしそれは基本的に法律問題についてのみである。法によれば上告許可命令（サーシオラリー）(certiorari) は、事実問題、裁量問題（量刑、損害額）等については許容されない。もっとも最高裁判所が特別の理由があると認めるときは、証拠上の事由に基づいても上告が認められうるが、しかしこれは極めて異例であって、下級裁判所の手続における明白な過誤または従前の段階で当事者および裁判所に利用しえなかった高度の関連性を有する新証拠の存在を前提とする。〔9〕

しかし、もし上告許可命令が先例的法律問題に関するという理由で許容されるならば、事実問題に関するありうべき争いを含む事件全体の審理が原則として再開される。もっとも、最高裁判所が先例的問題について見解を示すとき証拠評価を修正することは滅多にない。(26)

しかしながら、証拠上の事由に基づき上告を許容することに対するスウェーデンおよびフィンランド最高裁判所の消極的態度はまた、証拠「法」の問題に関する最高裁判所の裁判例がほんの僅かしか存在しないということも意味する。例えば証拠の不許容性に関する規則の解釈問題に関する上告を認めるならば、それは容易に（残余の）証拠の再評価を包含することになろう。そして両最高裁判所とも事実の審判者であることを欲しないのである。

以上に説明した理由によって、証拠法の主要な法源は控訴裁判所の裁判例（各裁判所ごとにかなりの相違がある）および法律学者の著作である(27)。

しかしながら、五年間の法学部教育では証拠法およびその実務にあまり多くの時間は割かれていない。その結果として、証拠の分析に関するスウェーデンおよびフィンランドの法律家の専門的能力にはしばしば欠陥があるということになる〔ｒ〕。

証拠法が自由心証主義に基づいているならば、裁判所は職業裁判官によって構成されるべきだとおそらく考えられるかも知れない。コモン・ローに典型的にみられる証拠法の規則は、伝統的に（そして正当にも）陪審の過誤を犯す傾向性を引照することによって正当化されている。法規と裁判官の説示とはこのような過誤とくに有罪のための証拠の過大評価を含む誤りを防止するために必要とされるのである。

スウェーデンおよびフィンランド法によれば被告人の犯罪歴は常に手続の最初に裁判所に提出される。それは伝統的に価値ある情報の一部と考えられている(28)。しかしながら、裁判所が証拠評価に際しそれによってかなりしばしば被告人に不利な仕方で影響されることは明らかである。とりわけフィンランドでは前科を有する者はしばしば薄弱な証拠で有罪とされている(29)。

しかしながら、スウェーデン―フィンランド司法制度は、素人裁判官の意見が最終的には事実問題および法律問題の双方について優越するという考えに基づいている。スウェーデンにおいては［職業裁判官に対して］通常刑事事件では素人裁判官は三対一、重大な刑事事件では五対一の多数を有している。フィンランドにおいては五―七人で構成される素人裁判官の集合体が、全員一致の意見であれば職業裁判官に優越する（民事、刑事双方の事件で）。もっとも都市裁判所はすべて職業裁判官で構成されている（三人の合議体）。いずれにせよ〈素人裁判官の意見による判決〉は少ない（スウェーデンでは約三・五%、フィンランドでは僅かに約○・○八%）。それにも拘らず、われわれのプロジェクト・グループ〈法と真実〉の経験的研究は、法律家も素人もまさしく同様の過誤を犯す傾向性があることを明らかにしているのである。(30)〔s〕

ウプサラにて

ハンヌ・ターパニ・クラーミ

**原注**〔出典の表記は原文のまま〕

（1） L. Radzinowicz, ***A History of English Criminal Law*** I (London 1948) 23-35；J. H. Langbein, ***Albion's Fatal Flaws, Past and Present*** 98（1985）116 s.

（2） H. T. Klami, M. Hatakka & J. Sorvettula, ***Burden of Proof-Truth or Law,*** 《Scandinavian Studies in Law, 27》(1990) 143-146をみよ。

（3） すでに一七三四年法典の旧訴訟法の部（フィンランド訴訟手続法、略称OK〔t〕）は、被告人の自白が信用できず、したがって採用されない可能性を考慮に入れていた（同法一七章三六条）。

（4） 一つには学生は講義に出席する（=本の内容を知っている）ことが期待されていたこと、もう一つにはこの著書には十分な文献の引用が欠けていたことのゆえに、形式的にはこれは講義ノートであった（総則理論編三巻、犯罪各論編三巻）

（5） P.Renvall, *Suomalainen 1500－luvun ihminen oikeuskatsomustensa valossa* ［*The Finnish 16th Century Man in the Light of His Conceptions of Justice*］, ***Ann. Univ. Turkuensis*** 33（Turku 1949）142 s.

（6） OK 17：7をみよ。

（7） OK 17：30.

（8） OK 17：37；なお、G. Inger, ***Institutet*** 《***insättande på bekännelse***》 ***i svensk processrättshistoria*** ［*The*

*Institute* 《*Jailing for Confession*》 *in the History of Swedish Procedural Law*]（Lund 1976）24 s. をみよ。

（9） OK 17：7 and 17：9. 法はこの種の尋問が許容されるかどうかを裁判所の裁量に委ねた。不適格な証人の証言は証拠として認められないわけだから、このような証人の尋問はどんな機能を営んだのかが問われるであろう。答えは、彼らの証言は被告人をしてその否認が虚偽であり、無益なものであることを理解させることができたということである。

（10） H. Ylikangas, *Puukkojunkkareitten esiinmarssi* [*Knife-Robbers Marching In*]（Helsinki 1975）195 s.

（11） A. Stening, *Bevisvärde* [*Evidentiary Value*]（Stockholm 1975）27 s. Cf. Per Henrik Lindblom, *Review* of Stening, *Bevisvärde, Svensk Juristtidning* 52（1977）283. この法典の証拠法規範の解釈については、R. A. Wrede, *Finlands gällande civilprocessrätt* [*The Present Law of Finnish Civil Produre*] II³（Helsingfors 1923）91 s. をみよ。

（12） この規範的状況は、法における帰納に反対するマッコネン（Makkonen）教授が挙げる諸例の一つである。ひとは一連の特別規則から一般的規則の存在を結論づけることができないのである（K. Makkonen, *Zur Problematik der juridischen Entscheidung, Ann. Univ. Turkuensis* 93（Turku 1965）202–203 をみよ）。

（13） 当時フィンランドの法律学はドイツ学説の影響を著しく受けていた。H. T. Klami, *The Legalists-Finnish Legal Science in the Period of Autonomy 1809–1917*（Helsinki 1981）；for criminal law 58–68 をみよ。

（14） H. T. Klami, J. Sorvettula, M. Hatakka, *Dolus probatus-Proving Criminal Intent, Oikeustiede- Jurisprudentia* 23（1990）93 s. をみよ。

（15） A. Serlachius, *Suomen rikosoikeuden oppikirja²* [*A Treatise of Finnish Criminal Law*]（Helsinki 1919）124 s.

（16） L. Björne, 《*...syihin ja lakiin eikä mielivaltaan...*》[《*...On Reasons and Law, Not on Pleasure...*》]（Vammala 1977）esp. 372 and 376 s., cf. H. T.Klami, *Review* of Björne, *Lakimies* 75（1977）483.

（17） Bror Clas Carlson, *Om doms motivering* [*On the Justification of a Verdict*], *Defensor Legis* 32（1961）15 s. をみよ。現状については J. Sorvettula, H. T. Klami, M. Rahikainen, *Todistusharkinnan perustelemisesta* [*On the Justification of the Evaluation of Evidence*], *Defensor Legis* 49 (1988) 86 s. をみよ。

(18) 本論文の以下の部分は、実のところスウェーデンおよびフィンランドの裁判所の機能に関する私自身の研究の要約である。私は多くのスウェーデンおよびフィンランドの文献資料の引用を差し控えたが、それは1 語学的理由から私の読者に利用できないこと、2 もし利用できるならば、私および私の研究チームの緒論文例えば M. Hatakka, H. T. Klami, *Beweismass und Irrtumsrisiko, Ann. Acad. Scientiarum Fennicae* B 253 (Helsinki 1990); H. T. Klami, M. Hämäläinen, Lawyers and *Laymen on the Bench, Ann. Acad. Scientiarum Fennicae* B 262 (Helsinki 1992); H. T. Klami, J. Sorvettula, M. Hatakka, *Evidentiary Value, Juridiska Föreningens Tidskrift* 124 (1989) 23 s. において一層の参照文献を見出すことができるからである。

(19) スウェーデン訴訟手続法三五章は証拠に関する規則を包含する。それは一九四五年に制定され、そして一九四七年以降施行されている—小さな改正はなされたが〔訳注〔g〕参照〕。それは一九四八年に制定され、一九四九年から施行されたフィンランド訴訟手続法一七章のモデルとして役立った。

(20) フィンランド訴訟手続法一七章は証明責任に関する一般規則でもって始まる。民事事件においては事実を援用する当事者はそれを証明する責任を負う。刑事事件においては訴追側が証明責任を負う。スウェーデン訴訟手続法はこのような規定を有しない。それはあまりにも漠然としており、あらずもがなと考えられたのである。自由心証主義に関する一般原則はスウェーデン訴訟手続法三五章一条およびフィンランド訴訟手続法一七章二条に、それぞれ明示的に述べられている。

(21) 例えば Per O. Ekelöf, ***Rättegång*** [*The Trial*] IV[5] (Stockholm 1982) 78-80 をみよ。われわれのアンケート調査は、実際に裁判官たちは〈証明された〉を単なる優越よりもはるかに程度が高いものを意味すると考えていることを明らかにしている (H. T. Klami, M. Marklund M. Rahikainen, J. Sorvettula. *Ett rationellt beviskrav* [*A Rational Standard of Proof*], *Svensk Jurisitdning* (1988) 589 をみよ)。フィンランドの〈完全証明〉という表現は、証明度の定義によると証拠は〈勤勉にして誠実な事実認定者をして真実であることを確信させ〉なければならないのであるから、原則として刑事事件と民事事件とで差異はない〔u〕。例えば J. Halila, *Todistustaakan jaosta*

[*On the Incidence of the Burden of Proof*]（Provoo 1955）1をみよ。

(22)　証拠評価の方法に関する規定は法にはみられない。証拠価値説については例えばP. Gärdenfors, B. Hansson, N. -E. Sahlin, *Evidentiary Value*（Lund 1983）：Per O. Ekelöf, *My Thoughts on Evidentiary Value*, 9–26における故エーケレーヴ教授の要約をみよ。なお、Ekelöf 1982（nt. 21）17–32；Klami, Sorvettla, Hatakka 1989（nt. 18）25–40もみよ。この方法はベイジアンではない。[v] それは証拠事実（間接事実あるいは状況的事実）と真の証拠事実の証拠価値にのみ影響する〈補助事実〉とを区別する。証拠価値は証拠事実から証明主題への直接の推論を認める経験則に基づく。フィンランドでは証拠価値説はまだ多くの支持者を得ていない（フィンランドにおけるホリスティックかつ直観的な事実認定の性質についてはHatakka, Klami 1990（nt. 18）19 – 20 and the formulations quoted をみよ）。

(23)　両法典とも損害額に関する立証が不可能または困難であるときは、裁判所に自由な方法で、かつ衡平にかんがみそれを査定することを認める規定を有している。しかしフィンランドではこのような大雑把な損害額の評価がスウェーデンよりもはるかに一般的である（J. Sorvettula, H. T. Klami, *Om prövning i skadeståndsmål* [*On Discretion in Tort Cases*], *Juridiska Föreningens Tidskrift*（Finland 1989）332に含まれている経験的分析による比較をみよ）。

(24)　H. T. Klami, *Mordet på Olof Palme-en bevisteoretisk analys* [*The Murder of Olof Palme : A Theoretical Analysis of Evidence*]（Uppsala 1990）をみよ。本書はまた両裁判所の記録および判決の要約を含んでいる。

(25)　Hatakka, Klami 1990（nt. 18), 27–29.

(26)　フィンランド最高裁判所長官　オーラヴィ・E・ヘイノネン（Olavi E. Heinonen）博士は私に、たとい「それ自体としては」重要な先例的価値ある問題であっても、事件の事実関係が比較的十分に確定されていなければ、最高裁は上告許可を与えるのを甚だしく渋るだろうと語っている。そうでなければ、先例の範囲が容易に不明確なままになる（そのような問題の区別に関して）と考えられているのである。

(27)　主要な権威ある文献は、スウェーデンではPer O. Ekelöf, *Rättegång* [*The Trial*] IV[5]（Stockholm 1982）；

フィンランドではT. Tirkkonen, *Suomen rikosprosessioikeus*［*Finnish Criminal Procedure*］II$^2$（Provoo 1972）；T. Tirkkonen, *Suomen siviiliprosessioikeus*［*Finnish Civil Procedure*］II. 2nd ed. by J. Halila（Porvoo 1977）. しかしながらティルコネン（Tirkkkonen）は、少なくとも証拠評価に関する限り、徐々にしかし確実にとって代わられつつある旧式の見解を代表している。最も近時のこの主題に関する文献はH. T. Klami, M. Rahikainen, J. Sorvettula, *Todistusharkinta ja todistustaakka*［*Evaluation of Evidence and Burden of Proof*］（Helsinki 1987）である。

(28) 中世のスウェーデン-フィンランド法および一七三四年法典によれば、多くの犯罪は被告人が再犯者かどうか、例えば第一回目の窃盗、第二回目の窃盗または第三回目の窃盗か？　に応じて処罰された。前科は教会区登録簿に登載され、その抄本が裁判所に提出された。また聖職者はしばしば性格証人として尋問された。

(29) このことはわれわれが職業裁判官および素人裁判官に対して尋ねた、被告人の前科をどのように証拠評価に影響させるか、という調査から判明した。この結果はH. Tapani Klami, Ari-Pekka Koivisto, *Old Crook-Criminal Record as Evidence: Theory v. Attitudes, Oikeustiede-Jurisprudentia* 25（1992）63–107という論文において紹介されている。（模擬）陪審については、R. L. Wissler, M. J. Saks, *On the Inefficacy of Limiting Instructions When Jurors Use Prior Conviction Evidence to Decide on Guilt, Law and Human Behavior* 9（1985）37–48をみよ。彼らの結論は、被告人の犯罪記録の提示は被告人の信頼性には影響しないが（その提出を認める法の理由付け）、しかし有罪判決の蓋然性を増加し、かつ裁判官の抑制的説示もその過誤を訂正するとは思われない（四八頁）というものである（The Federal Rules of Evidence, 404, 608 and 609 参照）。

(30) Klami, Hämäläinen (nt. 18) をみよ。

## 訳注

［a］当時フィンランドはスウェーデンと連合を形成しており、その一部を成していた。したがって一七三四年法典は当然フィンランドにも適用された。なお、フィンランドの歴史については資料的にやや古くなっているが、

角田文衛編（『北欧史』一九五五、山川出版社）一四七頁以下、など参照。

[b]　訳者は、我が国においては、この二つのアプローチは単に刑法にとどまらず、民法その他のすべての実体法を通じての基本的問題だと思う。我が国の実体法は、理念的アプローチの典型であり、いわば事態を「神様の目でみた言葉」で書かれているといってよい。

[c]　この点については、ハンヌ・ターパニ・クラーミ＝マリア・ラヒカイネン＝ヨハンナ・ソルヴェットラ、拙訳「北欧における証明論・証明責任論の新しい動向」神奈川大学法学研究所研究年報一二号（一九九〇）三六―三七頁、四九―五〇頁訳注（a）〔本書四四三、四五八―四五九頁〕参照。クラーミはもともとローマ法学者として出発した人であるため、彼の著作にはローマ法に言及することが多いのが特徴的である。本論文自体がローマ法研究の専門誌に掲載されたものである。

[d]　中世の証拠法については、R・バートレット、竜嵜喜助訳『中世の審判』（一九九三、尚学社）参照。とくに宣誓については四六頁以下をみよ。同書については訳者の書評がある（ジュリスト一〇四〇号（一九九四）一四三頁）。

[e]　参審員は、以下では素人裁判官（lay judges）と表現されている。法も裁判官として職業裁判官と同様に就任時に裁判官宣誓を行うことを義務づけている。参審（員）については、拙著『スウェーデンの司法』（一九八八、弘文堂）二一四頁以下参照。

[f]　フィンランドは一八〇九年から一九一七年までロシアの自治領だった。

[g]　スウェーデン訴訟手続法は一九四二年に制定、一九四八年から施行された。クラーミが同法を一九四五年制定、一九四七年施行（原注（19））と書いているのは誤記である。

[h]　この内戦については、前掲『北欧史』一八二一―一八三頁、百瀬宏『北欧現代史』（一九八〇、山川出版社）一九五頁以下、など参照。

[i]　スウェーデンおよびフィンランドにおける研究者養成では、博士号の取得は極めて難しく、博士論文は大部の著書の形をとるのが普通である。また、正教授に任命されるための基準としては学位論文に匹敵するもう一冊

の著書を書くことが広く合意されていたといわれる（拙著・前掲『スウェーデンの司法』七八頁以下参照）。なお訳者は、一九九四年九月にデンマークで開催された北欧訴訟法会議に出席した際、フィンランドからの参加者たちと本論文について話し合う機会をもったが、ヒルツネンの例は学位請求論文を刊行後に学位審査で否定された唯一の例として評判になったということである。

［j］ 拙稿「スウェーデン証拠法序説」神奈川法学二五巻三号（一九九〇）とくに九―一〇頁〔本書八〇―八一頁〕参照。

［k］ 前注頁など参照。

［l］ スウェーデン法は訴訟手続法三五章四条が定めている。本条については、当事者の受動性が当該事実に関する相手方の主張の正当性を推認させる証拠（事実）であり、その証拠力は個々の場合に応じて判断されると解されている（Per Olof Ekelöf & Robert Boman, Rättegång IV (6 uppl. 1992) s. 24）。

［m］ この事件については簡単ながら、拙稿「スウェーデンの法と社会」拙著『裁判法の考え方』（一九九四、信山社）三一〇―三一一頁で触れている。

［n］ 陳述書に関する慎重な態度は、現在我が国の民事裁判実務で横行している陳述書の問題を考える上で参考に値するといえよう（拙稿「目の裁判か、耳の裁判か」判例タイムズ八五八号（一九九四）七頁以下参照）。

［o］ 無罪判決において被告人を汚すことと恐れ、なんら理由を書かないというのは、一つの興味深い考えである。我が国でも刑事訴訟法三三六条は「犯罪の証明がないとき……無罪の言渡をしなければならない。」と定めているのだから、そう判示すればよく、現在行われているような詳細な証拠説明は不要なはずだとの説を、ある元刑事裁判官から聞いたことがある。それはともかく、有罪の判決の理由が極めて簡単で、無罪判決の理由が極めて詳細という我が国の刑事判決の在りようは本末転倒の感じがしないでもない。フィンランドの考え方は我が国の刑事裁判実務にも示唆するものがあるといえよう。

［p］ 最近の司法統計によると、スウェーデンにおける控訴率は民事事件では約七％、刑事事件では約一三％である。Rättsstatistik 1992 (1992) s. 176, 178. なおスウェーデン、フィンランドとも控訴裁判所は高等裁判所で

ある。

［q］　スウェーデンの民事上告制度については、拙稿「スウェーデンの上告制度」『小室直人・小山昇先生還暦記念　裁判と上訴　上』（一九八〇、有斐閣）一四八頁以下参照。

［r］　本文の指摘は、我が国についても全く同様にあてはまるといえよう。いや、こちらのほうがもっとひどいといえる。なぜならば、フィンランドにおいては一定回数の法廷傍聴が法学教育終了のための要件とされているからである（拙稿「フィンランド法断章」判例タイムズ二七七号（一九七二）五一頁参照。なお、これは二〇年前に書かれたが、フィンランド法（の一部）に関する大雑把な素描に過ぎないが、この国の民事訴訟の実態に関するおそらく我が国唯一の資料として、本論文を理解する上で多少の役に立つであろう）。

［s］　この結びの指摘は極めて重要である。ここに自由心証主義のもとで職業裁判官の事実認定能力を過信してはならず、参審等の形で国民が裁判に関与することが正当化される根拠（の一つ）がある。

［t］　OK はフィンランド語の訴訟手続法 Oikeudenkaymiskaari の略語である。

［u］　我が国でも最近まで民事、刑事とも証明度は同じだという見解が支配的だったことを想起されたい（拙稿「行政訴訟における主張・証明責任論」『成田頼明先生横浜国立大学退官記念　国際化時代の行政と法』（一九九三、良書普及会）二一一頁注（15）〔本書二一四頁〕参照）。

［v］　我が国における事実認定とベイズ統計学の利用に関する議論については、前掲拙稿「スウェーデン証拠法序説」三九頁注（6）〔本書一一二―一一三頁〕参照。

# 訳者あとがき

本稿はHannu Tapani Klami, Inadmissible? From Legal Evaluation of Evidence to Free Proof. A Case Study, Quaderni camerti di studi romanistici (International Survey of Roman Law) Vol 22 (1994) pp. 567 ff. の全訳である。ただし、表題は内容をより的確に示し、読者の関心を引きつける（と訳者が考える）ものにした。また原注については説明部分のみを訳してある。訳注は読者の理解に資すると思われるものを随時付した。

原著者の経歴、研究活動等については、前掲訳注［c］の論文の「訳者あとがき」（五二頁以下〔本書四六二頁以下〕）をみられたい。、その後彼は母国フィンランドに戻り、現在はヘルシンキ大学法学部の教授である。なお、上記前稿におけるクラミという著者名の表記を本稿では原音により忠実なクラーミに変更した。

この訳稿は、本論文集への寄稿とほぼ同一の締め切り期限の原稿を数本抱えており、とうてい論文を書く余裕がないため、いわば緊急避難として翻訳で代物弁済することを認めて頂いた挙句の産物である。しかしいま、訳了して稿を読み返してみると、下手な自分の論文を書くよりも、この翻訳のほうが多少なりとも学界と実務のお役に立つのではないかという思いが強くする。併せて翻訳を快諾された原著者に感謝する次第である。

なお、訳文では、〔 〕付きのイタリックをゴチックに、イタリックを「 」付きに、《 》の語を〈 〉付きに改めたことをお断りしておく。

訳者の現在の研究上の問題意識との関連において、クラーミの仕事や本論文の意義について詳しく語りたい誘惑に駆られるが、ここでは自制することにして、この訳稿が、専門分野を超えた広範囲の読者の目に触れ、拾い読みでもいいから読まれること──とくに立法における理念主義と現実主義に関する部分など──を切に願いつつ擱筆する。

# 跋——初出一覧を兼ねて

本書所収の論稿（翻訳を含む）の初出は以下のとおりである。

第一　スウェーデン法における主張責任論（一、二・完）—民商法雑誌一〇〇巻五、六号（一九八九年）

第二　スウェーデン証拠法序説—証明責任論のための準備作業を兼ねて—　神奈川法学二五巻三号（一九九〇年）

第三　スウェーデン法における証明責任論—神奈川大学法学研究所研究年報一二号（一九九一年）

第四　行政訴訟における主張・証明責任論『成田頼明先生横浜国立大学退官記念　国際化時代の行政と法』（一九九三年、良書普及会）

第五　刑事訴訟における証明責任—神奈川法学二八巻二・三合併号（一九九三年）

第六　主張・証明責任論の基本問題—神奈川法学二九巻二号（一九九四年）

第七　刑事参審制度について—法の支配一〇六号（一九九七年）（＊）

第八　民事証明論覚え書—民事訴訟雑誌四四号（一九九八年）

第九　続・民事証明論覚え書—事実認定と審理・判決についてなど—　判例タイムズ九八六号（一九九九年）

〔翻　訳〕

第一　P・O・ボールディング「証明責任および証明度」——『竜嵜喜助先生還暦記念　紛争処理と正義』（一九八八年、有斐閣出版サービス）

第二　ハンヌ・ターパニ・クラミ＝マリア・ラヒカイネン＝ヨハンナ・ソルヴェットラ「北欧における証明論・証明責任論の新しい動向——証拠に関する理由づけの合理性について・一つのモデル」——神奈川大学法学研究所研究年報一二号（一九九一年）

第三　ハンヌ・ターパニ・クラーミ「フィンランド証拠法の発展と現況——スウェーデンと対比しつつ」——神奈川法学三〇巻二号（一九九五）

（＊）本稿のみ標題からは別物の観を与えるので、その内容にかんがみ「事実認定の専門性と素人性」と改題し、原題を副題とした。

以下、はしがきでは書かなかった（あるいは書けなかった）ことを若干記すのをお許しいただきたい。このような記述も内容をご理解いただくために多少のお役に立つのではないかと思うからである。

私は自分の人生の前半といってよい二〇代から三〇代までを裁判官として過ごした。自分では裁判官落第生ではなかったかとも思うのだが、しかし現在の自分を作ったのは良くも悪くも裁判官の生活と経験だと考えざるを得ない。

ふとしたことからスウェーデンに留学し、スウェーデン法と接触したことは本当に天の恵みというべき幸せであった（この間の事情については、拙稿“Swedish Law and I”神奈川法学三二巻一号（一九九八）所収を参照されたい）。スウェーデン法（理論）のなかに在官中に抱いた数々の疑問に対する答え（少なくともそのヒント）を見出した。帰国後、数年の弁護士生活を経て研究者の世界に移り、自分の実務経験を生かして日本の裁判をより良くするために役立つ研究をしたいと考えた（この考えの底には裁判官としてはもちろん弁護士としても、実務の厳しさにひるんだ敵前逃亡者の後ろめたさを潜ませた贖罪意識のようなものがあったことを否定できない。こんなことを書くと純粋培養の研究者には叱られるかもしれないが、真摯な研究者にとって学問の場が苛烈な戦場に等しいことを認めた上で、なおかつ大学が一種のアジールでありうることを率直に認めてよいのではあるまいか。またそこに大学の存在理由の一つもあるように思う）。

こうして、まずより良き裁判を実現するための制度的条件を取り上げ、裁判官の任命・養成制度の研究に熱中した。その結果のささやかな産物がはしがきの末尾で触れた『スウェーデンの司法』である。これを書き上げた後、良き裁判を裁判者（職業裁判官であると否とを問わず）の内部から保障するためのテーマとして主張・証明とくに後者の問題に研究上の重点を移した。この研究はもともとスウェーデン法のユニークな主張・証明責任論に触発された面が大きくスウェーデン法理論の地道な勉強を要求するので、ある程度長丁場になることは覚悟していたが、それにしてもいまだに満足のゆく成果が出せないまま今日に至っている次第である。

もっともこういう事態の在りようについては、多少釈明すべき正当な理由もないわけではない。

第一は、この研究を中断して、ハンス・ラーグネマルム『スウェーデン行政手続・訴訟法概説』（一九九五、信山社）の翻訳をしたこと、スウェーデン訴訟手続法の全訳作業（神奈川大学法学研究所研究年報一五号（一九九六）・一六号（一九九七）、神奈川法学三一巻二号（一九九七）を行ったことなどである。いずれも私なりの信念に基づく研究上の優先順位の決定で別に後悔はしていない。

第二は、もちろん上述した司法改革関係の問題への取組みである。これも—あるいは「これこそは」というべきであろうか—年来司法改革の必要を叫んできた私にはまさに天が与えてくれた好機と思え、非才ながら時間とエネルギーの許す限り精一杯仕事をしてきたつもりである（拙著『続・裁判法の考え方——司法改革を考える』（二〇〇〇、判例タイムズ社）その他一連の司法改革に関するものを参照されたい）。

しかしそれはそれとして、本書が志す研究にとって空白の相当長い期間が存在することは事実である（その間も気にはかけていたのだが）。そして今の私は、習作群を著しく目立つ欠陥の補修だけで世に送り出すほかない境遇にある。このようなものでも、教育とともに研究を義務とする大学教師のはしくれである私のささやかな存在証明になることを期待しながら。

顧みて本書における仕事（これまで無反省に「研究」と称してきたけれど、果たしてその名に値するか十分な自信はない）は、私にとって結局「悲しき玩具」であったようでもある。本書が単に紙魚の餌に終わるとしても、私自身は人生の短からぬ日々をこの仕事に従事することによって慰謝され、充実感すら覚えて生きることができたのである。

私の書くものには何時も弁解がましいことが書き連ねてあり、我ながらこれでは「弁解法学」じゃないかと自嘲したくなる。ところが最近、私よりもかなり若いある畏友からそれがかえって面白いという感想を聞かされ、つい図に乗って冗長な跋を書いてしまった。最後までお読みくださった読者に深謝の意を表する。

〈著者紹介〉
萩 原 金 美 (はぎわら・かねよし)
1931年群馬県高崎市に生まれる。中央大学法学部卒業
神奈川大学法学部特任教授、九州大学法学博士、スウェーデン・ルンド大学名誉法学博士
1954年判事補、1964年判事、1969年退官。同年から1972年までスウェーデン等留学。
1972年弁護士登録（第二東京弁護士会）。1976年神奈川大学法学部教授、2001年定年、引き続き特任教授として現在に至る。
〈専攻〉 民事訴訟法、裁判法、スウェーデン法
〔著作〕『スウェーデンの司法』(1986、弘文堂)、『裁判法の考え方』(1994、信山社)、『続・裁判法の考え方』(2000、判例タイムズ社)、『民事司法・訴訟の現在課題』(2000、判例タイムズ社)、(翻訳) ハンス・ラーグネマルム『スウェーデン行政手続・訴訟法概説』(1995、信山社) その他

神奈川大学法学研究叢書 18

訴訟における主張・証明の法理
——スウェーデン法と日本法を中心にして——

2002年(平成14年) 6月20日　初版第1版発行　3091−0101

著 者　萩 原 金 美
発行者　今 井 　貴
発行所　信山社株式会社
〒113-0033　東京都文京区本郷6−2−9−102
電 話　03 (3818) 1019
FAX　03 (3818) 0344

Printed in Japan


印刷・製本／松澤印刷・大三製本

ISBN4-7972-3091-6 C3332
3091-03-03
NDC 分類327・201